KB253711

문예신서
134

전사와 농민

조르주 뒤비

최생열 옮김

東文選

전사와 농민

유럽 경제의 초기 성장 : 7-12세기

EARLY GROWTH OF THE EUROPEAN COMMUNITY
by Georges Duby

Copyright © 1973 by Georges Duby
All rights reserved.
Korean Translation Copyright © 1999 by Dongmoonsun

Korean edition is published by arrangement with
Georges Duby. c/o The Orion Publishing Group Ltd
through Imprima Korea Agency

머리말

    이 책이 순수한 의미의 경제사 연구서라고 주장할 생각은 없다. 그보다는 단순히 장기간에 걸친 발전에 대한 일련의 고찰 내지 실험적 탐구이며, 필자는 이같은 발전의 불확실하고 복잡한 전개 양상을 포착하고 풀어내고자 하였다. 부적절한 사료와 그동안 불완전한 역사연구로 인해, 이런 종류의 탐구에서는 연구자들이 상당 부분 가설에 의존하지 않을 수 없다. 하지만 본 연구를 개진함에 있어 필자의 본질적인 목적은 질문과 비평을 자극하려는 것이다. 다른 한편 유럽처럼 광대하고 다양한 지리적 영역을, 그것도 장기간에 걸쳐 포괄하기 위해서는 필자에게 가장 확실하다고 여겨지는 영역을 토대로 삼는 것이 바람직하리라고 사료된다. 필자가 가장 잘 알고 있는 분야는 농촌사, 특히 프랑스 농촌사임을 서두에서 밝혀둔다. 필자가 이 사실을 언급하는 이유는 독자들이 본 저서에서 발견하게 될 일부 취사선택된 예나 전망들, 그리고 생략된 부분들에 대해 덜 놀라게 하기 위한 것이다.

보르퀘유에서 1969년 9월에

I

토 대

7, 8세기

6세기말 유럽은 극도로 비문명화된 지역이었다. 이 책에서 다루게 될 유럽은 라틴 그리스도교가 12세기까지 점차적으로 퍼져 나간 영역을 포함한다. 롬바르드족의 이탈리아 정착, 바스크족의 아키텐 지역 출몰과 더불어 서구에서 대규모 민족이동 시대가 거의 종착에 이르게 되었다. 이같은 민족이동으로 인해 중세초 유럽에 대한 사가들의 연구작업은 극도의 어려움에 봉착해 있다. 집필작업이 최근까지 광범위하게 행해졌던 지역들에서 이젠 그 활동이 중단되었다. 여타 지역에서도 이 활동은 서서히 사라지게 되었다. 따라서 오늘날 우리가 접할 수 있는 자료는 극히 미약하다. 그나마 가장 유용한 자료는 고고학적 탐구에 의해 밝혀진 극히 초기의 것들이다. 그렇지만 이러한 기술사료는 자체적 결함을 지니고 있다. 이 문명의 유물들에 담겨 있는 기록들은 대부분 불확실하다. 더욱이 이 기록들은 우연한 발굴에 의해서만 알려진 단편적 자료들이기 때문에, 그에 대한 일반적 해석이 극히 어려운 실정이다. 필자는 여러 광범위한 분야에 걸쳐 추측에 의존하지 않을 수 없을 정도로 역사적 지식이 한계에 봉착해 있음을 서두에서 강조하고자 한다. 특히 경제사가들은 분명 어떤 분야의 연구자들보다 자료 결손의 피해를 입고 있다. 경제사 분야에서 계산이나 측정을 가능케 할 만한 양의 정보수치는 거의 결여된 상태이다. 7세기에서 12세기까지 점차 야만의 상태에서 초보적인 문화를 형성시킨 성장의 징후를 탐구함에 있어서, 무엇보다 현대 경제학에 입각한 모형들을 잘못 적용하는 것으로부터 벗어나는 일이 급선무이다. 오늘날 중세 경제사의 개척자들은 종종 예컨대 거래와 화폐의 중요성을 과대평가하는 경향이 있는 것 같다. 가장 시급하고 본질적인 임무는, 이러한 초보 문명 경제의 토대와 추진력이 진정 무엇인지를 규정하는 일일 것이다. 현대 경제학자들의 고찰보다는 오히려 현시대의 개발도상국들에 대한 민속학자들의 관찰이 이러한 규정을 짓는 데 보다 도움이 될 것이다.

문화적 정체가 이같이 널리 일반화되어 있었다고는 해도 실제로는 지역적 차이가 존재하였다. 라틴 그리스도교 세계는 남부 경계지역에서 이보다 훨씬 발전한 문화와 접해 있었다. 그리고 비잔틴과 얼마 후 이슬람의 지배영역에서 고대 로마로부터 이어받은 경제체제가 유지되었다. 이들 영역 내 도시들에서는 주변의 농촌과는 달리 화폐가 꾸준히 사용되었고 상인들이 활동하였으며, 부자를 대상으로 사치품을 생산하는 작업장이 계속해서 움직였다. 유럽은 자신의 세계에 지속적인 영향을 미치고, 또 유럽인들을 유인하는 이들 문명과의 접촉이 불가능할 정도로 이들과 분리되어 있는 것은 결코 아니었다. 다른 한편 두 가지 측면의 결함 때문에 유럽 내 진영들간의 대립이 있었다. 하나는 게르만-슬라브 지역, 즉 로마인들이 '야만의 세계'로 부르곤 했던 지역과 일치한다. 이 지역은 역사가 짧고 미성숙하였지만, 지속적인 성장 국면에 진입하여 문명의 최상위 수준에 거의 근접해 가고 있었다. 반면 또 하나의 지역은 쇠퇴의 길에 접어들고 있었다. 여기서는 로마 문명의 여러 요소들이 최종적인 퇴락의 국면을 맞이하였다. 한때 번영을 구가했고 복합적이었던 체제의 다양한 요소들——주화, 도로, 백인대〔centurie; 군사 단위로서의 켄투리아는 1백 인대(隊)를 의미〕 대규모 농지, 도시 등——이 완전히 사라지지는 않았다. 그중 일부는 언젠가 다시 활력을 되찾을 것이었지만 당분간은 쇠퇴해 가고 있었다. 이 두 지역 중 전자는 북부와 동부를 향해 진출하였으며, 후자는 지중해 쪽을 향하거나 영국 해협에 면해 있는 지역들, 즉 파리 분지·부르고뉴·알레마니·바이에른——이들 지역에서는 타지역보다 젊은 야만의 세력과 로마 문명의 잔존지역간의 접촉이 활발히 이루어져 유익한 결실이 맺어졌다——으로 팽창해 갔다. 이같은 지리적 다양성을 항시 염두에 두는 것이 중요하다. 이는 근본적인 요소로서 유럽 경제 성장의 초기 단계는 상당 부분 이와 직결되어 있었다.

1

생산력

1. 자연계

　본 글에서 다루는 시기 내내 물질문명의 수준은 매우 낮았기 때문에, 경제생활의 주안점이 생존의 차원에서 사람들이 매일매일 자연의 힘에 대항하여 벌여야만 했던 투쟁의 측면에서 고려되어야 한다. 인간은 아직 비효율적인 무기만을 소지하였고, 자연의 힘에 의해 지배당하고 있었기 때문에 자연에 대해 각고의 투쟁을 해야만 하였다. 따라서 사가들의 첫번째 관심은 이러한 자연력을 측정하고, 자연환경을 재구성하는 일에 모아져야 한다. 이 작업은 쉽지 않다. 이 작업에는 장소명, 도로체계, 소유 토지의 경계, 경작 유형 등 아직도 농촌에 보존되고 있는 옛날 경관의 흔적을 찾기 위한 상세한 현지 탐문조사가 필요하다. 이러한 탐문은 아직 매우 미숙한 수준에 있으며, 유럽의 상당수 지역에 대해서는 시작조차 되고 있지 않다. 그렇기 때문에 그 모습을 온전히 밝히기란 어렵다.

　서유럽에서 도나우 강 중류에 위치한 판노니아 지방의 전진기지 쪽으로 스텝지역이 펼쳐져 있다. 이 스텝은 파리 분지의 일부 비옥한 고지대에 이르기까지 분산되어 내부로 이어지는 것으로 보여진다. 그럼에도 불구하고 기후조건상 보다 일반적인 영향을 미친 것은 숲의 증가였다. 우리가 다루고 있는 시기 내내 삼림은 전체 자연경관의 주요 부분이었던 것

〔도표 1〕 중세초의 삼림지도

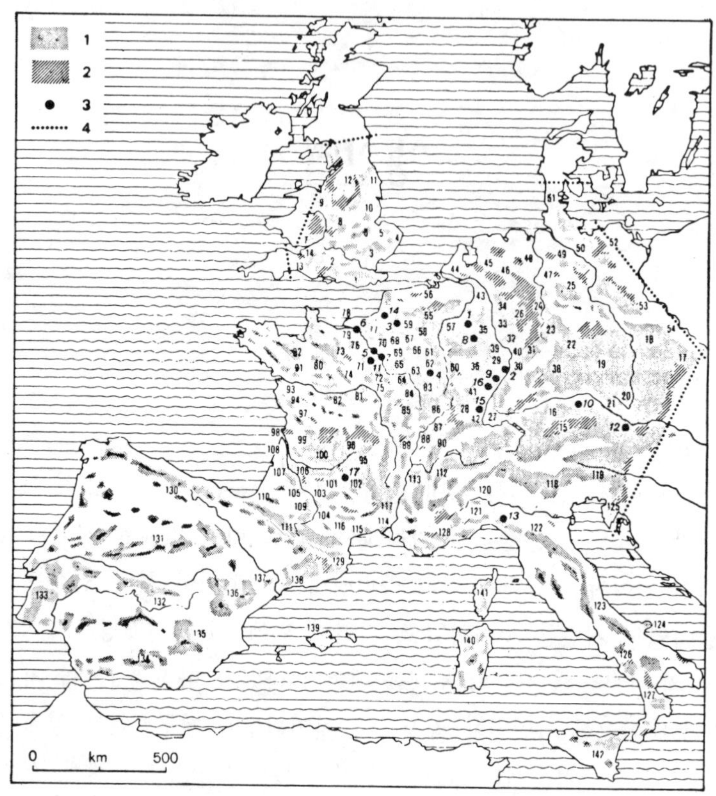

출전: G. Fourquin, 〈La carte des forêts du haut Moyen Age〉, d'après
Histoire économique de l'Occident médiéval, 1969, A. Colin, collection 〈U〉.

으로 파악된다. 9세기초 파리 바로 외곽에 위치한 생-제르맹-데-프레 수
도원의 영지는 농업 생산 증대의 노력으로 타지역보다 훨씬 발전했던 지
역에 속한다고 여겨지지만, 삼림이 여전히 토지 전체의 2/5를 차지하고
있었다. 12세기말에 이르면 대규모 삼림지로의 접근이 매우 용이하였는
데, 이러한 근접성은 문명의 여러 면에서 반영되었다. 특히 당대 로망스
의 주제나 고딕 조각가들의 조형에서 그러한 면모가 잘 드러나 있다. 당

대인들에게 있어 나무는 식물계의 가장 두드러진 표상이었다.

두 가지 면에서 보다 관심을 기울일 필요가 있다. 한편으로 이 세계의 토양은 매우 다양하여 인근지역의 토양들간에도 종종 현격한 차이가 있었다. 농민은 항시 '따뜻한' 땅과 '차가운' 땅(공기가 순환되고 보다 쉽게 경작 가능한 부드럽고 배수가 잘 되는 땅과, 경작을 어렵게 할 정도로 심한 점착성의 땅)을 구분하는 지혜를 터득하고 있었다. 계곡면과 고위평탄면에서는 수풀 개간이 덜 힘들고, 인간의 영양식에 맞게 별다른 어려움 없이 식물의 생장을 변형시킬 수 있다고 판명된 방향으로 광대한 토지의 이용이 가능하였다. 7세기에 유럽의 숲은 무수한 개간으로 착실히 개발되고 있었던 것으로 보여진다. 그 중 일부는 최근에 소규모로 개간된 것으로, 예컨대 헨트의 생-바봉 수도원의 초기 수사들이 개간지 경작을 통해 음식을 공급받고 있었다. 피카르디의 비옥한 고위평탄면에서처럼 수세기 동안 들판과 잡목지가 어우러진 지역에서는 보다 대규모의 개간작업이 착수되었다. 다른 한편 여름의 가뭄이나 홍수 등 보다 현저한 변화로 인해 계곡면의 토양이 침식하고, 비옥한 토양이 하부로 퇴적되는 지중해의 가장자리에서는 숲이 유지되기 힘들었다. 이런 지역의 숲은 결국 농부와 유목민의 벌목으로 고갈될 위험에 처해지며, 삼림 회복이 매우 느려 덤불로 바뀌어지게 된다. 이 지형의 남부 경사면에서는 숲보다는 오히려 물에 대항하여 생계 지탱을 위한 투쟁이 경주되었다. 이 경우 긴급한 문제는 물을 통제하여 경사면의 토양을 보호하고, 평탄지역의 습지를 배수하며, 관개시설의 설치에 의해 여름의 과도한 건조에 대비하는 일이었다.

따라서 위 지역들에서 기후 변화가 결정적 역할을 했던 것으로 보인다. 대규모 삼림이 유지되는 정도, 토양의 유실 여부, 경작지 확대과정에서의 성공 여부 등은 기온에 의존하는 것 못지않게 습도나 강우량의 계절적 분포에 의존하였다. 오늘날 유럽 기후가 역사시대 내내 변화하지 않았다고 가정하는 것은 더 이상 가능하지 않다. 그렇기 때문에 중세초의 경제를 후퇴한 것으로 파악하는 경제사가는, 가벼운 정도라 할지라도 인간과 자연간의 투쟁조건을 변화시킨 상황에 대한 설명을 도외시해서는 안 된다. 자연현상이 변화된 시점을 기록하고, 그 규모를 측정하는 것은 어려운 일이다. 그 이유는 중세의 자료들이 이 주제에 관한 가치 있는 정보를 거의 제공해 주고 있지 않기 때문이다. 당대의 연대기들이 습관적으로 자연현상에 지대한 관심을 기울인 것은 사실이다. 세월의 흐름과 함께 연대기에는 신이 인간을 저주하여 이들에 가한 여타 재난들과 더불어 혹한과 홍수가 기록되었다. 그러나 연대기상의 관찰들은 전적으로 주관적이고 부정확하며 불규칙적이었다. 이러한 유형의 연구를 위해서는 지속적인 측정이 가능한 일련의 정보가 필요하다. 이러한 정보를 얻기 위해서는 수목학(dendrologie), 즉 나무줄기에 대한 연구에 의존해야 한다. 나무줄기의 나이테는 매년 그것의 두께 변화, 식물의 활성화 정도, 달리 말해 기후 영향에 대한 식물의 반응 정도에 따라 결정된다. 그러나 유럽의 수종(樹種)들은 중세초에 적용될 수 있는 정보를 제공해 줄 만큼 오래 성장하지 못하였다. 결과적으로 중세사가에게 있어 유럽에 대한 가장 유용한 자료는, 알프스 빙하의 전진과 후퇴에 관한 연구로부터 도출된 것들이다. 빙하에 근접해 있는 티롤의 페르노 습지는 역사 시기 동안 거듭해서 빙하로 덮여 있었다. 이 시기에 식물의 퇴적이 중단되어, 우리가 이탄(泥炭) 속을 조사해 보면 분해된 식물의 층들 사이에 끼여 있는 상이한 두께의 모래층을 탐지할 수 있다. 따라서 빙하의 움직임이 기온·강수의 변화와 직접 연관을 맺게 된 이래로 빙하의 밀물과 썰물, 즉 기후 변동의 시간적 추이를 파악하는 것은 가능하다. 이를 통해 볼 때, 대략 중세의 5세기초와 8세기 중엽간에 알프스 산맥에서 최초의 빙하 전진이 있었던 것 같다. 그런 다음 1150년경까지 빙하가 지속적으로 퇴각했으며, 이러한 양상은 20세기에 관측되는 것보다 훨씬 뚜렷했던 것으로 보인다. 결론적으로 우리는 이 기간 동안 서유럽이 오늘날보다 온화한 기후였다고 추정할 수 있다. 분명 습기는 보다 적었고, 습지의 토양에서 이끼는 거의 눈에 띄지 않았다. 그후 12세기 중엽부터 빙하가 재차 신속하게 밀려 내려왔다. 이 기간 동안 알레치 빙하는 전 침엽수림을 뒤덮었는데, 당시 삼림의 화석화된 나무줄기는 빙하가 퇴각한 오늘날에 모습을 드러내 이에 관한 정보를 제공해 주고 있다. 이 두번째의 활동은 1300-1350년경에 끝나게 된다. 이 사실은 여러 지역에서 흔적이 발견되는 평균기온의 저하(전문가의 평가로는 실제 1°C 미만의 미미한 것이긴 하나), 그리고 강우량 증가와 관련하여 파악되어야 한다. 프로방스 마을의 한 장소에서는 13세기 중엽경 물의 심각한 침수로 인해 천연동굴 일부가 포기되었는데, 이는 여름 강우량의 증대와 전반적인 저온현상으로 초래된 다습화에 기인하는 것 같다.

알프스 빙하에 대한 연구 결과는 다른 지방들에서, 그리고 다른 종류의 증거들에 의해 확인되는 현상들과 대비될 수 있다. 기후 변동과 해진(海進) —— 1000년 직후 플랑드르 해안 정착지들을 잠기게 한 것으로 최근에 밝혀진 —— 간의 직접적인 관계를 설정하는 일은 위험이 따른다. 반면 빙하의 전진과 퇴각, 그리고 야채 껍데기의 변화간에는 약간의 흥미로운 일치가 있다. 이는 습지들에 보존된 꽃가루 입자에 대한 조사에 의해 나타나고 있다. 이들 식물화석에 대한 연구를 통해, 습지가 형성된 지역 인근의 처녀림 확대와 축소의 시간적 추이를 근접하게나마 파악할 수 있다. 지금껏 작성된 꽃가루에 관련된 초기 도표 중의 하나는 7세기에서 11세기간 중부 독일의 고위평탄면에 위치한 숲이 점진적으로 퇴각했다가, 이후 13,4세기에 이르러 메마른 땅에 숲이 재차 서서히 들어서는 양상을 말해 주고 있다. 마찬가지로 최근 아르덴에서 행해진 조사는 해안지대 숲의 세 번에 걸친 내지로의 확장과 후퇴 양상을 보여 주고 있는데, 숲의 확장은 각각 200년과 700년, 그리고 1000년경에 이루어졌다. 이 사실은 유럽 기후의 장기 변동과 관련하여 빙하 변화 추이의 관찰을 통해 얻은 정보를 확인시켜 주고 있다. 위 지표들은 비록 정확성을 결여했다고는 하나 동일한 방향을 나타내 주며, 우리는 이에 의해 다음과 같은 가설을 세울 수 있다. 앞으로 보게 되겠지만, 8세기에서 12세기까지 본질적으로 농업적 성격을 띤 경제 성장의 초기단계에 서유럽에서는 비교적 건조하고 따뜻한 기후가 널리 나타나고 있음을 알 수 있다.

이를 단순한 우연이 아니라, 위의 두 가지 현상이 긴밀히 연관된 문제라고 주장하는 것은 성급한 일일 것이다. 기후 요소가 인간활동에 미치는 효과는 결코 단순하지 않다. 더욱이 어느 경우에도 기온 상승과 강우량 감소상의 변동은 미미한 것이어서, 그것이 재배식물의 종류를 바뀌게 할 만한 정도는 아니었다. 그렇지만 가장 실험적인 가설들에서 추정된 바와 같이 연평균 기온의 상승이 1°C 미만에 머물렀다 하더라도, 이 시기의 농업기술을 고려한다면 위 현상이 경작지의 적합성에 영향을 끼치지 않을 수 없었다. 이러한 변화는 예컨대 오늘날 프랑스에서 덩케르크와 렌간에, 혹은 벨포르와 리옹간에 관찰되는 차이와 대략 일치한다. 모든 상황을 고려해 볼 때 기온의 상승이 상대적으로 건조한 조건을 초래했다는 주장이 설득력이 있으며, 여기에 본질적인 점이 놓여 있다. 이 책이 다루고 있는 시기보다 약간 뒤의 영국 사료에 근거해서 행해진 연구는, 대서양권에 속한 유럽 지역들에서 곡물 수확이 기온의 변화에 거의 영향받고 있지 않음을 보여 준 바 있다. 그렇지만 여름과 가을이 상대적으로 건조한 경우에는 곡물 수확이 양호했으며, 과다 강우——특히 가을 동안의——의 경우에는 곡물 수확이 대체로 형편없었다.[1] 여전히 새로운 분야로 남아 있는 기후사에서 얻는 이러한 정보는 무시될 수 없다. 어느 면에서나 7세기초까지는 장기간에 걸친 추위와 습기라는 적대적 환경에 처해 있던 서유럽의 기후조건은, 이후 서서히 토지의 경작과 생계를 유지해 줄 수 있는 생산이 가능해질 정도로 호전되었다. 특히 북부지방이 이같은 완만한 개선에 의해 혜택을 입었다. 다른 한편 지중해 지역에서는 아마 건조의 심화로 인해 삼림이 더욱 손상되어, 결과적으로 토양이 파괴적인 침식에 갈수록 취약하게 되었다.

---

1) J. Titow, 〈Evidence of Weather in the Account Rolls of the Bishopric of Winchester, 1209-1350〉, *Economic History Review*, 1960.

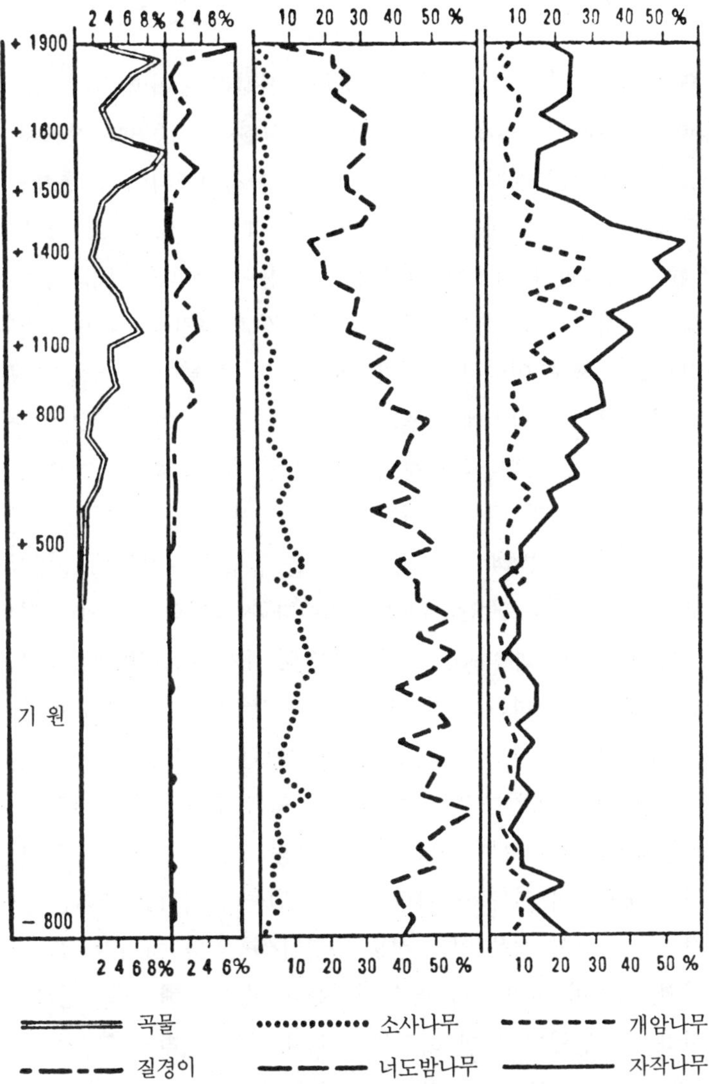

출전: Delort, *Introduction aux sciences auxiliaires de l'histoire*, 1968, A. Colin.

2. 인구 통계학적 추정

연구되고 있는 시기 초의 인구 동향을 묘사하려는 어떠한 시도도 거의 불가능한 장애에 직면하게 된다. 문서들은 실질적인 증거를 제공해 주지 못하고 있다. 인구 통계학자가 이용할 수 있는 첫번째의 인구 통계는, 9세 기초 카롤링거 왕조의 대규모 영지 명세장들에서나 드러나고 있다. 이들 명세장들은 행정상의 필요에 의해 문자 사용이 당대에 널리 퍼져 있던 일부 제한된 지역들, 즉 한편으로는 루아르 강과 라인 강 사이 지역과 다른 한편으로는 북부 이탈리아 지역에서 씌어진 것들이다. 더욱이 그것들은 매우 소규모의 정착지에만 관계되고 있다. 고고학이 양적으로 풍부하면서도 공간적으로 보다 균등 분포된 정보를 제공해 줄 수 있지만, 현재까지는 이러한 탐구가 매우 제한된 상태로 남아 있다. 고고학적 탐구 결과는 정착의 흔적을 밝혀 주고 있으나, 이를 인구 통계학적으로 해석하는 일은 고도의 정밀함을 필요로 하는 작업이다. 정착지의 무덤과 유적에 대한 연구를 통해 성별과 나이, 그리고 때때로 사자(死者)의 생물학적 골격에 관한 정보를 추출하는 것이 가능하며, 이러한 기초 위에서 우리는 사망자 도표의 작성을 시도할 수 있다. 그렇다 할지라도 한 장소의 전주민이 그 장소에 매장되었는지 하는 점과 사회적 지위와 부족집단에 따른 분리가 행해졌는지의 여부, 해당 묘지의 사용 기간을 밝히기 위해서는 전체 묘지의 내용들이 기록되어야만 한다. 무덤들이 세워진 연대는, 그것들이 부장품을 포함할 경우 어느 정도 추정될 수 있다. 하지만 그리스도교의 확산과, 그것이 사자의 주술에 야기한 변화로 인해 모든 기록증거가 점차 사라지고 말았다. 또한 해결하기 쉽지 않은, 그리고 고고학적 발견의 수용을 심각히 제약하는 많은 기술적 문제들이 있다. 풍경과 토양, 식물화석을 조사함으로써 지금보다 훨씬 이전 인간의 정주영역을 묘사하고자 하는 탐구의 결과들 역시 극히 가설적이다. 간단히 말해, 이 시기에 관련된 모든 인구 통계학적 추측은 그 기초가 빈약하다.

　전반적 인상은 7세기가 유럽의 인구사에 있어 장기적 하락 국면의 마지막 시기이며, 이러한 양상이 기후 변동과 무관하지 않다는 사실이다. 로마 세계는 기원 2세기부터 인구 감소 경향을 띠어 왔으리라고 추정한다. 이러한 점진적 감소는 6세기 급작스런 전염병의 유포에 의해 가속화되었다. 이러한 재난의 가장 의존할 만한 증인인 비잔틴 역사가 프로코피우스에 따르면, 이 질병이 543-546년에 이탈리아와 스페인으로 퍼져 나가 갈리아 대부분 지역을 휩쓸었고, 라인 강 상류와 중류 부근까지 도달했다는 것이다. 우리는 투르의 그레고리우스의 묘사를 통해, 이 질병이 임파선 페스트로서 급속히 퍼져 나갔고 전주민, 특히 아이들을 엄습하여 유아 사망을 야기하였음을 알고 있다. 이 질병은 14세기 중엽 두번째로 유럽을 휩쓸었을 때와 마찬가지로, 이때 50여 년 동안 퍼져 나가 도처에 치명상을 가하였다. 이런 종류의 새로운 공격들이 오베르뉴에서는 563년에, 이탈리아와 갈리아에서는 570년에, 남부 갈리아에서는 580년에 가해졌음이 당대의 기록에서 나타나고 있다. 592년에 이 전염병은 투르와 낭트를 강타하였고, 587년과 618년 사이에는 이탈리아와 프로방스로 퍼져 나갔다. 그렇지만 이 질병이 사망률에 미친 영향을 최소한도라도 파악하게 해줄 만한 통계자료는 전혀 존재하지 않는다. 이탈리아에서는 이에 따른 영향이 전쟁이나 롬바르드족의 침입이 가한 영향과 결부되어 있다. 그리고 고고학자들의 조사는, 기록상 전염병의 영향을 받지 않은 것으로 나타난 지역에서도 정착지가 현저히 감소하였음을 보여 주고 있다. 이러한 조사들은 특히 독일의 남서쪽과 북해에 면한 지역에서 정착지의 뚜렷한 축소현상을 나타내 준다. 예컨대 브레멘의 남동부에 위치한 만도르프에서 기원 250-500년에 80명의 농민이 거주하였으나 500-700년에는 그 수가 기껏 20명 정도로 감소되었고, 400년경에는 사람들이 정주했던 해안 가장자리가 이후 완전히 피폐화되었다.

　그동안 6세기의 유럽 인구에 대한 개괄적 산정들이 일부 개진되어 온

바 있다. 이에 따르면 1평방킬로미터당 인구가 갈리아 지방은 5.5명, 영국은 2.0명(전인구가 50만도 채 안 됨), 독일은 2.2명이었는데, 이들 지역에서는 가경지가 가장 밀집된 지방들에서조차 총면적의 3.5 내지 4퍼센트에 지나지 않았다. 이러한 산정에 있어서 우리의 유일한 관심은, 검토하고자 하는 경제 성장기의 초에 유럽 인구가 매우 적었음을 보여 주려는 데 있다. 이 지역의 삼림지는 실제로 빈 공간이었다. 또한 그 주민들은 영양 실조를 겪었던 것으로 보인다. 무덤에서 추출한 뼈와 이는 심각한 영양 결핍의 증거를 보여 준다. 이러한 양상은 주민이 질병의 공격에 취약했음을 설명해 준다. 미확인된 전염병들이 664년에는 영국에서, 680년에는 이탈리아에서, 694년에는 나르본에서 유포되었던 것으로 보고되고 있었다. 페스트는 742-743년에 유포되었다. 인구 감소와 덤불로 변해 버린 땅의 포기로 말라리아가 지중해에 면한 평원들에서 창궐할 수 있었다. 당시에 실질적인 부의 기초가 된 것은 토지 소유권이 아니라, 사람들——아무리 이들의 상황이 열악했을지라도——과 이들의 초보장비에 대한 지배권이었다.

3. 도구

우리는 중세초의 도구에 대해 실제 아는 바가 전혀 없으며, 오히려 신석기시대 농민의 도구에 대한 것보다도 분명 아는 바가 적다. 지금까지 남아 있는 일부 기록들은, 당시 도구에 관한 정보를 우리에게 제공해 주고 있지 않다. 이 기록들이 도구의 이름들은 제공해 주고 있으나, 그 이름들이 구식이고 부적절한 속어명을 어색하게 라틴명으로 번역한 것들이어서 도구들의 일상적 사용법을 제대로 나타내 주지 못한다. 그 명칭만 갖고서 어떻게 우리가 도구의 목적과 모양·재료 및 효용을 이해할 수 있겠는가? 이 세기들 동안 들판의 작업을 묘사하려고 시도한 빈약하기 이를 데 없는 자료들에 간간이 언급되고 있는 '아라트룸(aratrum)'이나 '카루카

(carruca)'〔두 용어 모두 '쟁기'를 의미한다〕와 같은 어휘들로부터 우리가 무엇을 파악할 수 있겠는가? 분명 서로 바꿔 사용할 수 있는 이 두 어휘는, 단순히 경작자들이 조를 짜 경작할 때 이끄는 도구였음을 알려 주고 있다. 전자의 어휘는 고전 어휘에서 비롯된 만큼 보다 식견 있는 필기자에 의해 선호되었고, 후자의 어휘는 해당 속어가 문자 그대로 번역된 것이다. '카루카'는 이 도구가 바퀴를 구비하였음을 거의 확실히 함축해 주고 있으나, 이 도구의 날이 어떻게 작동하는지, 또는 그것이 보습의 부착으로 보다 효율적이었는지의 여부를 밝혀 줄 만한 단서는 전혀 제공해 주지 않는다. 다시 말해, 농부가 땅을 온전히 갈아엎어 토양을 부식시킬 수 있을 정도의 제 기능을 갖춘 쟁기와 대칭의 날로 밭고랑을 파들어올릴 뿐, 땅을 갈아엎을 수는 없는 쟁기 중 어느것을 사용하였는지 하는 점을 알 도리는 없다. 고고학적 발굴 역시 이 시기 농촌의 기술사에 빛을 던져 줄 만한 내용을 전혀 제시해 주고 있지 못하다. 화상학(iconographie)으로부터도 많은 것이 기대될 수 없다. 어느 경우건 자료는 드물며, 특정의 예술가가 실제 나타난 대로의 당대의 생활을 표현하는 데 관심을 가졌는지, 아니면 고대의 또는 외래의 진귀한 작품 모형에 영향을 받았는지, 그리고 그의 작품이 순전히 상징적이어서 사실주의적 묘사를 결여하고 있는지 하는 점들을 밝힐 방도가 전혀 없다. 특히 농민의 도구에 관련된 정확한 정보의 부족은 연구자를 진력나게 만드는데, 도구에 관한 정보가 없을 경우 생산력을 파악할 방도가 전혀 없기 때문이다.

  이같은 심각한 자료 미비로 인해 우리는 보다 후기의 문서——8세기 끝 무렵 카롤링거 왕조 행정부의 장려로 글쓰기가 다시 행해졌고, 그 여파로 기록된——에 의존하지 않을 수 없다. 이 글쓰기 작업은 농업기술의 주무대인 가장 방대하면서도 효율적으로 경영된 영지들과 특별한 관계에 있다. 이들 대농장들을 조사할 책임을 진 관리들은 각 장원 중심부에서 이용될 수 있는 도구들의 목록을 작성하도록 훈령받았는데, 보다 가치 있는 금속도구일 경우 특히 그러하였다. 930년대의 필사본에 보존되었고, 플랑드르와 아르투아 경계에 위치한 안나프의 대규모 왕령장원을 다룬 명세장 중의 하나를 소개하면 다음과 같다.

　도구: 구리물동이 2, 식수용 용기 2, 구리솥 2, 쇠솥 1, 냄비 1, 냄비걸이용 고리 1, 철제 난로받침 1, 램프 1, 도끼 2, 까뀌 1, 타래 송곳 1, 자귀 1, 극젱이, 대패 1, 끌 1, 가위 2, 낫 2, 끝이 철로 된 삽 2, 그리고 나무도구 다수.[2]

이 목록으로부터 다음과 같은 사실이 명백히 드러난다. 가치면을 고려하여 세심하게 기재된 물품들은 주로 취사용 아니면 난방용 도구들이며, 이에 부가하여 소수의 목재작업용 도구들이 있었다. 거의 2백 마리에 달하는 가축이 사육중이었던 이 거대한 농장에서, 농업용으로 사용된 유일한 금속도구는 잔디를 깎거나 옥수수를 까거나 손으로 토양을 뒤집는 데 사용되는 것이었으며, 쟁기기구는 전혀 언급되어 있지 않다. 영주는 소규모의 금속도구만을 구비하였는데, 그것은 주로 일꾼들이 자신의 도구를 소지하고 영지에 들어온 외부인이기 때문에 그러하였던 것 같다. 그렇다면 농업기구 중에 철의 양은 극히 제한적이었던 것으로 보이며, 이 금속이 드물었던 사정은 다른 기록들에 의해 확인되고 있다.

〈살리카 법전〉——이 법전의 최초 라틴본은 507-511년에 작성되었고, 7,8세기 중에 거듭해서 증보되었다——은 칼의 절도를 중벌금으로 징벌하고 있다. 800년경 국왕의 재산관리자들에 대한 지침으로 공표된 유명한 안내서인 〈드 빌리스 법령집〉은, 이들에게 대장장이 명단을 작성하도록 명령하고 있다. 안나프를 방문했던 시기에 조사인들은 이 장원에 대장장이가 전혀 없었다고 적고 있다. 822년 아달라르 수도원장이 마련한 규정집을 통해 그 내부 경제가 소상히 알려진 피카르디의 코르비 대수도원

---

2) *Monumenta Germaniae historica, leges,* Capitularia regum francorum, I, p.254.

에는, 쇠를 규칙적으로 매매하고 운반해 온 인근의 여러 장원의 장비를 수리해 주는 작업장이 단 한 군데 있었다. 수도원의 뒷마당에서 사용되는 쟁기들이 제조된 장소는 이곳이 아니었다. 농민들이 마련한 이 기구들은 농민들 자신의 손으로 만들어지고 수리되었으며, 따라서 금속이 사용된 것 같지는 않다. 결과적으로 카롤링거 왕조의 필사본들에 묘사된 대농장들에서——비교적 종종 대장장이를 언급하고, 또 때로 빌린 쟁기용 쇠보습을 돌려 주어야 하는 소작인들을 언급한 롬바르디아에서 작성된 것들을 가능한 예외로 하고——경작의 기본 도구인 쟁기는 목록 작성자에 의해 소홀히 다루어진 목재도구 항목에서 '많은' 그런 것들이 있다라는 정도로만 기재되고 있는 것이다. 모든 쟁기가 전문가에 의해서가 아니라 농가에서 제조된 까닭에 불로 다져지고, 기껏해야 금속으로 얇게 덮여진 나무로 된 보습날을 갖추었을 것이다. 그리고 쟁기는 바퀴가 부착되어 6 또는 8마리의 황소에 이끌릴 정도로 무겁게 된 경우에도 딱딱한 토양에는 사용될 수 없었다. 이같은 쟁기는 부드러운 토양조차 완전히 갈아엎을 수 없어서 지속적으로 토양을 비옥하게 하는 본래 기능을 다하지 못하였다. 즉 식물의 자연적 생장력에 보조를 맞추기에는 무력한 기구였음에 틀림없다.

9세기의 장원 명세장에 나타난 대영지 내의 농민이 보다 후진지역 농민보다 나은 장비를 갖추었는지 하는 점은 불확실하다. 이러한 농장의 거의 모두가 식자층인 수사들의 소유였는데, 이들은 로마의 고전적 농업 모형에 매력을 느끼고 이를 자신의 토지 경영에 적용하고자 하였다. 로마 문명은 지중해 중심의 문명이었고, 지중해 주변은 금속과 가경지가 빈약했다. 또한 쟁기질을 하여 갈아엎을 수 있는 토양이 아니었을 뿐만 아니라, 오히려 그로 인해 토양의 겉부분이 깨뜨려져 씨앗이 망가뜨려질 우려가 있었다. 그렇기 때문에 로마인들은 쟁기술을 개선하는 데 거의 관심이 없었다. 제국 말기에 라틴족은 야만족이 자신들보다 개량된 농업기구를 사용하고 있다는 사실에 경악을 금치 못했으며, 그럼에도 불구하고 스스로는 이를 채택하려고 하지 않았다. 중세초부터는 일-드-프랑스보다 덜 문명화된 지역들에서 약간의 기술적 진보가 이루어졌다는 흔적이 일부 발견되고 있다. 예컨대 슬라브 어휘들에 대한 연구는, 10세기 헝가리족의 침입으로 슬라브족의 영토가 북부와 남부로 갈라지기 이전의 중부 유럽에서, 바퀴 없는 단순한 경쟁기가 아닌 진정한 중쟁기가 광범위하게 사용되어 그것이 특별한 이름을 얻게 되었음을 밝혀 주고 있다. 모라비아와 저지대 지방에서 고고학자들은 경쟁기의 보습날이라고 여겨지는 철물질을 발견한 바 있다. 9세기의 시인 에르몰두스 니겔루스는 갈리아의 가장 미개지역인 아우스트라시아와 관련하여 쇠보습날을 언급하고 있다. 10세기의 영국 필사본에 삽입된 한 화보는 보습을 부착한 쟁기도구가 작동하는 모습을 보여 주고 있다. 그리고 앵글로 색슨족인 앨프릭 그라마티쿠스가 자신이 쓴 《대화편》[이것의 라틴본이 1000년경의 필사본에 수록되어 있다]에서 목공으로 하여금 "나는 도구를 만든다"라고 말하게 한 점에서, 쟁기 제조의 핵심 역할을 그에게 부여하고 있음을 알 수 있다. 그렇지만 실제 가장 중요한 마무리 공정과 기구의 중추 기능 제고는 금속공에 의해 행해졌다. 이같이 분산되어 있는 여러 단서들을 무시해선 안 된다. 이것들은 기술사 연구가 거의 불가능할 정도로 자료가 빈약한 500-1000년에 있어서, 미개한 게르마니아의 철제공들이 농업기술상에 철의 사용을 확대하였음을 시사해 준다.

그럼에도 불구하고 우리는 당시의 전반적인 모습을, 스스로의 욕구를 만족시키고자 거의 맨손으로 자연환경을 개척하지 않으면 안 되었던 도구 빈곤의 농촌사회로서 보아야 한다. 7세기 정착지의 산거형태는 인구감소 못지않게 이같은 기술의 후진성에 기인하였다. 농민의 노력으로 수월하게 일굴 수 있는 극히 일부분의 땅에서만 지속적인 경작이 가능하였다. 사람들은 생계의 일부분만을 경작지로부터 획득하였다. 이들은 축력을 이용한 집약농업뿐 아니라, 채집·어로·사냥(망이나 덫 외에 동물 포획용의 여타 도구들은 인간의 생존투쟁에서 오랫동안 지속적으로 일차적 중요성을 띠어 왔다)에 의해 습지·강·황무지·삼림지에서 보조 생계수단을 마련할 수 있었다.

4. 풍경

풍경의 외관은 인구 밀도와 도구형태뿐 아니라 경작체제를 반영하는데, 경작체제는 또한 음식물 섭취 전통에 의거해 있다. 인간사회가 주변환경에서 가장 적합적으로 생산되는 식량을 영양분으로 섭취한다고 생각하는 것은 오류이다. 사회는 세대에서 세대로 전수되며, 쉽사리 변경되지 않는 관습의 포로이다. 결과적으로 사회는 어떤 희생을 치르더라도 관습이나 의례가 정한 음식물을 얻고자 토양이나 기후의 한계를 극복하려 노력한다. 사가들은 과거의 농업에 대해 기술하려 할 경우 일차적으로 이를 조사해야만 한다.

중세의 시초에 서유럽에서 진행된 로마와 게르만 문화의 접촉과 점진적 융합은, 다른 요소 못지않게 현저히 다른 영양 섭취 전통들간의 융합이라고 볼 수 있다. 갈로-로망 사람인 시도니우스는, 이웃으로서 참고 지내야만 했던 야만족들이 버터와 양파로 요리된 음식을 먹곤 하였다는 식으로 자신의 혐오감을 표현한 바 있다. 양문화는 또한 자연의 재원을 이용하는 두 방식과 7,8세기에 접촉하게 된 두 풍경형태를 각기 나타내 준다. 전자는 로마의 것으로 쇠퇴중에 있고 후자는 게르만의 것으로 발전중에 있었는데, 양자는 점차 혼융되었다.

이 시기 동안 로마가 남긴 영양 섭취방식에 관한 약간의 기록들이 있다. 예컨대 765년 루카의 구빈원에서 부양된 극빈자들은 매일 빵 한 덩이와 포도주 두 잔, 기름으로 튀긴 콩 한 접시를 공급받고 있었다. 가장 신뢰할 만한 전거(典據)는, 6세기 전반기 중부 이탈리아에서 수도원 공동체를 위해 성 베네딕투스가 채택한 규율 중의 39번째와 40번째 항목에 나타나 있다. 이 규율들은 식사 횟수와 먹을 수 있는 음식의 종류, 그리고 마지막으로 1인당 하루분의 식량할당량을 규정하고 있다. 간단히 말해, 베네딕투스 규율은 초기 수도원의 경우에서처럼 잎·뿌리·콩류로 구성되는 식당에서의 음식 제공에 관한 내용을 규정하고 있다. 해당 규율은 날것으로, 혹은 요리해 먹을 이들 음식에 상당량의 빵과 포도주를 부가하여 적고 있다. 따라서 이들 음식의 양은 빵이 더해진 합계보다는 적은 양이었다고 여겨진다. 더 말할 필요도 없이, 여기서 우리는 육신이 허약해진 경우를 제외하고는 절식을 행하고, 특히 육류를 금식하는 사람들을 위해 마련된 매우 특별한 음식을 다루고 있다. 여러 정황을 놓고 볼 때, 이러한 금식 자체가 건강에 해롭지 않은 특별한 방식의 것이기 때문에, 이 지역의 정상적인 식사에서는 육식이 허용되었을 것이다. 그렇지만 성 베네딕투스와 절제의 정신에 의해 그에게 영감을 불어넣어 준 그의 스승들이 이런 종류의 계율을 마련하고자 했을 때, 이들이 당대 농촌사회의 관행에서 거의 벗어나지 않았으리라는 점을 염두에 두어야 한다. 로마 전통의 직접 계승자인 지중해 세계는 토지에서 우선 빵과 포도주, 다음으로 강낭콩과 완두콩, 그리고 정원에서 자란 '잎과 풀', 마지막으로 오일을 기대하였다.

이러한 생계유지 방식은 오래 전 로마의 식민화를 통해 멀리 브르타뉴와 라인 강가의 읍락 주변으로 이식되었고, 게르만족이 문명화된 엘리트의 특성으로 여겨 채택하고자 열망했던 생활방식으로서 새로운 문명의 자체 필요에 의해 수용될 필요가 있었다. 이러한 음식물 섭취 관행은 고전문명의 요소로부터 유래했다는 이유로 모범으로 여겨져 왔다. 그리스도교의 주요 관례에서 음식물의 상징으로 간주되는 두 가지 종류, 즉 빵과 포도주의 섭취 관행은 서구 사회를 통해 문명 진보의 기본 요소로 간주되었으며, 7세기에 이르러 보편화되었다. 북부와 동부의 미개간지에 새로운 수도원들—— 그 구성원들이 성 베네딕투스와 동시대의 이탈리아 농민들처럼 규칙의 준수에 의해 생계를 유지하지 않으면 안 되었던—— 의 설립은, 이러한 전통을 파급시키는 배후 추진력으로 작용하였다. 그렇지만 이같은 설립은 일부 품목을 수입하거나——코르비 수도원의 수사들은 프로방스의 포 항(港)에서 원거리로부터 바다를 통해 들어온 오일을 획득하였다——곡물 생산과 포도 재배에 기초한 적절한 경작체제를 가동하는 것을 의미하였다. 이러한 체제를 위한 원칙과 규정이 라틴 농경학자들의 저술에서 발견되는데, 이 저술들은 여타 잔존한 고전문학과 동일한 이유로 존중되었고, 그것들과 마찬가지로 수도원 필사실에서 필사되었다. 잔존하는 것 중 가장 오래 된 그로마티키(gromatici) 필사본은, 7세기 이탈리아의 보비오 수도원에서 씌어진 것이다. 서유럽의 주요 지역에서 기후가 곡물 성장, 특히 포도 재배에 부적절했을지라도——주로 과다한 습기 때문에——양자는 현저한 진전을 이루었으며, 기후와 강우량의 느린 변화가 이 과정을 촉진하였다고 믿을 만한 이유가 있다. 고대 문명의 우월성을 유지하는 데 주도적 역할을 했던 귀족 가문의 구성원들, 특히 주교들은 자신들의 거주지 가까이에 포도밭을 일구고 경작지의 확대를 꾀하였다. 점차 끝없는 들판이라는 특징을 띠게 된 지중해의 전형적 풍경은 북부로 퍼져 나갔고, 야만족의 세계에도 파급되었다.

　이같은 풍경은 원래 개방지에서의 농경의 필요에 적합하도록 배열되었던 것인데, 지중해 지역의 경우 정규적으로 신선한 물을 공급해 줄 집단취락조직을 필요로 하였다. 로마에 가장 인접한 속주들(provinces)에서, 이 취락조직은 국가관리하의 엄격한 체계하에서 직교방식으로 발전하였는데, 오늘날 항공사진에 의해 북부 아프리카와 이탈리아, 론 강 하류 계곡의 경지형태 밑에 감춰진 원형의 흔적들을 명확히 확인할 수 있다. 곡물이 경작되고 포도와 올리브나무가 재배되는 광대한 영역은 사각형의 꽉 짜여진 대규모 단위로 분할되었다. 지중해에서 멀리 떨어진 지역의 경우, 개간농법에나 적합할 것으로 보이는 고립된 빌라 주위의 한적하고 분산된 장소들에서 경지와 포도밭이 훨씬 덜 계획적으로 분포되어 있었다. 이러한 형태하에서 곡물 생산은 이포제에 의거하였다. 즉 한 해에 수확을 거둔 땅은 이듬해에는 휴경지가 되었다. 휴경지에서는 극소량의 콩류만이 재배되었다. 포도밭을 포함하는 이런 형태의 배치는 경지와 가축 사육용의 목초지를 뚜렷이 구분하는 것을 의미한다. 즉 경지(ager)는 가축 사육용의 초지(saltus)와 가시적으로 구분된다. 갈리아의 중심부로서 핵심적인 로마 문화 보존지역인 오베르뉴 지방의 예를 들어 보자. 이 지방 출신인 투르의 그레고리우스가 쓴 저서의 편린을 통해 우리는 농촌 풍경을 일별할 수 있다. 이 지역의 리마뉴 구역과 산악의 초지(saltus montenses) 구역의 풍경은 현저한 대조를 이루었던 것 같다. 곡물 재배지로 덮여 있고 삼림이 전혀 없는 전자에서는 목재가 없어 땔감으로 짚이 사용되었을 것이며, 낮게 드리워진 농장은 지속적으로 홍수가 범람하여 그 중 다수가 습지화될 위험에 처해 있었다. 산으로 둘러싸인 후자는 평원에 거주하는 귀족에게 사냥물을 공급해 주는 가솔(家率) 사냥꾼과 세상을 피해 숨어 들어온 은자들, 그리고 국가 —— 방목자로부터 방목세를 받는 —— 에 속한 광대한 땅에서 풀을 뜯는 양들의 활동영역이었다.

　이러한 대조는 정주형태면에서도 드러난다. 초지에서는 로마 정복 이전의 초기 정주형태, 즉 옛날의 작은 도로가에 위치한 고지부락이 발견된다. 이들의 별 모양 취락형태는 아직도 농촌 도처에서 볼 수 있으며, 후에 개방농촌에서 켄투리아(centuria, 프랑스어로는 centuriation)[3]의 흔적을 담고 발달된 규칙적이고 직각 모양을 띤 취락형태와는 현저히 구분된다.

---

3) 토지 단위로서의 켄투리아는 1백 헤레디움이나 2백 유게라에 해당하는 직각형태로 분할 구성된 토지를 의미한다.

4) 카스트룸(castrum)과 동의어로 사용되며, 고지부락이나 성채집락을 의미한다. 원래는 요새화되었으나 규모가 작은 로마적 기원의 중심지로서, 제국 말기부터 카스트룸이라는 명칭을 붙였다. 9세기 노르만족 침입 이후 사료상에 카스텔룸이나 카스트룸으로 표현된 것은 로마시대의 것과는 상이하다. 이것들은 토루와 방책으로 구분되고 해자로 둘러싸인 엔클로저로 이루어졌다. 이것들은 인근 주민들의 피난처였고, 소비자들의 거주지였으며, 행정의 중심지였다. 이러한 카스텔룸이나 카스트룸의 특징은 쇠퇴한 로마의 키비타스(civitas)보다 덜 도시적이라는 데 있다. 그렇지만 이후 카스텔룸 옆에 포르투스(portus)가 성장하여 도시로 발전하게 된다.

시도니우스의 표현을 빌리자면, 이들 카스텔라(castella)[4]는 경지 주변에 분산되어 있는 빌라들과는 전혀 상이하다. 7세기 저자들의 어휘 사용방식에서, 대영지의 중앙에 위치하고 그 옆에 농장 건물과 가솔이 사는 오두막집을 거느린 영주의 거처지(domus)와—— 각각의 거처지가 정착의 집중화에 실질적인 중추 역할을 행하였다—— 경지 사이에 분산되어 있고, 식량비축용의 저장실 등 다수의 임시 가건물 사이에 둘러쳐 있는 울타리에 의해 보호되는 농민 가옥(casae)이 구분되고 있었다. 때로 농부들이 거주하는 소규모의 촌락인 비쿠스(vicus)[5]가 발견되고 있는데, 오베르뉴 분지에서는 13군데, 그리고 르망 교구에서는 19군데가 확인되었다. 한동안 울타리 없이 개방되었던 이들 정주지는 6세기부터 출현한 시골 교구들의 중심지가 되었다. 적어도 종교적 측면에서는 이웃한 빌라가 이들 정주지의 부속영역으로 간주되었다.

이런 구조들은 로마 문명의 여타 요소들과 마찬가지로 악화되어 가는 과거의 흔적을 나타내 준다. 그리고 그러한 점진적 쇠퇴 요인 중의 하나는 전통적 음식물 섭취방식의 완만한 변화이다. 교역이 제대로 이루어지지 않아 자급자족이 필수적이었던 갈리아에서는, 요리하고 조명하는 데 돼지기름·비계·밀랍이 오일 대신에 사용되었다. 게르만 침입자들에 의해 유입되고, 승리한 전사들의 위세에 의해 유행하게 된 관습의 영향을 받아 북부 이탈리아에서도 동일한 변화가 발생하였다. 7세기 중엽의 규정들에 의해 판단해 보면, 이탈리아에서 숙련공들의 하루분 식량에는 상당량의 돼지고기가 포함되었음을 알 수 있다. 한편 부유한 가정은 이전보다 많은 양의 사슴고기를 섭취하는 데 익숙하게 되었다. 달리 말해, 황량한 초지에서 얻은 것들이 점점 더 중요한 음식물이 되어갔다. 그러나 평지의

---

5) '거주지'나 '촌락'으로 표현될 수 있으며, 비요새적이고 농촌적인 거주지를 의미한다. 그리고 북해와 영국 해협 근처에서는 중세초의 상인 거주지, 혹은 교역지를 지칭하는 데 사용되기도 한다.

농경이 취약했기 때문에 로마 특유의 풍경 역시 열악해지고 있었다. 그것
은 약탈자들에 의해 서서히 위협받고 파괴되었다. 공공 질서의 쇠락은 이
를 위한 길을 열어 놓았으며, 약탈자들은 부의 손쉬운 축적이 가능한 장
소들에 집중하였다. 동시에 배수담당국은 수로를 효과적으로 조절할 수
없었다. 자각할 수 없을 만큼 서서히 일반 경지의 저지대는 인구가 감소
하여 마침내 소홀히 되었다. 7세기 중에 무수한 빌라들이 방기되었다. 고
고학자들은 경작지 가운데에서 이 장소들을 발견하였으며, 한편 비쿠스는
원래의 모습을 상실하여 단순한 빌라로 변모해 갔다. 이러한 변천은 전반
적인 인구 감소와 궤를 같이하였지만, 서서히 전개된 정주형태의 변화,
즉 둔덕취락으로의 복귀와 초기 원주민의 거주형태의 재출현이 중부 이
탈리아와 프로방스 같은 지중해 인근의 유럽에서 시작되었을 가능성도 있
다. 이처럼 과거 경지가 아니라 초지의 특징이었던 부락형태와 경작방식
으로의 복귀, 그리고 경작용이 아니라 천연 야생지용으로 고안된 문화로
의 복귀라는 면에서 로마의 몰락이 뚜렷하게 드러나고 있었다. 따라서 이
같이 재출현한 정주형태는 게르만족 자신의 정주형태와 매우 유사하였다.

*

　게르만 유형의 풍경은 색슨족의 본거지처럼 로마 문명과 접촉하지 않
은 지역들과, 영국처럼 그 흔적이 미미했던 지역들에서 순순한 상태로 발
견된다. 우리가 살펴보았듯이, 유럽 북반구의 정착 밀도는 갈리아 경우의
1/3에 이를 정도로 희박하였다. 이 지역에서 기후와 토양조건은, 곡류의
씨앗을 뿌리기 이전에 동물이 견인하는 기구를 이용하거나 호미나 삽을
사용하여 토양을 철저히 갈아엎는 작업이 필요하였다. 결국 기술적 어려
움과 인력의 부족으로, 가벼운 쟁기질에 최적합한 토양이나 독일 고지대
의 풍적토와 영국 강가의 충적토에서만 제한적으로 경지 조성이 이루어
졌다. 7세기부터는 이들 야생지에서 개간지가 확대되었던 것 같다. 영국

미들랜즈 지방의 딱딱한 토양에서는 주로 노예나, 그외 자유롭지 못한 사람들의 노동력에 의존하는 경작에 의해 농업 경영이 서서히 뿌리를 내렸던 것 같다. 그러나 이 시기에 독일에서는 농촌 주민이 대체로 소부락들에 산거하였다. 고고학자들의 조사에 따르면, 남서 독일의 튀빙겐 가까이 위치한 이런 종류의 한 장소에서는 6세기초에 기껏해야 20여 명을 부양하기 위해 2,3농가만이 자리잡고 있었다. 이 경우 토양이 매우 비옥하여 경작이 용이했는데도 그러하였다. 한편 예외적으로 확인이 가능한 리페 계곡의 정착지들은 3가옥 이상을 포함했던 것 같다. 고고학자들은 이들 정착지 주변의 가경지들을 10헥타르가 넘지 않는 소규모의 섬들과 같은 모습으로 묘사하고 있다. 이러한 농가 주변의 소규모 경지는, 애초 농가에 바로 인접한 정원으로서 조금씩 개간되기 시작하였다. 쉴새없는 노동력이 투여되고, 농가의 분뇨와 거름에 의해 비옥하게 된 이 땅뙈기들은 궁극적으로 가장 생산적인 경작지를 구성하게 되었다. 또한 〈살리카 법전〉의 조항들이 과일 절도를 중벌금으로 징벌한 예에서 보듯이 약간의 과수도—— 아직은 분명 예외적이었으나——재배되었다. 그리고 개간지 모두가 경지로 활용된 것 같지는 않다. 게르만족들은 정기적인 윤작을 행하였지만, 타키투스가 "경지를 일정 기간 바꾸어 가면서 경작하지만 (일부) 토지는 (공동의 소유로) 남아 있다"고 기록한 바 있는 로마화된 속주들의 경우보다 훨씬 부정기적으로 이를 행하였다. 이들은 비옥도가 떨어지기 시작한 땅을 몇 년씩 계속해서 휴경하고, 여기에 가축을 방목시키며 휴경 이후 회복된 약간의 원거리 땅을 새로운 경지로 조성하였다. 그 결과 채원지(즉 거름과 근육노동에 의해 영구적으로 일구어지는 땅)로 사용되는 중심부의 땅뙈기 너머로 한동안 방기된 땅과, 최근에 다시 경작하게 된 땅이 함께 자리잡고 있는 구역이 펼쳐져 있다. 이들 지역에 씨가 뿌려지자마자 접근을 금지하는 '팻말'이 걸리고, 법은 침입자를 징벌하게 된다. 여전히 상당량의 목재가 생산되고 작물 수확이 일부 서서히 이루어진 지대는 관목으로 둘러쳐져 표시가 되었는데, 이것의 법적 중요도는 게르만족의 모든 법전에서 확증되고 있다. 이런 울타리들은 야생동물로부터 농장을 보호할 목적도 있었지만, 주로 부락민의 토지 소유권을 나타내기 위한 것이었다. 그 경계를 가로지르면 마을 공동체가 전권을 행사하여 집단적으로 이용하는 새로운 광대한 세계가 펼쳐진다. 여기서 봄·가을에 가축 무리가 풀을 뜯는다. 마을 주민들은 또한 사냥을 하고 식량을 획득하며, 가옥 울타리와 도구·난방용의 목재를 잘랐다. 이런 활동들은 정착지 바로 인근의 삼림에 피해를 주기도 하지만, 여타 지역에서는 방대한 삼림이 손상되지 않은 채 유지되었다. 영국의 풍경은 당대 게르마니아와 거의 다르지 않았다. 특히 남동부 등의 일부 지역에서는 개간이 적지않게 이루어졌던 것 같다. 부락들은 상호 근접하였고, 때로 부락들의 공동지가 붙어 있기도 하였다. 이같이 개방지가 계속 확대되었고, 경지 주위에 울타리가 쳐졌다가 수확 이후에는 다시 내려졌으며, 곡식의 씨앗이 발아하면 또다시 세워지곤 하였다. 7세기말경 이니 왕의 법전은, 각 가정 소유의 지조(地條) 외곽에 분포한 공동 소유의 목초지와 중간중간에 경지가 산재해 있는 광활한 삼림, 그리고 여러 마을에 속한 광야의 존재를 확인해 주고 있다. 10세기 자료들은 비경작지 모두가 경계 설정되어 여러 정착부락 사이에 분할되었음을 보여 주고 있다. 반면 이보다 3세기 이른 시기의 초창기 문서들은, 강가를 따라 정착한 농민 공동체들이 아직은 야생지를 공유하지 않았음을 보여 준다.

유럽의 이 미개한 지역에서 접할 수 있는 음식물에 관한 드문 단서들은 실제 모든 지역에서 곡물이 재배되었음을 시사해 준다. 이니 왕 시절 왕가에 식량을 공급할 의무를 진 예속민들은 빵과 포도주를 제공한 것으로 기록되어 있다. 한편 북해의 게르만족 해안에 면한 옛 정착지들에서 발굴된 외양간을 조사한 고고학자들은, 축산물이 주민 생필식품의 절반 정도를 차지하였다고 결론지었다. 그러나 로마화된 지역들보다는 곡류의 역할이 분명히 제한되었던 것 같다. 영국 농민은 또한 자신의 왕에게 상당량의 치즈·버터·어류·밀랍을 제공했으며, W. 아벨은 고고학적 발굴

에 기초하여 중부 독일 부락 주변의 경지가 매우 협소하여 경작자가 필
요로 하는 영양분의 1/3 이상을 공급할 수 없었다고 평가하였다. 결국 주
민들은 식량의 상당 부분을 원예·채원·채집·어로·사냥, 그리고 무엇
보다 가축 사육에 의존하지 않을 수 없었다. 확실히 지금까지 발견된 중
세초 풍경의 흔적들은 농경보다는 목축에 의존하는 생산체제를 시사해
준다. 그리고 사육되는 가축의 종류와 비율이 자연적인 토질에 상응하여
결정되는 만큼 이러한 가축 사육은 혼합적이었다. 야생식물 중에 목초가
압도적으로 많은 구역에서는 황소와 암소의 사육이 일반적이었다. 6-10
세기에 독일의 북해 연안에 면한 소부락의 거점에서 발굴된 뼈의 분포도
를 보면 소가 65퍼센트, 양이 25퍼센트, 돼지가 10퍼센트였다. 차츰 거의
모든 곳에서 참나무와 너도밤나무 수풀이 풍경의 주요 요소가 되어감에
따라, 육류의 상당 부분이 돼지 사육을 통해 공급되었다. 〈살리카 법전〉의
두번째 항목 중 16조항이 돼지 절도와 관련된 것인데, 여기서 도난 가축
의 나이와 성에 따른 보상액이 상세히 거론되어 있다. 한편 영국의 삼림
에는 돼지 사육용의 우리가 여기저기 산재하였던 것 같다.

*

　이같이 농경과 목축이 긴밀히 연계되고 경지가 목초지나 삼림과 혼합
하는 양상은 분명 '야만족'의 농업체제와, 경지와 초지가 분리된 로마의
농업체제를 확연히 구분해 주는 특징이다. 그러나 양체제간의 구분은 중
세초 동안 점차 희미해져 갔다. 이것은 전체로서의 로마 세계가 야만의
상태로 회귀하는 한편, 야만의 세계가 문명화되어 갔기 때문이다. 아마
그리스도교 전파가 삼림 개간을 금기시하는 이교를 서서히 잠식해 갔던
것 같다. 명백히 미개인들은 빵을 먹고 포도주를 마시는 데 점차 익숙해
져 갔다. 게르만 삼림의 중심부에서 토탄지 꽃가루에 대한 연구는 7,8세
기에 페스트 및 여타 질병의 재발에도 불구하고 숲을 개척하여 곡식을

재배하려는 노력이 서서히, 그러나 꾸준히 진행되었음을 보여 준다. 타키투스는 당대의 게르만족이 땅에 곡류만을 심고 포도를 재배하지 않는다는 사실에 놀라워했다. 그렇지만 포도는 이미 〈살리카 법전〉의 형법 조항에서 특별한 보호의 대상이었다. 그리고 8세기에 게르만의 한 대지주가 식량형태의 종신연금을 얻는 대가로 자신의 토지를 포기했을 때마다, 그는 시혜자로부터 상당량의 포도주 급여를 요구했을 것이다.

정확히 말해, 서구에서 특징적인 중세체제가 출현한 것은 이 두 생산체제가 융합함에 의해서였다. 이같은 융합은 아마 보다 일찍 진행되었을 것이며, 양문화간의 접촉이 가장 밀접했던 지역, 말하자면 프랑크족 갈리아의 중심부였던 파리 분지에서 보다 신속하게 결실을 맺었다. 이곳에서는 광대한 삼림지가 계속 존재해 왔다. 6,7세기 르망 교구 주교들의 유언장을 통해, 그 구조를 알 수 있는 대영지들은 대부분 삼림과 황무지로 덮여 있었다. 그러나 야생식물이 자라는 지역과 게르만적 방식으로 경작되는 땅은, 로마의 농경방식이 채택되기 훨씬 이전부터 개간된 개방지(plana)에 인접해 있었다. 그렇기 때문에 시골 주변의 경작과정을 보여 주는 명시된 첫번째의 문서들, 그리고 8세기말과 9세기초 카롤링거 왕조 왕들의 명령으로 작성된 행정 안내서와 장원 명세장들 역시 바로 이러한 접촉영역을 다루고 있는 것이다. 미개한 농민집단이 경작하고, 남쪽으로 뻗어 있는 열악한 조건의 시골과 기후나 토질면에서 비교적 좋은 조건하에 있는 지역간에 평형이 이루어지는 중추점에서, 이 자료들은 왕이나 대수도원의 대리인들에 의해 관리된 생산 단위들을 묘사해 주고 있다. 이것들은 분명 선도적 농업 경영에 관하여 심혈을 기울여 작성된 기록들이다. 우리가 최상으로 농장의 생산성을 측정하기 원한다면, 이 자료들 속의 정보들은 의거할 만하다.

이 문서들 중에 수도원 재산——종교 공동체가 의례용의 음식물 공급을 위해 우선적으로 제빵용의 모든 곡식과 포도주 생산을 요구하는 영지——의 내역을 담고 있지 않는 극소수의 경우들은, 초지의 유익한 경작이 차지하는 상당한 역할을 나타내 준다. 〈드 빌리스 법령집〉의 몇 장은, 왕령지의 집사들에게 경지보다는 가축 사육과 정착민의 침해로부터 삼림지를 방어하는 면에 보다 많은 관심을 기울일 것을 촉구하고 있다. 8세기말경 안나프의 왕령지를 방문한 조사원들이 저장실과 곡물창고에 저장된 재고 식량을 조사하게 되었을 때, 이들은 비교적 소량의 곡식과 다량의 치즈 및 구운 베이컨을 발견하였다. 그렇지만 그들이 작성한 목록 역시 동일하게 곡식을 가공하는 기구인 방앗간과 양조장—— 영주가 자신의 필요를 위해 세웠으나, 관습에 따라 일정량을 공제하는 대가로 이웃 농민들도 이용하게 한—— 이, 그 소유자에게 상당량의 곡물 농산물을 정규적으로 보장해 주고 있음을 보여 준다. 이 사실은 여전히 목가적 특성을 띠고 있는 지역과 소규모 농장에서조차 목초지가 생산체제 안으로 통합되어 갔음을 증명해 준다.

경지의 식량 공급을 충분히 담보하기 위해서는 때때로 휴경을 하고, 거름을 준 후 경작함으로써 경지의 비옥도를 유지하는 일이 필수적이었다. 곡물 생산은 이같이 연관된 세 가지 작업의 효율성에 의존하였다. 하지만 효율성 자체는 가축 사육의 질과 서로 관계가 있었다. 쟁기질은 쟁기를 끄는 가축의 수와 강인함 정도에 비례하여 그 횟수가 증가하고 효율적일 수 있었다. 휴경지에서 방목되는 가축수가 많을수록 천연 거름이 보다 효력을 발휘하였다. 그리고 목초지에 뿌려질 수 있는 분뇨의 양은, 겨울철 외양간에서 키워지는 소와 양의 규모에 따른다. 목축과 농경활동간의 상호 의존성이 유럽의 전통적인 경작체제의 특성이었다.

8세기 문서들은 가축에 관한 정보를 거의 제공해 주고 있지 않다. 이런 사실은 대영지의 외양간들에서 사육되는 가축이 드물었음을 의미한다. 아마 예속농가에서 사육되는 가축들이 영주 직영지의 지력을 회복하는 데 일조했던 것 같다. 이 가축들은 영주의 휴경지에 풀을 뜯으러 오고, 또 쟁기질하는 데 이용되었을 것이다. 그럼에도 불구하고 가축이 현저히 부족했다는 인상을 지울 수 없다. 이에 대한 설명은 이같이 후진된 문명의 경우 식량 획득이 힘겨웠다는 사실에서 알 수 있다. 사람들은 가축을 식량 소비의 경쟁자로 여겼을 것이며, 그 결과 가축의 부족과 허약이 농업 생산량의 부족에서 직접 비롯되었음을 깨닫지 못했을 것이다. 쟁기용 가축이 너무 적어 경작이 시초부터 제대로 되지 않았다. 영주의 직영지에서 행할 부역의 목록표가 카롤링거 왕조 대영지의 명세장으로부터 확인되고 있다. 즉 가을에 두 번의 쟁기질 후 밀·호밀·가축 사료용 밀을 심고, 세 번째 쟁기질 후 귀리를 심었다. 이런 정도의 작업으로는 충분한 쟁기질이 되지 못했다. 왜냐하면 경작도구가 초보 수준이었고, 무기력한 황소가 쟁기를 끌었기 때문이다. 아마 땅을 일구고 파는 근육노동자들이 이 작업을 보완했을 것이다. 1년에 한 번 베르덩 수도원의 종속민들은 쟁기질이 시작되기 전 영주의 직영지 일부 윗부분을 깨뜨리는 작업을 행하였다. 즉 대영지의 소작농에 부과된 부담들 중 근육노동에 의한 부역의 비중이 상당했는데, 이는 효율성이 낮은 쟁기의 보완이라는 의미로 해석될 수 있다. 그러나 인력 또한 부족하였다. 인력 부족과 장비의 낙후로 토양이 충분한 비옥도를 회복할 수 없었다.

그러므로 토지를 과도하게 이용하지 않고 장기에 걸친 휴식을 허용하며, 매년 한정된 경지만을 경작하는 것이 필수적이었다. 상세한 농장 명세장을 작성할 책임을 진 관리인의 조사는 윤작에 대한 정보를 거의 제공해 주고 있지 않다. 9세기 중 파리 분지의 대농장에서, 예년에 겨울작물을 수확했던 경지에 봄작물의 씨앗을 콩류와 더불어 파종했음은 거의 확실하다. 결과적으로 생-타망 수도원의 영지는 균등하게 세 부분으로 분할되어 경지의 1/3만이 매년 휴경되었다. 파리 근교의 영지들에서 유사한 삼포식(三浦式) 윤작이 행해지고 있었다. 목축들은 이들이 파종된 경지로 접근하는 것을 막기 위해 쳐진 임시 울타리 내 휴경지에서 풀을 뜯었지만, 토양을 충분히 비옥케 하기에는 이들의 수가 턱없이 부족했을 것이다. 그런 까닭에 봄작물 수확량은 겨울작물의 경우보다 항시 훨씬 적었으며, 연이어 몇 년씩 경지가 경작되지 않는 경우도 종종 있었다. 플랑드르

지방의 생-피에르-오-몽-블랑 수도원 영지에서는 한 경지가 3년에 한 번씩만 경작되었다. 부적절한 장비와 가축의 부족으로 인해 결국 농부들은 가경지역을 널리 확대하지 않을 수 없었다.

마지막으로 가축의 분뇨 공급이 극히 제한적이었던 것으로 보인다. 바이에른 지방 스타펠스 수도원의 수사들은 소작농들로 하여금 직영지에 분뇨를 정규적으로 뿌리도록 강권하였으나, 그 양은 보잘것 없었다. 농민의 의무를 상세히 기재한 다른 명세장들은 이 부담을 거론조차 하고 있지 않다. 우리는 거름주기가 당대의 농업 경영에서 실제로 행한 역할이 거의 없었다고 결론지을 수 있다. 가축수가 극히 적었던 외양간에서 긁어낸 소량의 분뇨는, 거의 전적으로 이를 가장 필요로 하는 채원지와 포도원에만 뿌려졌을 것이다. 그렇지만 퇴비의 공급을 절실히 필요로 하는 지역들도 일부 있었다. 저지대와 베스트팔렌 지방에서 중세의 시초부터 몇 세기 동안 황야에서 진흙을 운반해 왔고, 근처의 삼림으로부터 부식토를 가져와 토양을 완전히 이식했을 뿐 아니라, 이를 현저히 개선시켜 온 고대의 지대들이 존재했음을 고고학자들이 밝혀 주고 있다. 그러나 토양에 활기를 불어넣는 이러한 방법이 여타 지역에서 널리 행해졌음을 나타내 주는 자료는 없다. 농업상의 진보가 이미 얼마 동안 진행되어 온 9세기뿐만 아니라, 타지역보다 현저히 발달한 일-드-프랑스와 같은 지역도 고된 근육노동에 의한 생산량은 여전히 매우 적었던 것 같다.

이러한 생산방식하의 생산 수준을 측정하기란 참으로 어렵다. 오직 하나의 문서만이 이에 대한 숫자 자료를 제공해 주는데, 더욱이 이 자료에 대한 해석 또한 극도로 미묘한 문제이다. 이 자료는 안나프 왕령지 명세장이다. 이 명세장은 한편으로 조사 시기, 즉 가을과 봄의 파종 사이인 겨울 동안 창고에 저장되어 있는 곡물량과 이미 파종된 곡물의 씨앗량에 대한 평가를 담고 있다. 이 두 가지 수치를 비교해 보면, 주농장에서 새로운 파종을 위해 예년의 사료용 밀 수확량의 54퍼센트, 밀 수확량의 60퍼센트, 보리 수확량의 62퍼센트, 그리고 호밀 수확량 전부를 비축하여야 했음을 알 수 있다. 달리 말해, 그해 이 네 가지 작물의 수확량은 각기 파종된 씨앗량의 1.8배, 1.7배, 1.6배, 그리고 1.0배로서, 마지막의 것은 전혀 증가가 없는 셈이다. 이 비율은 너무 낮아 그것이 실제와 일치될 수 있을까 하는 점에 대해 사가들은 의문을 표해 왔다. 하지만 이러한 평가가 도출된 해에는 수확이 미진했으며, 전년도분의 보리와 귀리가 상당량 비축되어 있었던 것으로 보아, 적어도 그 전년보다는 생산이 나쁜 상태였음을 상기해야 한다. 더욱이 중심 장원의 부속 농장에서는 생산성이 약간 높아 보리 생산성이 2.2:1에 달하였다. 게다가 다른 자료를 보아도 1.6:1 내지 2.2:1에 달하는 이러한 수준의 생산성이 초기 농업에서는 전혀 예외적이지 않았음은 분명하다. 이같이 미약한 생산성 수치는 또한 보다 늦은 14세기의 폴란드와 특별히 메마르지 않은 노르망디의 일부 지방에서도 확인되고 있다. 마지막으로 카롤링거 왕조 문서들의 일부 편린은, 당시 대지주들이 자신의 영지에서 높은 수준의 생산성을 기대하지 않았음을 보여 주고 있다. 매년 6천여 메딤노스(medimnos)[6]의 곡식을 소비했던 롬바르디아의 산 줄리아 수도원은 이를 얻기 위해 9천 개의 낟알을 뿌렸는데, 이는 영주에게 정상적으로 귀속되는 수확물 비율이 씨앗량 대비 1.7:1임을 의미한다. 6백50메딤노스의 낟알을 직영지에 뿌렸던 파리의 생-제르맹-데-프레 수도원의 한 장원에서, 예속민에 부과된 부역량은 4백 메딤노스 정도의 잉여를 예상하여 정해졌다. 여기서도 예상되는 생산 비율은 1.6:1에 근접하고 있다. 그러므로 상당 규모의 인력을 필요로 하면서도 식량을 별로 제공해 주지 못하는, 보다 방대한 규모의 일반적인 곡물 경작에 대한 모호하나 그래도 의존할 만한 모습을 그려 보기로 하자. 적어도 수확물 중에서 식량분에 상당하는 양을 다음해의 파종용으로 비축해야 하고——이 저장식량도 한 해 내내 쥐 등에 의해 갉아먹히고 썩어 망가진다——가을 또는 봄날씨가 극히 습할 경우, 이 극소치의 잉여분조차

---

6) 곡물 단위로서 1메딤노스는 약 1.4부셸에 해당한다.

공제되는 상황을 겪지 않을 수 없었던 이 당시 유럽인들은 영구적으로 기근의 망령 속에서 살았다.

야만적인 약탈에 의한 수익에도 불구하고, 또한 방목과 원예생산물의 상당한 기여에도 불구하고, 농촌 노동력의 미약한 생산성은 특히 식생활을 주로 빵에 의존하는 지역들에서 기근의 위협이 상존한 이유를 설명해 준다. 그리고 여전히 산거하고 있는 주민들이 땅을 활력 있게 경작하지 못한 이유는 밀 경작의 생산성이 극히 낮았기 때문이라고 보아야 한다. 투르의 그레고리우스는 갈리아의 가장 문명화된 지역에서 '포도씨, 개암나무 꽃, 심지어는 양치류 뿌리'를 비롯하여 사실상 어느것으로부터나 식량을 만들고자 했으며, 또 그러한 야생초를 소화해야 함으로써 그들의 위장이 팽배해 버린 사람들을 묘사한 바 있었다. 무덤들은 인간의 생물학적 결핍에 대한 가장 명확한 증거를 제시해 준다. 10,1세기 헝가리 묘지들에 대한 연구를 기초로 해서 지금까지 것 중 가장 풍부한 정보를 제공해 준 관찰이 이루어졌는데, 이 지역의 생활조건은 7,8세기 이보다 훨씬 서쪽에 위치한 지역보다 나을 게 없었다.[7] 가장 주목할 만한 발견은 유아사망률이 높았다는 사실이다. 부유한 가정의 무덤에서는 덜 그러했지만, 유아의 뼈가 전체의 40퍼센트 가량을 차지하고 있었다. 질병을 겪은 5명 중 1명이 돌이 되기 전 사망하였고, 5명 중 2명이 14세 이전에 사망하였다. 성인 중에서는 특히 젊은 어머니의 사망률이 높았는데, 20세 이전에 사망한 기혼여성의 경우는 평균 0.22명, 20-23세 여성은 1.0명, 폐경기에 이를 때까지 생존한 경우는 2.81명을 출산하였다. 우리는 이 사회에서 인구 증가율이 얼마나 낮았는지를 알 수 있다. 그럼에도 불구하고 헝가리 묘지 내 부유한 가정의 무덤들에서 유아 뼈의 비율은 유럽 쪽보다 낮았다. 분명 7세

---

7) G. Acsadi, 〈Les résultats des recherches paléodémographiques sur la mort lité hongroise au Moyen Age〉(en hongrois), *Törteneti Statistikai Evkönyv*, 1963-1964; J. Nemeskeri et A. Kralovanszky, 〈Estimations de la population de Szekesfehervar aux Xe-XIe siècles〉(en hongrois), *Szekesfehervar evszazadai*, 1967.

기에 유럽의 가장 뒤떨어진 극동부와 북부·서부지역들에서 사회적 계급 분화가 거의 이루어지지 않은 소수의 수렵족이나 어로족이 여전히 존재하였지만, 이때까지는 해당 지역들이 정착지화되었을 게 틀림없다. 여타 모든 지역에서는 성장의 물줄기가 마련되었다. 영주층은 농민을 수탈하고, 이들을 강제하여 원시경제의 특징인 많은 여가시간을 현저히 줄이고, 보다 정력적으로 자연에 투쟁하여 영주의 식솔을 위한 약간의 잉여를 창출하도록 하였다.

2

사회구조

　로마 사회도 게르만 사회도 동등한 자들로 구성되어 있지 않았다. 양자는 동일하게 로마제국의 원로원 계급을 구성하였고, 게르만족 족장들의 친족과 동료를 포괄하게 된 귀족의 특출함을 인정하였다. 적어도 일부 부족에서는 이들의 직계후손들이 자신의 혈통에 의해 법적·마술적 권위를 부여받았던 것으로 보인다. 양사회는 노예제를 시행하였고, 계속된 전쟁을 통해 노예계급의 수를 유지하였으며, 매년 여름 이웃 민족의 영토에 침입함으로써 노예를 충원하였다. 게르만족의 이동은 로마 귀족을 농촌화하고 이들을 게르만 귀족과 융합시킴으로써, 나아가 전투영역을 확대하여 노예제에 활력을 불어넣음으로써 이러한 불평등을 고착시켰다. 이같은 활력은 혼미스러운 그리스도교 세계 내 상이한 민족집단들이 직면하게 되는 경계지역 그 어디에서나 발견되고 있었다. 그 결과 근본적으로 구분되는 세 경제집단, 즉 전적으로 소외된 노예와 자유농, 그리고 다른 사람의 수고와 그 결실을 취하는 영주들(magnates principes nobiles)이 출현하고 있었다. 생산, 소비, 부의 이동 등 경제의 모든 향배가 이들 사이에서 부와 권력의 분배에 의해 결정된 것이었다.

1. 노 예

현존하는 자료들은 7,8세기 유럽에서 라틴어로 세르부스(servus, 남자 노예)나 앙킬라(anchilla, 여자 노예)로 지칭된, 혹은 사람이라기보다는 물건으로서의 노예의 지위를 보다 생생하게 표현해 주는 중성명사 만키피아(mancipia)로 지칭된 다수의 남녀가 존재했음을 드러내 주고 있다. 실제 이들은 요람에서 무덤까지 한 주인에게 예속되었으며, 어머니가 노예인 상태에서 태어난 아이들은 어머니와 마찬가지로 예속상태에서 살도록 운명지어져 있었다. 이들은 자신의 것이라고 부를 수 있는 것이 전혀 없었다. 이들은 도구였다. 즉 이들의 소유주가 마음대로 통제하고 살려 줄 수 있으며, 이들을 자신의 법적 책임하에 두면서 자신이 원하는 대로 징벌할 수 있는 동시에 팔거나 추방시킬 수 있는 살아 있는 도구였다. 그들은 적절한 조건하에서는 가치 있는 도구였으나, 여하튼 일부 구역에서는 비교적 저렴한 가격으로 매매되었던 것 같다. 775년 밀라노에서 한 프랑크족 소년은 2솔리두스[8]에 팔릴 수 있었다. (말의 가격은 15솔리두스였다.) 전쟁이 휩쓸고 간 지역 인근에서 일반 농민이 이러한 노예 하나를 소유하는 것은 전혀 이상한 일이 아니었다. 9세기 플랑드르의 생-베르탱 수도원 소속의 한 장원에서, 자신의 책임하에 25헥타르의 경지를 경영했던 장원 관리인은 12명의 노예를 두고 있었다. 한편 아우스트라시아의 프륌 수도원의 영주권에 예속되어 있던 소농들은, 자신들이 행해야 할 건초만들기와 수확의 부역을 자신들의 여자 노예에게 떠맡겼다. 세속귀족이건 교회귀족이건 모든 귀족가정은 예속민 지위의 식솔을 두고 있었다. 572년 르망 교구의 주교가 자신의 교회에 양도한 빌라에는 10명의 하인, 즉

---

8) 312년경 콘스탄티누스 대제에 의해 주조된 금화이다. 이 금화는 비잔틴 제국의 경우 1453년까지 계속해서 사용되었다.

어린아이가 딸린 한 부부와 남자 하인 4명, 여자 하인 2명, 그리고 삼림에서 말떼를 돌볼 책임이 있는 머슴 1명이 있었다. 3세기 후, 프랑켄에 위치한 이런 종류의 소규모 세속장원도 비슷한 양상이었다. 즉 식솔로서 아내와 아이들 및 미혼의 동생을 거느린 노예 1명과, 누이들과 어린 남매를 둔 또 다른 노예로 구성되어 있었다. 이들은 이름을 통하여 최소 3세대 이전에 프랑크족이 색슨족과 슬라브족을 상대로 벌인 전쟁중 팔린 포로의 후손이라는 것을 알 수 있다.

이런 예들은 임신·전쟁·거래를 통해 예속민들이 충원되고 있었음을 보여 준다. 또한 법전은 자유민이 심하게 압박받을 경우 자신의 지위를 저버리거나, 혹은 그가 저지른 범죄에 대한 징벌로써 예속상태에 빠질 수 있음을 적시(摘示)하고 있다. 그리스도교는 노예제를 비난하지 않았다. 교회는 이를 부수적으로 다루고 있을 따름이었다. 교회는 단지 세례인을 노예화하는 것을 금지했으며, 이런 금지령은 여타의 많은 금지령들과 마찬가지로 아마 존중되지 않았을 것이다. 동시에 그리스도교는 노예해방을 경건행위로 선언했으며, 이는 특히 메로빙거 왕조의 주교들로부터 호응을 받았다. 그리스도교가 개입하여 얻어낸 가장 명백한 효과는 비자유민의 가족구성권을 인정하도록 한 것이었다. 7세기 이탈리아에서 노예와 자유민 여자 사이의 혼인 금지가 허용으로 바뀌고, 후에 양자 사이의 통혼이 일반화됨에 따라 노예가 합법적인 결혼을 할 수 있다는 관념이 수용되어졌다. 해방조치와 마찬가지로 계층간의 분리가 점차 해소되어 나가는 확실한 조짐인 이런 종류의 혼합과 융합으로, 완전한 자유와 완전한 자유의 결핍 사이의 여러 법적 범주들이 나타나게 되었다. 당시 법의 주요 관심은, 공격이 가해질 경우 특별 보상금 지불을 명백히 보증하기 위하여 개인별 가치를 정확히 규정하는 일이었다. 그 결과 법은 여러 범주의 법적 계층을 상세히 구분지었다. 예컨대 643년 공표된 롬바르디아 왕 로타르의 칙령은 해방된, 그리고 절반만 해방된 사람들을 자유민과 노예 사이에 위치짓고 있다. 하지만 이들이 더 이상 예속망에 철저히 묶여 있지는 않았을지라도, 이들은 자신의 노동력과 동산에 대한 소유권을 주장해 온 영주들에게 여전히 종속되어 있었다. 무제한적 노동력을 무보수로 징발당하고, 자신의 자식과 동산이 다른 사람의 처분하에 놓인 상당수의 개인들이 사회에 존재했다는 점이 당대 경제구조의 근본적 특징을 드러내 준다. 장기적 관점에서는 예속민층과 자유농간의 혼합과 융합 방향으로 이끌고, 노예제적 경제구조를 급격히 쇠퇴하게 하는 경향을 띤 흐름이 서서히 나타나고 있었을지라도 일시적으로는 이러하였다.

2. 자유민

법조항들과 여기에 적시된 개인들의 지위가 여전히 예속과 자유간의 구분선으로 작용하고 있었다. 당시 자유의 의미는 개인의 독립성이 아니라, 공공 제도에 참여할 수 있는 사람들(populus)에 속한다는 속성을 지니고 있었다. 게르만 사회가 자유인단에 의존하고 있었기 때문에 이런 구분은 보다 후진적인 지역들에서 현저하였다. 무기를 소지하고 매년 봄 원정에서 지휘자를 따르며, 그 결과 전리품을 공유하는 권리 일체를 향유하는지의 여부가 자유를 가늠하는 기본 기준이었다. 자유는 또한 정기적으로 법을 선포하기 위해 회합하고, 재판에 참여하는 의무를 포함하고 있었다. 마지막으로 자유는 황무지의 공동 이용이나, '이웃(vicini)' 공동체에 외래인을 인정할 것인지의 여부를 결정할 권리를 의미하였다.

로마화된 속주들에서 농민의 자유는 보다 더 침해되었으며, 자유농이 가혹한 유형의 경제적 착취에 종속되기도 하였다. 이런 종속은 토지 영주권과 관련될 때 뚜렷이 부각되었다. 대다수는 아닐지라도 상당수의 농민은 다른 사람의 땅을 경작하는 콜로누스였다. 외견상은 자유민이었으나, 실제 이들은 자신의 독립성에 심각한 제약을 가하는 제 형태의 부담에서 벗어나지 못하였다. 이들의 군사 의무는 전업 전사의 부양을 위해 제공해

야 할 부담으로 전환되었다. 그 결과 자유상태와 노예제의 완화된 형태간의 구분이 극도로 희미해지고, 그 구분이 점차 소멸해 가는 양상을 띠게 되었다. 그럼에도 불구하고 자유민이 자신의 자유를 완전히 상실하지는 않았다. 특히 갈리아의 경우 자유농이 실질적으로 계속해서 공동체의 이웃 주민으로서, 그리고 공동지 이용권 보유자로서 존재해 왔다. 이러한 공동지는 10,1세기 부르고뉴의 문서들에서 여전히 '자유민의 땅(terra francorum)'으로 불리었다.

*

다양한 역사자료들이 농촌사회의 이러한 근본 토대에 관해 충분한 정보를 제공해 주는 경우란 극히 드물다. 거의 모든 문서가 영주권에 관련되어 있고, 또 그런 만큼 문서의 내용이 영주권에 종속되지 않은 사람들에 대해서는 말해 주는 바가 적다. 하지만 이 정도 수준에서나마 농촌 생산의 기본 단위, 즉 혈연관계에 있고 조상으로부터 물려받은 땅을 함께 경작하는 한 조의 경작자들이 발견되고 있다. 농민의 가족구조를 파악하기란 매우 힘들다. 이에 대한 가장 명확한 사료는 역시 카롤링거 왕조의 것들이다. 소농지 단위로 정착하고, 영주권에 예속된 이들 소농들은 다수의 대영지 명세장들에 세밀하게 열거되어 있다. 이 명세장들에는 부모와 그 자식들로 제한된 친족집단의 모습이 제시되어 있다. 때로 미혼의 형제나 누이가 그 일부분을 구성하였으나 이보다 먼 관계의 친족이 이에 포함되었던 것 같지는 않으며, 항상 아들들은 아내를 맞아들여 새로운 가정을 마련했던 것으로 보인다. 영주권에 종속되지 않은 농가의 경우도 가족구조가 유사했는지는 확신할 수 없다. 우리는 당시 한 수도원의 세습영지에 귀속된 —— 바로 이러한 이유로 명세장에 묘사되어 있다 —— 가족들의 모습을 그려 보고자 한다. 이 경우 여러 부부와 그 자식들을 모두 합쳐 20명 가량이 같은 농장에 함께 거처했던 것 같으며, 가내노예는 거의 알려져 있지 않다. 그렇지만 부계구조를 갖춘 대규모 친족집단의 존재는 확인되고 있지 않다. 당대 농민가정은 오늘날 전통 고장이 상존해 있는 유럽 지역들에서 접하게 되는 농민가정과 규모면에서 거의 다를 바 없었다. 789년에 작성된 샤를마뉴의 한 법령집을 통해 가족집단 구성원간에 부담이 공유되는 방식을 엿볼 수 있다. 여자들에게는 의복만들기·옷감자르기·바느질·세탁·양털빗기·아마실잣기·양털깎기 등의 임무가 할당되었다. 남자들에게는 경지나 포도밭, 초지의 경작, 사냥, 손수레몰기, 개간, 돌자르기, 가옥과 담세우기 —— 이들에게 부여된 군사적·법적 의무에 부가하여 —— 임무가 할당되었다.

  가족 단위가 토양에 뿌리 내리는 방식과 또 각 단위별로 노력을 경주하는 대상이 되는, 더불어 생계를 마련하는 수단이 되는 재산에 대한 권리는 보다 명확히 파악될 수 있다. 이 경우에도 농민의 재산은 이것의 실제 소유주, 즉 그 재산을 수탈의 물적 대상으로서 간주하는 영주들의 눈을 통해서만 확인 가능하다. 이 재산은 우연한 사건, 결연, 이주와 도망 등에 의해 항상 이동할 염려가 있는 사람들보다 실체적이고 확고하며 보다 안정된 기반 위에 있었다. 그럼에도 불구하고 이 사회에서는 사람들이 유기적으로 결속하는 단일가족체 중심으로 강하게 밀착되어 있었다. 뿐만 아니라 가족구성원이 난로를 중심으로 함께 둘러앉고 더불어 식량을 저장해 두는 고정된 거주지와, 가솔에 식량을 제공해 주는 주변 경지 내 여러 분산된 땅뙈기에 대해서도 사람들은 동일한 애착심을 보였다. 영국에서는 이러한 기본 단위의 땅뙈기 —— 이를 포괄하는 공동체 경지의 공동경작 대상이 되는 —— 가 '하이드(hide)'로, 게르마니아에서는 '후페(huba)'로 지칭되었다. 성(聖) 가경자(可敬者) 비드는 '하이드'를 라틴어로 '한 가족의 땅(terra unius familiae)'으로 번역하였다. 635-657년 중부 파리 분지에서 작성된 라틴어 문서에서 '만수스(mansus, 프랑스어로는 manse)' 개념이 이러한 취지로 처음 사용되었다. 차츰 이 용어는 부르고뉴·모젤 강 유역·플랑드르·앙주 지방으로 퍼져 나갔지만, 8세기 중엽까지는 널리 사용되지 않았다. 이 용어는 거주에 강조점을 두고 있다. 즉 그 뜻이 주로 가족구성원이 가축의 양식과 더불어 거처하고 있는, 범할 수 없는 지점을 표시해 주는 정확한 경계에 의해 둘러싸인 가옥과 택지를 가리키고 있다. 그러나 하이드·후페와 마찬가지로 이 용어는 해당 거주영역을 중심부로 포괄하는 재산의 전체영역을 의미하게 되었다. 즉 채원지와 경지, 그리고 관습적 권리로서 차지하는 방목지와 황무지 지대의 분산된 부속물까지를 포괄하는 의미로 사용되었다. 사람들은 '망스'에 전통적 가치를 부여하고, 이 개념을 한 가족의 부양에 적절한 토지 면적을 포괄하는 한 단위로서 사용하기조차 하였다. 하이드 또는 후페 역시 한 중쟁기가 한 해에 정상적으로 경작할 수 있는 가경 면적을 의미하는 '하루갈이 땅(terre d'une charrue)'⁹⁾으로서 언급되고 있는데, 그 면적은 1백20에이커 또는 1백20일간 3계절로 나뉘어 경작되는 영역에 해당하였다. 농민가정을 부양해 주는 농장의 면적은 정착 유형과 관련하여 상이하였다. 마을들이 비교적 짜임새 있게 구성된 개방지에서는, 한 가족에 속한 땅이 다른 망스들의 외떨어진 부분과 혼재되어 널리 분산되어 있었을 것이다. 한편 초지로부터 개척된 소규모 개간지에서는 개별 망스가 하나의 단위로서 함께 결합되어 있었을 것이다. 이같은 가족 토지는 동일하게 여전히 가옥과 택지를 기초로 하여 확장되었고, 또 이에 거주하고 있는 사람들의 노동력에 의해 비옥하게 되었다. 여기에서 생산된 모든 것이 생산자의 것으로 되건, 아니면 그것이 자신의 소유분을 공고히 하기 위해 모든 노력을 기울인 귀족에게 양도되건, 또는 점유자가 자유농이건 아니건 간에, 이 사실은 변함이 없었다.

---

9) charrue는 중쟁기나 쟁기질 자체를 의미하기도 하고, 종종 하루갈이의 땅, 즉 쟁기 하나로 하루하루 경작하여 한 해 경작할 수 있는 넓이의 땅을 의미하기도 한다. charrue는 면적 단위로 쓰이곤 하는데, 그 넓이는 지방마다 차이가 있으나 대체로 90-120아르팡(1아르팡은 약 1에이커) 정도이다.

3. 영주

   일부 망스는 보다 방대하고 배열이 잘 되어 있긴 했으나, 구조적인 면에서 농민이 점유한 것들과 유사하였다. 이 망스에는 주로 노예와 가축이 자리잡고 있었고, 그 부속물들은 널리 분산되어 있었다. 고전 라틴어 사용이 계속된 지역들에서 이 망스들은 빌라(villa)로 지칭되었고, 종종 실제로 이전의 로마 빌라의 거점에 확립되기도 하였다. 이 망스들은 세력가들, 즉 귀족과 교회단체에 속하였다.

   야만족의 이동 이후 확립된 정치체제에서 군대를 전장으로 이끌고, 사람들간에 대한 재판을 주관하는 명령권은 왕의 권한이었다. 왕은 출생에 의해 이 권한을 상속하였다. 이같은 왕조적 특성은 상당 부분 왕가의 경제적 지위를 결정지었다. 상속은 왕의 수중에 재산 축적을 가능하게 해주었다. 그러나 상속 관행은 다른 가문과 마찬가지로 왕가에도 동일하게 적용되었고, 게르만 관습의 유포 이후 상속자간의 동등한 세습재산 분할원칙이 보편화된 이래, 왕령지는 여타 세속영지와 마찬가지로 매 세대마다 분할될 위험에 처해 있었다. 그렇지만 다양한 특권이 분할상속의 효과를 지속적으로 상쇄해 주었기 때문에, 왕령지는 여전히 가장 방대한 영지를 구성하였다. 결과적으로 왕 자신도 항상 대규모 가솔의 가장이라는 입지에서 출발하였다. 가내적 유대에 의해 통치자에 결류된 사람들의 회합은, 후기 로마제국에서 유래하여 당대까지 사용된 어휘인 팔라티움(palatium, 프랑스어로는 palais)[10]으로 불리었으며, 그 규모는 왕국 내 여타 가솔의 규모를 훨씬 능가하였다. 그것은 왕이 자신의 친족집단과 종사집단에 귀족 태생의 다수의 젊은이들을 결합한 것이었다. 이 젊은이들은 왕의 시중을 들며 자신의 교육을 완수하고, 여러 해 동안 궁전에서 훈육을 받

---

10) 원래 palatium은 palatine 언덕에 위치했던 여러 곳의 황제 거주지를 의미했다.

았다. 덧붙여 일단의 친우와 성실 서약자집단이 통치자를 에워싸는데, 이들은 자신들에게 예외적인 개인적 가치를 부여해 주는 특별한 종류의 서약에 의해 통치자와 결류되어 있었다. 모든 야만족 법전은 이들의 피의 가치를 일반 자유민보다 상당히 높게 정하고 있다. 왕의 친족과 신임받는 일부 동료는 왕권을 공고히 할 목적으로 왕궁에서 원거리에 파송되거나, 그런 지역에 분산되어 거주하였다. 왕의 가솔 일부가 분산된 반면 상당 비율의 귀족 가문 젊은이들이 일시적으로 왕궁에 모여들고, 더불어 왕궁 주변에서 결연을 통해 촘촘한 친족 유대망이 이루어짐으로써, 통치자 주변에서 긴밀한 관계들이 확립되었다. 이 집단은 계속해서 수백 명의 사람을 포괄하였는데, 로타르 왕의 칙령에서 '왕국귀족(adelingi)'으로 지칭된 사람들이 그 전형이었다.

다양한 진영으로 구성되고, 정복부족 족장의 후손들이 잔존한 로마 원로원 계급의 후손과 통혼함에 따라 융합된 이 귀족층은 왕권의 부산물이었던 것으로 보인다. 왕이 분배해 준 선물, 특히 왕이 자신의 친구들에게 보다 관대하게 분배한 전리품과 왕이 자신의 백작과 공작——왕이 자신의 이름으로 일정 지방의 통치를 위임해 준——에게 부여한 권력, 그리고 왕이 수여한 고위 교회관직 등을 통해 귀족들이 부를 획득했음을 우리는 알고 있다.

당시 신의 종복에게 적절하다고 여겨진 세속권한을 부여받은 그리스도교 교회는 강대한 자들 사이에서 자신의 자리를 점하였다. 교회는 깊이 뿌리를 내렸고, 또한 부유하였다. 막대하고 꾸준한 수입을 집단적으로 향유한 대규모의 가솔들이 성당 주변이나 수도원에 거처하고 있었다. 경건한 기증이 신속히 이루어짐으로써 교회의 세습재산은 증가하였다. 이러한 수단에 의해 645년에 설립된 노르망디의 퐁트넬 수도원은 3/4세기가 지나기도 전에 막대한 재산을 축적하였다. 이러한 시혜는 주로 왕과 귀족으로부터 이루어졌지만, 나아가 소규모 땅의 기증형태로 열등한 무리에 의해 행해지기도 하였다. 8세기에 남부 게르마니아에서 수도원의 획득물을 기록하여 당시 농민의 소유권이 끈끈하게 잔존해 왔음을 가장 명백히 나타내 준 장부, 즉 '양도 명부(libri traditionum)'의 목록으로부터 이를 확인할 수 있다. 교회재산의 지속적 팽창은 극히 중요한 경제적 요소였고, 문서상에서 가장 잘 드러나는 대목이었다.

*

　귀족층은 주로 자신의 토지 보유권에 의해 전경제에 압력을 행사하였다. 이 권리는 아마 문서에 드러난 것보다는 덜 절대적이었을 것이지만(빈자가 어떤 방식으로건 부자의 영주권에 종속되지 않았을 경우, 이들에 대한 언급이 문서상에 전혀 나타나지 않았을 것이다), 의문의 여지없이 상당한 내용을 포함하였다. 카롤링거 왕조에서 글씨쓰기가 재현되는 8세기 이전에 대영지의 모습을 그려내기란 힘들다. 우리는 일부 법전에 산재해 있는 희미한 단서들, 주교들에 의해 작성된 희귀한 유언장들, 일부 교회 가문의 고문서들에 수록된 행적들에 만족해야 한다. 하지만 속인이 교회에 재산상의 도움을 주려고 시도하기 전에는, 이 문서들에 속인의 재산이 결코 언급되지 않았다. 여하튼 이들 영지의 경계는 전혀 영구적이지 않았다. 속인의 영지는 왕이나 교회의 관용과 호의, 징벌과 몰수, 혼인과 분할 상속—— 그 규칙이 민족간의 상이한 관습에 따라 다양한—— 에 의해 계속해서 분할되기도 하고 재결합되기도 하였다. 문명의 진보, 미지의 세계에 대한 그리스도교 교회의 선교, 황무지에서의 점진적 생산 증대—— 가장 후진적인 부족들로 하여금 점차 귀족의 짐을 지게 해준—— 등의 요인으로 인해 귀족 영지의 규모는 지속적으로 변화하였다. 불안정한 상황으로 말미암아 이들 영지의 윤곽이 뚜렷하지 않은데, 그것들의 내적 구조는 더욱 파악하기 힘들며, 귀족들이 자신의 토지에 대한 권리를 행사한 방식 역시도 추측하기 힘들다.

　7세기에, 문서가 조금이라도 남아 있는 지역들의 경우 대영지의 존재가 검증되고 있다. 예컨대 갈리아에서는 메로빙거 왕조 주교들의 유언장에 나타난 유증(遺贈)에 의해, 영국에서는 영주와 왕권의 통제하에 있는 소작인간의 관계를 다룬 이니의 법전 구절들에 의해서 확인이 가능하다. 그리고 게르마니아에서는 예속농민의 의무를 규정한 알레마니족과 바이에른족의 법들에 의해, 이탈리아의 롬바르디아 지방에서는 로타르 왕의 칙령에 명문화된 대영지 경작자들의 등급 규정에 의해 이들 존재가 확인되고 있다. 라틴화된 지역들에서는 이같은 대규모 재산 축적을 묘사하기 위하여 푼두스(fundus), 프라이디움(praedium), 가장 빈번하게는 빌라 등 여러 용어가 사용되었다. 이런 영지들은 때로, (돔놀루스 주교의 유언장에 그 경계들이 세심하게 기술된 멘 지방의 트레송 빌라처럼, 수천 헥타르에 달하는 단일한 영역일 수도 있었다. 대부분은 보다 소규모였는데, 라틴 책자들은 이 소규모 영지들을 각각 어휘의 접미어 형태를 취하여 locellum · mansionile 또는 villare[11] 등으로 지칭하였다. 선물과 계승에 의해 분할된 이들 소규모 영지 다수는 '몫(portions)'이나 '부분(parts)'으로 표기되고 있었다. 한편 여러 지방에 걸쳐 분산되어 있거나, 개척된 개간지의 경계를 따라 흩어져 있는 잡다한 땅뙈기들을 포괄한 영지들도 여전히 나타나고 있었다. 이 모두는 부분적으로만 경작된 것들이었다. 이들 개별 영지의 짜임새가 상이한 이유는 각 영지가 형성된 역사가 다양했기 때문이었다. 예컨대 갈리아에서 왕들과 구귀족들이 보유한 대규모의 짜임새 있는 영지들은, 종종 고대 로마시대의 라티푼디아(Latifundia)를 계승했던 것으로 보인다. 때로 그 범위가 단순히 자연 풍경의 배치 그대로 구획되기도 하였다. 현재의 벨기에 지역에는 주로 로마시대에 개간되어 토양이 비옥한 구역 쪽에 가장 방대한 빌라가 위치해 있었다. 반면 발전이 더디고 밀집도가 낮아 옹색한 메마른 모래밭에 위치한 장원들은 극히 소규모 영역만을 포괄하였다.

---

11) 자그마한 영역이나 거주 장소를 의미하는 loculus mansio, 그리고 villa의 접미어 형태.

이같은 거대한 토지 집중은 원래 직접적인 노동력 수탈에 기인하였다. 영지 경작은 고용된 일단의 노예노동력에 기초하였으며, 간헐적으로 필요시에 보조 인력이 투여되어 이를 보조하였다. 예컨대 투르의 그레고리우스의 저술에는, 한 오베르뉴 귀족의 경지에서 작업중인 경작자들이 묘사되어 있다. 당대의 어느 농장에서건 예속적인 지위의 하인들이 존재했으며, 여러 예에서 기록된 유일한 경작자들은 주인의 가정에서 부양된 노예들이었다. 그렇지만 우리는 이미 가장 발전된 지역들, 즉 토지가 전적으로 가솔하인에 의해서만 경작되지 않고 부분적으로 농민 보유지로 분할되거나, 보조 농장이 농민에게 부여되는 빌라에서 점차 보편화되어 간 한 현상을 보게 된다. 예컨대 노예만을 경작자로 둔 트레송 마을의 빌라 가까이에 위치한 또 하나의 장원에서는 노예 경작자와 더불어 콜로누스로 지칭된 10명의 농민들이 경작하고 있었다.

콜로누스(colonus)는 로마의 영주권 어휘에서 유래한 것으로, 자신들이 경작하고 있는 땅의 주인은 아니지만 그럼에도 불구하고 법적 의미에서 자신의 자유를 보존하고 있는 사람들을 가리킨다. 당대의 문서에서 한 빌라에 귀속된 보유지를 기술하기 위해 콜로니카(colonica; 콜로누스의 보유지) 용어가 사용되었다는 것 자체가, 이러한 경작방식과 제국 후기 콜로누스제 아래에서의 경작방식간의 직접적인 연계성을 나타내 준다. 그렇지만 7세기 파리 지역에서 불리기 시작한 대로의 이들 '망스'에 자유민들만이 거주했던 것은 아니었다. 일부 망스는 로타르 왕의 칙령에서 '자립적으로 경작하는 노예(servi massarii)'로 지칭된 노예들이 점유하였다. 일찍이 581년 르망 교구 주교의 유산 중에 콜로니카가 언급되고 있는데, 이 보유지는 두 명의 노예인 왈다르와 그의 아내, 그리고 거기에 거주한 이들의 자녀와 함께 증여되었다. 따라서 7세기에 농민 보유지가 출현하고 증대한 것은 종속노동을 이용한 광범위하고 새로운 경작방식의 결과였다. 이 시기에 대영주들은 노예의 일부를 혼인시키고 망스에 거주하게 하며, 이들에게 농장의 부속 토지를 경작하게 하면서 자신의 가족을 부양케 하는 책임을 지우는 것이 유익하다는 사실을 인식해 간 것으로 보인다. 이 과정은 가솔의 부양비를 감소시킴으로써 주인의 부담을 완화시켜 주었고, 예속민층에게는 근로 열의를 불러일으켜 노동 생산성을 증가시켜 주었다. 이는 또한 노동력의 재배치를 보장해 주었는데, 왜냐하면 이 노예부부는 자신의 자녀가 근로 연령에 이를 때까지 자녀 양육을 책임졌기 때문이다. 아마 이 마지막 사항이 가장 중요한 혜택이었음이 점차 판명되어 간 것 같다. 메로빙거 왕조와 카롤링거 왕조 내내 서유럽 대다수 시장에서 노예는 차츰 드물게 되었다. 이같은 감소는 어느 정도 그리스도교도의 노예화에 대한 종교적·도덕적 비판에서 비롯된 것으로 보인다. 보다 명확히 하자면, 그것은 남부·동부 지중해상에서 교역이 확대된 결과였다. 전쟁을 통해 확보된 노예의 대부분은 라틴 그리스도교권의 외부에서 판매될 수 있었고, 지주들이 지역적으로 이들을 양육하는 데 관심을 기울인 결과 노예의 시장가는 상승하고 있었다. 이를 해결하는 최상의 방법은 이 문제를 부모의 수중에 맡기어 가내출산을 통해 노예를 얻고, 이들을 그들 자신의 집에 거주하도록 허용하는 것이었다. 따라서 많은 빌라의 중심지에서 직접 경영을 취하는 토지 면적이 감소하고, 보유농의 수가 증가함과 동시에 가내하인 진영도 축소되었다. 예전의 노예들이 보다 일반적인 보유농으로 전환되었다. 이 사실은 노동사에서 획기적 중요성을 지니며, 의문의 여지 없이 경제 발전상의 결정적 요소였다. 영주 직영지와 농민 보유지가 혼재하고, 전자의 경영에 후자가 참여하는 방식에 기초를 둔 새로운 유형의 영지구조가 6세기말부터 널리 나타나게 되었다.

우리는 영주에 종속된 경작자의 부담에 대해 아는 바가 적다. 아마 고대 경작방식의 요소들이 거의 퇴락하지 않은 중부 이탈리아와 같은 지역을 제외하면, 이런 부담을 문서화하는 관행은 사라져 가고 있었을 것이다. 위 지역에서는 토지 보유에 따른 책임을 기록한 일부 필사본의 편린이 보존되어 있다. 또 일부 로마화된 지방들에서는 여전히 계약서가 작성되고 있었는데, 이 경우 정해진 기간 동안 토지 보유에 대한 대가로서 현물만이 제공되었다. 보다 늦은 9세기에 오베르뉴 지방의 보유농들은——이 중 상당수가 여전히 노예였다—— 정해진 비율만큼의 수확물을 빌라에 운반하여야 했다. 이들은 실제로 부역에서는 면제되어 있었다. 다른 한편 이보다 훨씬 북부지방에서는 자유농이 토지 보유의 대가로 곡식이나 가축 또는 포도주를 제공할 뿐 아니라 자신의 노동력, 그리고 때로는 쟁기용 가축을 동원하여 장원에서의 특별 부역에 임했던 것 같다. 특별 부역에는 장원 건물의 수리, 울타리세우기, 수확물 운반, 파발 전달, 때로 일부 직영지 경작 등이 포함되어 있다. 이니 법전의 67장은 '1야드의 땅'을 보유하게 된 한 농민의 경우를 다루고 있다. 그는 자신의 자유를 상실하지 않으나 현물로 소작료를 지불하고, 약속에 의해 정해진 부역량을 영주에게 제공하여야 했다. 만약 그가 영주로부터 집과 1년치 씨앗을 받을 경우, 그는 수확 이후가 아니면 그 땅을 떠날 수 없었다. 744-748년에 작성된 바이에른족의 법은, 교회에 속한 한 콜로누스의 의무를 다음과 같이 기술하고 있다.

이 콜로누스가 보유한 정도에 따라 제공하고 있는지를 감시하는 집사에 의해 평가된 지대(agrarium) 내역이 있다. 그는 30메딤노스의 곡식마다 3메딤노스의 곡식을 제공하고, 해당 고장의 관습에 따라 방목권에 대한 대가를 지불한다. 그는 쟁기질·파종·울타리세우기·수확·운반의 일을 하고, 적절한 규모의 '사전에 정해진 영주의 땅(andecingae)'에 대해 수확물을 제공한다……. 그는 1아르팡(약 1에이커)의 영주의 목초지에서 울타리를 세우고, '건초'를 베어 거두어들인 후 이를 운반한다. 봄작물의 경우 그는 2메딤노스의 씨앗을 비축하고, 이를 뿌려 수확물로 거두어들여야 한다……. 그는 아마포 2필당 1필과 꿀 10단지당 1단지씩, 4마리의 닭과 20개의 달걀을 제공한다. 그는 파발용 말을 제공하거나, 또는 다른 방법을 써서 명령받은 장소에 가야 한다. 그는 50리그(1리그는 약 3마일) 반경 내에서 마차를 끌며 봉사한다. 하지만 그 이

상 나아가서는 안 된다. 영주의 가옥과 건초간·창고·울타리를 수리하
기 위하여 적절한 작업이 그에게 할당된다.[12]

자신의 농장에서 수확한 것의 1/10 가량의 징수 이외에, 영주는 자신
의 자유농으로 하여금 영지의 가솔에 대해 정규적이고 실질적인 부양을
제공하도록 강요할 수 있었다. 그가 자신이 보유농으로 전환시켜 준 노예
에게서 기대하는 부담은 여전히 과중하였고, 덜 명확히 규정되어 있었다.
이제 717-719년에 작성된 알레마니족의 법에 관심을 돌리고자 하는데,
특히 이 법은 바이에른족의 법과 밀접한 관계에 있다.

교회의 노예들은 이 법에 규정된 공물을 제공한다. 이에는 15리터의
보리맥주, 1/3수(sou)의 가치가 있는 돼지 1마리, 2덩어리의 빵(맥주이
건 빵이건 이 양식들은 노예의 거주지에서 소비를 위해 미리 준비된 곡류
와 관련된 것임을 주목할 필요가 있다), 5마리 닭과 20개의 달걀이 포함
된다. 여자 노예들은 자신의 정해진 임무를 성실히 수행해야 한다. 남자
노예들은 절반은 자신의 보유지에서, 절반은 직영지에서 쟁기질 봉사를
행해야 하며, 만약 '시간'이 충분하다면 그들은 교회 영지의 노예가 하
듯이 일해야 한다. 즉 자신의 보유지에서 3일, 직영지에서 3일을 경작해
야 한다.[13]

위에서 보듯이 노예 보유농은 자신의 시간 절반을 영주에게 봉사하도
록 구속되어 있었다.

---

12) *Monumenta Germaniae historica, legum, sectio* I, t. Ⅴ, Hanovre, 1926, I, 13, p.285.
13) *Monumenta Germaniae historica, legum, sectio* I, t. Ⅴ, Hanovre, 1888, ⅩⅩI, ⅩⅩⅡ,
   1 et 2, p.82.

*

영주들은 식량을 생산해 주는 경지의 막대한 몫을 차지하였다. 대부분의 노예가 이들에 속하였다. 한편 상당수의 자유농은 자신들이 거주하는 가옥과 택지, 그들이 경작하는 경지·삼림·황무지에서의 관습적 권리를 영주로부터 보유하였다. 이로 인해 귀족은 영양상태가 부실한 이들 주민으로부터 상당량의 육체적 힘을 짜내고, 소농의 농장에서 변변치 못한 잉여물이나마 수취할 수 있었다. 토지에 대한 권리 덕택에 왕과 귀족, 성당의 참사회원과 수사들은 이같이 거칠고 쓸모가 적은 시골에서 빈곤한 농민층에 의해 생산된 것의 상당 부분을 헛간 저장실 창고에 비축할 수 있었다. 이에 부가하여 귀족층은 자신의 경제력에 특별한 토대를 마련해 주고, 이 경제력을 자신의 영지 외부 멀리까지 확대해 주는 권한을 자신의 수중에 두고 있었다. 귀족은 자신의 군사적 기능과 조상으로부터 상속받은 마술적 권위에 의해 이러한 권한을 누렸다. 그렇긴 해도 그는 이를 사적 소유물 내지 자신의 세습재산의 일부로서 간주하였고, 따라서 자신이 마음먹은 대로 이를 이용하곤 하였다. 법과 질서의 수호자로서 그는 정의의 원천이었다. 노예는 자신의 주인에 의해 징벌되었으며, 또한 어떤 종류의 극악한 범죄를 저지름으로써 공공의 평화를 깨뜨린 자유민 역시 그들이 이에 의해 통치권에 야기한 손해에 대해서 변상하여야 했다. 이런 사람들은 영주의 자비를 구하고 야만족의 법전들에서 항목에 따라 상세히 정해진 대로의 벌금을 지불하며, 만약 침해가 예외적으로 심각할 경우 자신의 모든 소유물, 심지어는 자신의 생명조차 왕의 수중에 놓이게 된다. 왕국의 전영역이 왕의 사적 재산이었다. 즉 아무에게도 속하지 않은 땅은 모두가 그의 것이었고, 주인 없는 농장을 경작하는 사람은 누구나 이론상 그에게 무언가를 빚지고 있는 셈이었다. 로마제국의 재정제도 가운데 일부 유제(遺制, débris)가 여전히 존속하였고, 특히 일단의 상업거래세를 부과하고 도시의 문과 강들에서 통행세를 징수하는 관행은 야만족 영주들에 의해 답습되었다. 주법정에서 귀족들은 선물을 가져오지 않을 경우 분명 자신의 모습을 드러내려고 하지 않았다. 다른 한편 일반 대중은 왕의 가솔이 주변을 여행할 때, 왕과 그의 전수행원을 부양하여야 했다. 이런 목적으로 앵글로 색슨 자유민(ceorlas)은 24시간 동안 왕과 그의 수행원을 부양하기에 충분한 '환대(feorm)'를 제공하기 위해 여러 마을에 집결하였다. 덧붙여 일부 지방의 라틴 문서에서 '방(ban, 라틴어로는 bannum)'권[14]이라 지칭된 권리, 즉 법과 질서를 유지하는 의무와 명령하고 징벌하는 권리는 상당한 부의 이동을 가능케 하였고, 농민의 재산에 대한 새로운 침식을 합법화하였다. 그리고 왕권은 그 본성상 낭비적 경향을 띠고 있었고, 군주는 호의나 두려움으로 인해 자신의 특권 상당 부분을 그에게 봉사하는 사람들에게 양도하곤 하였다. 뿐만 아니라 매우 많은 자연적 장애와 주민의 분산으로 인해 소규모 구역들로 분할된 영역에서는 통치자가 대체로 부재하였고, 자신의 권력을 전혀 스스로 행사할 수가 없었다. 그런 까닭에 전반적인 결핍 상황에서도 자신의 곳간을 꽉 채우고 있던 지방 영주인 대규모 장원 소유자들이, 시일이 경과할수록 일단의 무장 수행원의 도움을 받아 가장 효율적으로 권력을 행사하기 마련이었다. 이들은 권력의 시혜를 받는 사람들이었다. 이 불확실한 기간 동안 장기 동향은 중세 경제의 중추로 자리잡게 될 영주제의 완만한 성숙에 의해 귀족층이 점차 강화되어 나가는 추세였던 것 같다.

　주민들에 대한 귀족들의 권리는 우선 가장 발달된 지역들에서 증대된

---

14) 방권은 원래 전투에서의 수장의 명령권을 의미했던 것으로 게르만 왕국이 성립된 이후에는 제약권·징벌권을 포괄하면서 왕권의 기본 속성이 되었으며, 샤를마뉴 치세에는 왕권 혹은 공권 일체를 포괄하는 개념이 되었다. 이 방권은 카롤링거 왕조에서는 지방행정구에서 왕을 대리하는 공작·백작 등에 위임되었는데, 노르만족 침입 이후 왕권의 쇠락시에 이들에 의해 장악되었다. 차례로 프랑스에서는 1000년을 전후한 시기 이래 각 지방에 할거한 성주들이 자신의 영역, 즉 성주령 내에서 이 권한을 행사하였다.

것으로 보인다. 7,8세기부터 농민의 독립은 고전고대의 정치제도들이 예전에 의존하였던, 그리고 가장 후진적인 야만부족 사이에서 그 힘이 여전히 보존되고 있던 사회구조의 유제, 즉 그 잔재적 요소로서 유지되고 있었다. 그러나 이제 모든 곳에서 농민의 독립성이 위협받게 되었다.

원시 게르마니아에서 자유민은 첫번째의, 그리고 가장 강력한 전사로서 여름 기간 동안 단거리에서 전개되는 군사작전에 소집되었다. 본질적으로 약탈을 위한 이 원정은 한 집단이 자신의 생계를 유지하기 위해 취하는 정상적인 업무들 중의 하나였다. 이 원정은 식량채집이나 사냥과 마찬가지로 보조 생필품을 제공해 주었다. 이러한 계절적 동원의 불편함은 방목민이나 이목하는 농민들의 공동체에서는 사소한 것이었으며, 이 사회에서 엄격히 농업적 기능을 띤 업무는 제한되어 있었다. 그렇지만 정착화된 경지가 보다 중요해짐에 따라 불편의 정도는 보다 심각해졌으며, 부족들이 보다 넓은 범주의 정치무대에 참여함에 따라 전쟁 반경은 확대되었다. 동시에 군사기술은 개선되었고, 전투행위의 효율을 기하기 위해 보다 개선된 장비가 필요하게 되었다. 이때부터 전투는 짓누르는 부담이 되었고, 대부분의 농민들은 연중 경지에 세심한 관심을 기울여야 할 시점에서 전투로 인한 파장을 힘들게 감내하여야 했다. 생존의 차원에서도 농민들은 자유의 본질적 표상인 군사적 역할을 포기하여야 했다. 과거 로마의 농촌 노동자들처럼 이들은 비무장(inermes) 상태였고, 카롤링거 왕조 문서들의 표현대로 이른바 '빈자(pauvres)'가 되었다. 이들은 군사활동에 협력하여야 했지만, 이들의 기여는 퇴락한 형태의 '봉사(service)'로 전락하였다. 이들은 군대에 식량을 공급하여야 했다. 9세기초에 이르면, 생-제르맹-데-프레 수도원의 종속민인 콜로누스에게 있어 과거의 전투 의무(hostilicium)는 각 망스에 부과된 공조 및 부역과 더 이상 구분되지 않게 되었다. 이같은 발전의 가장 현저한 결과는 자유민농과 비자유민농간의 차이가 좁혀지고, 지금껏 장원에 흡수되지 않은 소농의 수확물과 노동력에 대해서도 징수가 이루어지게 된 점에서 찾을 수 있다. 이러한 요구는 지방의 대영주가 봉사의 감독권을 행사하게 된 곳에서는 어디서나 그렇지 않은 경우보다 과중하였다.

자연의 악조건과 이런 종류의 부담에 찌들려 당대의 상당수 '빈자'는, 그들을 보호하고 부양해 줄 수 있는 강력한 인물의 후원을 획득하고자 하였다. 메로빙거 왕조 서식집(formulaires)들은 이를 매우 잘 설명해 주고 있다.

모두에게 잘 알려져 있듯이 스스로를 부양하고 의복을 마련할 수단이 없는 저는 당신의 동정을 간청하였고, 당신은 저에게 동정을 베풀어 제가 당신의 보호하에 들어가 의탁할 수 있도록 허용해 주셨습니다. 저는 다음과 같은 조건하에서 스스로를 의탁하였습니다. 제가 당신에게 봉사할 수 있고, 당신에게 가치가 있는 만큼 당신이 식량과 의복으로 저를 도우시고 부양해 주셔야 합니다. 제가 살아 있는 한 저는 자유를 보존하면서 당신에게 봉사와 복종을 행할 것이며, 여생 동안 저는 당신의 권위와 보호로부터 벗어날 권리를 갖지 않을 것입니다.[15]

이같은 방식으로 그의 가족, 그리고 그가 토지에서 축적할 수 있었던 것 일체와 더불어 새로운 종속민이 대영지에 흡수되었다. 때로 낮은 지위의 사람들에게 자신의 독립을 포기하고 종교 가문의 가솔이 되거나 그 보호하에 들어오도록 설득한 것은, 그들 스스로 앞으로 올 세계의 축복과 보호막을 확보하려는 바람이나 경건성이었다. 이렇게 만든 요인은 보편화된 궁핍과 국가에 대한 의무, 징세청부업자의 요구를 회피하려는 자유민의 욕구였다. 또한 7세기 갈리아에서 자유민이 자신들이 거주한 다수의 비쿠스를 종속적인 보유농의 빌라로 변모시키려는 지방 유력자들의 압력

---

15) Formulae Turonenses, 43, *Monumenta Germaniae historica*, Formulae Merovingici et Karolini Aevi, Hanovere, 1882, I, p.158(2ᵉ quart du VIIIᵉ siècle).

에 저항해 보겠다는 소망 역시 이에 기여하였다.

동시에 왕들은 어쩔 수 없이 자신의 강제권을 귀족들에게 양도하였는데, 이런 양상은 귀족의 권위하에 놓이게 된 영토가 확대됨에 따라 더욱 촉진되었다. 교회는 신의 자비를 보증해 주는 교회에 이 권한을 양도해 주도록 왕들을 설득하고 있었다. 세속귀족은 정치적 협력에 대한 대가로 보다 많은 왕의 양보를 요구할 수 있었다. 7세기에 이르러 앵글로 색슨 왕들은 왕국 전역에 걸쳐 자유민의 환대를 요구하는 권리(feorm)와, 이들을 축조에 동원하는 권리를 주교와 수도원장들에게 양도해 주고 있었다. 보다 후기에 세속 영주에 대한 유사한 양도가 문서상에 나타나게 되는데, 실제 이런 호의는 보다 일찍이 제공되었고, 또 교회에 대한 양도보다 광범위하기조차 했던 것이 확실하다. 이런 식으로 왕권이 사적 영지에 부착되었고, 왕이 징수하도록 합법화해 준 공조가 장원의 보유농에게 요구되는 부담들과 혼합 또는 융합되었다. 장원의 내적 부담들 중에서도 공적 기원의 부담과 지대 부담간의 혼란이 곧 일어났다. 영국에서 부역은 환대의 용도로 징발되는 식량으로 신속히 대체되었다. 이 모두가 봉사와 복종의 명목으로 포괄되었다. 이 과정은 알지 못하는 사이에 농촌 주민을 예속상태로 이끌었다. 명백하고도 단순한 일련의 경제적 예속이 점차 유럽 전역에서 일반화되어 '빈천한 자가 귀족에게, 빈천한 자가 힘 있는 자'에게 종속되었다. 이후 이런 착취기제가 모든 것을 통제하였다. 왕들은 자신의 사명을 의식하여 이같은 남용을 억제하고자 했지만 실패하였다. 돌이킬 수 없이 경작자들의 잉여 생산물이 영주에게 넘어가는 경로가 마련되었다.

*

토지와 사람에 대한 권리의 분배는, 귀족의 거주지와 여러 개간지 —— 농민이 삶을 영위하고 영주의 요구에 대처할 수단을 얻는 바탕이 되는——간에 새로운 관계설정 문제를 야기하였다. 주민이 적고 희박하게 분포되어 있으며, 또한 왕가·교회·대가문을 막론하고 영주의 재원이 광범위한 영역에 걸쳐 분산되어 있는 지역들에서 이 문제는 보다 민감한 사안이었다. 로마 전통에 친숙한 이탈리아 왕들은, 아마 대부분의 롬바르디아 귀족들과 마찬가지로 계속해서 도시에 거주하였다. 주교들은 인근의 다수 수도원들과 더불어 키비타스(civitas, 프랑스어로는 cité)16)에 자리잡았다. 메로빙거 왕조 왕들의 주요 왕궁들 또한, 비록 왕들이 콩피에뉴나 크레시-앙-퐁티외와 같은 시골 영지에 장기간 체류했을지라도 도시에 위치해 있었다. 다른 한편 프랑크 왕국의 통치자들은 8세기 중 키비타스 방문을 중지하였으며, 앵글로 색슨 왕들이 이용한 길을 따라 위치한 단순한 마을들은 중간 기착지로만 활용되었다. 의심할 여지없이 반복된 거주지 이동은 통치자와 귀족들이 여러 요소로 구성된 자신들의 재원을 이용하는 한 수단이었다. 더욱이 원거리에 위치하여 자신의 권위가 미치지 못할 염려가 있을 경우, 이들은 여기저기를 순회할 필요가 있었다. 영지의 주된 중심지마다 상당량의 비축 식량들이 영주와 그 수행원이 지나가기를 기다리고 있었다. 그러나 이들이 항상 이동중이었다고 상상하지는 말아야 한다. 가장 부유한 자들과 수도원 공동체의 수장들을 비롯하여 일부 영주들은 한 장소에 머무르는 경향이 있었다. 나머지는 자신의 저택들 중 가장 준비가 잘된 저택에 잠시 머물렀다가 때때로 보조 장원들을 방문하곤 하였다. 결과적으로 자신의 경제력과 자신의 토지 자산이 분산되어 있는 점을 고려하여 귀족들은 간접 경영방식을 택하지 않을 수 없었다. 각각의 주 장원마다 이를 맡아 영주의 체류 기간 동안 질서를 유지하고 경작을

---

16) 복수는 civitates로서 '수읍 도시'로 번역될 수 있다. 원래는 로마제국의 통치 단위로서, 도시적인 중앙 거주지와 인접영역도 포함하였다. 한편 교회가 제국의 행정구를 모방하여 키비타스에 주교구를 세웠기 때문에 키비타스는 '주교좌 도시'로도 번역될 수 있다. 중세에는 이 키비타스가 성벽으로 둘러싸여 요새화되며, 대체로 11세기 이후 성벽 외부에 상인과 수공업자들이 교역활동을 벌이고 정주하면서 진정한 중세 도시로 발전하게 된다.

감독하며, 하인 보유농과 예속민들에게 권위를 행사하거나 부과조를 징수하고, 궁극적으로 소유주들이 체류할 경우마다 잉여 생산물을 보내 주는 일을 위탁받는 인물들이 배치되어야 하였다. 그 결과 부와 권위의 구조는, 〈드 빌리스 법령집〉에서 일련의 훈령을 지시받은 집사들과 같이 별다른 감시를 받지 않고 중간에서 경제적 권리를 행사한 다수의 중간관리자들이 존재하도록 해주었다. 경작자와 영주 사이에 종종 출신은 노예였지만 자신의 직업으로부터 최대치의 사적 이익을 얻기 위해 물불을 가리지 않았던 사람들이 자리잡고 있었다. 이런 식으로 대영지는 기생적 존재들을 살찌우고 있었다.

　귀족의 경제적 지위 자체가 또 다른 형태의 손실을 초래하는 요인이었는데, 왜냐하면 그로 인해 지속적인 부의 이전이 필요했기 때문이다. 이는 예속농민에 부과된 공조와, 전달하고 운반하는 봉사 부담의 비중이 과중했음을 의미한다. 도로와 수로를 따라 소식을 전달하는 심부름에 적지 않은 노동력이 소모되었으며, 그로 인해 이미 가뜩이나 인구가 부족하고 생산도구가 미비한 세계에서 토지를 경작할 유효 노동력이 감소하였다. 이같은 소모를 줄이기 위해 사람들은 한 장소에서는 팔고 다른 장소에서는 사는 식으로 거래를 가능한 한 많이 하며, 더불어 화폐를 이용하고자 하였다. 화폐수단의 이용은 당대 행정가들에 의해 매우 정상적인 것으로 간주되었다. 예컨대 베네딕투스 규율은 수도원에 특별 직책, 즉 자금을 책임지고 수도원 내의 경제를 외부 세계에 열어 놓는 역할을 하는 식품 담당직을 제도화하면서 현금 사용을 당연시하고 있었다. 〈드 빌리스 법령집〉은 집사들에게 왕령장원의 일부 생산품을 사도록 권고하였다. 8세기초 호수 지방에 올리브나무를 재배하고 코마키오 개펄에서 염전을 경영중이었던 포 강 계곡의 수도원들 또한 파비아와 티치노 강변, 그리고 이 강과 포 강과의 합류지점에서 강변 거래상들에게 장원의 잉여 생산품을 내다 파는 저장소들이 마련되었다. 그리고 이렇게 된 이유는 농업 생산물이 귀족의 통제하에 있었고, 영주들이 종속 경작민들의 잉여 생산물을 공조로

서 징수하는 대영지 체제하에서 소비자들이 생산자들로부터 종종 멀리
유리되었으며, 농민이 뿌린 수고의 결실은 불가피하게 상업의 세계로 흘
러 들어갔기 때문이다.

3

정신적 태도

당대 상업에서 상업의 실제 기능을 정확히 규정하고, 부의 이동이 초래한 심원한 파장을 인식하기 위해서는 또한 당대인의 정신적 태도에 대한 탐구가 필요하다. 정신적 태도는 생산 요소들이나 사회의 상이한 계층들 간의 생산관계 못지않게 결정적인 힘으로 작용하고 있었다. 두 가지의 주요한 행동 특성들이 언급되어야 한다. 첫째, 이 비문명 세계는 약탈의 습관과 공물공여의 필요가 널리 횡행된 사회였다. 약탈과 공여는 상당한 정도로 물품의 교환을 원활히 해주는 두 가지의 보완적 활동이었다. 선물 제공과 이에 대한 보답, 그리고 의례적이고 신성화된 헌납의 집중적인 순환과정이 전사회구조를 관통하고 있었다. 이같은 헌납은 부분적으로 노동생산물을 파괴하였으나, 어느 정도 부의 분배를 보장해 주었다. 또한 그것은 무엇보다 사람들에게 이들이 가장 귀한 것으로 여긴 혜택, 즉 우주를 관장하는 검은 힘들의 선의를 가져다 주었다. 둘째로 7,8세기의 유럽은 그 경제형태들이 완전히 종식되지 않았고, 또 그 유산을 유럽이 최대한 재이용하고자 애를 썼던 고대 문명의 기억에 의해 매료되었다.

1. 탈취 · 공여 · 헌납

대규모 민족이동으로부터 탄생한 문화는 전쟁과 공격의 문화였다. 자유 신분은 무엇보다 군사원정에 참여할 자격의 유무에 의해 규정되었다. 또 왕권의 지상과제는 군대, 즉 공격을 위해 집결한 집단 전체를 이끄는 일이었다. 전쟁행위—— 우리가 '정치'라 부르는 모든 것을 포괄하여 ——와 약탈 사이에 경계선이 없었다. Ph. 그리어슨은 침략자들간에 다음과 같은 구분을 두도록 한 웨식스 왕 이니의 법전 조항들에 관심을 환기시키고 있다. 만약 침입자가 7명 이내라면 그들은 단순한 도둑이고, 그 이상이라면 강도집단을 구성하는 것이다. 하지만 35명 이상이면 그들은 충분히 군대로 간주될 수 있다.[17] 진정 외국인은 약탈 대상이었다. 소택지 · 삼림 · 황무지로 드리워지는 자연경계를 넘어서서, 그들이 차지한 모든 영토가 예비 사냥지로 간주되었다. 매년 젊은이들은 자신의 족장을 지휘자로 삼아 무리를 지어 그 주변을 배회하는 일에 착수하곤 하였다. 그들은 적을 약탈하여 그들이 적지로부터 탈취할 수 있는 모든 것, 즉 장식물과 무기 · 가축, 그리고 가능하다면 여자와 아이들까지도 자신의 수중에 두고자 하였다. 포로 진영의 부족에서는 몸값을 지불하고 포로를 구출해 낼 수 있었다. 그렇지 않을 경우 이들은 자신들을 탈취해 온 자들의 재산으로 남을 것이다. 이런 식으로 전쟁은 노예제의 원천이었다. 여하튼 전쟁은 그것이 농촌 공동체에 가한 손실에 대해서뿐 아니라, 그것이 확보해 준 이득이라는 측면에서 일차적 중요성을 지닌 경제활동의 한 정규적 형태로서 기능하였다. 이 사실은 농민의 무덤들에 무기가 부장된 이유와 더불어, 전사의 특권과 그의 절대적인 사회적 권위를 설명해 준다.

---

17) Ph. Grierson, ⟨Commerce in the Dark Ages, a Critique of the Evidences⟩, *Transactions of the Royal Historical Society*, 1959.

민족집단간의 자연적 적대감이 약탈에 의해서만 표출된 것은 아니었다. 이같은 적대감은 또한 부가 정규적이고 평화롭게 이동할 수 있게 해준 한 요인이었다. 매년 제공받는 공물은 정상적이고 질서 있게 얻어진 전리품 획득물에 다름 아니었다. 이웃에게 평화를 매수하도록 할 만큼 위협을 가한 부족에 있어서, 이들이 매년 제공받는 공물은 정상적이고 질서정연하게 징수된 전리품 이외의 어떤 것이 아니었다. 오랫동안 이 방식은 야만족 왕들에게 값진 선물을 제공함으로써 평화를 매수하는 비잔틴 황제들의 전략이었다. 일부 민족은 이런 식으로 자신의 군사력에 의해 공물을 획득하였다. 이러한 공물은 대규모 빌라의 영주가 영주의 보호하에 놓이게 되어 입지가 취약해진 이웃의 농민에 부과한 공조와 유사하였다. 군사력이 우위에 서면 설수록 공물량은 증가하였다. 그 결과 6세기 후반에 프랑크족들은 롬바르드족으로부터 공물로 1만 2천 금화 솔리두스를 받고 있었다. 9세기에 헝가리인들에 대해 언급하면서 아랍인 작가인 이븐 루스타는 다음과 같이 말하였다.

그들은 이웃의 모든 슬라브족의 영주로서 이들에게 과중한 공물을 부과하였다. 슬라브족은 죄수들처럼 헝가리인들에게 지배되었다.[18]

결국 동등한 힘을 가진 부족들간에 평화가 맺어질 경우, 그 영구성을 보증하는 징표로 보답의 선물을 제공하여 이를 세심히 보존하는 것이 신중한 일이었다. 《베오울프》의 저자에게 있어 '평화'는 사람들간에 선물을 교환하게 될 전망 이외의 그 무엇이었겠는가? 약탈을 자행하는 위험한 전략은 상호간의 정규적인 선물 제공에 의해 대체되는 중이었다.

당대의 구조에서 주는 것과 받는 것은 필수적 대응행위였다. 성공적인 전쟁이 끝난 이후 혼자만 전리품을 차지하는 전쟁지휘자는 없었다. 그는

---

18) *Les Atours précieux*, trad. Wiet, Le Caire, 1955, p.160.

전쟁동료들하고만 이를 공유했던 것이 아니었다. 그 일부를 보이지 않는 힘에 헌납하는 것이 그의 의무였다. 예컨대 이러한 방식으로 샤를마뉴와 프랑크 군대가 아바르족[19]에 대항한 전투에서 가져온 전리품의 몫을 다수의 영국 교회들이 획득하였다. 이러한 공유와 헌납은 최상위 주군이 자신의 동료에 대해 장악하고 있는, 그리고 신이 그에게 위임해 준 권력의 존립 근거였다. 또한 이것들은 사회집단의 순화 내지 주기적인 활력 회복의 조건이었다. 스스로의 존재가 여전히 불안정한 사람들은 부분적으로는 공격자들로부터의 보호를 위해, 또 달리는 유용하고 생산적인 목적을 위해 공물을 제공하거나 헌납하고자 하였다. 이들의 사고방식으로는 자신들의 존립이 두 가지 활동에 동일하게 의존하였다. 왜냐하면 모든 사회에서 경제활동의 필요 요인들 중 상당 부분이 본성상 비물질적인 것이기 때문이다. 그러한 요인들은 일부 의례에 대한 존숭에서 비롯되는데, 이는 유익한 소비뿐 아니라 획득된 재산에 대한 명백히 무분별한 파괴를 수반하기도 한다. 상당수의 경제사가들이 이러한 태도들을 잘못 이해해 왔기 때문에, 여기서 민속학의 대가인 마르셀 모스의 글을 인용하여 이 점을 특히 강조할 필요가 있다.

우리 시대 이전의 경제들에서 우리는 결코 시장이라는 매개를 통해 개인들간에 이루어지는 상품과 부, 생산물의 단순한 교환을 가정할 수는 없다. 우선적으로 그것은 개인들간의 문제가 아니라, 서로서로에 대해 상호간의 의무를 준수하고 교환하며 계약을 행하는 여러 집단들간의 문제이다……. 더욱이 이들이 교환한 것은 반드시 동산과 부동산 형태의 물품이나 재산, 즉 경제적으로 유용한 것들만은 아니었다. 그것들

---

19) 옛 몽고족의 일파로서 중앙아시아로부터 서쪽으로 이동하여 6세기 중엽에 러시아 남부에 다다랐고, 헝가리를 침략하였다. 헝가리 일부(예전의 판노니아 지방)와 오스트리아를 장악했던 아바르족은 바이에른과 일리리아·콘스탄티노플까지 공격했으며, 후에 불가리아인들과 샤를마뉴의 공격에 의해 영역이 축소되었고 9세기에는 쇠퇴하였다.

은 주로 예의·잔치·의례·군사적 봉사·여성·아이·춤·축제 그리고 정기시들이었으며, 거래는 여러 중요한 요소들 중의 하나에 불과하였다……. 결국 호의와 이에 대한 답례는, 근본적으로는 그것들이 사적 혹은 공개적인 전쟁의 압박하에서 엄격히 의무적으로 교환되었을지라도, 다소간 자발적인 모양새의 선물 제공에 의해 보증되었다.[20]

결과적으로 생산된 것의 상당 부분이 상대방의 관용을 얻기 위한 필수적인 교섭에 소모되었다. 농민들이 영주의 거처지에 운반하지 않으면 안 되었던 공물이나, 영주에게 바치는 지급품의 상당수가 당대의 어법에서 오랫동안 '선물(eulogiae)'로 언급되었다. 그것들은 명백히 관련 당사자 모두에 의해 그와 같이 간주되었다. 피의 대가로서 변상 지불하는 관행 역시 이와 동일 차원의 것으로, 살인 후 희생자 가족과 공격자 가족간에 평화가 도모되었다. 또는 교회가 종종 자신의 의지에 반하여 이웃한 귀족들에게 일시적 보유의 조건으로 은대지를 부여하는 행위, 그리고 매 혼인시마다 이루어지는 방대한 규모의 부의 이전도 이와 동일하였다. 584년 프랑크족의 왕인 힐페리히가 고트족 왕의 왕비가 될 자신의 딸을 후자의 한 사절에 양도하였을 때, 왕비인 프레데군트는 '막대한 양의 금·은과 의복'을 주었다. 그리고 프랑크 귀족들은 금과 은, 말과 장신구를 제공하였다. 왕국의 귀족들은 완전무장을 하고서 왕궁에 도착하여야 했다. 이들이 주기적으로 제공하는 선물들은 단순히 이들의 우의나 복종, 그리고 민족들간의 안녕을 유지하는 것과 유사한 평화의 징표를 공적으로 확증하는 데 그치지 않았다. 이 선물들이 보편적으로 전체 민족과 초월적 힘간의 자연적 중재자로 간주된 통치자에게 제공될 경우, 그것은 전성원의 번영을 보증하고 비옥한 토양과 풍부한 수확을 전망하며 전염병을 종식시키려는 바람에서 그렇게 된 것이다.

---

20) Grégoire de Tours, VI, 45(éd. Latouche, II, p.69).

　모든 이러한 제공물들은 이를 받아들이는 사람들이 베푸는 관용에 의해 상쇄되어야 했다. 어떤 부유한 사람도 청원자들에게 문을 닫거나 그에게 식량구호를 원하는 빈자를 몰아낼 수 없었으며, 또한 음식·의복·보호의 대가로 그에게 봉사하려는 빈궁한 사람들을 거절할 수 없었다. 토지소유와 하층민에 대한 권위에 의해 영주가 수거했던 물품들 중 상당 부분이, 그들에게 이것들을 가져왔던 바로 그 사람들에게 이처럼 재분배되곤 하였다. 중세초의 유럽이 어느 정도나마 사회정의를 실현하고, 완전한 굶주림이 단순한 궁핍상태로 완화한 것은 영주의 관용에 의해서였다. 수사들만이 '문' 봉사, 즉 계속적으로 빈자들에게 분배를 행하는 역할을 맡았던 것은 아니었다. 왕의 경우 그의 위신 자체가 관용을 베푸는 데서 비롯되고 있었다. 왕들은 단지 보다 관대하게 베풀기 위해 끝없는 탐욕으로 약탈하곤 하였다. 이들은 친구들의 자녀를 자신들의 집으로 데려오거나, 약탈물과 공물을 자신의 무장수행원들과 공유하는 데 그치지 않았다. 이들은 또한 대회합이 있을 경우 귀족들간에 이른바 선물경쟁을 벌이도록 했는데, 가장 멋있는 선물을 제공하는 자에게 상이 부여되었다. 통치자 주변에서의 모든 회합은 정규적인 자유 교환체계의 중대 기점으로 작용하여, 이런 체계가 전사회구조에 침투하게 하고 왕권이 전반적인 경제의 실질적 주관자가 되도록 하였다.

　교회와 추종귀족들, 그리고 경쟁자들인 다른 왕들에 대한 지속적인 관대한 증여로 인해 감소되었다가, 또다시 선물과 강탈한 물품으로 채워지는 통치자의 금고는 그의 권력의 기틀이었다. 그는 지상에 감춰진 가장 가치 있는 보물들, 즉 금과 은·귀금속들을 축적할 필요가 있었다. 왕들은 자신의 영광을 가시적으로 드러내 주는 대리석에 둘러싸여 거주해야 하였다. 보물은 단순히 다량의 값비싼 물질들로만 구성된 것은 아니었다. 오히려 그것은 대규모 의식들에서 과시되어야 하였다. 민족의 지배자들은 자신의 신체 주변을 후광처럼 보물로 치장하여야 했다. 힐페리히 왕은 비잔틴 황제인 티베리우스 2세로부터 받았던 메달들과 귀금속으로 장식된 커다란 금접시를 투르의 그레고리우스에게 보여 주면서, 다음과 같이 말하였다.

나는 프랑크 왕국의 휘광을 드러내기 위해 이를 만들었다. 만약 신이 나에게 생명을 더 허여하신다면, 나는 계속해서 이것들을 더욱 마련하겠다.

그 결과 전민족은 그들의 왕 주변에 에워싸인 부로부터 영광을 얻었을 것이다. 보물은 장식을 위한 것이기 때문에 이러한 부들이 상당 규모에 달할 필요가 있었다. 그러므로 당연히 왕의 보물창고는 최고의 장인들이 모이는 별채로서의 작업장을 두고 있었다. 이들은 선물로서 제공된 각양 각색의 물품들을 정교한 보물로 가공하도록 고용되었다. 이들은 다고베르트 왕에게 봉사한 성 엘로이처럼 주로 금은세공업자였다. 이들은 귀금속의 원래 가치에 자신들의 수공이라는 무한하면서도 값으로 나타낼 수 없는 가치를 부가하였다. 메로빙거 왕조 초의 파리나 수아송, 7세기의 톨레도, 롬바르드족 왕인 리우프란트 치세 동안의 파비아 왕궁 등은 최상의 장인기술이 집중되는 장소들이었다. 이들 왕궁은 예술창조의 중심지들로서, 제후 세력이 강력한 정도에 따라 그 왕궁의 광휘도 빛을 발하였다. 모두에게 개방된 이들 왕궁의 산물들은 통치자가 왕권 본유의 특성이기도 한 관대한 하사를 베풂으로써 국외로 분산 유출되었다. 서방인들이 당대 비잔티움의 영광에 대해 알게 되는 것은 주로 제국의 작업장에서 만들어진 물품들의 찬탄할 만한 품질에 의해서이며, 비잔틴 황제들은 이것들을 야만족 통치자들에게 부여하여 이들로 하여금 자신의 완전한 우위성을 인지하도록 할 수 있었다. 하지만 서방의 통치자들 역시 자신의 최상의 소유물을 관대하게 제공하곤 하였다. 이런 품목들은 그 가치나 미적 완벽성에 있어서, 주로 경작을 통해 자신의 부를 획득하는 반은 굶주린 농민들의 궁핍과 현저히 대비되었다.

그러나 우리는 귀중한 물건들이 반드시 왕과 귀족의 전유물이었다고 가정해서는 안 된다. 굶주림에 찌든 세계에서 가장 빈궁한 경작자들 또한 환락에 빠져드는 경우가 있었다. 이 경우 그 목적은 때로 궁핍의 와중에서도 일시적이고 향유적으로 공동의 부를 파괴하는 행위를 통해 집단성원의 형제애를 북돋우거나, 초월적 힘의 호의를 끌어들이는 데 있었다. 불가지적 존재를 향한 문을 살짝 열어 놓는 동시에 상호간의 보호를 위해, 집단의 결속을 다지기 위해 의례적인 술잔치(potationes)가 벌어지기도 하였다. 하층민들 역시 장식물을 갖지 않은 것은 아니었다. 왕의 유물에 함유된 장식을 감상적으로 모방한 것이 최빈자의 무덤들에서 발견되고 있다. 7세기 게르마니아에서 금은세공업자들과 떠돌아다니는 금속채굴자들이 시골의 고객들을 위해 청동을 가공하여 브로치나 혁대 장식을 생산하였는데, 이 장식은 왕과 귀족의 궁정에서 채택된 예술적 주제들을 대중화한 것이었다. 고귀한 자들과 마찬가지로 하층민 역시 미신적 공포와 염려에 사로잡혀 있었다. 눈에 보이지 않는 힘과 타협할 필요에 의해 한편으로는 일련의 금기가, 다른 한편으로는 헌신과 희생의 요구가 부여되었다. 이런 관행이 경제적 변화에 미친 영향을 무시하는 것은 위험한 일일 것이다. 수목과 삼림숭배는 정착민의 활동을 억제하고, 개간지 경계지역에서의 식량 생산을 저해하는 강력한 금기를 만들어 내었으며, 그리스도교는 이들을 뿌리뽑는 데 헤아릴 수 없는 시간을 할애하였다. 743년 프랑크령 갈리아에서 렙티네스 공의회에 의해 제정된 교회법령 일체는 사람들에게 우상과 싸우도록 독려하였고, 11세기에조차 보름스의 부샤르 주교는 이들 금기의 완강한 존속을 비난하여야 했다. 종교적 심성은 자체 속성상 그 세력의 한계가 인간에게 알려져 있지 않은, 화해하기 힘든 힘들을 달래는 데 진정 귀중하고 필수적인 선물 제공을 권하고 있었다.

게다가 경건한 선물들은 생산과 소비면에서 상당한 손실을 초래하였는데, 영주나 왕이 향유한 선물들과는 달리 이것들은 외형적 이익을 가져다 줄 재분배에 의해 보상되지 않았기 때문이다. 이런 헌납은 가축과 말, 심지어는 인간들을 실제 희생 제물로 쓰는 것을 의미하였다. 최근의 발굴들을 통해 우리는 이런 헌납이 10세기 그리스도교 세계의 경계 내에서 행해졌음을 알고 있다. 이교 의식에서는 이들 제물의 상당 부분이 사자(死者)에게 부여되었다. 그러므로 우리는 사자들을 초자연의 세계로 확대되는 경제체제에서 중요한 범주의 소비자로 간주해야 한다. 사자들은 식량 이외에 자신의 사적 소유물인 보석·무기 및 도구들과 더불어 무덤에 매장되는 것이 허용되었으며, 뒤에 남은 사람들은 집안의 모든 도구와 귀중품을 단번에 빼앗기게 되었다. 가까운 친족들의 선물이 사자의 순장품에 부가되곤 하였다. 비록 일부 매장지에서만 나타나는 우연적 현상이긴 하지만, 고고학적 발굴물들은 삶의 재원에 대한 이런 침해가 몇 세대에 걸쳐 매우 심각했음을 증명해 준다. 분명 이런 징발은 주로 사치품, 즉 빈자들의 경우에도 소장하고 있는 개인의 보석을 포함하였다. 그러나 그것은 또한 도구, 특히 당대 사회가 거의 공급받지 못했던 금속도구를 포함하기도 하였다. 이 도구들은 참으로 매력적인 자산들이어서, 일부 사람은 이것들을 훔치고자 사자의 끔찍한 복수를 감수할 준비가 되어 있었다. 이는 무덤 훼손에 대한 징벌의 가혹함에서도 잘 드러나고 있다. 하지만 무덤 도굴이 결코 일반적이지는 않았으며, 사자에게 제공된 물품의 대다수는 다시 유통되지 않았다. 어떤 형태의 투자도 이보다 더 비생산적일 수는 없었다. 그렇지만 귀중품의 헌납과 매장은 이처럼 끝없이 궁핍한 사회에서 널리 관행화된 유일한 활동이었다.

그리스도교로의 개종 진전은 사자와 함께 장식품을 매장하는 관습에 종지부를 찍었다. 이 점에서 그리스도교는 아마 경제 발전에 가장 직접적으로 기여했을 것이다. 그러나 그것은 매우 점진적인 과정이었다. 카롤링거 왕조의 법령집들은 사자에의 헌납 불가를 적시하였지만, 제국의 전체 모임에서 결정된 금지조치에도 불구하고 샤를마뉴는 막대한 보석과 더불어 방해받지 않고 무덤에 매장될 수 있었다. 그리고 이교도의 관행은 다른 관행들에 의해 대체되고 있었다. 이제 사자의 상속자들이 사자의 미래

삶을 위해 그에게 부여한 '사자의 몫'을 자신의 것으로 주장한 것은 교회였다. 최근까지 매장지에 집중되었던 보물 부장품은 그대로 성물들이 비치되어 있는 그리스도교 성소들로 이전되었다. 상층민이건 하층민이건 궁극적으로 자신의 귀중품들이 신에게 봉사하는 장식물로 쓰임받도록 이것들을 유증하곤 하였다. 이런 식으로 샤를마뉴는 제국의 대주교관구 교회들과 자신의 보물을 나누어 가졌다. 제단과 성물 주변에 귀중품들이 축적되기 시작했는데, 그 중 최상품목은 왕의 보물창고에서 보내온 것들이었다. 이런 헌물들은 꾸준히 증가하였다. 우연한 사건들을 제외하곤 이 물품들이 남용되지 않았다. 금기들은 귀중품을 약탈로부터 보호해 주었다. 아직은 이교도였던 바이킹이 수도원 성소들로부터 금·은을 탈취함으로써 이런 금지조항을 위반했을 때, 성스러운 공포심의 반향이 전그리스도교 세계를 휩쓸었다. 금기들은 매우 강력하여 이런 헌물들의 다수가 그것들이 원래 비치되었던 그 자리에 오늘날까지 남아 있다. 무덤에서 발굴된 것들을 별도로 하면, 당대 보물들 중 잔존한 모든 것들이 이런 식으로 우리에게 전해지고 있다. 그렇지만 이제 사자에 의해 유증된 귀금속들은 이전처럼 흙 속에 매장되지 않았고, 따라서 생활에서 사용되는 것을 면할 수 없었다. 이런 유증품들은 미래에 신의 영광을 구현하는 차원에서 다른 목적들을 위해 사용될 것이고, 금·은의 비축물들은 교회를 재건축하거나 빈자를 구호하는 데 쓰여질 것이었다. 유럽이 그리스도교로 개종되었다 해서 장례 목적을 위한 보물 매장이 억압되지는 않았지만, 그 특성은 급격히 변모되었다. 이런 매장은 최종적 행위였고 따라서 비생산적이었으나, 실은 일시적이며 잠재적으로는 유익한 것이었다. 암흑기 동안의 금속물 축적으로 1000년 이후 화폐경제의 재생이 활력을 얻게 되었다.

교회는 이외에도 많은 것을 증여받았다. 신의 호의를 얻고 죄를 속죄하는 가장 확실한 수단으로서, 지상의 물품을 희생 제의로 삼는 고대의 믿음은 그리스도교 관행으로 흡수되었다. 왕의 평화가 상납금으로 매수될 수 있었던 것처럼 신의 용서는 헌물로 구매될 수 있었다. 마찬가지로 수확 후 1/10묶음씩 주에게 헌납하는 첫번째 곡식은 속죄의 선물이었다. 그렇지만 이 경우 상당한 파급 효과를 초래하게 될 변화가 수반되었는데, 이 헌물들은 파괴되거나 변질·소멸되지 않았다. 헌물들은 축수 임무를 담당한 특정인에게 양도되었다. 결과적으로 그리스도교가 전파되어 나감에 따라 땅을 경작하지도, 호전적인 약탈전쟁에 참여하지도 않는 대신 경제체제의 가장 중요한 영역 중의 하나를 담당한 전문가 집단이 공동체 내에 자리잡게 되었다. 이 집단은 다른 사람의 수고를 통해 마련된 보조금으로 살아 나갔다. 이들은 보조금을 부여받는 대가로 공동체의 안녕을 위해 기도 및 여타 성스러운 행동을 취하였다. 교회 전체가 이같은 성격의 경제적 지위에 놓여 있었던 것은 아니었다. 스스로 경작에 참여했던 시골의 하위 성직자는 농민과 거의 구분되지 않았다. 하지만 가장 빈한한 성직자조차도 적어도 자기 수입의 일부분에 대해서는 타인 노동의 수혜자였다. 수사들, 그리고 주교와 관계가 있는 성당참사회원들도 나태한 소비자로서 진정 영주적 지위를 향유하고 있었다. 신성한 권위에 헌물을 제공하고 희생제의를 행하는 보편적 관행은 이들의 토지 자산을 증가시켜 주었다. 교회에 토지를 증여하는 관행이, 이 시기의 가장 광범위하고 정규적인 경제 흐름의 한 요소였음을 우리는 이미 인지한 바 있다.

그러므로 이 경제를 폐쇄경제로 간주하는 것은 참으로 오류이다. 왕과 수사, 혹은 가장 궁핍한 농민을 막론하고 분명 이들 모두의 가솔들은 스스로의 부양과 소비를 위해, 그들이 필요로 하는 것의 대부분을 자신의 토지로부터 획득하려는 바람을 일반적으로 공유하였다. 자급자족에의 욕구와 독립적으로 살면서 외부 세계에 가능한 한 덜 의존하려는 소망에 의해, 예컨대 포도 재배가 잘 되지 않은 구역의 수도원들은 때로 원거리라 할지라도 보다 유리한 기후하에 있는 외부의 포도 재배지를 획득하고자 하였다. 그러나 사회 전체가 당대에 필수적 요소로 간주되었던 관대한 베풂에 의해 자극된 부의 순환과, 봉사의 한없이 다양한 관계망 속에 유입되어 갔다. 자신의 보호자에 대한 종속민의, 신랑에 대한 친척의, 연회 제공자에 대한 친구의, 왕에 대한 귀족의, 귀족에 대한 왕의, 모든 빈자에 대한 모든 부자의, 마지막으로 사자와 신에 대한 모든 인류의 선물들이 이에 포함되었다. 진정 이러한 선물 공여는 교환과 관계되어 있고, 또 실제 교환이 빈번히 이루어지고 있었다. 그러나 그것은 상업과는 무관하였다. 한 예로 9세기에 갈리아 전역에서 생산이 전혀 안 되어 영국으로부터 수입된 납의 거래에 대해 살펴보기로 하자. 아인하르트는 젤리겐슈타트에 위치한 자기 수도원의 부속 예배당 지붕을 덮어 줄 충분한 양의 납을 구매하기 위해 상당한 액수의 돈을 지불하여야 했다. 그러나 오를레앙 가까이 위치한 페리에르 수도원의 원장인 루프는 머시아의 왕에게 상당량의 납을 보내 줄 것을 요청하면서, 그 대가로 그에게 기도해 줄 것을 약속하는 서신을 보냈다. 샤를마뉴의 관용에 의해 하드리아누스 교황은 수천 파운드에 달하는 납을 획득하였는데, 왕궁의 관리들은 1백 파운드짜리 짐차에 이 짐을 싣고 로마로 가는 길 내내 이를 이송하였다. 이 경우 상인은 전혀 보이지 않았고, 또한 어떤 지불도 이루어지지 않았다. 그렇지만 로마 친구들이 상호간의 관용에 대한 보답으로 성 보니파키우스에게 보내곤 하였던 향료와 마찬가지로, 이 희귀한 물품은 원거리에 걸쳐 유통되고 있었다. 다수 경제사가들은 이 모호한 시기의 유럽에서 실제 거래의 흔적을 거의 발견하지 못했기 때문에 거래가 쇠퇴했다고 여겨왔다. 혹은 이들이 상업적인 요소가 배제된 교환을 상업적인 것으로 그릇 간주해 왔다. 실제 우리가 이 책에서 그 과정을 다루게 될 중세 유럽의 상업 팽창은 매우 점진적으로, 그리고 항상 불완전하게 약탈·선물·증여의 경제를 화폐 유통의 체제로 적응시키는 형태로 전개되었다. 그리고 그 기초는 이미 마련되어 있었다. 그것은 로마의 유산이었다.

2. 고전적 모형에의 이끌림

이 시기에 근본적이었던 또 하나의 심리적 특성은, 모든 야만족이 로마식으로 살기를 희구했다는 점이다. 로마는 이들에게 빵·포도주·대리석·금 등에 대한 취향을 전해 주었다. 로마 문명의 폐허의 와중에서도 호화주택과 도시·도로·상인과 화폐는 여전히 존재하였다. 승리한 지배자들은 도시에 거처를 마련하였다. 이들은 궁궐을 차지하였고, 목욕탕·원형극장·광장에도 친숙해졌다. 이들의 자긍심을 최고로 북돋워 준 부의 형태는, 과거 로마적이었던 것의 외형적 광택을 담고 있는 것들이었다. 이런 식으로 유지된 도시의 활력은 베로나·파비아·피아첸차·루카 그리고 톨레도에서 보다 현저했으며, 쾰른과 영국의 주읍(chesters)의 폐허에도 미치고 있었다. 엄격히 경제적 의미에서 볼 때, 도시의 활력은 상당히 후퇴하였다. 도시는 시골의 외양을 띠었다. 고대 유적의 잔재 더미에서 포도밭이 일구어지고, 가축이 풀을 뜯고 있었다. 상점들은 방기되었다. 먼 과거의 물품들을 찾는 것은 더욱더 우연한 일로 치부되었다. 그러나 그것들이 전적으로 사라진 것은 아니었다. 여하튼 도시는 해당 도시의 지배자나 그 대리자의 궁궐, 주교 거주지, 여행자들의 숙박소(xenodochia)를 포함하였기에 공적 생활의 중심지로 남았다. 6세기 이래 갈리아의 도시 주변들에서 요새 중심지로부터 얼마 안 되는 거리에 일단의 수도원 건물들, 예컨대 파리에 생-뱅상과 생-제르맹-데-프레, 수아송에 생-메다르, 푸아티에에 생트-라드공드, 랭스에 생-르미 수도원이 들어섰다. 7세기에 르망 요새의 외곽에서 헤아릴 수 있는 것만 해도 80군데의 수도원과 여행자 숙박소가 자리잡고 있었다. 그 결과 권력자의 수행원들과 교회의 가솔 진영은 함께 생활 수준이 비교적 높은 대규모의 영구 거주집단을 도시거점에 끌어들일 수 있었다. 이들의 존재 자체가 식량의 정기적 수입을 초래하였고, 전문 장인의 활동을 지속시켜 주었다. 그 이유는 로마제국 도시 거주자들의 후예들이 조상의 생활방식을 따르고자 하였기 때문이다. 이들은 뒤에 남겨진 물질문명을 가능한 한 최대치로 유지하고자 하였는데, 이들은 특히 건축물에 민감한 반응을 보였다. 6세기말 시인인 포르투나투스는 뢰느볼드 공이 교회를 짓고, 또한 어떤 '로마인'도 감히 시도하려고 하지 않은 것을 성취하려고 했다 하여 그를 칭찬하였다.

안락과 씀씀이를 크게 하는 전통이 사라지지 않게 하려는 동일한 관심은 시골, 즉 여전히 가장 부유하고 가장 덜 무례한 토지 소유자 계층이 거주한 빌라들에서도 나타나고 있었다. 585년경 아키텐 태생의 트리어 주교인 니케타스가 머물고자 했던 코블렌츠 인근의 거주지에 대해 포르투나투스는 다음과 같이 묘사하였다.

측면 경계용의 30개 망루를 낀 울타리가 산을 둘러치고 있다. 한 건물이 최근까지도 삼림으로 덮였던 지점 위에 우뚝 서 있다. 건물벽은 옆쪽으로 계곡마루까지 뻗쳐 있다. 이 건물은 측면의 영지 가까이에 흐르는 모젤 강에 닿고 있다. 높은 암석의 정상에는 장엄한 궁전이 마치 첫번째 산머리에 횃대를 치고 있는 두번째의 산처럼 축조되어 있다. 그 벽들은 방대한 영역에까지 뻗어 있고, 그 저택은 진정한 요새를 이루고 있다. 대리석 기둥이 거대한 구조물을 떠받치고 있다. 꼭대기에서 여러분은 여름에 강 표면을 떠다니는 배들을 볼 수 있다. 건물은 3층으로 되어 있는데, 여러분이 그 꼭대기에 도달하면 본건물이 발 밑에 펼쳐 있는 들판을 가리고 있는 것처럼 보일 것이다. 경사진 접근로를 감시하는 망루는 전사의 사용을 위한 무기뿐 아니라 성자에 헌정된 예배당을 포함하고 있다. 여기에는 전투기구 —— 화살을 쏘아 멀리 날아가게 하여 상대방을 죽게 한 다음, 그 화살이 보이지 않는 저편으로 사라지게 하는 무기 —— 또한 비치되어 있다. 물은 산의 지형을 따라 설치된 수송관을 통해 보급된다. 이 물로 돌아가는 물레방아는 이 구역 주민들을 부양할 곡식을 갈아 준다. 예전에는 쓸모없었던 이 경사로에 니케타스

는 즙이 많은 포도를 심었고, 초록의 포도덩굴은 덤불 이외에는 아무것
도 없던 고위면의 암벽을 뒤덮었다. 여기저기 자라나는 과일나무로 둘
러찬 과수원은 공기를 꽃 향기로 가득 채운다.

우리는 이 묘사에서 드러난 수사적 과장을 허용해 주어야 한다. 그러나
이런 과장에도 불구하고 위 묘사 내용은 두드러진 특징이 있다. 한편으로
그것은 종교적·군사적·시골적 요소들이 혼합된 귀족적 생활방식을 보
여 준다. 다른 한편으로 그것은 고대적 전통에 심취한 엘리트의 주도하
에, 석조 건물과 포도원·물레방아 등으로 표상되는 식민지형의 경제가
게르마니아의 삼림에 이식된 모습을 보여 준다. 수사들과 더불어 주교들
이 로마적 모형을 파급시키는 데 상당한 역할을 하였다. 7세기에 갈리아
에서만 과거 로마 빌라가 섰던 자리에 2백여 수도원들이 설립되었고, 그
건축물들은 고대 갈리아의 도시였던 루테시아의 면적보다 2,30배나 광대
한 영역에 뻗쳐 있었다. 이같은 거대한 건축물 축조는 막대한 양의 물자
운송과 작업을 필요로 하였다. 그 중 일부는 파리 지역 수도원 교회들을
장식하기 위해, 피레네의 채석장에서 가져온 대리석과 같이 원거리에서
운반해 온 것이었다.
　이처럼 로마적 삶의 형태를 미개한 북부로 이식한 것은 단순히 예전
식민화의 흔적을 재생하거나 포도나무를 새 풍토에 심는 식의 풍경 변화
만을 초래한 것은 아니었다. 오일·파피루스·향료와 같은 외래상품 공급
원과의 관계를 계속해서 유지하는 일이 필요하였다. 이제 이런 관계는 로
마에 의해 확립된 운송체계가 꾸준히 쇠퇴함으로써 위협받고 있었다. 비
록 샤르트르로의 여행에 착수한 랭스의 생-르미 수도원 수사인 리셰가
회상하고 있는 사건들이 보다 후기인 991년의 상황과 관계되고 있을지라
도, 그가 뒤에 남겨 놓은 다음과 같은 증거는 결국 도로체계에 가해진 심
각한 훼손에 관심을 끌게 하고 있다.

삼림의 샛길 미로에서 두 동료와 더불어 길을 잃게 된 우리는 여러 가지 불행에 접하게 되었는데, 한 분기점에서 길을 잘못 안내받아 제 거리보다 6리그 이상을 더 헤매었다.

모로부터 6마일 거리에서 짐말이 죽었으며, 이야기는 다음과 같이 계속되고 있다.

나는 하인으로 하여금 주의 사항을 통행인들에게 전하도록 지시한 다음, 우리의 짐과 함께 그를 그 자리에 남겨 놓았다……. 나는 모에 도착하였다. 대낮의 햇빛 때문에 나는 내가 건너고 있는 다리를 제대로 바라볼 수가 없었는데, 보다 세심히 살펴보니 내가 더 심한 재난에 봉착했음을 알게 되었다……. 나의 동료는 모든 방향으로 헛되이 보트를 찾아본 후 위험한 도강(渡江)을 재시도했으며, 말들이 무사히 건너기를 하늘에 기원하였다. 틈이 벌어진 경우에는 발 밑에 자신의 방패를 깔기도 하고, 또 때로는 떨어진 옆 상판들을 붙여 보기도 하였다. 한 번은 몸을 구부려 보고, 또 한 번은 똑바로 세워 보기도 하였다. 결국 이리저리 옮기면서 말과 함께 성공적으로 다리를 건넜으며, 그뒤를 나도 따라갔다.

그러나 짐마차에 의한 육로 여행은 끝나지 않았다. 732년 생-드니 수도원에서 작성한 기록에 따르면, 이 방법이 여전히 일반적으로 채택되고 있었다. 그것은 종교단체에 입하되는 상품에 면세혜택을 부여한 왕의 결정과 관계되고 있었다.

우리는 그에게 이러한 호의를 베풀어 왔다. 다른 목적을 위해 거래하거나 여행중인 그의 대리인이 불을 밝히는 데 필요한 오일을 구매하러 마르세유나 왕국 내 여타 항구에 들어갈 경우, 우리는 매년 일정수의 짐수레에 한하여 우리의 영역 내에서 통행세를 비롯한 어떤 종류의 세금도 거두지 않을 것이다. 따라서…… 여러분은 마르세유·툴롱·포스·아를·아비뇽·발랑스·비엔·리옹·샬롱 및 여타 도시와 구역에서 이 주교의 짐마차에 통행세를 주장하거나 징수해서는 안 된다. 즉 이 세금이 왕국 내 어느 지방에서 요구되더라도, 또는 그것이 도로나 다리에서 보트로 운반되건 짐마차로 운반되건, 그리고 이로 인해 소란이 제기되더라도 운반자들에게 안전이 보장되고 가축 사료가 제공된다.[21]

그런데 이 문서는 첫번째 운송수단으로서 보트를 언급하고 있으며, 또 이 문서가 그 단계를 적시하고 있는 경로는 해안이나 강을 따라 있었다. 수로는 주요 교통로가 되어갔고, 다른 정착지들보다 강변에 가까운 정착지들을 이롭게 하였다. 또한 이 문서의 내용은 상인들이 구매를 행하고, 통행세관을 통과한 사실을 암시해 주고 있음도 염두에 둘 필요가 있다.

그렇다면 원거리 상품운송이 선물의 교환에 의해서만 자극받았다고 볼 수는 없다. 의심할 여지없이 거래 전문가들 또한 활동하고 있었다. 위 글이 암시해 주고 있듯이, 때로 원거리 수송은 영주가 자신의 명의로 해외 사업을 벌이도록 파견한 하인들에 의해 담당되었다. 문서들에 나타나고 있는 상인들이 독립적인 개인들인지 영주의 가솔하인들인지 하는 점은 밝히기 어렵다. 제국 후기부터 귀족들이 거래 관행을 보다 잘 알고 있는 상업대행인들을 고용하는 데 익숙해 있었을 가능성이 높다. 이들 전문가들은 한 강력한 영주에 일시적으로 고용되어 혜택을 얻곤 하였다. 이들은 영주 덕택에 자신의 사업거래를 수월하게 해주는 안전통행 보증 및 여타 특권적 이익을 얻을 수 있었다. 적어도 부분적으로 독립적이면서 중계인 자격으로 생계를 유지하는 중계상인의 존재는 엄연하였다. 로마는 로마의

---

21) Marculfli, *Formularum libri duo*, Upsala, 1962, p.332.

도시들에 오리엔트 상인들, 즉 시리아인들——6세기의 갈리아 자료들에서 빈번히 언급되었고, 후에 유대인 상인들에 의해 도전받았던——이 거주했던 구역의 잔재를 남겨 놓았다. 유대인들은 다고베르트가 자신의 '상인들'이라 부른 사람들 속에 포함되어 있었다. 이들은 상업거래에 적절한 지적 재능을 발휘하였고, 또한 바빌론 유수에 따른 유대인의 이산 결과 이전의 제국 영역 전반에 걸쳐 분산되었던 소규모 유대인 공동체들간의 긴밀한 유대관계를 활용하였다. 그리고 그리스도교 세계의 다수 주민들과 관련하여 이들은 외부인이었기 때문에 상인이라는 특수한 경제적 역할에 종사하는 경향이 있었다. 참으로 거래가 여전히 주변적 활동에 그치고, 선물경제에서 이탈한 요소로 간주될 뿐더러 모호한 것으로 의심받는——그리스도교 교회의 눈에 비친 바대로——공동체들에서는 그 역할이 기꺼이 이방인들에게 맡겨지곤 하였다. 그렇지만 전문 상인들 중에는 일부 그리스도교인들도 분명히 존재하였다. 이들 그리스도교도 상인들은 로마의 흔적이 제법 많이 남아 있는 지역들에서 보다 일반적으로 나타나고 있었다. 이탈리아가 7세기 내내 계속된 재난으로 초래된 짙은 암흑상태로부터 빠져 나오기 시작한 때부터, 롬바르드족 왕들이 이들에 민감한 관심을 보였음을 우리는 알고 있다. 720년 리우트프란트의 법은 자유민들이 상업상의 이윤을 위해, 또는 장인훈련을 받기 위해 집을 떠나도록 허용해 주는 특별 규정을 마련하였다. 750년 아이스툴프는 사람들에게 각자가 행해야 할 봉사 의무를 할당하면서, 그 범위가 넓고 다양하여 상기의 법이 그 구성원들을 각각이 보유한 생계수단을 기준으로 세 집단으로 나누었던 negociatores[22] 계급과, 토지 자산으로 부유한 possessores 계급을 구분하였다. 가장 부유한 상인들은 무장하여 말을 탄 기병에 종사할 것으로 기대되었다. 가장 부유한 지주로부터 이들을 구분해 주는 기준은, 이들이 자신의 부 대부분을 현금으로 소유하여 왕의 금고에 현금을 제공함

---

22) 상인들은 당대 사료들에서 negociatores, 혹은 megatores로 지칭되고 있었다.

으로써 자신들의 군역 의무를 대납했다는 점이었다.

*

　서유럽을 차지하고 있는 부족들 모두에게 있어서, 은과 특히 금은 최고의 가치를 지닌 것으로 평가되었다. 그렇지만 귀금속은 항상 극히 부분적이며, 일시적으로만 화폐 대용으로 사용되었다. 이것들은 사자뿐 아니라 신과 왕, 그리고 부자의 위광을 과시하기 위해 대량으로 사용되었다. 약탈물·공물·선물은 대개 장신구 형태로만 유통되었다. 그런 다음 최고 명성을 지닌 장인들이 그 소유주들의 영광을 드러내기에 적절한 형태로 이것들을 가공하도록 위탁받았다. 그렇지만 모든 지역에서, 심지어는 가장 미개한 곳들에서조차 주화는 유통되고 있었다. 주화가 당대 사회에서 행한 기능을 정확히 이해하는 일은 어려운 작업으로서, 아마 경제사가들이 직면한 가장 해결하기 어려운 난제일 것이다. 우선 이 경우 자료 문제가 가장 심각히 대두된다. 확고한 결론을 얻게 해줄 유일한 증거는 주화 자체에 의해 제공된다. 고고학적 발굴의 부산물로서 상당량의 주화가 우연히 무덤에서, 특히 비장품 형태로 재발견되었다. 주화가 비장된 이유는 전혀 알려져 있지 않지만, 아마 종종 일시적 위험으로부터 여분의 자산을 보호하려는 희망에서 숨겨 저장되었을 것이다. 고전(古錢)에 관한 모든 기록은, 일련의 우연적 사건으로부터 유래한 것이어서 증거로서의 가치를 지니기에는 상당한 제약이 따른다. 둘째로 모든 경제 변화를 화폐가치의 측면에서 고려하는 근대 세계 특유의 사고방식을 깨뜨리기 위해 심원한 노력이 요청된다.

　7,8세기에 돈이 널리 통용되었다 하더라도, 그것이 모든 곳에서 주조된 것은 결코 아니었다. 영국에서 최초의 조폐는 7세기초에 이루어졌으나 오랫동안 그 작업이 매우 제한적이었다. 고고학자들이 625년이나 655년경에 매장된 것으로 여겨지는 서턴-후 보고지는, 프랑크 왕국에서 주조된

기껏 37개의 주화를 내장하고 있었다. 조폐는 666년 이후에 급격히 진전되었으나, 9세기까지는 섬의 남동지역에 엄격히 한정되어 이루어졌다. 영국의 이 지방에서 660년경을 전후하여 특정의 경제 변화를 추정할 만한 이유는 없으며, 까닭에 우리가 조폐의 개시를 경제 성장과정과 지나치게 연관하여 파악하는 것은 성급한 일임을 염두에 두어야 한다. 아마 야만족 국가들의 조폐 도입을 단순히 상위의, 그리고 매력적인 문화로부터의 차용으로 간주하는 편이 보다 나을 것이다. 주화는 로마 문명의 여타 흔적과 동일한 지위를 지니고 있었음에 틀림없다. 조폐는 빵 제조, 포도주 마시기, 목욕하기, 그리스도교로의 개종과 마찬가지로 반드시 경제적 단계에 상응하는 것이 아니었다. 그것은 '르네상스'나 문화의 흡수를 의미하는 것일 수도 있다.

사실상 주화는 7세기초 고대 전통에 여전히 친숙한 모든 지역에서 주조되고 있었다. 그러나 매 경우마다 우리는 그것의 쓸모와 실제적 중요성을 질문해 보아야 한다. 7세기 갈리아의 경우를 예로 들어 보자. 남부로부터 센 강에 이르기까지 주화가 계산 용도로 사용되었고, 가격이 주화의 수로서 표현되었다. 이것은 사람들이 동전의 무게와 정교한 정도에 신용을 두었음을 의미한다. 사람의 마음속에서 주화는 측정도구, 가치 상징, 가치 단위로 인지되고 있었다. 그렇지만 우리가 센 강 이북의 야만 세계에 들어서면 설수록 화폐의 이런 기능이 사라진 것으로 보인다. 여기서는 주화의 무게가 달아지고, 또 그 함량이 측정된 점에서 주화가 불확실하고 다양한 것으로 간주되었음이 거의 틀림없다. 그 이유는 부분적으로 유통 공급이 불규칙했고 조폐가 원거리에서 이루어졌으며, 또 그 품질이 고르지 않았기 때문이었다. 그러나 무엇보다 지방부족들이 주화에 부여된 액면가치 그대로를 받아들이는 데 익숙하지 않았던 점이 고려되어야 한다. 이들에게 있어 주화란 하나씩 평가해야 의미가 있는 금속조각들이었다.

주화가 도처에 모습을 드러내고 있었을지라도, 매우 부유한 사람조차 빈번히 자신이 필요로 하는 현금을 동원할 수 없었음을 보여 주는 문서들에서 증명되고 있듯이 모든 곳에서 주화는 부족하였다. 7세기말 왕군에 합류하지 못하여, 그 징벌로 6천 솔리두스의 과징금을 판결받은 네우스트리아 출신의 한 귀족의 예가 이에 해당한다. 그는 생-드니 수도원장에게 부탁하여 필요한 양의 금화에 대한 교환으로 보베지에 위치한 대영지를 저당잡히게 되었다. 그는 빚을 갚지 못하고 사망했으며, 그의 아들은 저당물의 완전 소유권을 인정하는 수도원과의 약정서에 서명하여야 했다. 판매기록부에서 가격은 화폐가치로 표현되었다. 그러나 사회의 모든 수준에서 구매자는 종종 판매자가 자신의 소유물 중 욕심내는 물건을 그에게 제공함으로써 구입품에 대해 지불을 청산한 것으로 보여진다. "가격은 53 리브르의 금·은·말로 정해졌다." 739년 갈리아 북동부에서 기록된 이 표현은 매우 많은 내용을 시사해 주고 있다. 760년 한 이탈리아 지주가 1솔리두스 가치의 땅뙈기를 팔고 그 절반 가격으로 베이컨 한쪽을, 그리고 나머지 절반 가격으로 6모디움의 수수를 받아들이는 모습은 매우 놀랍기조차 하다. 자신이 소유한 28솔리두스 중 13솔리두스에 상당하는 말 한 마리를 제공함으로써, 대다수 사람들보다 수월하게 현금을 확보할 수 있었던 루카의 한 대부업자의 경우도 이와 마찬가지였다. 당대 가장 발전한 사회들에서 화폐가 교환의 발전에 기여한 역할이 제한되었음을 보여 주는 보다 특징적인 점은, 소규모 거래에 적당한 잔돈이 결여되었다는 사실이다. 고대 세계는 청동으로 잔전 유통을 해왔었다. 이것은 6세기 이후 이탈리아와 갈리아에서는 더 이상 나타나지 않게 되었다. 이때부터 금화와 은화만이 유통되었다. 이 주화들은 법화(法貨)로서 매우 높은 가치를 지니고 있었다. 794년 프랑크푸르트 법령집은 왕의 속민들에게 1데나리우스 은화를 받는 대가로 밀로 만든 2파운드짜리 빵 12덩어리나 호밀빵 15덩어리, 또는 보리빵 20덩어리를 내놓도록 명하였다. 그렇다면 한 사람의 하루치 식량인 빵 한 덩어리에 대해 사람들은 얼마를 지불했을까? 매일의 생활에서 사용 가능한 것들 가운데 금화는 샤를마뉴 시대의 은화 데나리우스보다 적어도 4배의 가치가 있었다. 그렇지만 갈리아에서 6세기 중엽부터 7세기 중엽 사이에 이것들이 주조된 유일한 화폐였을까? 사가들은 소액의 잔전들이 존재하지 않았음을 인정하려 들지 않고 있으며, 증거가 없다 하여 그 존재 자체를 부인할 수 있을는지 의아하게 여겨왔다. 비장소에서 잔전이 내장되지 않았다는 사실로는 아무것도 증명할 수 없으며, 발견되지 않는다는 것만으로는 별 의미가 없다라고 그들은 주장하였다. 필자는 이 주장이 근거가 빈약하다고 생각한다. 6세기에 이르기까지 비장소는 청동 주화 또한 내장하고 있었다. 일부 사가들은 예전의 로마 주화가 계속해서 사용되고 있었다는 가설을 개진해 왔다. 당대의 주화는 그것이 유통된 모든 곳에서 신속히 고갈되기 시작하여 한 세기 내에 거의 사라지게 되었음이 오늘날 증명되고 있다. 그러므로 우리는 증거에 의해 판단을 내려야 한다. 이 시기에 사용된 주화는 매우 무거웠다. 민족학자들은 원시사회가 소액의 잔전 없이도 소규모의 교환, 심지어는 진정한 상업교환을 전혀 알지 못하고서도 완벽히 잘 해나갈 수 있었다고 말하고 있다. 우리가 살펴보았듯이 7세기 유럽은 광범위하게 교환을 행하였다. 부자와 빈자간에 다양한 종류의 공여가 이루어졌고, 예외적으로 또는 간헐적으로 구매가 행해졌다. 이처럼 여전히 개방된 경제에서 낮은 가치의 동전들이 반드시 불가피했던 것은 아니었다. 이 동전들이 사라진 근본 이유는, 통치자들이 그것들을 자신들의 위신에 부가해 주는 것이 아무것도 없다는 이유로 주조하려 들지 않았기 때문이다. 통치자들은 로마 체제의 권위적 요소만을 보존하였다. 이들의 일차적 관심은 황제를 모방하는 것이었기 때문에 이들이 주조한 것은 금화였다.

그러므로 우리가 다루고 있는 시기의 화폐현상은, 경제사보다는 문화와 정치구조의 역사와 관계한 것으로 보인다. 우리가 통화의 점진적 파급과 주화 유통에 영향을 미친 변동을 설명하려고 시도하는 것은 문화적·정치적 전개의 측면에서이다. 조폐는 엄연히 국가의 문제였다. 이 행위는 최소한도의 정치조직을 필요로 하는데, 이것 없이는 인지된 권위의 보장 하에서 주화와 같은 동일 대상물의 정규적 주조가 가능하지 않았다. 조폐는 무엇보다 통치권 관념, 즉 군주가 질서의 수호자로서 도량형을 통제하며 사람들이 신용할 수 있는 거래 표준을 책임지고 있다는 관념의 성숙을 필요로 하였다. 평화와 안정이라는 이러한 최고의 사명은 바로 황제의 사명이었다. 오랫동안 황제만이 이를 수행할 능력이 있는 것으로 여겨져 왔었다. 결과적으로 중세초에 유럽은 그 표면에 카이사르와 닮은 초상을 각인한 주화들만을 사용하였다. 이처럼 로마 형태 주화의 점진적 소멸, 그리고 야만족 왕의 이름으로 주조된 주화의 출현은 로마로부터 상속된 정치 골격에 야만주의를 통합시킨 전반적인 문화 변용과정과 관련되어 있다.

알프스 이북의 서방에서 발견된 최후의 비잔틴 금화는, 625년과 635년 사이 프리지아에 매장된 비장소에서 출토되었다. 제국의 조폐소는 금화, 즉 수와 1/3수인 트리엔스를 계속해서 주조하였다. 오랫동안 비잔틴의 정치적 영향하에 있었던 이탈리아에서, 이들 조폐소는 황제 명의로 활동을 지속하였다. 라벤나의 경우 이 도시가 롬바르드족에 의해 탈취되던 751년까지, 로마에서는 교황의 권위가 비잔틴 황제의 권위를 대체한 770년경까지, 시라쿠사에서는 9세기 중엽의 아랍 정복 때까지 그러하였다. 야만족 왕국들의 통치자들은 조폐권을 확보하였지만, 그들은 오랫동안 감히 조폐권을 행사하려 들지 않았다. 그들은 황제의 머리를 각인한 주화가 유통되는 것을 허용하였다. 그들이 황제의 머리 대신 자신의 머리를 각인하려는 대담성을 갖기 위해서는, 황제권의 대표자로서가 아니라 공공 질서를 실제 책임진 총독으로서의 임무를 수행한다고 설득될 필요가 있었다. 이런 방식을 취한 최초의 인물들은 540년경의 프랑크 왕들이었다. 롬바르드족이 곧 이들을 따랐다. 스페인에서는 국가를 재조직하고 법적 전통을 부활하며, 로마시대 통치권의 상징들을 회복하려는 전반적 노력이 경주되었던 레오비길드 왕(575-586) 치세하에서 그 시발이 이루어졌다. 위 사실은 조폐권의 회복이 일차적으로 왕권의 존엄성 부활을 의미하는 또 하나의 증거가 된다. 동일한 방식으로 7세기초 켄트에서 행해진 첫번째의 금화 주조는, 애설버트 왕의 법들에서 구현된 정치제도의 진전을 나타내 준다. 야만족 왕들의 결정에서 또 한 가지 놀라운 것은, 이들이 고대의 조폐 전통에 보인 경외감 내지 충성심—— 로마의 기억이 어느 지역보다도 지속적이었던 롬바르디아에서 가장 현저하였다—— 이었다. 로타르 왕은 비잔티움을 모방하여 조폐인단을 재설립하였는데, 그 구성원들은 자신의 직책을 상속받은 자로서 서약했으며, 이후 12세기까지 롬바르디아 도시들의 경제를 좌우하게 되었다. 이 왕은 조폐권의 독점을 통치권의 근본 속성으로 강조하였다. 그는 금채굴자들에 의해 채취되는 강변의 모든 금을 왕의 것으로 치부하였고, 금화 위조의 혐의가 있는 사람은 누구를 막론하고 손을 절단하는 비잔틴식의 형벌을 가하였다. 조폐는 파비아·밀라노·루카·트레비소에 집중되었고, 조폐소의 공적 성격을 부각시키기 위해 조폐인들의 이름은 주화에 각인되지 않았다.

왕의 조폐 기능은 3면적이었던 것으로 보인다. 첫째로 그것은 군주의 위광(威光)을 확약하는 의미가 있었다. 둘째로 왕의 조폐 기능은 질서와 안정의 상징이었으며, 말하자면 모든 거래, 심지어 주화에 의존하지 않는 무수한 거래까지도 주관해야 하는 신성한 가치였다. 셋째로 아마 당시에 화폐는 교환활동을 왕 주변에 집중시키는 기능을 행하였을 것이다. 주화는 국왕금고국 소속의 조폐를 책임진 금은세공업자들에 의해 제조된 보석들과 마찬가지로 귀금속으로부터 만들어진 아름다운 물건이었다. 이들은 주로 왕궁의 요청에 응하고, 결과적으로 왕의 관리에 의해 도로와 강을 따라 징수되는 상품 유통세와 예속민들로부터 갹출되는 공물, 그리고 공공 재판소에서 부과되는 벌금수입 총액을 왕에게 전달하는 역할을 행하지 않았는가? 화폐가치에 대해 언급된 내용들 대다수는 현금벌금 내역을 규정한 야만족 법전들의 조항에서 거론되고 있지 않은가? 부를 이전하는 많은 방법 중에, 그리고 징수의 형태와 관련해서 화폐 사용을 피할 수 없는 몇 가지 경우들이 있었다. 이 경우들에서 물물교환의 여지는 없었다. 국왕금고국에 6백 솔리두스를 양도하도록 언도받은 네우스트리아의 한 귀족은, 온갖 어려움에도 불구하고 이를 현금으로 지불하지 않으면 안

되었다. 왕은 자신의 관대함을 드러내기 위해, 왕의 권력을 상징하는 인장으로 날인된 금붙이를 측근들에게 하사하곤 하였다. 그것들은 과세를 통해 자신에게 되돌아올 것들이었다. 이런 식으로 지역화되고 거의 전적으로 폐쇄화된 부의 순환이 이루어졌으며, 그 중추는 왕궁이었다. 더딘 유통체계가 이처럼 여러 가지 면에서 근본적인 영향을 끼쳤는데, 엄격히 상업적인 수준에서 볼 때 당대 유통체계의 불편성은 경제학자들을 매우 놀라게 할 정도의 것이었다. 화폐는 황제에 속한 것이었고, 그에게 재귀속되어야 했다는 사실을 잊지 말도록 해야 한다. 그러나 주화는 과세의 수단임과 동시에 과세의 대상 중 하나였다. 통치자는 조폐소로 보내지는 귀금속의 일정 분량을 조폐를 위해 합법적으로 공제하였다. 그리고 왕들이 조폐권을 부여받은 사람들에게 주조용의 귀금속을 넘길 때마다, 새로운 조폐관리인들은 화폐 유통을 극대화할 임무를 지고 있었다.

화폐는 일차적으로 정치제도적 속성을 지니고 있기 때문에 국가의 흥망성쇠는 화폐사에 반영되어 있다. 프랑크령 갈리아의 경우 이런 양상이 보다 특징적으로 드러나고 있었다. 이 지역은 이탈리아와는 대조적으로 권력이 덜 집중되었고, 로마의 영향을 더 짙게 받고 있었다. 따라서 주화는 왕국 전역의 조폐소들에서 분산 주조되었다. 조폐소의 지리적 분포는 지중해로 향하는 주도로들의 방향과 궤를 같이하였다. 이 주도로들을 따라서 통과세가 징수되고 필연적으로 현금이 수거되며, 또 화폐는 자연히 상업적 목적에 사용되기 때문에 상인들에 의해 이 도로들이 이용되었다. 마르세유는 조폐가 오랫동안 가장 성행하였던 지역이었다. 이곳은 600년경 두드러지게 발전하였고, 7세기 중엽 그 정점에 다다랐다. 그 이유는 유스티니아누스가 일으킨 전쟁들로 피폐해진 이탈리아에 롬바르드족이 침입해, 론 강 계곡으로 향하는 오리엔트 상품의 주요 수입경로가 이쪽으로 바뀌었기 때문이었다. 북부 갈리아의 경우 뫼즈 강가의 위이와 마스트리히트, 그리고 영국 방향의 통행이 집중된 캉토빅 등 가장 분주했던 통행지점들에서 650년경 처음으로 조폐가 이루어졌다. 특히 중요한 점은 조폐소가 꾸준히 증가했다는 사실이다. 8세기 부르고뉴에서 주요 조폐소들은 손 강으로부터 네우스트리아로 향하는 도로를 따라 위치한 이전의 로마 도시들에 자리하였다. 이에는 가장 먼저 조폐소가 생겨났던 샬롱, 다음으로 상스·오툉·오세르·마콩이 포함된다. 9개의 다른 조폐소들 또한 확인되고 있다. 소규모의 정착지들에도 다수의 조폐소가 생겨났는데, 서부에 위치한 조폐소들은 규모가 워낙 적어 그 중 20퍼센트 정도는 위치 확인이 되고 있지 않다. 실제의 상업활동이 명백히 덜 집중되었던 북부에서 조폐소의 분산은 보다 현저하였다. 이같은 양상은 사용자의 필요에 따른 대응이 아니라 왕권의 쇠퇴를 반영하고 있다. 점차 귀족세력의 확장에 의해 힘이 약화된 프랑크 왕권은 조폐 독점권을 유지할 수 없었다. 왕들은 다른 호의와 더불어 조폐권을 교회에 부여하였다. 점점 더 자주 등장하게 되는 조폐인들은——그 중 1천5백 명 이상이 알려져 있고, 또 일부는 순회하는——갈수록 독자성을 더욱 확보하게 되었다. 이들은 주화에 왕의 이름 대신 자신의 이름을 새김으로써 자신의 독자성을 나타내었다. 첫번째 조폐인 이름은 585년에 나타나고 있으며, 한편 8세기초의 금화에서 왕의 이름은 사라졌다. 이 과정은 분명 왕권의 쇠퇴와 연관되어 있으며, 불규칙한 조폐와 주화가치의 저하——무게가 점차 감소하고 정교함이 떨어진——를 초래하였다.

정치적 재난으로부터 초래된 이같은 발전을 당대의 가장 중요한 화폐현상, 즉 금화에 대한 은화의 점진적인 그러나 완전한 승리와 연관시키는 것은 그럴 듯해 보인다. 롬바르드 왕국에서 왕의 위신 향상으로 금화 주조량이 증가하고 은화 주조량이 감소했던 바로 650년경에, 공적 특성을 거의 전적으로 상실해 가고 있던 갈리아의 조폐소들은 클레르몽·리옹·오를레앙 등지에서 은화 데나리우스를 주조했던 것으로 보인다. 1.13그램에서 1.28:1그램에 이르기까지 다양했던 이 은화의 무게는, 1그램에도 미치지 못하였던 트리엔스보다는 분명 무게가 더 나갔다. 이 은화는 8세기 말까지는 안정된 채 유지되었다. 금화는 점차 사라져 680년경에는 마르세유에서 주조가 중지되었고, 7세기 후반 이후에는 프리지아의 비장소들에서도 더 이상 발견되지 않았다. 그리고 30년이 지나 새로운 화폐체제가 확립되었다. 또 이것은 영국 해협의 다른 쪽에서 직접적인 반향을 일으켰다. 660년경 남동 영국에서 조폐가 재개되었을 때, 조폐소들은 통계학자들이 세아타스(sceattas)라고 부른 바 있는 은화들을 주조하였다. 이 은화들은 광범위하게 유포되었다. 8세기가 끝날 무렵에는 금화의 주조가 유제에 지나지 않게 되었다. 카롤링거 왕조의 정복은 우선 롬바르드 왕국으로부터, 다음에는 하드리아누스 교황시에 로마로부터 금화를 축출하였다. 그 영향은 비잔티움이 여전히 입지를 마련하고 있던 서구의 외곽지역에까지 미쳤다.

　필자는 이러한 변화에 대한 사가들의 장기간에 걸친 논쟁에 개입할 생각은 없다. 단지 서유럽이 금의 공급원을 갖지 못했음을 상기하도록 하자. 롬바르드 왕국 내 빠르게 흐르는 개천들에서 사금 채굴업자는 얼마나 많이 채금할 수 있었겠는가? 서방 세계는 고갈되어 가는 비축량을 마저 써버리거나 해외에서 공급을 확보하여야 했다. 금화 주조가 감소해 가는 바로 그 시점에서 외부 세계로부터의 공급도 중지되었지만, 이것은 상업적이라기보다는 정치적 이유에서 비롯되었다. 비잔티움은 6세기 내내 주요 금 공급자였으며, 7세기초까지도 그러하였다. 그리고 금은 거래활동을 통해서가 아니라—— 상인들은 제국으로부터 주화를 유출하는 행위가 엄격히 금지되어 있었다—— 야만족 제후들에 제공된 선물로서, 또는 용병에게 지불되는 임금으로서, 그리고 자부심이 충만한 제공자에 의해 관대하게 증여된 공물로서 서방에 도달하였다. 예컨대 라벤나 공국은 6세기 후반기에 매년 3백만 파운드의 금을 롬바르드 왕들에게 이송하였다. 그러나 동부의 제국이 정치적 고립상태에 빠짐에 따라 점차 이러한 양도는 그 양이 줄게 되었으며, 머지않아 전적으로 중단되었다. 상당량의 축적된 금의 재고가 남아 있었던 것은 사실이다. 왜냐하면 금이 메로빙거 왕조의 저술들에서 널리 언급되고 있고, 프랑크 왕국과 색슨 왕국의 금은세공업자들의 활동이 아마 7세기 후반 동안만큼 왕성했던 시기는 없었을 것이기 때문이다. 또한 바로 이 시기에 데나리우스가 신속히 사용되어 갔다. 이처럼 금은 통치자와 교회, 그리고 사자의 명복을 기려 주는 명목으로 헌납받는 단체들의 비장소에 소장되는 경향이 있었다. 다른 한편 은은 지방적인 산물이었다. 타키투스는 게르만족들이 금보다 은을 선호하는 것을 보고 놀라워했다. 갈리아에서 왕들보다는 자신의 위엄에 관심이 덜하였던 사적 영주들의 조폐인들에게는 은이 다루기 쉬운 귀금속이었다. 균형이 서서히 깨지면서 비잔틴 세계와의 직접적인 관계가 쇠퇴하고, 게르만족·노르만족과의 교환이 증대함에 따라 원거리 무역을 위해 화폐를 이용해 온 사람들은 데나리우스에 더 큰 관심을 기울였다. 은화 디르헴을 통화로 사용하는 이슬람 세계와의 거래 또한 팽창해 가고 있었다. 점증되는 다양한 거래를 위해 갈수록 화폐에 의존하는 경향을 띠어간 사회에서, 가벼운 가치의 은화가 보다 실제적인 매개수단으로 간주되었다고 가정할 만한 충분한 이유가 있다. 따라서 금통화의 포기는 경제의 축소가 아니라 반대로 상업거래의 점진적 팽창을 나타내는 것일 수 있다. 이 점은 어떤 종류의 화폐이건 극히 부족한 상태에 있었기 때문에, 새로운 통화가 경제 운용에 주변적 영향만을 끼쳤다는 사실과도 일치한다. 앨퀸은 영국 친구들을 즐겁게 해주기 위하여 향료와 오일·은화 등의 희귀한 상품을 보내었다. 오파 왕이 캔터베리에서만 화폐를 주조시켰던 영국에서, 은화 사용은 10세기까지 일반적이지 않았다. 게르마니아 역시 마찬가지였다. 분명 데나리우스는 매일매일의 거래용으로 용도 설정된 소액의 잔전이 아니었다. 이것이 채택되었다는 사실은 주로 화폐의 주요 속성이 변화되었음을 나타내 준다. 비잔틴 세계에 대한 관심이 감소됨에 따라, 화폐는 특별 가치가 사라지는 대신 실제적인 매개수단으로 바뀌었다.

이상이 유럽 경제상의 발전이 시발되는 7세기에 화폐가 처한 상황이었다. 화폐는 그보다 훨씬 앞섰던 고대 지중해 경제로부터 상속받은 유산이었다. 이 유산은 세련되지 못하고 시골풍이 되어간 서구에 의해 오랫동안 소홀히 취급되어 왔었다. 따라서 통화는 그 주요 기능 중의 하나를 상실해 버렸다. 주화는 더 이상 비축재산으로 간주되지 않았다. 귀금속이 축적된 것은 보석의 형태로서였다. 화폐의 두번째 기능인 가치척도라는 상징적 기능은 남아 있었지만, 상업거래가 점차 감소함에 따라 그 기능의 중요성도 현저히 제약받았다. 화폐 기능을 제약한 점진적 쇠퇴의 마지막 시기는 7세기였다. 이 시기부터 상황이 조금씩 역전되기 시작한 것으로 보인다. 부족집단들의 정치구조가 조폐를 정규화할 정도로 충분히 성숙하자마자, 조폐는 자연히 두 가지 요인의 복합 효과에 의해 자극받았다. 첫째 요인은 화폐 사용이 상품을 교환하기 원하는 모든 사람에게 제공해 줄 혜택이었고, 둘째 요인은 조폐로 보다 큰 이익을 얻고자 하는 조폐 당사자의 바람이었다. 오직 국가적 통제를 받는 제도들의 성장이 수반되어야만, 현금 지불 관행이 진전된 중세 문명의 첫번째 요소로서 점차 뿌리를 내리게 되는 것이다. 이런 관점에서 볼 때, 카롤링거 왕조 권력의 증대는 유럽 경제사에서 결정적 국면을 이루었다. 8세기와 그 이후에 서구의 로마화된 지역들에서 데나리우스는, 그것이 선물과 관계되건 부과금이나 세금의 지불 혹은 판매와 관계되건간에 서서히 재산의 이전을 효율화하는 가장 편리한 수단으로 받아들여졌다. 데나리우스의 사용은 처음에는 완만하게, 다음에는 비장소에 저장된 은화가 차츰 풀려 나감에 따라 보다 신속하게 일반화되어 갔다. 여기에 대단히 중요한 의미를 지닌 변화가 있었다. 본 저술을 통해 그것의 진전과, 또 그것이 서구 경제의 성장에 미친 영향을 반드시 파악할 필요가 있다.

*

　처음 이러한 성장이 취한 방향은 상당히 불균형적으로 결정되었는데, 그것들을 차례차례 살펴보기로 하자. 첫째는 유럽 대륙 여러 지역들간의 불균등한 발전이었다. 민족이동과 로마 문명의 유제 —— 그리스도교 전파와 화폐 사용의 친숙을 포함한──의 확산은, 아직도 선사의 단계를 벗어나지 못한 유럽의 북부와 극동부가 서부 지중해에 면한 항구들과 연계하여 단일한 단위 안에 포섭되도록 장려하였다. 이 지역에서는 8세기 중엽까지도 여전히 열리고 있었던 원형극장 가까이에서 그리스인들과 유대인들이 말하는 것을 사람들이 들을 수 있었고, 또한 대추야자와 파피루스 화물이 하역되고 있었다. 로마와 영국 사이, 그리고 나르본·베르덩과 슬라브 세계의 주변 사이에서 농업이라는 공통의 바탕 위에 여러 층의 점진적 문화변용이 축적되었다. 한편 그 남부 방향으로는 상업거래가 활성화되고 있었다. 이러한 추세, 그리고 심지어는 문화변용의 과정조차 부와 사회적 지위의 점진적 계층화에 의해 촉진되었다. 수백 명의 농부와 유목민을 통제했고, 수백의 농민가정으로부터 미약한 잉어 일체를 취할 수 있었던 소수의 부자들에게 있어 매력적인 로마의 생활방식 형태들은 접근 불가능한 것이 아니었다. 한편 정신적 태도면에서 제국을 회상하게 하는 국가 이념과 영주권 개념──그 뿌리가 잔재해 온 부족주의와 라티푼디움에까지 닿는──간에 긴장이 일어나고 있었다. 즉 신성한 정의의 표상인 평화의 이념과 뿌리를 깊숙이 내린 호전적 공격 습관간에 긴장이 야기되었다. 이같이 교차되는 상충들 모두는 발전 유형을 극도로 복잡하게 만들었다.

이러한 발전 유형을 체계화하려면 인구 통계학적 측면을 중심적으로 고찰해 보아야 한다. 분명 인구 증감의 추세를 파악하기란 실제로 불가능하다. 왜냐하면 양적 평가를 위한 근거가 카롤링거 왕조의 조사 이전에는 부족할 뿐더러, 가족의 구성과 관련하여 절대적 불확실성이 현저히 드러나고 있기 때문이다. 진정 우리는 인구 확충 능력이 어느 정도로 제한되었고, 또 그것이 생산기술의 미약과 존속된 가내노예제에 의해 얼마나 제약받고 있었는지 하는 점을 거듭 언급해 왔었다. 그렇지만 이를 파악하게 해줄 자료가 전혀 없는 것은 아니다. 10세기의 헝가리 묘지들에 대한 연구는 인구의 자연증가율이 4퍼센트에 근접했다는 가설을 신빙할 수 있게 해주는데, 이 비율은 8세대 내에 또는 2백 년이 채 지나지 않아 인구가 2배로 증가되는 것을 의미한다. 6세기의 재난들에 의해 야기된 진공상태는 재정복을 유인하였다. 포기되었던 땅들이 이용 가능하게 되었다. 실로 이러한 유인이 최초의 이주들에, 특히 슬라브족들이 서방 쪽으로 서서히 유입되는 데 주요 역할을 하였다. 7세기초에 오보드리테족은 호수와 강의 가장자리에 그들의 소규모 이동 정착지를 세우고자 동부 홀스타인으로 들어갔다. 튀링겐 지방과 북동부의 바이에른 영토에 면해 있는 삼림 경사지들에서 슬라브족의 식민화는 동시에 시작되었다. 하지만 모든 방면에서 전염병 이후 적극적인 진출을 자극하는 동일한 호소들이 제기되었다. 노예의 소유주들이 풍요한 정착지가 되리라고 기대한 곳에 노예들을 식민화시키기 시작했던 바로 그때, 방기된 땅들을 지속적으로 재식민하는 일련의 과정 속에서 팽창의 움직임이 일어났다. 7세기 갈리아의 지명들은 예전의 개간지역 주변들 도처에서 새로운 정착지들이 나타나고 있었음을 보여 준다. 이 증거는 특별한 토양조건이 삼림에 의한 여러 장애를 현저히 감소시켜 주었던 피카르디 고원으로부터 추론될 수 있는 내용과 더불어, 광범위하고도 능동적인 새로운 땅의 개척이라는 관념을 우리가 폐기해서는 안 되는 이유를 제시해 준다. 이 지역의 경우 정착지 이름들 절반 이상이 이 시기부터 나타난 지명들임을 감안할 때, 농촌 정착의 결정적 국면은 7세기와 8세기 전반이었다고 추정된다. 이 사례는 비전형적일지 모르지만, 분명 독특한 예라고는 할 수 없다. 서구에서 농업 생산의 증대를 초래하고 기술 혁신을 자극하게 될 미래의 모든 진보 배후에 있는 원래의 추진력은, 기록의 증가로 경제사에 희미한 빛이 던져지기 이전, 외적으로 발현되고 있었다. 《둠즈데이 북》의 영국은 진정 '오래 된 고장이었다.' 이것은 2세기 반 이전에도 사실이었다. 그리고 카롤링거 왕조의 '명세장(polyptyque)'들에 드러난 일-드-프랑스도 여전히 오래 된 고장이었다.

　이러한 발전 유형에서 마찬가지로 정치적 요인을 고려할 필요가 있는데, 바로 이 정치적 요인에 의해 성장의 움직임이 두 개의 광범위한 국면으로 나뉘게 되었다. 1000년 이후까지 지속된 첫번째 국면의 배후에서 가장 명백한 추진력은 공격과 정복이라는 군사적 추진력이었다. 이 두 가지는 노예제와 간헐적인 전리품 탈취와 같은 중요한 경제제도들의 활력을 유지해 주었다. 이 팽창은 그 초기단계에서는 무엇보다 전쟁경제의 팽창이었다. 그럼에도 불구하고 정복자들은 로마를 모범으로 삼아 평화가 보장되는 국가를 재건설하고자 하였다. 이들은 카롤링거 왕조인들이 그 불을 밝히는 데 일시적으로 성공했던 것과 같은 '르네상스'를 연이어 시도하였다. 10세기가 경과하는 동안 차츰 새 질서가 확립되었는데, 이 질서는 전적으로 농촌화되어 간 문명의 뿌리 깊은 실상에 로마 문명보다 더잘 적응했기 때문으로 영속화될 수 있었다. 그 이후 서구 그리스도교 세계는 이를 위협해 온 혼란이 그 경계지역으로 서서히 물러나고, 결국 그 경계를 넘어섬에 따라 침입을 면하게 되었다. 그런 후 이른바 '봉건제'의 골격 내에서 두번째의 성장 국면이 구체화되기 시작하였다. 이것은 상대적으로 평화를 구가한 경제에서 농업 팽창에 의해 활성화되었다.

II

전쟁의 수익

9-11세기 중엽

8세기에 여전히 라틴 문화를 흡수한 지역들과, 야만족의 요소들이 주도적이었던 지역들을 구분하는 대비 사항들 중 가장 현저한 요소 한 가지는 전쟁에 대한 태도의 차이였다. 게르만족의 침입은 전사의 덕성에 대한 경외심이, 심지어 가장 로마화된 구역 내 귀족의 심성에까지 미치도록 하였다. 그러나 아키텐·오베르뉴·프로방스의 농민들이 무장하지 못하게 된 한참 이후에도 튀링겐이나 노섬브리아의 농민들은 계속해서 계절마다의 약탈원정을 정상적인 생계 획득수단으로 간주하였다. 이 지역들에서 특히 경제 성장의 첫번째 결실은 전쟁지휘자의 수입을 확충하는 데 사용되었다. 나아가 그것은 엘리트 전사들로 구성된 귀족층의 형성을 이런 귀족층이 존재하지 않은 지역에서 가능하게 해주었다. 전사들 입장에서는 자신들의 전쟁장비를 개선하는 데 이 잉여 재원을 사용하였다. 서구의 가장 야만적인 공동체들에서 무기 제조는 가장 초기의, 그리고 이익이 가장 많이 남는 생산 투자였던 것으로 보인다. 말 사육, 제철, 조선 분야의 기술 혁신이 처음으로 증진된 것은 분명 전투의 효율을 극대화하려는 측면에서였는데, 이러한 혁신은 후에 부의 평화로운 생산을 증가시키는 데 기여하였다. 7세기 이전에 농부들이 부적절한 나무도구로 힘겹게 땅과 씨름하던 당시 세계에서 게르마니아의 대장장이들은 일련의 반마술적인 제련을 통해 걸작품들, 예컨대 카시오도루스가 자랑하곤 했던, 그리고 예전에 로마군단에서도 사용된 바 있던 번쩍이는 긴 칼 등을 유행시키고 있었다. 신성한 기예인 금속 제련은 우선 군사 분야에서 가장 공고하게 발전하였다. 그것이 전사들을 위해 이룬 진전은 민간 제조 분야에도 탁월하게 응용되었다. 그러나 주로 군사 분야에서 발전이 이루어졌는데, 그 이유는 야만적인 유럽의 원시사회에 잠복해 있는 공격적 성향은 중세 유럽의 경제 성장의 벽두에 가장 강력한 팽창력으로 작용할 수 있었기 때문이다.

전사들은 상호간에 거의 직접적인 영향을 주고받았다. 개선된 무기로 무장하고 질 좋은 말을 타며 보다 견고한 배로 항해하는 전사집단은, 8세기부터 11세기 사이에 상대적으로 부유하여 이들의 탐욕을 자극하는 지방을 정복하는 데 열을 올렸다. 원래 이런 모험들은 파괴적이었으며, 대다수는 이 단계를 넘어 나아가지 않았다. 이런 모험들은 공격받는 모든 지방의 파괴와 약탈·피폐를 초래하였다. 공격자들이 탈취해 온 전리품들은 신과 영주, 그리고 사자(死者)를 장식하는 비생산적인 분야 이외에는 쓰이지 않았다. 그러나 일부 정복자들은 자신의 행동을 더욱 밀고 나갔으며, 이들의 원정은 생산력의 증대에 도움이 되는 조건들을 창출함으로써 끝을 맺었다. 이들은 국가를 건립하였다. 이들의 군사적 경영은 승자들이 개입하여 영주제적 경영체제를 완성함에 따라, 부족구조의 파괴와 귀족의 경제적 지위의 강화를 초래하였다. 내적 평화의 확립은 자본의 축적을 증진시켰고, 여러 군단들간의 접촉은 방대한 영역에 걸쳐 교환이 이루어지도록 이끌었다. 이같이 전쟁은 진보의 발걸음을 재촉하였다. 이러한 점진적 과정에 있어 당대에 가장 중요했던 두 차례의 정치적·군사적 모험들에 상응하는 주요 두 단계, 즉 카롤링거 왕조와 바이킹의 두 단계가 부각된다.

1

카롤링거 왕조단계

프랑크 왕국에서 가장 비문명화된 지역인 아우스트라시아에서 공격적인 세력은 8세기의 처음 30년간에 한 대가문, 즉 샤를마뉴의 조상들의 가문과 주종관계망에 의해 이 가문에 충성을 바쳐 온 사람들 주변으로 차츰 집중되었다. 이들은 다른 귀족 가문에 대항하여, 나아가 다른 민족집단에 대항하여 출격하였다. 이같이 형성된 집단은 여러 방면으로 순회하며 약탈을 확대하였다. 이들은 적대적인 습격에 대응하여 게르마니아 깊숙이, 그리고 네우스트리아·부르고뉴·남부 갈리아의 가장 로마화된 지역 방향의 멀리 떨어진 곳까지, 그 다음으로는 이탈리아의 롬바르디아 방면으로 토벌원정군을 파견하였다. 아키텐 지방의 예는 수십 년간에 걸친 이런 공격이 원초적인 파괴와 쇠퇴를 야기하였음을 보여 준다. 그러나 결국 이러한 폐허로부터 새로운 제국, 즉 반세기 동안 엄격한 통제하에 놓인 거대한 국가가 건립되었다. 사가의 관점에서 볼 때, 이같은 정치적 재건립의 주요한 결과 중의 하나는 행정면에서 쓰기작업이 재출현한 점이다. 카이사르의 상속자임을 의식한 샤를마뉴는, 이 점에서도 로마 전통과의 친숙을 보다 새로이 하고자 하였다. 그는 자신의 결정 사항이 문자화되고, 왕령지와 자신이 보호 책임을 느끼고 있는 교회 영지에 대한 세심한 명세장들이 작성되도록 훈령을 내렸다. 이런 명령들은 루아르 강과 라인 강 사이, 바이에른과 롬바르디아 사이에 위치한 프랑크 왕국의 구본거지에서만 매우 불완전하게 효력을 발휘하였다. 그러나 적어도 일부 기록들이 우리에게 전해져 오고 있는데, 명세장들에서 드러나듯이 800년경부터 급작스럽고 단기적으로 재생산된 기록증거들은 수량적 정확을 꾀하려는 당대의 새로운 욕망을 보여 준다. 또한 이 문서들은 당대까지 가려져 있던 경제생활의 광범위한 면모 중 일부나마 파악하게 해준다. 이 점이 카롤링거 왕조단계의 주요 관심 대상이며, 당대 기록들은 상대적인 명확성을 띠고서 당시 모습을 드러내 주고 있다.

1. 인구 동향

위에서 묘사된 성장 유형에서 핵심 요소는 인구 통계학적 변화에 있었다. 연구자들은 이 분야의 연구를 추측에 의존하고 있다. 하지만 오늘날 9세기 동안 일부 지역에 관해서는 그 변화가 보다 명확히 감지될 수 있다. 방대한 영지의 상세한 목록인 이른바 '명세장'들을 작성하기 위한 조사가 행해졌을 때, 거주중인 보유농들의 수는 때로 세심한 주의를 기울여 계산되었다. 물론 이런 유형의 조사는 농촌 정주지의 부분적 모습만을 보여 준다. 그것은 장원 이외의 마을에는 관심을 보이지 않았고, 장원의 모습은 종종 실제의 농장과 일치하지 않았다. 영주 직영지에 고용되고, 주인의 집에서 부양된 노예들은 원칙적으로 여기에 포함되지 않았다. 보유지를 부여받지 못한 채 대지주의 피보호민이 되었기에 자신들이 부담할 공조가 순수히 인신적 성격을 띤 농민들은 단지 개인으로서 고려되었으며, 명세장들에서 이들의 가족은 전혀 언급되고 있지 않다. 자유민이건 아니건 보유농에 대해서는, 그 가족집단 일체가 항시 영주 과세의 기초가 되는 망스 단위로 명세장에 나타나고 있다. 이 경우 구체적인 사항은 평가하기 어렵다. 그 내용들은 인구 증가가 정치안정의 회복, 전염병의 퇴각, 노예제 성격의 변화와 맥을 같이하는 경향이 있다는 가설을 입증해 준다.

이런 문서들에서 전달받는 첫번째 인상은 사실상 정주가 매우 희박하게 이루어졌다는 점이다. 수도원장인 이르미농이 806-826년 생-제르맹-드-프레 수도원 영지에 대해 조사인들에게 위임 작성시켜 기록된 가장 유명한 명세장들은, 큰 오차 없이 파리 지방 내 여러 마을에서 1평방킬로미터당 주민의 밀도를 측정할 수 있게 해준다. 팔레조 마을에서는 26명, 베리에르 마을에서는 35명이었는데, 이 수치는 제2차 세계대전 바로 전 폴란드와 헝가리 농촌 주민의 인구 밀도와 같다. 피카르디와 플랑드르 경계에 위치한 생-베르탱 수도원 영지는 보다 밀도 있게 정주된 듯하다. 이 명세장(844-848)의 수치에 따르면, 인구 밀도가 1평방킬로미터당 성인 12명 내지 21명, 즉 전체로는 25명 내지 40명이었다. 이 영지의 밀도는 7세기초 고고학자들의 조사에 의해 제시된 놀라울 정도의 낮은 수치에 비하면 매우 높다. 이 수치들은 일부 정착지들, 즉 사람들이 함께 모여 있고 방대한 미개간지에 의해 분리된 조그마한 섬과도 같은 경작지에 대해서만 정당할지라도——또 그러한 이유로 평균밀도가 매우 낮았다 하더라도——게르마니아에서처럼 갈리아에서도 투르의 그레고리우스 시대와 샤를마뉴 시대 사이에 여전히 주민수가 증가했던 것으로 보인다. 이것이 우리의 첫번째 가설이다.

이 사실은 다른 흔적들에 의해 확인되고 있다. 9세기의 조사서들 모두가 대영지와 관련해서만, 보다 정확히는 예속농민의 가솔에 의해 점유된 농경 단위로만 기술되었다. 다른 것들과 마찬가지로 이르미농의 명세장은 이론상으로는 '한 가솔의 땅'을 의미하는 각 단위들이, 친족적 유대에 의해 결합된 여러 조의 경작집단과 더 이상 일치하지 않고 있음을 보여 준다. 이 체제는 장원관리들이 공조와 봉사 부담을 할당하는 기초를 보존하고자 했기 때문으로 유지되었다. 그러나 2,3세대가 지나면 인구 변동으로 인해 이 체제는 깨지지 않을 수 없었다. 이들 망스의 일부는 여러 부부에 의해 점유되었고, 명백히 인구가 과밀화되었다. 팔레조의 43망스는 단일 가솔에 의해 점유되었던 반면 8망스는 2가솔, 4망스는 3가솔에 의해 점유되었다. 이같이 기록된 주민의 39퍼센트가 20퍼센트의 보유지에만 집중되어 있었다. 이 장원 전체로 볼 때, 1백14망스에서 1백93가족집단이 있었음을 조사서들은 보여 준다. 나아가 보유농들의 이름을 분석해 보면 과밀한 망스들은 종종 한 가족구성원과 그의 사위들, 또는 여러 기혼형제들에 의해 점유되고 있었음을 알 수 있다. 이 증거는 장원경제의 옛구역들에서 인구 증가에 따른 압력이 내적으로 가해지고 있었음을 지시해 준다. 하지만 또한 다음과 같은 압력, 즉 주민 일부분이 자유로이 팽창할 곳을 찾지 못하여 과밀상태에 이른 경우도 이에 포함되었던 것으로 보인다.

인구 과밀은 부분적으로 가족구조의 자체적 성격에서 비롯된 것으로 보인다. 동일한 마을 또는 동일한 장원 내의 일부 보유지가 과밀화되었다 하더라도, 다른 보유지들은 인구 과소상태에 있었다. 따라서 부부 출산율의 차이와 상속규칙의 엄격성은 가경지에서 일하는 주민의 균등한 분포를 저해하였다. 미혼남의 비율은 매우 높았다. 이들은 파리 근처 베리에르 빌라에서 보유농의 30퍼센트 가까이, 팔레조에서는 16퍼센트 이상 차지하였다. 보다 현저하고 심각한 문제는 여성 대비 남성의 성비율이었다. 성비는 팔레조에서 1.30:1, 베리에르에서는 1.52:1에 달하여 비정상적일 정도로 높았던 것 같다. 아마 출산 위험이 여성 사망률을 높였던 것 같지만, 이 점을 고려해도 불균형에 대한 충분한 설명은 되지 않는다. 우리는 이를 단지 일부 부부의 불임으로 야기된 노동력 부족분을 채우기 위해 징발된 남자들의 대량 이주라는 가설에 의해 설명할 수 있다. 농촌 주민 사이에서 대량이동의 흔적은 빈번히 드러나고 있었다. 랭스의 생-르미 명세장에 묘사된 장원들의 경우, 각 장원 단위 내에서 기록된 주민의 적어도 16퍼센트가 외부인들(forenses, forestici, foranei로 표현된)로 구성되어 있었다. 이는 보다 개방되고 안정된 교회 영지에 독특한 현상이었는가? 다른 한편 세속 영주는 효과적인 보호를 보장하기 위하여 더욱 무장되지 않았던가? 어떤 설명을 따르건 이 현상은 광범위했던 것으로 보인다.

이같은 이동은 한 개간지나 일단의 정착지로부터 다른 정착지로 행해졌다. 외견상으로는 사람들이 황무지 개간의 압력을 받고 있지 않았다. 게르마니아 그리고 아마 샹파뉴의 삼림지를 제외하면, 카롤링거 왕조 자료들에서 묘사된 고장들에서 개간지에 대한 언급은 드물다. 〈드 빌리스 법령집〉 36장은 왕령지의 집사에 대하여 다음과 같이 충고를 하고 있다. "만약 개간될 땅이 있다면 개간하라. 하지만 삼림의 희생하에 경지를 얻는 것은 피하라." 이것은 바람직하다고 여겨지는 개간지의 규모에 뚜렷한 한계를 긋는 것으로, 개간지는 구농장의 중심부에 주기적인 곡물 윤작을 일상적으로 조직할 수 있을 정도의 규모로 제한되었다. 이같은 권고는 37장에도 나타나고 있다. "점유되지 않은 망스를 경작할 충분한 보유농이 없거나, 또는 최근에 획득된 노예를 위한 공간이 없다면 우리의 충고를 구하도록 하라." 이러한 조언은 재차 농촌 경작자들이 미개간지가 아니라 한 장원에서 다른 장원으로 이주하는 양상을 보여 준다. 만약 농업 팽창이 있었다면, 그것은 경지 경작법의 개선과 집중도면에서였을 것이다. 기술개량을 수반하지 않은 인구 압력에 의해 강요된 이같은 경작의 집약화는, 아마 카롤링거 왕조 문서들에서 수치로 제시된 낮은 생산 수준을 설명해 줄 수 있을 것이다. 그리고 두번째의 보다 결정적인 장애가 가로놓인 것은 바로 이 점에서이다. 대가솔에 속한 소년들은 가능하다면 자신들이 원래 속한 장원, 또는 일부 다른 장원의 빈 공간을 차지하고자 했을 것이다. 그렇지 않을 경우 이들은 부친의 농장에 머무르게 될 것이고, 그렇게 되면 농장이 과중한 부담을 안게 되어 농장의 점유자들을 부양하기에 매우 비좁게 되었을 것이다. 빈 땅들이 가까이에 있었지만 개척적인 모험심을 발휘하려는 사람은 실로 드물었다. 그 이유는 명확하지 않다. 아마 가장 설득력 있는 설명은 처녀지 개척을 불가능하게 만든 기술의 부적절성에서 찾아질 수 있다. 과밀의 흔적들은 이런 방식으로 설명될 수 있다. 법령집들에서 지속적으로 비난받는 대상인 떠돌아다니는 위험한 거지나 소매 도둑들의 존재에 대해서도 이런 식의 설명이 가능하다. 카롤링거 왕조 통치자들이 윤리법령집을 통해 헛되이 원상복귀시키고자 노력했던, 반은 굶주리고 뿌리 뽑힌 부랑민들의 소란스런 존재는 기술 혁신이 전혀 부재한 생산체제와 인구의 자연적인 팽창 경향간의 불균형을 가장 명확히 나타내 주는 것 중의 하나이다. 하지만 경작지 중심지에서 생계수 단의 기초가 되는 경작 단위들이 가문들간에 불균등하게 분포되었다는 사실은, 장원 주민의 일부를 불안정과 영양 결핍상태에 빠뜨릴 수 있었음 을 의미한다. 이러한 불안정은 자발적이건 그렇지 않건 출산을 제한하고 일시적, 혹은 영구적 이주를 긴요하게 함으로써 팽창하려는 자연적 경향 을 억제하였다.

　명세장들이 제공해 주는 통계정보는 이러한 잠재 성장률에 관해 약간 의 빛을 던져 준다. 가장 세심하게 작성된 명세장들은 각 가솔의 구성원 중 성인을 다른 사람들과 구분하고 있다. 우리는 기록되지 않은 아이들이 성인이 아니라 아직 법적 능력을 결여한 미성년자임을 실제 확신할 수 있다. (부친의 집에 머문 사람들에 대해서는 조사자들이 그들 각자의 지위와 관련하여 그들의 이름을 추적하였다.) 대략이나마 한 장원의 보유농 중 성 인과 미성년자간의 비율을 비교해 보면 한 세대에 걸친 전망을 해볼 수 있다. 우리는 젊은 부부여서이건 다른 지역에 거주하는 자녀를 둔 노부부 이건, 아이들과 함께 거처하지 않은 가정이 상당수에 달한다는 사실에 놀 라게 된다. 생-제르맹-데-프레의 명세장에 묘사된, 파리 근처 빌뇌브-생- 조르주 마을의 결혼한 가장 98명 중 30명이 이 범주에 포함된다. 이토록 높은 비율은, 미혼남의 비율과 더불어 궁극적으로 이 장원의 전체 보유농 중 위험도가 높은 유아사망을 이겨낸 미성년자의 수가 성인의 수와 거의 같음을 의미한다. 팔레조와 베리에르에서 이들의 수는 평균 한 가솔당 2.4명과 2.7명에 달할 정도로 제법 많았다. 만약 이르미농 명세장의 모든 수치가 수합될 경우 결과는 평균 2명을 약간 하회할 것이다. 따라서 인구 증가는 없었고 다만 정체가 이루어졌는데, 이것은 주로 과밀과 그에 따른 영양 부족 때문이었다.

　카롤링거 왕조 초기 문서들에서 급작스레 모습이 포착되고 있는 당대의 농촌 상황을 살펴보면, 프랑크 왕국의 핵심부에서 농민 인구가 증가하지 않고 위기를 겪고 있었음이 확인되고 있다. 초기 상승 국면에서는 기술적 난관 때문에 가경지가 확대되지 못했고, 그 결과 증가하는 주민에 충분한 식량이 공급되지 못하여 인구와 경작 단위간의 균형이 깨졌으며, 그 이후 9세기초에는 팽창이 명백히 중지되었다. 각각의 농업 단위는 인구 압력에 시달리고 있었으나 전체적으로는 심각하지 않았다. 이같은 문제상태는 전환되는 국면에서 일시적으로 발생된 현상이었다. 이후 수십 년간에 걸쳐 점차 생성된 내적 긴장은 약간이나마 이런 압력을 줄이고, 생산기술상의 초보적 개선을 초래할 만큼 강력했을 가능성이 높다. 881년부터 기록된 랭스의 생-르미 수도원 명세장은 한 기혼부부당 평균 2.7명의 자녀를 두었음을 보여 주고 있다. 892-893년 프륑 수도원의 명세장에 묘사된 아르덴의 한 마을에서 사람들은, 이 세기초에 작성된 최초의 명세장에 나타난 경우보다 개간작업에 훨씬 힘쓰고 있었다. 여기에서 116의 종속민 가정이 34망스를 점유하고 있었다. 어느 모로 보나 이들은 이 기초 위에서 생계유지에 힘썼으며, 이 사실은 농업체제가 보다 생산적으로 되었음을 시사해 준다. 동일 지역에서 위 가정들은 '점유되지 않은' 11의 부가망스를 경작하였는데, 이 망스들은 부담을 현금으로만 지불하는 특별 보유지와도 같았다. 그리고 이것들이 개간 이후 최근에 조성된 농장들이었음을 의심할 만한 이유는 없다. 9세기와 10세기초의 부르고뉴 지방 문서들에 언급된 비자유 거주민의 구성 양상을 살펴보면 3백4명의 성인에 대해 3백84명의 아이가 있었으며, 이는 각 세대마다 1/8의 인구 증가가 가능했음을 의미한다. 따라서 북부 갈리아에서 카롤링거 왕조인들의 정복에 의해 질서가 어느 정도 잡힌 9세기 전반기는, 인구 통계사에 있어 인구가 급증한 양시기 사이에 놓인 위기의 시기였다. 첫번째의 증가는 중세초의 인구 과소에 의해 야기된 공백을 채운 이후 기술 개선의 결여로 중지되었다. 그러나 영주제적 제약과 기술 미개발로 인해 정체된 그 내부의, 적어도 일부 지역에서는 그 이후 미래의 인구 팽창을 위한 싹이

트고 있었다. 이번에는 제약이 기술 개선에 의해 풀려졌다. 노르만족의 약탈 무리가 힘을 얻어가던 바로 그때, 팽창의 두번째 국면은 이미 뚜렷이 진행되고 있었다.

2. 대영지

카롤링거 왕조 기록들은 대영지의 성격을 명확히 드러내 주고 있다. 중세사가들은 왕과 특히 교회의 대규모 축적재산에 관해서만 정보를 제공해 주는 문서들 중의 가장 명시적인 내용을 인도삼아, 그리고 이르미농의 명세장 내용을 구체적으로 검토하면서, 그때 이래 오랫동안 명백히 당대의 가장 공고했던 경제제도로 여겨져 왔던 것의 표준적인 모습을 그려보고자 하였다. 이런 모습의 주된 특징이 윤곽적으로 존재한 것은 7세기부터였다. 필자는 보다 상세한 내용을 담고 있으며, 또한 매우 새로운 9세기 자료들에 의존하여 설명하고자 한다. '고전장원제(régime domanial classique)'의 모습은, 조사자들 각자가 각각의 마을에 대해 연이어 기술한 내용을 바탕으로 우리에게 제시되고 있다. 이 마을들에는 그 범위가 수백, 때로는 수천 킬로미터에 달할 정도의 영지가 대거 집중되어 있었다. 이 마을들의 이름은 대체로 오늘날의 마을명 그대로이고, 특정 장원의 면적이 그 마을의 면적과 일치함을 증명할 수 있는 경우도 종종 있다. 그렇긴 해도 장원은 여러 농장으로 분할되어 있었는데, 그 중 한 부분은 매우 방대하고 영주 자신에 의해 직영되며, 다른 부분은 그 수가 장원별로 다르고 훨씬 적은 규모로서 농민가정에 부여되었다.

영주 직영지는 '영주의 망스(mansus indominicatus)'라 언급되었고, '쿠르(cour, 라틴어로는 curtis)'로 불리는 폐쇄적으로 조성된 땅 주변에 배열되어 있었다. 안나프의 한 장원은 다음과 같이 묘사되고 있다.

……왕궁은 3개의 큰 방과 회랑에 의해 연결되는 11개의 작은 방들을 거느린 훌륭한 석조물로 지어졌다. (농촌의 대규모 거주지는 구조면에서 로마시대 이래 변하지 않았다.) 지하에는 저장실과 현관이 둘 있다. 뜰 안쪽으로 나무로 지어진 많은 방들을 둔 17개의 또 다른 건물들이 자리잡고 있다. 마구간·주방·화덕과 2채의 외양간, 3채의 헛간 등 외채들도 좋은 상태에 있었다. 뜰 밖에는 공고한 울타리와 2층에 방을 구비한 석문이 설치되어 있었다. 상이한 종류의 나무들이 심어져 잘 정비된 담벼락에 의해 둘러싸인 자그마한 내당도 하나 있었다.[1]

부가하여 장원에는 하나 이상의 물레방아와 교구교회가 된, 또는 그렇게 되어가는 도상에 있는 성당이 자리잡곤 하였다. 이 중심부 밖으로는 긴 지조형태로 배열된 경지와 질 좋은 초지, 그리고 경작이 가능한 경우 항시 마련되는 포도밭, 마지막으로 경작되지 않은 황무지 대부분이 자리잡고 있었다. 안나프의 외곽에 있는 소맹에서는 영주의 주농장에 의존하는 영역이 2백50헥타르의 경지, 44헥타르의 초지, 7백85헥타르에 달하는 삼림지와 황무지를 포함하였다. 여러 농민의 농장에 할당된 땅——영주의 거처 가까이 어디엔가 뒤죽박죽 섞여 배치된——은 항시 보다 소규모였다. 생-베르탱 수도원의 명세장에 묘사된 불로뉴 지방의 장원들에서는 농민 보유지가 직영지의 2/3, 심지어는 2/5에 불과하였다. 거의 모두가 경지로 된 이 땅은 대략 12 또는 15헥타르씩 균등하게 보유농들에 나누어져 있었다. 그러나 이 예가 일반적인 경우는 아니었다. 대부분 기간 동안 현저히 불균등한 모습이 나타나고 있었으며, 그 요인 중 하나는 원래 보유지의 법적 지위에 기인하고 있다. 실로 일부 땅뙈기는 조사서들에서 '자유민(ingénuiles)' 망스로 불리었고, '노예(serviles)' 망스로 불리

---

1) *Monumenta Germaniae historica, leges*, Capitularia regum francorum, I, 1881, p.254.

는 다른 땅뙈기보다 구비가 잘 되어 있었다. 하지만 한 장원과 다른 장원 간의 불균형은 일반적으로 훨씬 심각하였다. 생-제르맹-데-프레 수도원의 명세장에 묘사된 파리 지방의 네 장소에서 각각의 망스에 부속된 가경지의 평균치는 각기 4.8, 6.1, 8.0, 그리고 9.6이었다. 그렇다면 몇 킬로미터 내에서조차 2배의 차이가 날 수 있는 것이다. 더욱이 이들 장원의 각각에서 동일 지위의 부속 농장들간에도 상당한 차이가 나고 있다. 결과적으로 한 특정의 노예 망스가 다른 노예 망스보다 45배 가까운 땅을 갖는 경우도 확인되고 있다. 이같은 불균형은 토지 자산이 농민들의 수중에서 오랫동안 이동한 결과로 보인다. 상속 분할·구매·교환의 상호 작용으로 일부 농민은 부유해지고, 다른 일부는 피폐해졌다. 이와 동일한 유동성에 의해 망스의 지위와 그것을 경작하는 농민의 지위간의 일치가 깨어지게 되었다. 즉 자유민 망스가 노예들에 의해 보유되기도 하고, 노예 망스가 자유민으로 간주된 콜로누스에 의해 보유되기도 하였다. 그리고 일부 망스는 단일 가솔에 의해 점유된 한편 2 또는 3, 때로는 4가솔에 의해 점유된 망스도 매우 많았다. 각각의 대영지 조직이 옛 흔적을 다소간 혼잡하게 반영하고 있는 이같은 온갖 무질서에도 불구하고, 영주는 이를 치유할 조치를 전혀 취하지 않았다. 그는 망스의 크기나 그것을 경작하는 사람들의 수가 어떠하건, (달리 말해 그들의 생산 능력에 관계 없이) 동일한 법적 범주에 속한 모든 보유지에 단순히 동일한 부담을 지웠다. 이같은 무차별은 면적을 측정하고 보유지의 점유자들을 파악하는 데 수고를 아끼지 않았던 상당수 조사인들이 보여 준 수적 정확도와는 기묘할 정도로 대비된다. 한 조사서가 다른 것들보다 공정하게 농민의 부담을 할당하였음을 시사해 주는 바는 전혀 없다. 그러나 경제의 실제 상황을 무시하는 것은 위험한 일이다. 그것은 이들 대규모 생산 단위의 약점이었다. 소규모의 혹은 과밀한 망스의 보유농들이 그렇지 않은 다른 보유농들만큼 쉽사리 자신의 의무를 벗어 버릴 수 있는 어떤 희망이 있었을까? 그들이 자신의 부담을 회피하려고 시도하는 것은 불가피하지 않았을까? 영주가 대처하는 데 무기력했던 변화들에 의해 지속적으로 망가지게 되어, 전 장원체제의 기초—노동의 분할—는 어쩔 수 없이 심각한 불균형 상태에 놓이게 된 것 같다.

노예 망스로부터 영주는 지정된 날 자신의 거주지에 지대와 공조가 상납될 것으로 기대하였다. 약간의 달걀과 닭 또는 양 한 마리나 돼지 한 마리, 때로 약간의 주화를 주기적으로 양도하는 것은 가옥과 택지에 대한 토지세의 성격을 띠고 있다. 이들 망스의 보유농들은 그들의 가축을 방목시키고 직영지 인근 개간되지 않은 삼림으로부터 나무를 해오는 관습적 권리에 대해서도 대가를 지불하였다. 다른 부담 중에는 예전에 왕군을 돕는 명목으로 부하되었던 요구들에 상응하는 공적 기원의 부담들이 있는데, 이 부담들의 징수는 왕에 의해 장원 영주에 위임되었다. 집에서 키우는 소규모 가축들, 또는 우연적인 거래활동을 통해 얻어진 사소한 이득에 대한 징수는 농민의 농장에 과다한 부담이 되지는 않았으며, 이들이 영주 거주지에 가져온 것은 거의 가치가 없었다. 명세장들에 묘사된 대로의 영주는 단지 소극적 의미에서만 지대 수취자였다. 그는 일차적으로 농부였다. 기본적으로 그는 보유농으로부터 자신의 땅에 필요한 노동력의 투여를 요구하였다. 직영지 주변에 위치한 소규모 위성농장들의 근본적 경제 역할은 대농장의 경작에 협력하는 일이었다.

기술적 난관 때문에 주농장은 막대한 수의 경작자를 필요로 하였다. 경작자 일부는 전적으로 영주가 시키는 대로 하였다. 장원청 내의 구역에서는 의심의 여지없이 일단의 남녀 노예들이 부양되고 있었다. 카롤링거 왕조의 조사인들은 이들 가내노예들에 대해 전혀 언급하고 있지 않다. 조사인들은 때로 '24명의 여성과 5필의 피륙, 6필의 린네르, 5필의 아마포가 있었던 여성 작업장'을 언급하기도 하였다. 이들은 암말·황소·양의 수를 세는 데에는 관심을 기울였으나, 영구적으로 거주하는 하인들의 노동력 총계에 대해서는 관심이 없었다. 약간의 우연적인 언급에서 이들의 존재가 확인되고는 있다. 톨레도의 주교는 페리에르, 투르의 생-마르탱, 트루아의 생-루프와 생-조스, 이 네 수도원에 2만 명 이상의 비자유 경작자들을 두어 봉사케 했다 하여 앨퀸을 비난한 바 있었다. 10세기초 8백 가정이 보유농으로 정주했던 브레시아의 산타 줄리오 수도원 부속의 60장원에서, 7백41명의 노예가 자기 영주의 직영지를 경작하는 데 땀을 흘리고 있었다. 또한 달리 살펴보면 일반 농민 보유농의 집에도 자유롭지 못한 하인들이 있었다는 암시를 받게 된다. 한 농민 부부는 850년에 그들의 아이 및 노예들과 더불어 아미앵 성당에 양도되었다. 그리고 생-제르맹-데-프레 수도원의 마을들에서 가장 대규모의 망스들을 경영하는 사람들이, 어떻게 가내종속민의 봉사를 요청하지 않고서 이 땅들을 경작할 수 있었겠는가? 영주의 거처가 소작농의 거처보다 상대적으로 덜 구비되어 있다고는 아무도 상상할 수 없을 것이다. 장원청 내에는 영주의 거처 옆으로 늘어선 나무로 만든 오두막집들에서 상당수의 종일 경작자들이 거처를 정하고 있었다. 경건왕 루트비히 1세에 의해 구호용으로 하사된 바이에른의 한 장원에서 22명의 종일노동자들이 80헥타르의 경지를 경작하고 있었다. 영주들은 자신에게만 예속되어 자신의 명령을 항시 시행할 준비가 되어 있는 사람들이 바로 곁에 있음을 느끼고 싶어하였다. 우리가 알 수 있는 한, 가내노예제는 9세기에 명세장들에 의해 묘사된 마을들에서 여전히 매우 일반적으로 남아 있었으며, 대소규모 농장의 경작에서 주도적인 역할을 행하였다. 그러나 이 역할은 명백히 약화되어 가고 있었다. 9세기의 체제는 이미 장기간에 걸쳐 비난받아 온 노예제에 바탕을 둔 체제를 단순히 대체한 것이었다. 과거 주인에게 비자유민을 보유지에 정착케 하도록 만든 바로 그 요인이 이같은 상황을 초래하였다. 곡물과 포도주에 대한 수요가 증가함에 따라 노예제는 대규모 농장의 인력 요구에 점차 부적절함이 증명되었다. 경지와 포도원에서의 작업도 한 해 동안 불균등하게 분포되었다. 절기상으로 충분한 노동력을 필요로 하는 파종기나 수확기에 오히려 노동력이 부족해지기도 하고, 또 그 반대인 경우도 생겨났다. 농부가 매년 농번기에 필요한 모든 인력을 부양하는 것은 파멸을 초래하는 일이었다. 따라서 그는 영구적으로 핵심적인 구성원만을 유지하고자 하였다. 하지만 때때로 이를 보충할 필요는 이전보다도 급박하였다.

인력은 때로 임금노동자들에 의해 강화되었다. 토지를 거의 갖지 못한 보유농들이나 장원의 경계 내에 항시 존재했던 방랑집단으로부터 피고용인을 구하는 것은 용이하였다. 이들 시간노동자들은 음식을 제공받았으며, 때로 돈을 지급받는 경우도 있었다. 예컨대 코르비 수도원의 매년 예산에는 여분의 정원 관리인을 일시적으로 고용하기 위해 60데나리우스가 할당되어 있었다. 하지만 인력의 주요 원천은 여러 형태로 인력을 제공해 주는 보유지들이었다. 일반적으로 노예 망스의 보유농들은 자기 시간의 상당 비율을 영주에게 빚지고 있었다. 적은 땅을 보유했으면서도 장기간 영주에 봉사해야 하는 이들은, 자유민 망스의 보유농처럼 자신의 땅을 경작할 만한 시간을 마련할 수 없었다. 보다 직접적으로 가내봉사에 종사하게 된 이들 가정의 여성들은 장원청의 작업장에서 일하거나, 자신의 집에서 의복을 제조하여야 했다. 그리고 남자들은 1주일에 3일 아침을 영주의 장원청에 참석하여 명령을 수행하여야 했다. 자신들이 지는 부담의 성격으로 인해 예속노동자들은 부분적으로 영주의 비용으로 음식 제공을 보장받았으며, 또 달리는 소규모 보유지를 부여받기도 하였다. 여하튼 이들의 봉사는 일반적으로 부역의 형태였고, 성격상 규정되지 않은 것이었다. 규모가 크고 경작도구와 쟁기용 가축이 잘 구비된 이른바 자유민 망스는, 항상 보다 정확히 규정된 작업으로 부담지워져 있었다. 자유민 망스의 보유자들은 일정 범위에 걸쳐 장원의 경지·초지·장원청에 울타리를 쳐야 하였다. 또 영주의 이익을 위해 직영지의 특정 부분을 전적으로 일구어야 하였고, 지정된 계절에 정해진 일수 동안 영주의 땅으로 자신의 중쟁기를 이끌고 가야 하였다. 그리고 정해진 거리에 짐수레를 끌고 가 소식을 전하여야 했다. 이들 가정의 생산물에 대한 부과는 가벼운 것이었으나, 영주 입장에서는 요구(requisition; 이것의 라틴어 표현인 corrogata는 문자 그대로 '요구'를 의미한다)에 의해 남녀의 노동력뿐 아니라 쟁기용 가축과 가장 개선된 도구를 자신의 처분하에 둘 수 있었기 때문에 그 가치는 보기보다 상당하였다.

보유지 전체의 부역 부담을 합계하면 놀라운 수치에 이른다. 브레시아의 산타 줄리오 수도원에 속한 8백 보유농 가정은 10세기초 약 6만 일에 달하는 부역을 행하였다. 모든 내용을 조합해 볼 때, 대영지들이 동원할 수 있는 노동력을 최대치로 이용하고 있지 못하다는 결론에 이르게 된다. 필요에 따라 동원하는 비축노동력도 마련되어 있었는데, 이는 계절과 연도에 따라 상이하였다. 그렇지만 토지가 경작하기 매우 힘들었고, 많은 인력을 필요로 했다는 점을 망각해선 안 된다. 결코 후진 지역이 아닌 피카르디에서조차 많은 땅이 여전히 괭이로 갈아지고 있었다. 장원제는 조방농업의 기초 위에 성립한 것이었다. 그것은 생산성의 개선에 아무런 역할도 하지 않았다. 반대로 그것은 영양이 부족하고 장비가 제대로 구비되어 있지 않으며, 식량 생산이 가능한 모든 영역에 매우 불균등하게 분포된 농민의 근육에 과다하게 의존하였다. 대토지 소유자들은 무료 인력을 무제한적으로 요구할 수 있는 권한이 있었기 때문에 기술 개선에는 무관심하였다. 여기에 이 체제의 가장 큰 약점이 놓여 있으며, 대영지가 성장 움직임을 상당한 정도로 억제했다는 논거 역시 이에서 비롯된다.

*

대규모 명세장들을 통해 알려진 선택된 땅인 루아르 강과 라인 강 사이 지역에서조차 '고전장원제'는 우리가 방금 묘사한 윤곽에서 만큼 결코 정연하거나 순수해 보이지는 않는다. 그 이유는 일차적으로 모든 장원이 살아 움직이는 조직이었기 때문이다. 분할상속(영주가 속인일 경우)과 선물·구매·강탈 등의 동시적인 여러 세력으로부터의 압력은, 장원의 경계와 그것의 내적 구조를 계속해서 변형시켰다. 직영지의 규모가 증가할 때마다, 종속적인 보유지와 이것이 제공해 주는 노동력이 대농장에서 이

탈할 때마다, 또는 반대로 여분의 노동력을 가진 새로운 종속농민들이 장
원에 부가될 때마다, 이같은 변화들은 토지와 노동력간의 균형을 끊임없
이 깨뜨리고 있었다. 이런 변화들은 장원제의 기능을 저해하고 끊임없는
재조정을 필요로 하는 곤경들을 장원제 내에 야기하였다. 〈드 빌리스 법
령집〉의 규정들에 따르면, 그럴 능력이 있을 경우 인력과 봉사 부담의 이
전을 책임진 것은 집사들이었다. 실제 조사서들에서 보편적으로 드러난
모습은 규제하기 어려운 혼란상이었다. 하지만 그것은 적어도 네 가지의
특징을 명확하게 나타내 주고 있다.

1) 지금껏 묘사되어 온 체제는 9세기에 더욱 퍼져 나갔던 것으로 보인
다. 이 체제는 특히 라틴 그리스도교 세계의 덜 발달된 지역으로 파급되
었다. 이 시기에 대영지 체제가 플랑드르 영역에서 나타나 점차 구색을
갖추게 되었다. 장원제는 다음으로 프랑크 귀족과 대종교 단체들에 의해
꾸준히 식민화되었던 게르마니아로 유포되어 나갔다. 영국에서 이와 유사
하게 집적된 대규모 토지재산은 처음에는 바이킹을, 다음으로는 노르만족
을 유혹하게 되는 농업적으로 번성한 지방들에서 7세기 이래 형성되어
가고 있었다. 이같이 한편으로는 노예에게 나누어 주는 보유지의 수를 증
가시킴으로써 경제 전반에서 노예제의 지위를 깨닫지 못할 정도로 변화
시키고, 다른 한편으로는 여전히 독립적인 농민들에 대한 상위귀족의 장
악력을 계속해서 공고히 해준 장기적 양상이 전개되었다.

2) 대영지들은 결코 서구의 마을들 전역으로 확대되지 않았다. 우리가
접하게 되는 자료 모두, 또는 거의가 우연히도 대영지에 관한 것들이다.
대영지 이외의 것들에 관한 정보는 거의 암흑상태이다. 그렇지만 소규모
영지의 존재는 여전히 탐지될 수 있다. 대규모 종교단체들의 자산들에만
관심을 기울였던 피카르디 관련문서들 중의 1/3 정도는 중규모의 자산들
이 존재했음을 보여 주고 있다. 이것은 피카르디에서 이 정도 규모의 자
산들이 다수를 구성하고 있었음을 시사해 준다. 영주 지배하에 있지 않은

농민의 농장도 자료상에 나타나고 있다. 1,2 또는 3망스의 보유농들에게 군사 의무를 할당하고 있는 카롤링거 왕조의 법령집들은 자유로운 소규모 자산가들의 끈질긴 존속을 증거해 준다. 우리는 종교단체에 대한 소규모의 기증으로부터 위 사실을 어느 정도 추측할 수 있다. 명세장들 자체도 교회 영지에 막 병합이 된, 그러나 최근까지도 독립적이었으며 분명히 예외적이지 않았던 소규모의 가족재산을 묘사하고 있다. 그리고 9세기의 장크트-갈렌 수도원이나 10세기의 클뤼니 수도원 내 보존이 잘된 고문서들에서, 우리는 상당수에 달하는 자유지의 존재를 확인할 수 있다. 이 자유지들은 영주의 통제로부터 완전히 자유로운 토지들이었다. 이들의 규모는 농민가정의 필요와 인력에 상응하였다. 자유지들은 그 소유자들의 인내심 있는 검약을 통해 서서히 집약되었다. 따라서 장원제의 이면에서 중소귀족과 농민층에 의해 농촌경제의 중요한 요소가 유지되고 있었다. 그것은 '고전장원제'의 영역 내에서 유래한 것이 아니거나, 또는 간접적으로만 그 영향권하에 있었다.

3) 장원제의 특징적 모습은 네우스트리아·아우스트라시아·부르고뉴를 벗어나자마자 심각히 뒤틀린다. 즉 심대한 지역적 격차가 표면에 부각된다. 게르마니아의 지방들에서 대영지의 구조는 훨씬 느슨했던 것으로 여겨진다. 대부분 노예들이 거주했던 보유지들만이 '장원청'에 근접해 있었다. 나머지는 상당 거리에, 때로는 아주 원거리에 흩어져 있어 이를 점유한 농민들은 지대 이외에는 영주에게 거의 아무것도 가져오지 않았다. 이들은 직영지 경작에 적극적으로 보조하지 않았다. 롬바르디아에서 대규모의 솔거 노예집단이 장원청에서 부양되고 있었는데, 이들은 근처의 보유지에 거주중인 소수 비자유민농의 무제한적 봉사에 의해 원조받았다. 그러나 대부분의 보유농은 어디엔가 자유지를 소유한 자유민들이었다. 그 중 일부는 가벼운 것이긴 하나 부역을 부담하고 있었다. 그리고 대다수는 수확물의 일정 부분을 영주에게 바치는 일반적인 소작인이었다. 경작을 거의 전적으로 비자유하인들에 의존하는 직영지와 지대, 또는 약간의 간

헐적 봉사만을 제공하는 농민 보유지간의 유사한 구분이 플랑드르와 서부·중부·남부 갈리아에서 발견될 수 있다. 이르미농의 명세장에 가장 선명하게 묘사된 체제가 실제로는 드문 현상이 아니었는지 우리가 궁금히 여기는 것은 당연한 일이다.

 4) 9세기에 조사인들이 생-제르맹-데-프레 수도원의 영지를 방문했을 때는 이미 낡은 것이 되어 버린 장원제는, 이 세기가 경과하는 동안 기능 방식이 뚜렷이 변형되는 발전을 겪었다. 명세장들은 영지의 진상을 조사하고, 그 구조를 안정시키려는 의도로 작성되었다. 따라서 이에 대한 묘사는 정태적일 수밖에 없었다. 장원제 내에서의 장기 동향을 탐지하기 위해서는, 그것들이 작성된 바로 이후 수십 년간 원래 명세장에 가해진 수정의 내용을 재해석하거나, 이후에 작성된 조사서를── 이것들은 일반적으로 다른 장원에 관계된 것이고, 따라서 비교 목적에는 그 가치가 상당히 감쇠될 수밖에 없지만── 비교해야 한다. 그 중 일부 동향을 통해 우리는 당대의 정황을 엿볼 수 있다. 가장 명백한 사실은 자유민 망스와 노예 망스간의 구별이 점차 사라졌다는 점이다. 인구 변화, 혼융, 상속, 재산 거래로 인해 농민의 지위와 농민 소유 망스의 지위간의 일치가 오래 전부터 파괴되어 왔다. 자유민은 그들의 망스가 자유롭지 않을 경우 노예처럼 봉사하여야 했다. 이들은 자유민 망스를 보유한 예속민 기원의 이웃들보다 가혹하게 착취되곤 하였다. 관행상 이같은 모순을 받아들이기란 힘들었을 것이다. 따라서 보다 단순화될 필요가 있었다. 차츰 모든 가정에 동일한 부담이 부과되었는데, 하지만 이같은 표준화는 전반적으로 농민 부담을 증가시키는 방향으로 전개되었다. 이것은 특히 게르만 국가들에서 그러했다. 농업경제의 발전이나 생산체제가 보다 증가된 곡식 수요에 대비하는 경작방식으로 서서히 전환됨에 의해, 그리고 농민 장비의 개선에 의해 부분적으로 설명될 수 있다. 게르마니아에서 비자유 보유지는 9세기 중에 차츰 강제적인 부역에 종속되었다. 그러나 이제 그 보유농들은 적어도 한 조의 쟁기용 가축을 이용할 수 있게 되었다. 그렇긴 해도 특히 자

유농들은 자신들과 노예를 구분해 주는 차이가 깨닫지 못할 정도로 좁혀짐에 따라 피해를 입었다. 종속민들이 단일하고 통합적인 부역 경작자 집단으로 융합됨에 따라 노예제에서 농노제로 나아가는 일보 진전이 이루어졌다.

이같은 동향이 유럽의 야만지역에서 매우 뚜렷하였다면, 그 남부에서 로마의 잔재가 여전히 오래 유지되었던 가장 발전된 지역들에서는 또 다른 동향이 보다 선명하게 부각되었다. 이곳에서는 망스 보유의 대가로 공조를 현금으로 지불하는 관행이 나타나게 되었는데, 현금 사용은 중앙 정부기구가 회복됨으로써 재생되었다. 예컨대 937년에 조사된 부르고뉴의 한 장원에서 각 보유지는 매년 분할하여 60개의 주화를 제공하도록 되어 있었다. 이같은 현금 지불 중의 일부는 예전의 가축이나 땔감 제공 의무에 상응하는 것으로 묘사되고 있다. 나머지는 궁극적으로 부역을 대체한 것이었다. "그는 4주간의 부역을 행하였다. 그렇지 않을 경우, 그는 3월 중순에 11데나리우스를 지불하여 이를 상쇄하였다." 이같은 지불방식의 전환은 화폐의 신축성과 더불어 화폐가 농민의 생활에서 점차 유통되어 간 사실을 나타내 준다. 영주와 경작자는 데나리우스의 광범위한 유통 상황을 인지하게 되었다. 일찍이 주화 유통에 의해 농촌경제가 자극받은 바 있는 북부 이탈리아에서 금납화가 매우 일반적이었다는 사실은 거의 놀라운 일이 아니다. 10세기말에 이르면 루카의 성당참사회의 보유농들은 부역과 현물 지불로부터 거의 전적으로 면제되어 있었다. 대신 이들은 화폐를 제공하여 자신의 의무 대부분을 변제하였다. 이같은 상황의 전개는 대농장과 그 주변의 소농장들을 더욱더 구분해 주는 결과를 초래하였다. 보유농이 자신의 노동력과 잉여의 가내 생산물을 판매함으로써 얻는 이득으로 획득하고자 했던 것은 자신의 노동력을 자유로이 처분하고, 토지 생산량의 증가를 위해 이 노동력을 자신의 땅에 투여할 수 있는 권리였다. 현금을 수중에 둔 영주는 강제부역 의무가 있는 경작자들을 임금노동자로 대체하려고 하였는데, 자발적이었던 임금노동자가 보다 생산적이었던 것으로 보인다. 요컨대 대혁신은 정신적 태도면에서 파악되어야 한다. 사람들이 어느 정도 돈의 사용에 익숙해짐에 따라, 노동이 그 자체로 측정되고 교환될 수 있는 가치라는 것을 발견하였다. 이같은 사실의 노출은 장원의 영주와 보유농간의 관계에 근본적인 영향을 끼쳤다. 현금관계가 장원제의 핵심 부분에까지 미치고 있었고, 이 모든 것은 가치에 대한 새로운 인식과 결부되어 있기 때문에, 새로이 도입된 장원경제의 탄력적 운영방식은 자연히 생산성의 증대를 야기하였다.

*

구조면에서 다양하고 적응력이 있었지만, 때로 생각되었던 것만큼 널리 확산되지 않았던 대영지들은 그럼에도 불구하고 그것들이 담당했던 기능과 주변의 농촌에 미친 영향력 때문에 당대 전체 경제의 중심적 구성물이었다. 이들의 역할은 대규모 귀족 가솔을 부양하는 일이었다. 따라서 생산 단위로서의 대영지는 소비경제에 기여하였다. 영주가 자신의 재원을 보다 엄격히 운용하고자 했을 때, 그의 첫번째 관심은 자신의 가솔이 필요로 하는 분량을 미리 앞서 최대한 정확히 결정하는 일이었다. 이 일은 소수의 능숙한 수도원 행정가들이 9세기 이후 추구했던 것인데, 특히 822년 가내경제의 여러 부문이 필요로 하는 물품의 질과 양을 세심하게 규정하는 일에 관심을 기울였던 코르비의 수도원장인 아달라르의 경우가 특히 그러하였다. 경제계획은 그것이 존재하는 곳 그 어디에서건 충족되어야 할 수요와의 관계 속에서 파악된다. 장원 생산에서 고려되었던 점은 그것이 예견 가능한 수요와 부합해야 한다는 것이며, 영주들은 만약 그들의 농장 경영자들이 자신들의 필요 품목을 제때에 공급해 줄 수 있다면 만족하였다. 샤를마뉴의 친구인 아인하르트와 그의 여러 영지의 집사들간에 교환된 서신 내용은 이러한 심성을 잘 설명해 준다. 장원 생산에서 고려될 점은 토지의 최대 생산량에 관한 문제가 아니라, 오히려 장원이 주어진 시기의 어떠한 요구에도 응할 수 있는 수준으로 생산을 유지할 수 있느냐의 문제였다.

이에 두 가지의 결과가 수반된다. 첫째로 영주가 어느 경우에나 만족하기 위해서는 장원 생산이 고효율로 이루어져야 하는데, 변덕스러운 날씨 조건이 매 수확기마다 상당한 소출의 차이를 야기할 수 있었기 때문이다. 정상적인 상황에서는 충분한 양 이상의 생산이 이루어졌다. 이 사실은 예컨대 안나프의 왕령장원에서 곡물창고를 감사한 조사인들이, 해당 연도보다 해충으로 인해 손실을 입었던 전년도에 오히려 더 많은 씨앗을 발견하게 된 이유를 설명해 준다. 수요는 비탄력적이었지만 수확 규모는 극도로 탄력적이었기 때문에 대영지의 경제는 토지와 인력 양자 모두에 관련하여 소비적이었다. 기술적 난관은 별도로 하고, 대규모 영지체제하에서의 생산의 불규칙성은 토지와 농민 모두에 과중한 부담을 지웠다. 그 결과 생-베르탱 수도원에서 60명의 수사 중 1명을 부양하는 데 약 30명의 예속가솔이 양식을 공급하여야 했다. 장원제하의 생산성은 애처로울 정도로 낮았기 때문에 귀족층을 뒷받침해 주는 경제사회 구조의 기초는 기이할 정도로 대량적 성격을 띠고 있었다. 이러한 상황은 귀족들로 하여금 토지에 대한, 특히 남녀 인력에 대한 그들의 권리를 긴밀히 방어하고 더욱 확대하도록 촉구하였다.

두번째로 소비는 장원의 생산을 자극했기 때문에, 성장의 실제 추진력은 보다 큰 지출을 위해 토지와 사람에 대한 자신의 권리를 불가피하게 이용하려는 경향이 있었던 귀족 상위층의 점증되는 수요에서 찾아져야 한다. 적어도 카롤링거 왕조 일부 지방에서 사회 엘리트의 점진적 강화는 이미 발전의 가장 강력한 자극 요소 중 하나로서 자리잡고 있었다. 귀족 모두는 자신의 위신이 그를 수행하는 사람의 수에 의해 측정되었기 때문에 가능한 한 많은 추종자를 거느리고자 하였다. 귀족은 관대함과 아낌없는 환대가 자신의 힘을 외적으로 과시하는 표시임을 인지하고 있었기에, 자신을 지속적으로 따르는 수행자들을 다른 영주들보다 후히 대접하고자 하였다. 이러한 욕망은, 영주들이 비록 분명히 자신의 경지나 포도밭의 생산량을 증가시키려 하기보다는 새로운 것들을 획득하려 했을지라도, 영주들로 하여금 자신의 땅으로부터 보다 많이 수탈하도록 강요하였다. 과시욕은 토지 자원을 이용하는 방법을 개선하게 하는 방향으로 이끌기 이전에 먼저 탐욕과 공격성을 조장하였다. 영주들은 스스로를 부유하게 만들 수 있는 다른 기회가 사라질 때까지, 즉 다른 사람의 재산을 자신의 수중에 손쉽게 넣을 기회가 사라질 때까지는 자신의 수입을 확대할 수 있는 이같은 수단을 거의 생각해 보지 못했다. 따라서 9세기에 국가의 재확립과 공공 질서의 공고화는 장원의 소득을 보다 높이고자 하는 영주의 탐욕을 우회케 함으로써 성장을 자극했던 것으로 보인다.

*

실제 장원제는 항시 스스로를 더욱더 과시하려는 내재적 경향을 띠고 있었다. 카롤링거 왕조 지배자들이 발한 법령들은 대영지의 소유자들을 '강력한 자'라 불렀고, '가난한 자'를 이들의 통제력으로부터 벗어나게 하기 위해 모든 노력을 기울였다. 자기 소유의 개간지에서 영주와 영주의 이름으로, 그의 토지를 관리하는 영주 대리인은 실제 제약받지 않고 행동을 취할 수 있었다. 평화와 정의가 이들에 의존하였다. 이들만이 직영지 부근의 새로이 조성된 소규모 보유지 —— 라틴 문서들은 이런 경계지의 땅을 호스피티아(hospitia), 또는 아콜라이(accolae)[2]로 지칭하였다 —— 를 떠돌아다니는 가족이나 마을 농민들의 차남들에게 부여함으로써 이들을 부양할 수 있었다. 다른 곳들이 비어 있을 때에도 여전히 채워 있는 장원의 곳간은, 그 문을 두드리고 곡식에 대한 대가로 모든 봉사를 약속하는 굶주린 자들의 희망이었다. 공권으로부터 멀리 떨어져 있다는 사실과 수

---

2) 각기 '피난지'와 '이웃한 땅'을 의미한다.

많은 위험에 처해 있는 인간환경에서 귀족들이 누린 풍족함에서 비롯된 이같은 권능은, 관습적인 지출을 규정한 합법적인 규칙들 속에 포함되어 있지 않았기 때문에 명세장 작성자들은 이를 묘사하지 않았다. 그럼에도 불구하고 이들의 권능은 상당하였다. 실제 장원의 확대는 이러한 권능에 의해 가능하였다. 이 권한에 의해 대영주는 여전히 독립적이었던 소농들을 자신의 권위하에 종속시킬 수 있었다. 대영주는 자신의 광대한 토지 자산으로 말미암아 수확과 포도 따는 시기를 정하고, 대량의 보조노동력을 얻고자 노동시장을 통제하면서 농업 생산의 전과정을 관장하였다. 영주는 또한 도움을 베풀었고, 씨앗과 분말을 빌려 주었다. 대가로 그는 봉사를 기대하였다. 사람들은 궁극적으로 빌라에 이웃한 다수의 독립 농민들까지 구속하게 된 '탁신(commendationes)'의 광범위하고 복합적인 망에 얽매이게 되었다. 이들 종속민들은 연단위의 인두세를 지불했기 때문으로 일부 명세장들에 언급되어 있다. 생-제르맹-데-프레 수도원에 속한 가니 장원에는, 68명의 관습적 보유농에 대비하여 인두세를 지불하는 20명의 종속민이 있었다. 이들의 인신적 종속은 이들의 땅이 영주의 영지에 통합되고, 자기 후손들의 지위가 토지 보유 노예[3]와 유사한 지위로 전락되는 보다 엄격한 예속을 향한 첫번째 발걸음인 것처럼 보인다. 대영지 체제에 의해 획득된 주요 자산들은 이웃한 영지가 아니라, 여전히 독립적이었던 농민층의 희생하에 이루어진 것이었다.

그런 한편 농민들은 생기중인 마을 공동체 내에서 이에 저항하였다. '이웃들'의 연합은 교구교회 주변에서, 그리고 관습적 권리의 집단적 소유를 바탕으로 힘을 모으고 있었다. 농민이 부자의 억압으로부터 자신을 보호하기 위해 특별 연합체를 형성하고 있었을 가능성도 있다—— 오늘날의 계급투쟁은 이러한 기본 유형을 따르고 있다. 884년 서프랑크 왕이 공표한 한 법령집은, 자신들을 억압하려는 사람들에 저항하기 위해 상호 원조

---

3) 외거노비로 표현할 수도 있다.

의 서약에 의해 연합된 집단을 조직중이었던 마을민을 공개적으로 고발하고 있다. 이같은 서약단체들은 전적으로 비효율적이었던가? 장원제의 체제 내에서조차 저항하는 보유농들과 타결에 이르지 못하는 영주들이 얼마나 무기력했는지를 고려해 볼 때, 위의 질문은 부인될 수 있을 것이다. 883년에 아키텐의 영주들은 한 빌라 종속민들에게 그들의 부담 일부를 이행하도록 강요하기 위하여 매우 오래 끈 소송을 벌이지 않으면 안되었다—— 결국 이 소송은 국왕재판소로 이관되었다. 이 내용은 초기의 한 명세장에 기록되었으나 농민의 소극적인 저항에 의해 결국 무용지물화되고 말았다. 또 달리는 통치자가 새로운 영주의 요구에 저항하는 경작자들을 원조하는 방향으로 판단을 내리기도 하였다. 농민 세력과 영주간의 계속된 무언의 투쟁은 드러나 보이는 만큼 일방적이지는 않았으며, 그 결과는 다양하였다. 소규모 독립 농장들은 영주권의 확대에 의해 대거 흡수되었다. 그러나 장원의 핵심영역에서는 소극적 저항과 은폐, 집사를 매수하기 위한 환대, 추적이 불가능한 황야로 도망가서 프랑크 법령집들이 헛되이 쫓아내고자 노력했던 무법자 집단과 합류하겠다는 위협 모두가, 경제제도로부터의 압력에 대응하는 효과적인 무기로 작용하였다. 대영주 어느 누구도 농민 부담의 토대를 점차 분할시키는 방향으로 이끌 토지의 판매나 교환을 금하려는 수단이나 의도를 갖지 못하였다.

일부 고장들에서 왕과 교회장원의 보유농들은 그들의 상속 토지, 즉 그들이 점유한 망스를 그들의 동료뿐 아니라 참사회원 또는 교구사제 및 여타 사람들에게 팔아넘겼다. 그들은 자신의 집만을 계속 보유하고 망스는 상실했기 때문에 이들에게서 더 이상 공조가 징수될 수 없었고, 어느 땅이 어느 망스에 속하고 있는지를 아는 것조차 가능하지 않게 되었다.[4]

---

4) *Monumenta Germaniae historica*, Capitularia regum francorum, II, p.323.

864년 이같은 현상을 비난한 대머리왕 카를 2세(샤를 2세)의 칙령은 효과가 거의 없었을 것으로 여겨지는 치유조치 조항들을 담고 있었다. 대영지 체제는 힘을 결여하고 있었기 때문에 의식적이건 그렇지 않건 들판에서 땀흘리는 가난하고 볼품없으며 세력이 없는 사람들의 저항에 직면하여 으스러지고 손상받았다. 이들은 궁핍했고, 또한 당대의 자료들에서 모멸적인 표현으로 지칭되었을지라도 경제 성장의 선구자였다. 모든 명세장은 부분적으로 분해되어 간 조직을 묘사하고 있는데, 영주는 영지의 해체를 저지하려고 헛되게도 무진 애를 썼다. 장원제는 자체의 소비적 성향, 무제한적 요구, 예속민들을 대량으로 만성적 영양 실조상태에 빠뜨리는 과다한 공조부과로 인해 농민층의 노력을 무로 환원시킬 수 있었다. 그럼에도 불구하고 장원제의 연결고리는 허약하였다. 그것은 9세기 후반기 동안 뚜렷했던 급작스러운 인구 증가를 수용할 수 없었다. 변화가 발생하기 시작했다. 고율의 이익을 추구하는 영주들은 제분기계를 만들어 농촌노동력의 일부를 다른 방향으로 선회시켰다. 이들은 점차 부역보다 현금 지불을 선호하게 되었다. 이들은 자급하는 농민층을 확대하고, 이들로 하여금 자신의 생계유지에 그치지 않고 판매하기 위해 경작하도록 장려하였다. 영주는 자신의 노예들에게 보유지를 나누어 주어 농촌 주민의 일부분을 구성하는 이들의 근로의욕을 자극하였다. 이들은 관대함의 가치를 인식하여 좋든싫든 굶주린 사람에게 잉여의 수확물을 분배해 주었다. 스스로의 한계에도 불구하고 대영지는 농촌경제의 진전을 가능하게 해주었다.

결국 장원제는 농촌에서 교환과 화폐 유통의 발전을 촉진하는 데 중요한 기여를 하였다. 이러한 상황이 초래된 것은 9세기에 화폐가 지불수단으로 서서히 이용되었고, 또 자신의 영주에게 상품을 양도해야 하는 소농들이 제국의 마을들에 광범위하게 퍼져 나간 소규모의 주정기시들을 정례화하지 않을 수 없었기 때문이었다. 은화를 사용하는 관행이 부를 이전하는 가장 편리한 수단으로서 채택되자마자 대영지의 관리인들은 —— 대영지가 극히 분산적 성격을 띠고 있었기 때문에 —— 각각의 빌라에서 소출된 잉여 생산물을 신속히 처분하여 현금화한 판매대금을 영주 거주지에 보냈다. "매년 사순절 기간 동안의 종려 주일에, 우리가 그해 수익 총계를 알 수 있도록 우리 훈령에 따라 판매대금이 수거되어야 할 것임을 집사가 당연히 인지하기를 우리는 바란다"[5]라고 〈드 빌리스 법령집〉은 말하고 있다. 실제 가장 수익이 큰 왕령장원들은 주요 무역로에 위치하였는데, 이들의 존재가 무역에 활기를 불어넣어 주었다. 뫼즈 강 전역을 따라 화폐의 사용에 기반을 둔 교환이 이루어졌으며, 이는 수로와 이를 끼고 있는 대영지간의 정규적 관계를 성립시켜 주었다. 수사들은 생-제르맹-데-프레 수도원 영지에서 생산되는 포도주 중의 1/7도 소비하지 않았다. 나머지는 보트에 의해 강을 따라 북부와 서부의 고장들로 팔려 나갔다. 상업의 역할은 항시 '주변적'이지는 않았으며, 이러한 왕래를 통해 보다 대규모의 현금거래가 이루어졌다. 생-리퀴에르 수도원의 원장은 9세기 초에 매년 7천 개 가량의 은화를 모을 수 있었는데, 이는 말 1백50마리 가치에 해당하였다. 이 중 일부분을 그는 상품을 구매하는 데 사용하였다. 대영지 체제에서 부각되는 경제적 집중은 토지 경작과 그 결실을 거래활동과 연결시키는 방향으로 지대한 공헌을 하였다.

3. 상업

거래활동은 카롤링거 왕조 경제사 자료에서 상당한 비중을 차지한다. 이 활동은 군주제가 재회복된 결과 중의 하나이다. 질서와 정의의 보증인으로 행동하고, 경제의 익숙하지 않은 부분을 특별 감시하는 일은 통치자——제국을 부활시키려는 야망을 갖고, 또 주교에 의해 도유된 존재로서 신의 도구가 된다는 사명을 완전히 자각하고 있는—— 에게 지워진

---

5) *Monumenta Germaniae historica*, Capitularia regum francorum, I, p.85.

의무일 것이다. 거래는 그리스도교 윤리에 의해 비난받는 이윤추구욕을 조장하는 것이기에 도덕적으로 의심받을 행위이며, 따라서 엄격한 통제를 필요로 하였다. 결과적으로 왕은 이에 특별한 관심을 기울일 의무가 있었다. 그는 거래를 감시하고 규제하였으며, 왕궁에서 씌어진 내용들은 왕이 이에 관심을 기울이고 있다는 다수의 흔적을 담고 있다. 이 사실은 왕이 거래에 비정상적일 정도의 관심을 보인 것으로 사가들을 오인하게 만들지도 모른다.

새로이 확립된 국가는 우선적으로 상업거래가 이루어지는 경우 평화를 유지하고, 따라서 상인들이 만날 시기와 장소를 정확히 하는 데 관심을 기울였다. 만약 9세기에 카롤링거 왕조 지배자의 통제하에 있는 영역에서 시골 시장들에 대한 언급이 증가하고 있었다면, 그것은 단순히 농민 생산자에 의한 물품의 상업적 교환이 증대하고 있다는 표시인가? 그것은 또한 부분적으로 현재의 제도들에 대한 왕의 공고한 장악력, 그리고 거래세 수입을 교회에 부여하려는 통치자의 관대함에서 비롯되지 않았는가? 한 가지 사실은 분명하다. 744년 단신왕(短身王) 피핀 3세가 주교들에게 각 주교구에서 정기시의 개설을 감독하도록 권고했다면, 그것은 시장의 개설이 아직은 일반적이지 않았음을 의미한다. 한 세기 후에는 구프랑크 왕국의 영역에서 시장 개설이 아주 일반화되어, 이에 대한 왕의 통제가 소멸되지 않도록 하기 위해 질서회복이 요청될 정도였다. 864년의 칙령은 이미 샤를마뉴 치세에 개설된 시장들과 경건왕 루트비히 1세 시대에, 그리고 보다 후기의 대머리왕 카를 2세 시대에 세워진 시장들을 구분하면서, 각 행정구역에서 백작들이 시장 목록을 작성하도록 훈령하였다. 또한 그들에게 불필요하게 보인 것들을 억압하도록 하였다.

조폐에 대해서는 더욱 세심한 관심이 기울여졌다. 통치자 자신이 후견하고자 했던 신성한 질서는 사실상 도량형의 통일을 필요로 하였다. "도량형은 왕국 전체에 걸쳐 동일하고 공정한 것이어야 한다"는 잠언의 내용을 언급하고 있는 789년의 '일반 권고(Admonitio Generalis)'는, "그것은 필요한 것이다"라고 언명하고 있다. 카롤링거 왕조의 화폐개혁은 정치적 도덕률을 닮고 있다. 즉 그것은 종교적 성격을 띠었고, 두 영역은 왕의 권위 속에서 완전히 혼용되었다. 왕권을 자신의 수중으로 되찾기 위해 왕국의 새로운 지도자들은 조폐권을 독점하고자 하였다. 이들은 할 수 있는 한 외국의 주화를 용해하도록 지시하였다. 이는 유럽의 보다 야만적인 변두리들에서 풍부했던 아랍의 디르헴 주화들이 카롤링거 제국의 비장소들에서는 부재하였다는 사실을 나타내 준다. 지배자들은 단일 형태의 화폐를 주조하도록 명하였다. 765년 대관 바로 직후 단신왕(短身王) 피핀 3세는 1파운드의 은화로부터 22솔리두스를 주조할 것을 규정화하였다. 이 중 일부는 왕권 회복과 더불어 재차 왕의 보조자가 되었던 조폐인들에 대한 보수로 떼어질 것이었다. 조폐인들의 이름은 곧 주화로부터 사라졌고, 이제 왕의 이름만이 새겨지게 되었다. 조폐인들은 롬바르드-비잔틴 방식의 단체로 규합되었으며, 백작들이 이를 감시하도록 되어 있었다. 후에 경건왕 루트비히 1세는 부정한 조폐인의 손을 자르는 규정을 인가하였고, 왕국의 조폐소 외부에서 조폐하는 자들을 추방과 몰수로 징벌하였다. 조폐의 경우, 진정 훌륭히 단일성이 회복되어 794년 이전 비스바덴에 매장된 한 비장소의 5천 개에 달하는 데나리우스들은, 여러 조폐소에서 주조되었음에도 불구하고 모두 동일한 무게였다. "우리의 왕궁 이외 지역에서 화폐가 조폐되지 않도록 하자"는 언급에서 보듯이, 806년에 샤를마뉴는 조폐를 완전히 중앙화하고자 하였다. 이 조치는 그토록 광대한 제국에서는 시행될 수 없는 것이었다. 주화는 예외적인 현상으로 남아 있었고, 화폐지불이 회피될 수 없는 경우 요구된 만큼 주화를 주조할 필요가 있었기 때문에 정규적으로 화폐가 유통되는 지방들의 경계 내에, 특히 주로 벌금 지불수단으로 여전히 화폐가 이용되는 법정 가까이에서 조폐소의 설립은 필수적이었다. 그 결과 불가피하게 조폐소가 증가하였다. 864년 대머리왕 카를 2세의 한 칙령은 왕국과 9개의 공공 건물에 조폐소를 집중함으로써, 이 과정을 멈추게 하려는 마지막 시도를 감행하였다. 그 노력은 실패하였지만, 여하튼 그의 선왕들에 의해 적어도 한 세기 동안 질서가 재확립되었던 것은 사실이다.

황제로서 대관된 이후에도 샤를마뉴는 금통화로 복귀하지 않았다. 그의 아들인 경건왕 루트비히 1세가 비잔틴 주화가 아니라 고대 카이사르를 모방하여 주조하도록 위임한 금 솔리두스는, 단기적으로나마 카롤링거 왕조의 문화 재생과 맥을 같이하는 것이었다. 아마 금과 대비하여 은화 유통이 보다 손쉬웠기 때문으로 8세기 후반 북부 갈리아로 은이 널리 유입되었던 것 같다. 그럼에도 불구하고 은화의 광범위한 사용은 분명 본질적으로 정치적 고려에 의해 초래되었다. 왕은 프랑크 왕권의 회복자인 피핀의 전통을 고수하고, 특히 비잔티움과 정중하게 적정 거리를 유지하면서 황제를 자극하는 일을 피하여야 했다. 프랑크 왕들은 적어도 데나리우스를 안정되고 강력한 통화로 만들고자 하였다. 이들은 메로빙거 왕조 주화의 무게를 처음에는 1.3그램, 다음에는 1.7그램, 대머리왕 카를 2세 시대에는 2.03그램으로까지 상향시켰다. 또한 롬바르드 왕국을 점령한 이후 이탈리아 북부에서 금화 트리엔스를 데나리우스로 대체하였다. 북서 갈리아의 경우 이들은 당시 인정된 귀금속의 시장가에 일치하여 금과 은, 즉 솔리두스와 데나리우스간의 비율을 고정시켰으며, 그 결과 12데나리우스를 1솔리두스로, 20솔리두스를 1리브르로 하는 화폐체제를 제도화하였다. 이는 9세기에 앵글로 색슨 왕들에 의해 채택되었다.

국가의 재확립으로 화폐 유통이 촉진되었다. 은화 데나리우스는 물품교환에 갈수록 많이 사용되어 보다 큰 경제적 가치를 지니게 되었고, 또한 사용자들에 의해 보다 뚜렷이 인지되어 갔다. 그러나 샤를마뉴가 화폐제도를 재조직하려고 시도했을 때, 그는 화폐가치에 대한 통제가 왕의 수중을 떠나 있으며, 주화의 무게가 변경되면 화폐의 가치나 효용상에 변화가 초래되리라는 사실을 곧 발견하였다. 재조정을 위해 더 많은 시도가 이루어졌다. 샤를마뉴는 794년 프랑크푸르트에서 새로운 체제의 관점에서 상품 가격을 정하였다. 803년 이후 벌금 가격의 정밀조사에 대한 문구가

〈살리카 법전〉에 삽입되었다. 794년과 804년 사이에 왕은 새로운 주화의 취급을 거절하는 사람들을 징벌하는 조치를 취하였다. 그러나 사회의 모든 진영에서 저항은 강력하였고 매우 일반적이었다. 왕은 자유민에 대해서는 15솔리두스의 벌금부과를, 노예에 대해서는 육체적 징벌을, 그리고 스스로 충분히 주의하지 않는 주교와 백작에 대해서도 조처를 취하지 않으면 안 되었다. 이같은 대응조치는 화폐 사용이 이미 8세기말에 제국의 일부 지방에서 일반화되고 있었음을 반증해 준다. 그럼에도 불구하고 왕은 반대자들을 극복할 수 있을 만큼 강력했으며, 만약 프랑크 왕국의 화폐체제가 유럽 전역에 뿌리를 내렸다면 그것은 군사원정을 통해 서구에서 가장 강력한 인물이 된 프랑크 왕의 결정에 의해 화폐체제가 통제되었기 때문이었다.

*

자료상에서 메르카토레스(mercatores)나 네고시아토레스(negociatores), 즉 상인으로 지칭된 사람들의 특별한 활동인 원거리 무역을 감시하는 일 또한 통치자의 책임영역 내에 놓여 있었다. 원거리를 여행하는 상인들은 그들이 지나치는 고장들에서 이방인 취급을 받았고, 지방 관습에 의해 적절히 보호받지 못했다. 더욱이 이들이 휴대한 것으로 알려진 귀금속은 충분히 탐욕을 야기할 수 있다는 측면에서 안전하지 못하였다. 따라서 이들은 평화로운 교환과 약탈간의 경계가 모호한 세계에서 요주의 대상이었기 때문에 특별 보호를 필요로 하였다. 사람들이 약탈자들과, 그리고 이들과 마찬가지로 무리지어 이동하고 종종 다른 언어를 말하는 미지의 거래인들을 어떻게 구분할 수 있었겠는가? 예컨대 엘프레드 대왕의 법령들은, 이들이 무장 가능성이 높은 하인 무리와 교제하고 있었음을 보여 주고 있다. 이런 사람들은 분쟁의 씨를 뿌리거나 특정 지방을 통과하다가 말싸움을 벌이고 소동을 일으킬 여지가 많았다. 이들이 살인을 자행할 경우, 누가 희생자를 대신하여 이들의 행동에 대한 사법적 책임을 질 것인가? 이런 이유로 상업거래가 공권에 의해 통제되고 공개적으로, 그리고 엄격한 감시하에 이루어질 필요가 있었다. 따라서 카롤링거 왕조의 법령은 여행자들에 대한 식량과 사료의 판매를 예외로 하고, 그외 밤에 이루어지는 불법거래를 금하였다. 노예·말·금은품 등 분명 의심을 자아낼 만한 품목이 거래될 때면 백작이나 주교가 거래시에 배석하도록 되어 있었다. 왕이 외국과 거래를 행하는 상인들의 지위를 보장하고, 이들의 활동을 위한 시간과 장소를 마련해 주는 일이 필수적이었다.

우리는 828년 경건왕 루트비히 1세의 한 칙령에서 상인의 지위에 대한 약간의 통찰을 얻을 수 있다. 상인들은 통치자의 '봉신(fidèles)'으로 묘사되었고, 이러한 개인간의 유대로 인해 이들은 왕의 종속민들에 확대 적용되는 특별한 보호하에 놓이게 되었다. 이들은 제후 가솔에 속했기 때문에 알프스 통과로와, 북해 방면의 널리 개방된 관문인 캉토빅과 두르스테데를 제외하고는 물품거래세 징수로부터 면제되었다. 이들은 자신의 운송수단을 보유하였으나, 여행이 끝나는 3월 중순이면 국왕금고국에 관습적 지불을 하기 위해 입궐하였다. 이때 이들은 자신의 개인사업과 이들이 통치자를 대신하여 운용했던 사업을 공정하게 구분하여야 했다. 그러나 이같은 계절마다의 정규적인 활동으로 이 상인들은 의심의 여지없는 전문가가 되어갔다. 아마도 이들은 왕의 가솔에 속한 속관으로 등록되어 그 지위로 인해 재정상의 이익과 부가의 안전을 얻었겠지만, 몫의 실질적인 부분은 자신의 창의적 거래에 의한 것이었고, 이 부분은 보다 확대될 수 있었다. 왕궁이 아닌 수도원이나 귀족 가문의 가솔에 속한, 심지어는 이들에 속하지 않고 활동하는 이러저러한 상인들 중 프랑크족이건 롬바르드족이건 자유민은 얼마나 많았고 그리스도교인은 얼마나 되었을까? 분명한 사실은 8,9세기의 자료들이 '상인'을 언급할 때 제국의 경계를 넘어 주요 도로를 따라 분산적으로 거주한 두 민족집단, 즉 유대인과 북해지역의 '프리지아인'까지를 빈번히 지칭하고 있다는 점이다.

이같은 원거리 무역품 조달자들은 특별히 조직된 거점들에 모였는데, 여기서 이들은 자신의 물품들을 전시하고 이것들을 상호간에 교환하였다. 문서들은 이같은 장소를 라틴어인 포르투스(portus)[6]로 언급하였는데, 이 어휘는 독일어의 비크(wik),[7] 앨프레드 대왕시 영국에서 사용된 부르(burh)[8]에 해당한다. 이 장소들은 도둑에 의한 약탈로부터 상점들을 보호하기 위해 방책으로 둘러싸인 공간들이었다. 계약시 왕의 통제하에 있는 전문 증인들이 계약의 정당성을 보증해 주고자 참여하였다. 경건왕 루트비히 1세 시대에 이르면 왕의 대리인이 존재했던 것으로 추정된다. 그는 상인들에 대한 판단을 내리고, 왕의 보호 대가로 지불되는 화폐 공물을 징수할 책임이 있었다. 9세기 이전에 활기 있는 도시가 여전히 존재하지 않았던 영역인 프랑크 왕국의 북부, 즉 디낭·위이·발랑시엔·캉토빅·두르스테데에 포르투스가 생겨났다. 그 이후 동일 지역에서 루앙·아미앵·투르네·베르덩과 같은 로마 도시들의 거점들 가까이에 포르투스가 확립되었음을 보여 주는 언급들이 보다 빈번히 나타나고 있다. 그 이남지역에서는 포르투스가 나타나고 있지 않는데, 여기서는 아마도 이미 존재하고 있던 키비타스에 의해 그 기능이 수행되었던 것 같다. 정기시들은 또 하나의 회합 장소로 기능하였다. 이들 중 일부는 주마다 정기적으

---

6) 원래는 항구를 의미했고, 원거리로 운송될 상품들이 집산되는 하역장으로서 상업적 성격을 띤 교역지였다. 앵글로 색슨 문헌사료에서는 포르투스(portus)가 라틴어의 우르브스(urbs; 장벽이 둘러쳐진 도시), 키비타스와 동의어로 사용되었다. 또 플랑드르와 영국에서는 포르투스가 포부르그(faubourg)와 동일시되고 있는데, 포부르그는 원래 존재했던 부르고스 외부에 상인들이 모여들어 형성한 보다 큰 범주의 '바깥 부르고스' 내지 '외곽지구'로서 '구부르고스'에 대비하여 '신부르고스'로 부를 수 있다. 10,1세기에 플랑드르 등의 북부 유럽에서 부르고스의 외곽에 새로이 건설된 포르투스는 분명 상인집락이라고 볼 수 있다.

7) 비쿠스(vicus)에서 파생된 어휘로서 비요새화된 상인 정주지 내지 도시이며, 이 점에서 요새화된 부르고스나 키비타스와는 상이하였다.

8) 고영어로서 borough에 해당한다. 라틴어 burgus처럼 처음에는 반드시 도시가 아니라 요새화된 장소를 의미했으며, 따라서 '군사기지'로 번역하는 경우도 있다. 그렇지만 11세기에 이르면 이 어휘가 도시라는 의미를 강하게 갖게 된다.

로 개시되는 시장체제로 통합되었다. 1년 중 고시된 날에 열리는 이러한 회합들 중 보다 많은 사람을 끌어들이는 경우도 있었다. 그러나 각각의 경우에서 성격은 판이하게 달랐다. 왜냐하면 법적으로는 원거리에서도 참여하길 원하는 모든 사람에게 통치자의 보호가 확대되었기 때문이었다. 또 경제적으로는 그 목적이 약속된 날에 원거리에 위치하여 통상 상호간에 고립되어 있는 생산지들간에 정규적 접촉을 이루게 하려는 것이었기 때문이었다. 파리의 생-드니 수도원 가까이에서 열리는 정기시는 포도 수확 이후인 10월에 개시되었다. 이것은 아마도 포도주 정기시였던 것 같다. 775년 두번째 정기시가 마찬가지로 절기상 중요한 2월에 열렸다. 이 정기시들은 명백히 더 이상 이웃 농촌 생산물의 단순한 출구가 아니었다. 과세면제를 부여한 증서들은 꿀을 선적한 보트들이 이쪽 방면으로 왔고, 코르비의 수사들도 겉옷을 사기 위해 이 정기시로 거슬러 올라왔던 사실을 언급하고 있다. 우리는 사료상에서 8세기초부터 영국인들을, 750년 이후에는 프리지아인들과 랑고바르디아의 상인들을 우연히 접하게 된다. 카롤링거 왕조가 끝날 무렵 피아첸차에서 한 정기시가 열렸다. 872년에는 각기 8일간 지속되는 3개의 새로운 회합이 개시되었고, 그 이후 890년에는 18일간 지속된 다섯번째의 정기시가 열렸다. 이런 식으로 거래 발전이 실질적인 영향을 끼치고 있었다. 정기시와 포르투스의 지리적 분포에 대해서는, 카롤링거 제국의 북서부와 북동부에서 원거리 무역이 보다 집중된 것으로 보이는 두 장소가 있었음을 지적하고자 한다.

*

중세의 대규모 상업의 자극점으로 남게 될 이 두 장소는, 바다와 유럽의 강체계의 동맥이 되는 회합 장소에 위치하였다. 첫번째 장소는 비잔틴 제국의 바다로 나아가는 포 강을 경유하여 상품질의 사치품과 세련된 직물, 그리고 값비싼 향료를 생산하는 보다 번창한 지역으로 접근할 수 있었다. 두번째 장소는 반대로 센 강·뫼즈 강·라인 강을 경유하여 부족간의 지속적인 전쟁으로 피폐된, 그러나 바로 그 이유로 가치 있는 노예시장이 된 덜 문명화된 지역을 향하고 있었다.

잔혹한 전쟁들과 이후 롬바르드족의 이동은 이탈리아 북부를 7세기 내내 불구의 신세로 만들었다. 제노바에서 해상활동에 관한 모든 흔적은 642년에 사라졌으며, 그 자리에서 이민족의 지배가 공고화되었다. 잠시 동안 론 계곡은 동방으로 향하는 주요 경로가 되었다. 이렇게 된 것은 프랑크 왕인 다고베르트(629-679)가 프로방스 항에서의 특권을 북부 갈리아의 수도원들에 부여한 결과였다. 생-드니 수도원은 마르세유 인근의 포스에서 매년 통행세로 징수된 총계 1백 솔리두스의 금화를 오일과 여타 식량의 구입용으로 받았다. 그리고 마르세유와 포스의 항구에서 파피루스와 향료를 구입하는 데 따른 세금이 면제되었는데, 이 특권은 경신되었다. 그러나 이 시기에 이르러 위의 항구들은 구식이 되고 말았다. 마스트리히트를 향하여 론 강·손 강·뫼즈 강을 따라 확립된 경로——이를 따라 남부 도시들의 활동적인 유대인 공동체들이 정착하였다——는, 이슬람교도의 약탈 무리에 의해 영향받기 시작하였다. 이 경로가 사용되지 않은 것은 아니지만, 이후 이 경로는 카탈루냐 지방을 경유하여 이슬람의 영역인 스페인 방면으로 방향을 틀었다. 이 경로를 통해 베르덩으로부터 온 상인들은 노예와 아우스트라시아에서 제조된 멋진 장식의 칼——수출이 엄격히 금지되어 조심스러이 숨겨진——을 구매하였다. 한편 롬바르디아는 재차 비잔티움에 이르는 관문이 되었다. 중세 내내 알프스 서부를 가로지르는 가장 붐볐던 통과로의 기슭에 726년 노발레즈 수도원이 설립된 것은, 알프스 횡단로의 재설정에 있어서 첫번째 단계를 획득하는 것이었다. 리우트프란트 왕은 코마키오의 상인들과 타협에 이르게 되었는데, 그들의 보트는 이 구역을 통과하여 소금과 오일·후추를 싣고 포 강을 거슬러 여행할 수 있게 되었다. 여전히 비잔틴 지배하에 있는 아드리아 해의 개펄 주변에 여러 세력이 서서히 모여들었는데, 머지않아 베네치아의 활력이 두드러지게 되었다. 8세기말에 이르면 파비아가 서유럽에서 가장 아름다운 품목들이 집하되는 장소가 되었다. 880년경 글을 쓴 장크트-갈렌 수도원의 노트케는, 샤를마뉴 시대의 궁정귀족들이 비잔티움으로부터 비단 직물을 얻곤 하였음을 말해 주고 있다. 오리엔트의 국왕금고국과 샤를마뉴 궁정의 국왕금고국간의 주요 중개자로서 개펄 항해자들을 지목하고 있는 위의 언급 내용은, 분명 9세기 후반 동안에 대해서도 여전히 정당하다. 롬바르디아를 거점으로 하는 이같은 원거리 교환체계는, 점차 중계역을 마스트리히트에서 두르스테데로 대체하면서 라인란트 경로에 활력을 재차 불어넣어 궁극적으로 '프리지아'의 무역을 자극하였다.

선교사들이 그리스도교권 내에 끌어들이고자 많은 노력을 기울였던 프리지아는 아우스트라시아인들의 초기 정복으로 복속되었다. 이 지역의 상업모험가들은 7세기말에 영국을 방문하고 있었다. 성(聖) 가경자(可敬者) 비드는 런던에서 전쟁포로를 구매중인 한 프리지아인 상인을 언급하고 있으며, 앨퀸 시대에 이미 런던의 프리지아인 거류지는 중요하였다. 라인강을 따라서 프리지아인의 보트들은 뤼네부르크에서 생산된 포도주·곡물·도자기·소금·노예들을 운반하고 있었다. 이들은 쾰른·뒤스부르크·크산텐·보름스, 그리고 무엇보다 마인츠의 특별 구역에 정주하였다. 이들은 생-드니 정기시에서도 목격될 수 있었다. 9세기에 성 앙쉐르가 스웨덴의 비르카에 도달한 것은 프리지아 상인들과 더불어서였다. 이같은 보트 교통망은 8세기말에 보다 활력을 띠었다. 779년 샤를마뉴에 의해 생-제르맹-데-프레 수도원에 부여된 면세 특면장에서, 통과세 징수 중심지들은 루앙·아미앵·마스트리히트·캉토빅·두르스테데로 언급되어 있다. 이 도시들은 새로운 포르투스가 설립되고, 은통화가 확대되어 나간 영역의 경계를 나타내 준다. 두 군데의 주요 교착점은 그들의 주화가 샤를마뉴 치세에 모든 방향으로 확산되어 나간 두르스테데와, 성 가경자 비드가 668년 처음으로 언급한 바 있는 캉토빅이었다. 이 도시는 앵글로 색슨 수사들이 이제 막 게르만의 이방주의에 공격을 가하였던, 그리고 로마를 향한 순례가 시발을 이루었던 곳이었다. 이 도시를 통하여 포도주·노예, 그리고 그 품질이 796년 샤를마뉴와 머시아의 오파 왕간의 협약에서 규정된 의복제품 화물이 운반되었다.

우리는 엘베 강과 도나우 강을 따라 발달한 통상을 이에 부가할 수 있을 것인데, 다만 이 경우 타지역과의 거래라기보다는 약탈에 가까웠던 것 같다. 이 무역은 슬라브족과의 접촉이라는 형태를 띠었으며, 상인들은 노예 공급을 확보할 수 있었다——805년의 한 법령집은 일련의 경계지역 시장들 방향으로 진출하도록 장려하였다. 이는 선물경제의 희생하에 진정한 상업활동을 광범위하게 유포시킨 지속적인 성장이 이루어지고 있었다는 인상을 뚜렷이 심어 준다. 성장은 본질적으로 정치적 재건설, 즉 내적 평화와 화폐체제의 재조직, 그리고 무엇보다 9세기초까지도 계속적으로 싸우면서 승리한 전투의 전리품을 분배해 가졌던 귀족층의 공고화에 의해 촉진되었다. 우리가 이러한 성장을 어떻게 정확히 평가할 수 있을 것인가? 필자가 앞서 시사한 바 있듯이, 이것은 조폐와 상인의 존재에 지나치게 큰 비중을 부여함으로써 사실적 전망을 왜곡하는 경향이 있는 자료들에 의해 부풀려진 것일까? 우리는 앙리 피렌에 의해 자극받은 역사 서술들이, 당시 경제의 화폐적이고 상업적인 측면에 부여했던 과다한 관심을 경계하면서 풀어 나가 보도록 하자. 그것은 실질적인 성장의 첫번째 파도였는가, 아니면 단순히 표면상의 잔물결이었는가? 세 가지 관점이 떠오른다.

1) 거래 증가의 흔적이 특히 풍부한 곳은 카롤링거 제국의 주변부에서였다. 그렇지만 이것은 여전히 경계지역들로 에워싸인 국가구조에 기인하고 있었다. 비잔티움의 예를 따라 국가는 상인들에 부담을 지우는 고정된 통행역을 신설하였다. 북부와 동부에는 도시가 거의 없었기 때문에, 정규화하고 통제하려는 이러한 바람이 아니라면 문서상에서 새로운 도시 정착지의 출현을 설명할 길이 없다. 이것은 유럽 대륙의 내부에서는 통신의

부활이 널리 이루어지지 않았다고 말하려는 것인가? 우리는 이미 외국의 주화가 비장소들에 거의 소장되지 않은 이유를 설명한 바 있으며, 만약 도시 팽창의 흔적이 탐지될 수 없다면 그 이유는 확대된 거래활동을 포괄할 수 있을 만큼 큰 규모의 도시들이 이미 적지않게 존재했기 때문이었다. 9세기의 부르고뉴 지방에서는, 백작령 내의 키비타스들과 주요 수도원들의 이웃에 위치한 5키비타스에서 1년 단위로 정기시들이 열렸다. 그렇다면 포르투스와 외국 주화의 부재가 결코 거래의 부진을 함축하는 것이라 볼 수 없다. 우리는 명백한 부활을 성격상 주변적인 것으로만 간주할 하등의 이유가 없다. 우리는 문서 증거의 우연성에 속아서는 안 된다.

　2) 둘째로 부활은 원거리 무역의 품목에 관한 한 부분적 현상이었던 것 같다. 이것들은 본질적으로 고품질의 사치품들이었다. 장기간에 걸쳐 거래가 단순히 약탈을 대체한 것이었다. 상업은 전쟁이 불확실하게, 그리고 불규칙적으로만 제공해 줄 수 있는 것을 공급해 주었다. 전쟁과 마찬가지로 상업은 거의 모두가 영주들의 가솔하인이었던 전문 상인들을 경유하여 영주들의 저택으로 낡아빠진 물건, 여가용의 물건, 장식품과 선물로서 제공될 물건들을 가져다 주었다. 에르몰두스 니겔루스는 그가 9세기 중엽에 지은 라인 강을 예찬하는 시에서 이러한 양상을 다음과 같이 아주 간결하게 표현하였다. "프리지아인과 여타 항해 민족에 포도주를 팔고, 상품질의 생산물을 수입하는 일은 보다 이로운 사업이다. 이런 식으로 우리네 사람들은 장신구로 치장하였는데, 그 이유는 우리 상인들과 외국 상인들 모두가 상대방에게 매력적인 상품을 운반해 왔기 때문이다." 분명 우리는 아마 가치가 아니라 무게면에서 원거리 무역의 주요 품목이었을 일차적 필수품인 소금을 예외로 해야 한다. 도나우 강변에 위치한 라펠스타텐 통행세관의 화물 목록은, 바이에른과 슬라브 국가들간의 거래의 거의 전부가 이 품목에 바탕을 두었음을 보여 주며, 우리는 롬바르디아로 향할 소금의 생산과 선적이 베네치아와 코마키오에서 초기 자본 축적의 원천이 되었다고 추측할 수 있다. 생-드니 수도원에서 판매되는 포도주 또한

대량으로 운송되었다. 이 포도주는 쾰른 부근에서 제조된 항아리에 담겨 운송되었는데, 이런 항아리들이 런던·윈체스터·캔터베리와 스칸디나비아 극동부에서의 발굴에 의해 무수히 드러나고 있다. 꿀이나 노예와 마찬가지로 포도주는 귀족의 연회를 보다 고급스럽고 인상적으로 만들어 주었다. 직물의 경우, 노예 망스나 장원의 작업장에서 보유농의 아내와 딸에 의해 짜여진 세련되지 않은 제품들은 영주의 품위에 어울리지 않은 것으로 간주되었다. 영주들은 스스로 입거나 친구들을 돋보이게 하기 위해 치밀하게 직조되고 화려한 색채로 염색된 직물을 요구하였다. 아마 이런 직물을 구입하느라 상당 부분이 지출되었을 것이다. 베네딕투스 수도원에서 부하된 규칙에 따르면, 이 단체의 필요 사항은 두 가지 항목으로 구분되어 있었다. 그 중 하나는 식량 공급(victus)으로서, 이것의 관리는 농장 경영을 책임진 식품담당자에 맡겨졌다. 다른 하나는 의류 공급(ves-titus)으로서, 이것의 구입은 과세된 현금을 수납하고 보관하는 일을 책임진 시종에게 맡겨졌다. 이러한 구분은 의복이 일상적으로 상인에 의해 공급되고, 데나리우스로 지불되었음을 시사해 준다. '프리지아의 외투'는 결코 대량 생산품이 아니라 장식용의 의복이었다. 샤를마뉴는 칼리프인 하룬 알 라시드에게, 경건왕 루트비히 1세는 교황에게 이 제품들을 선물로 제공하였다. 국왕 보호하의 상인들이 궁정에 되돌아와서 보고한 거래 내용은 사치품과 희귀품에 대한 것들이었다. 따라서 이런 물품들의 거래는 대부분 진정 농촌적인 사회의 최상위에 속한 소수 엘리트만을 대상으로 행해졌다.

  3) 이러한 활동이 당대 도시들에 끼친 반향을 고려해 보자. 뫼즈 강·라인 강·에스코(스헬데) 강가에 위치하여, 여전히 일정 계절 동안 기능을 다하고 있었던 포르투스는 진정한 도시로 간주될 수 있는가? 두르스테데는 어떠한가? 고고학적 탐구 결과 그것은 1킬로미터 정도의 짧은 거리였음이 밝혀졌다. 그 도로상에 소수의 상인들이 영구적 거주지로서 살아가는 창고들이 줄지어 있었으며, 또 이들을 위한 교구교회가 건립되어

있었다. 9세기에 도나우 강과 장크트-에메람 수도원 사이에 위치한 레겐스부르크 성벽 외부로 팽창한 상인구역(pagus mercatorum) 역시 이와 유사하였다. 또한 라인 강을 따라 마인츠·쾰른·보름스와 같은 로마 도시들의 성벽 부근의 상인거점들도 그러하였다. 이 거점들은 대수도원들의 입구에 떼지어 몰려 있는, 그리고 영주 가문의 필요에 대처하기 위한 일군의 특별 작업장들과 거의 다름 없는 원래의 거리들이 단순히 확대된 것들이었다. 예컨대 9세기 후반부에 장크트-리퀴에르 수도원 가까이에 위치한 거리에서는, 금속공·직조공·제단사·모피상 및 전사들과 대영지의 가내보조원들이 자리잡고 있었다. 약간의 석조 건물을 포함하고 있었던 이 시기의 실제 도시들은 정치적·군사적 활동의 일차적 중심지로, 그리고 종교생활의 거점으로 남아 있었다. 800년 조금 이후 오를레앙·랭스·리옹과 르망 교구의 주교들이 착수한 대규모 축조공사들은 편력상인들의 활동보다 경제 활성화에 보다 직접적인 영향을 끼쳤다. 게르마니아에서 이 시기 동안 활성화된 도시들은 주교좌 성당과 약간의 수도원을 옆으로 끼고 있는 요새화된 왕궁들을 배경으로 생겨난 것들이었다. 상업 팽창은 여전히 전쟁지휘자와 사제들에 의해 좌우되는 농민사회의 환경으로 도입되었다. 상업은 지역적인 수준이 아니라면 도시를 재형성할 만한 영향력이 없었다.

그렇지만 이러한 표면적 움직임이 아무리 제한적이었다 할지라도, 우리는 그것이 마을과 대영지, 그리고 토지 생산의 세 측면에서 화폐 유통이 보다 활성화되고 있던 다른 교환구역들과 어느 정도 연계되어 있었음을 의심할 수는 없다. 불행히도 이러한 상호 작용의 양상은 완전히 베일 속에 가려져 있다. 우리는 소금이나 포도주와 같은 완제품이 해외무역의 동맥선을 따라 직접적으로 유입되고 있었음을 알고 있다. 우리는 또한 빵 가격의 규제나 몇 리터 단위로의 포도주 구매를 다루고 있는 법령집—— 864년의 칙령과 같은—— 들로부터, 토지 생산물이 키비타스와 대규모의 건널목에서는 어디서나 소매로 판매되고 있었다고 추측할 수 있다. 소매

거래의 기능은 스스로의 기술을 보유하여 토지로부터 분리된 소규모의 특정 하인층과 카롤링거 왕조의 법과 질서에 의해, 도로와 강을 따라 상당 규모로 이동이 가능했던 사람들을 부양해 주는 일이었다.

*

카롤링거 왕조 통치자들에 의한 정치질서의 회복은, 서구의 경제에 또 하나의 결정적 특징을 각인해 놓았다. 통치자들은 도유되었다. 이들의 일차적 소명은 신에 속한 사람들을 구원에 이르게 하는 것이고, 도유된 자로서의 영적 직위는 이들의 세속적 행위로부터 분리될 수 없었다. 주변의 교회인들, 특히 경건왕 루트비히 1세 시대에 두드러지게 활동한 수사들의 영향하에서 왕들은 경제활동이 신이 의도한 질서를 저해하지 않도록 주의를 기울였다. 항시 성경상의 교훈을 지적하면서 이들은 상업상의 관행과 화폐거래, 그리고 자비정신을 손상시킬 염려가 있는 모든 거래를 보다 특별히 순화시키고자 하였다. 재난이나 신의 저주가 자연질서에 혼란을 야기할 때마다 왕이 개입할 것으로 기대되었다. 흉작과 기근으로 왕이 상업활동의 불안정한 조건에 관심을 기울이지 않을 수 없었던 해에는 이들이 법령을 제정하거나 제약을 가하고, 순수한 것과 순수하지 못한 것, 법적인 것과 불법적인 것간의 구분을 규정지었다.

곡식과 포도주 수확기에 필요가 아니라 탐욕의 동기에 의해 2데나리우스로 1모디움의 곡식이나 포도주를 획득하여 그것이 4 또는 6데나리우스가 될 때까지, 심지어 그 이상이 될 때까지 이를 보유하는 사람 모두는 이른바 부정하게 획득하고 있는 것이다. 다른 한편 만약 이들이 스스로를 위해 그것을 보유하거나 다른 사람에게 이를 분배하기 위한 필요에서 그것을 구매한다면 우리는 이를 '거래(negocium)'라 부른다.[9]

806년의 한 법령집에 수록된 거래 규정은, 수확기와 양식이 부족한 여름간에 생산 부족으로 야기된 실질적인 가격 변동에 대해 빛을 던져 줄 뿐 아니라, 매매에 의존하지 않을 수 없었던 필요 요인을 정확히 밝혀 준다. 그 필요란 자신의 가솔을 부양하고, 다른 사람에게 제공할 물품을 조달하는 일이었다. 카롤링거 왕조 법령집들의 근저를 이루는 도덕성은 부분적으로는 성서의 가르침으로부터, 또는 자급자족과 필수적인 관대함으로부터 비롯되었다. 그것은 상업이 가내 생산물의 일시적 부족을 메우기 위한 용도로 행해질 때만 이를 관용하였다. 도덕적으로 거래는 예외적이고 부당한 활동에 가까웠으며, 따라서 이에 참여하는 사람들은 대체로 그들이 기울인 수고에 합당한 대가 이상의 높은 이익을 얻는 것이 허용되지 않았다. 따라서 신에 의해 지구상의 악의 박멸을 위임받은 왕은, 이익을 얻으려는 의도로 다양한 부정한 계획에 의해 모든 종류의 물품을 축적하고자 하는, 또는 다른 사람의 소유물을 탐하며 그들이 이 소유물을 획득했을 때 그것들을 다른 사람들에게 제공하지 않는 사람들을 처벌할 의무가 있었다. 통치자가 견지할 것으로 기대되는 질서에 따르면, 부의 유일한 합법형태는 조상으로부터 상속받거나 영주의 호의에 기인한 재산들뿐이었다. 부는 어떤 종류의 투기의 결과가 아닌 선물이며, 당대의 어법에서 '은대지(bénéficium)'는 문자 그대로 단순히 시혜를 뜻하였다.

그러나 식량물자가 부족한 시기에 공표된 위의 법령집은, 또한 화폐 사용에 바탕을 둔 이윤추구가 필수품의 생산과 소비 수준에까지 다다를 정도로 경제의 하부구조에 널리 파급되었음을 보여 준다. 일부 사람들은 "수확 이전에 포도주와 곡식을 팔지 않을 수 없어서, 결국 가난하게 된 사람들"[10]의 곤경을 이용하여 돈을 벌고 있었다. 상업은 현실이었으며, 스스로를 자비로운 중개자로서의 역할에 한정시킨 상인은 아무도 없었다.

---

9) *Monumenta Germaniae historica*, Capitularia regum francorum, I, p.132.
10) *Monumenta Germaniae historica*, Capitularia regum francorum, I, p.152.

상인들이 지나치게 큰 오류를 범하는 것을 막기 위해서는, 적어도 어떤 범주 내에 이들의 활동을 포괄하는 것이 필요하다. 이들에게 안식을 준수하게 하거나 고대 관습에 인정된 것 이외의 일요시장을 억압하는 것, 그리고 상품의 정상 가격을 고정하는 것 등이 그 예들이다. 죄악의 위험이 매우 민감하게 도사리고 있는 교환경제의 두 가지 요소, 즉 노예거래와 대부는 여전히 프랑크 왕들의 지대한 관심을 끌고 있었다. 그리스도교인들을 노예제에 예속시키는 일은 비난할 만했던 것 같으며, 이윤을 얻기 위해 세례교인을 이교도들에게 노예로 팔아넘기는 것은 수치스러운 일이었다. 8세기에 노예무역은 동유럽과의 경계지역들로부터 프랑크 왕국을 관통하여, 베르덩·손 강·론 계곡을 지나 스페인의 무슬림 도시들에 이르는 경로를 따라 상당 규모로 증가하였다. 이 경로를 지나가는 노예의 대부분은 게르만족, 또는 슬라브족 이교도였지만 선교 열정에 가득 찬 탁월한 선교사들에게는 개종될 영혼으로 간주되었다. 더욱이 그리스도교인들이 종종 이 경로에서 붙잡혀 편력하는 노예상 행렬에 포함되기도 하였다. 743년부터 지배자들은 비그리스도교도 구입자에게 노예매매를 금하는 금지령을 발하면서, 이들을 월경(越境)하지 못하게 하였다. 이같은 금지령은 거의 효력을 발휘하지 못했지만 거듭해서 공포되었다. 9세기에 리옹의 주교 아고바르는, 유대인을 공격하는 자신의 저서에서 그리스도교 신자들에게 "그리스도교도 노예를 유대인에게 팔지 말며, 그리하여 이들 노예가 스페인에서 팔려지지 않도록" 간청하였다.

고리대금업의 경우, 비축된 화폐가 부족하면서도 복잡한 교환망이 퍼져 있는 미발달의 농촌사회에서 정상적으로 행해졌다. 왜냐하면 자신의 경제적 지위가 어떠하건 누구나 때로 자신의 의무를 변제하기 위하여 돈을 빌리지 않을 수 없는 상태에 빠질 수 있었기 때문이었다. 그리스도교 윤리는 사람들에게 자신의 추종자들을 돕도록 권장하고 있었다. 〈출애굽기〉의 구절에 근거하여 806년의 법령집은 "대부는 무언가를 제공하는 데 있다"라고 공포하였다. 대부는 단지 '제공된 만큼 되돌려받을 때만' 적법하였다. 그것은 고리대금업을 "제공된 것 이상의 것을 되돌려받겠다고 요구하는, 예컨대 누군가가 10솔리두스를 빌려 주고 그 이상의 반환을 주장하거나, 또는 누군가가 1모디움의 밀을 제공하고 1모디움 이상의 상환을 주장하는" 것으로 규정하였다. 고리대금업에 대한 비난은, 아마 세례받은 노예의 수출에 대한 비난과 마찬가지로 비효과적이었을 것이다. 그렇다 할지라도 위 원칙은 아직도 그 기억이 상실되지 않고 있는 존경할 만한 저서를 통해 명백히 공포되었다. 이 도덕철학은 고대 세계 농민들의 경우나, 또는 무슬림 국가들의 불행한 자들이 계속해서 그러했던 것처럼 중세 농민들이 무력하게 빚을 지는 것을 막아 주었다. 카롤링거 왕조 정책의 가장 지속적인 성취 가운데 하나는, 이처럼 서서히 변화하면서도 여전히 경제체제의 주변적 요소들에 영향을 주는 윤리법전의 제도화였다.

도덕성은 또 다른 방식으로 경제 발전영역을 침범하였는데, 그 이유는 중차대한 이 시점에서 카롤링거 왕조의 왕권이 평화를 사랑하는 방향으로 나아갔기 때문이다. 경건왕 루트비히 1세가 황제가 된 9세기초 외부의 부족들에 대한 공격전쟁에서, 정복이 지나치게 멀리까지 추진되어 약탈원정이 더 이상 수지맞는 일이 되지 못하였기 때문에 왕국의 가장자리 일부를 빼앗기는 결과가 초래되었다. 북부와 남부 방면으로 진출한 카롤링거 왕조인들은 지나치게 거칠고, 또한 피폐화되어 약탈의 여지를 제공해 줄 수 없는 세계와 마주하게 되었다. 남부에서 이들은 극복하기 힘든 저항에 직면하였다. 이같은 물질적 조건은 황제를 둘러싼 교회 지식인들의 좁은 범주 내에서 평화의 이념을 생성시켰다. 왕국의 팽창은 종국에 라틴 그리스도교 세계의 거의 대부분을 단일 권위하에 통합시키고, 신의 도시에 현실성을 부여함으로써 끝을 맺었다. 이후로 사람들 사이에 평화를 보존하는 일이 통치자의 첫번째 관심사가 아니었겠는가? 바실리우스의 예를 따라 황제는 더 이상 공격을 이끄는 것이 아니라, 이교도의 침입으로부터 세례화된 그리스도교인들을 보호하는 데 관심을 기울여야 하였다. 교회의 선전을 통해 고취된 이같은 관심에 의해, 지금껏 행운의 극적 반전에 의해 오랫동안 승리해 온 프랑크 왕국의 전쟁집단은 이제 자연스럽게 수세를 취하는 방향으로 나아가게 되었다. 한 세기 동안 공격성은 자신들의 막대한 토지 자산에만 의존하여 살아가던 갈리아와 게르마니아의 귀족들에게 소량의 사치품으로 치장케 하고, 그들의 가솔상인의 활동 개시를 조장하도록 해주었다. 이러한 공격성이 수그러들기 시작한 것은 현저한 중요성을 지닌 경제적 요인에 의해서였다. 이 요인은 예년 여름 군대에 의해 궁정에 인도된 전리품의 가치를 감소시킴으로써 왕의 주된 보고를 피폐화시켜 왕이 더 이상 베풀 수 없게 하였다. 즉 그것은 왕으로 하여금 귀족을 억제할 수 있게 해주었던 왕의 유일한 수단에 타격을 가하였다. 이처럼 정복에 의해 건립된 정치구조는 분해되기 시작하였다. 이후 경제 발전은 전적으로 새로운 기틀 위에서 이루어지게 되었다. 한편으로 방어적이 되지 않을 수 없었던 라틴 그리스도교 세계는, 주변적으로는 우리가 지금껏 살펴본 미약한 성장에 의해 부유하게 되었지만, 과거와는 반대로 이제는 공격자들의 먹이가 되는 입장에 처하게 되었다.

*

만약 우리가 9세기 문서들에서 드러나는 상대적 명확성을 이용한다면 다음과 같은 결론을 감히 내려 볼 수 있다.

1) 매년의 약탈원정에서 동료와 봉신들을 이끈 카를 마르텔과 피핀·샤를마뉴는 모든 진영으로부터 부를 축적하였다. 이들은 또한 이 부의 상당량을 하사하였다. 이같은 관대한 하사와 동산의 분배는 귀족이 자신의 사치품 구입에 사용할 수 있는 재원을 상당히 증가시켜 주었다. 점차 화폐 사용에 익숙해져 간 문화에서 이같은 지출력의 증가는 값비싼 품목의 거래를 실질적으로 증가시키는 효과를 미쳤다.

2) 이러한 풍부함에 익숙해져 귀족들은 자신의 토지 자산을 이용하려

는 개인적 노력을 거의 기울이지 않았다. 이 임무는 토지 경작을 일상적으로 행하는 농장 경영자들에게 맡겨졌다. 800년 이후 조사인들이 각각의 장원구조를 기술해 주었을 때, 대영지들은 스스로의 비효율성으로 인해 인구 팽창을 저해하는 경향이 있는 화석화된 조직과도 같아 보였다.

　3) 9세기중 두 가지 발전에 의해 이들 조직이 덜 경직화되고 보다 유연해졌다. 이 두 가지는 화폐 유통의 점진적 영향과 급작스런 정복전쟁의 종식이었다. 하사되는 전리품과 공물이 급감하자, 귀족들은 자신들의 생활방식을 유지하기 위해 농장 경영자의 입장에서 열의를 갖게 되었다. 장원 생산은 보다 증대될 필요가 있었다. 따라서 변화가 서서히 발생하였다. 강력한 자가 가난한 자에 대해 장악한 권위를 바탕으로 이들에게 부하한 거대한 압력으로, 농민 전체가 새로운 형태의 노예제에 예속되었다. 동시에 장비가 기술적으로 개량되었고, 이것은 아마 9세기 후반의 명세장에서 드러나는 인구 증가의 재개시를 유발했을 것이다.

2

마지막 공격

우리가 중세 서구의 경제 발전사에서, 라틴 그리스도교 세계가 겪은 마지막 침입 물결에 의미를 감히 부여하고자 할 때 염려가 뒤따르지 않는 것은 아니다. 샤를마뉴의 치세말부터 1000년 이후 새로운 동이 틀 때까지 이어지는 침략들은, 사가들에 의해 오랫동안 역사의 중요 분수령으로 간주되어 왔었다. 앙리 피렌과 같은 일부 사가들은, 카롤링거 왕조를 고대 세계로부터 이어받은 체제의 점진적 쇠퇴과정의 마지막 국면으로 간주하였다. 다른 사가들은 성장의 실질적 시발이 샤를마뉴 시대에 이루어지는 것으로 보았다. 문서자료상의 큰 공백이 있기 때문에 이러한 견해는 이해할 만하다. 카롤링거 왕조 문화 르네상스 시대에 집필작업이 재유행되어 보존된 자료들이 경제 문제에 관한 빛을 던져 주고 있지만, 그 이후 암흑기가 깊이 드리워졌다. 한 세기 동안 역사 지식을 밝혀 줄 사료가 거의 부재하였다. 그럼에도 불구하고 희박한 잔존사료에 대한 상세한 검토는 우리에게 이같은 판단을 개정하도록 해준다. 왜냐하면 시간이 경과하면서 연속성이 파괴된 것이 아니며, 일부 영역에서는 카롤링거 왕조인들의 주춤거리는 듯한 진전이 장려되기까지 하였기 때문이다. 이것은 우리에게 9세기초부터 11세기의 마지막까지는 아니더라도 중엽까지의 시기를 단일한 안목으로 바라볼 수 있도록 해준다.

1. 공격

    먼저 서구 그리스도교 세계에 가해진 침략들에 대해 간단히 그 요점을 정리해 보자. 가장 초기의 침략은 스칸디나비아로부터 왔다. 7세기 후반에 그 시발을 이루었던 것으로 보이는 팽창을 연장하여, 노르웨이인들은 샤를마뉴 시대에 역사 편찬이 가능했던 문명의 영역과 접하게 되었다. 연표들은 이들의 첫번째 출현 시기를 영국 해안의 경우에는 786-796년, 아일랜드는 795년, 갈리아는 799년으로 설정하고 있다. 이와 동시에 데인족은 프리지아인 항해자들이 프랑크 왕국으로 편입됨으로써 이제는 보다 수월하게 된 해상 모험에 착수하였다. 처음에는 이들이 가벼운 약탈 침략을 시도하였지만 834년 이후로는 보다 대규모의 원정을 감행하였다. 약탈 무리들은 강들의 어귀에 영구거점을 마련하고, 강들을 따라 상류로 깊이 거슬러 올라가 런던(841년 약탈)·낭트·루앙·파리·툴루즈를 공격하였다. 856년과 862년 사이에 갈리아는 이들의 과중한 압박하에 놓이게 되었다. 878년 이후 앵글로 색슨 영국의 절반 이상이 바이킹의 차지가 되었다.

    북아프리카, 특히 무슬림 스페인의 항구들로부터 출항한 해적선들은 지중해상에서 그리스도교도의 선박들을 나포하였다. 이들은 해안구역까지도 약탈하였다. 이탈리아에 대한 공격 증거는 일찍이 806년에 나타나고 있다. 항해가 서서히 중단됨으로써 해상 약탈의 이익은 줄게 되었고, 그러자 강도 무리들이 본토에 상륙하여 산악도로를 가로질러 가는 보행자들을 협박하였다. 이들은 824년과 829년 사이에 남부 이탈리아에 출몰하였다. 9세기말 캄파니아 북부에 약탈자들의 영구 주둔지가 세워졌다——사라센족은 티레니아 해로부터 아드리아 해와 포 강에 이르기까지 광포하게 활동하였으며, 때때로 사빈 산악과 리리 강 너머까지 다다랐는데, 이곳에 선박들을 정박시켜 그들의 본거지에 약탈물들을 운반하였다. 프로

방스의 모르 괴산지대에 위치한 프락시네툼을 근거지로 한 약탈 무리들
은 수십 년 동안 알프스 통과로를 통제하였다.

마지막으로 헝가리 유목민들이 판노니아 평원으로부터 서쪽으로 모험
을 감행하였다. 기록에는 899-955년에 33번의 약탈이 자행되었다고 언급
되어 있다. 이들은 915년에는 브레멘, 924년에는 멘데와 오트란토에, 937
년에는 오를레앙에까지 출몰하였다. 그리고 거의 매년 롬바르디아와 바이
에른의 시골들은 봄철의 공격을 겪었다. 사라센족은 도로를, 그리고 바이
킹은 수로를 따라 약탈했던 반면, 마자르족은 로마의 도로를 이용하여 짐
수레로 약탈물을 운반하였다.

*

이같은 공격들의 왕성하고 동시적이며 광범위한 특성을 설명하기 위해
서는, 먼저 라틴 그리스도교 세계가 유혹적인 먹이였음을 염두에 두어야
한다. 보다 발전한 경제지역인 무슬림 세계의 약탈자들은 특히 스페인에
서 노예시장에 팔 죄수들을 찾고 있었다. 만약 죄수들이 상위층의 사람일
경우 이들은 몸값을 받으려 시도하였다. 사라센의 약탈은 프랑크 왕국의
상인들에 의해 슬라브 국가들에서 오랫동안 행해졌던 것과 동일하게, 이
슬람 영향하의 지중해에 면한 출구에 의해 자극받은 일종의 부활된 노예
무역이었다. 그리고 마자르족과 스칸디나비아인들이 탈취한 전리품 중 노
예의 비율은 상당하였다. 유럽의 보다 야만적인 지역 출신의 이들 약탈자
들은, 또한 그리스도교의 성소들에 풍부히 소장되어 있는 보석과 귀금속
들을 찾고 있었다. 서구는 신과 제후들의 영광을 위한 보물을 축적함으로
써 자신의 눈에도 매혹적인 엘도라도로 스스로를 변형시켜 왔었다. 9세기
와 10세기의 침략은 대부분 귀족 태생의 사람들에 의해 시도되었다. 이들
은 일차적으로 영광을 추구하여, 다음으로는 귀환시에 자신의 지위를 고
양시켜 줄 수 있는 부를 획득하고자 —— 스칸디나비아 전사들의 룬문자

로 기록된 비문이 명확히 보여 주듯이 —— 약탈을 자행하였다. 특히 9세기 중엽 이후 바이킹 지휘자들은 자신과 무장한 동료들을 위한 영구 정착지를 마련하기 위해 바다 저편에까지 찾아나섰다. 실제 이들 대부분은 7,8세기 당시 프랑크 귀족 출신의 정복전쟁 무리들이 품었던 것과 동일한 야망에 이끌려 침략을 감행하였다. 이들은 자신의 명성을 드높여 줄 모험을 시도하여, 남에게 호의를 베풀 수 있게 해줄 재산과 자신의 집을 꾸며 줄 노예와 자신의 병사를 숙영시킬 땅을 획득하고자 했던 것이다.

  이같은 모험들은 침략자의 원거주지에서 일부 생활조건이 변화되었기에, 유럽 역사의 이 시기에 성공을 거둘 수 있었던 것 같다. 점진적인 기후 변화가 스텝지역 민족들의 서방 진출을 촉진시키고, 스칸디나비아에서의 인구 증가를 조장해 주었는지도 모른다. 하지만 인구 팽창이론이 7세기의 노르웨이에는 해당되지만, 가장 위험한 공격자들의 본거지인 덴마크에는 적용될 수 있을 것 같지 않다. 모험집단의 형성은 또한 북부 민족들 사이에서 정치제도의 발전, 즉 부족체제에서 군주국가로의 전환에 의해 장려되었을 수도 있다. 상황이 어떠했건 유럽이 겪은 마지막 침입의 주된 원인은 군사적 열등성이었다. 프랑크 군대는 자신들처럼 보병으로 싸우고, 초보적 무기로 무장되어 방어에서 쉽게 물러서는 부족들에 대해서는 자신들이 매우 효과적인 공격자임을 증명해 왔었다. 이들은 친숙한 지형에서는 무적이었다. 그러나 이 군대는 동원하기에 까다롭고 느리며, 샤를마뉴가 게르마니아에서 수행했던 군사활동을 예외로 하면 예견하지 못한 비밀공격에 대처할 능력이 없었을 것이다. 이 군대의 새로운 난점은 대적할 전사들이었다. 프랑크군의 적수들은 프랑크 군대보다 우월한 장비들, 즉 마자르족은 말을, 그리고 바이킹은 배를 구비하고 있었다 —— 스칸디나비아 문명의 첫번째 비약은 탁월한 무기를 제조하게 해주었다. 첫번째 약탈자들은 무방비 상태의 해상 전선을 따라 수평선상에 출몰하였다. 이들은 저항을 전혀 받지 않았다. 이들은 이 소식을 본거지에 되가져왔고, 다음에는 보다 대규모로 재출몰하였다. 이러한 해상 약탈은 혼잡과 공포심을 야기하였다. 이 약탈은 국가의 해체를 촉진하였고, 그 결과 이후의 마자르족 침입자들은 적이 이미 무방비 상태에 놓여 있음을 발견하였다. 따라서 몇 세대 동안 과시의 가장 주요한 원천으로서 전쟁에 의존해 왔던 프랑크 귀족들은, 이제 약탈자들에게 자신의 보고를 넘겨 주지 않으면 안 되었다. 군사기술의 역사는 이같은 급작스런 역전 상황을 설명해 준다.

2. 공격의 영향

문서들이 전반적인 상황의 심각성을 과대표현하였을 수도 있다. 이 자료들은 당시의 불행을 한탄하고, 신의 저주의 모든 명백한 징후를 드러내는 데 신속했던 교회인들로부터 작성되었다. 더욱이 교회인들은 보호장비를 거의 갖추지 못한 가장 매혹적인 보물들을 소장하고 있었기에 공격의 예봉을 맞이해야 하는 입장에 있었다. 이같은 증거들을 정확히 평가하는 것이 중요하다. 가장 노출된 지역에 해당하는 피카르디 지방이 겪은 시련에 관한 내용은, 스칸디나비아의 공격이 절정에 달한 835-935년에 기록된 현존하는 55질의 증서와 외교문서 중 두 군데에서만 언급되고 있다. 그렇지만 집단의식 속의 지속적인 기억이 보여 주고 있듯이, 그 충격이 심각했던 점은 부인될 수 없다. 우리는 약탈이 서구 경제구조에 끼친 영향을 어떻게 평가할 수 있을 것인가?

약탈자들은 분명 자신들이 운반할 수 있는 모든 것, 예컨대 남녀 노예·귀중품·금·은·포도주 및 가시적으로 선물이나 거래형태로 유통되는 모든 것을 취하였다. 후에 데인족은 라틴 그리스도교 세계의 은닉된 재산을 보다 합리적으로 이용하는 체계를 조직하였다. 이들은 819년 프리지아에서 그러했던 것처럼, 주민들로 하여금 자신들에게 화폐 공물을 제공하도록 강제하였다. 이러한 공물 지급은 처음에는 지엽적이고 사적인 것이었다. 후에는 스칸디나비아의 전사지휘자들이 공공 당국과 더불어 이 문제를 다루었다. 845년부터 926년까지 계속해서 서프랑크 왕국은 노르만족으로부터 평화를 매수하기 위해 데나리우스로 공물 지급을 하지 않으면 안 되었다. 861년 대머리왕 카를 2세는 솜 강가의 노르만족들에게 5천 리브르를, 센 강가의 노르만족에게 6천 리브르를 전달하였다. 865년 영국에서 군세가 징발되었고, 결국 그것이 정규적 공물이 되었다. 991년에는 그 유제인 데인겔드가 1만 파운드에 상당하였다. 궁극적으로 바이킹은 토박이 귀족들을 일부 영역으로 이주시키고(841년 에스코 강 어귀에), 이들을 대신하여 농민의 잉여 생산물을 장악하였다. 이들은 루앙과 요크의 두 키비타스 부근에 국가를 설립하였으며, 여기에 농민을 수탈하여 획득한 잉여물을 집중시켰다. 이같이 카롤링거 왕조 유럽과 앵글로 색슨 영국의 피폐된, 그리고 농촌적인 문명에서 축적되어 왔던 보석과 귀금속들은 승리자의 수중에 들어갔다. 많은 구역에서 수도사들이 도피하였다. 이들은 유물과 귀중품 중 함께 가져갈 수 있는 모든 것을 휴대하고, 국경으로부터 멀리 떨어져 충분히 안전해 보이는 지역을 향해 도피하여 대륙 내부의 한적한 곳에 몸을 숨겼다. 사라센족이 통제하는 알프스 통과로의 기슭에 위치한 노발레즈 수도원은 거의 한 세기 동안 방기된 채로 남아 있었다. 약탈과 이주는 티레니아 해의 해안구역에서 인구를 심각할 정도로 감소시켰다. 프리지아에서 860년대에 모든 거래활동이 감퇴하였다.

그렇지만 스칸디나비아인·사라센족·헝가리족의 침략을 무한정의 파괴활동으로 보는 것은 그릇된 일일 것이다. 많은 도시들이 약탈되었지만 프로방스 해안의 프레쥐스·툴롱·니스·앙티브처럼 공격에 의해 완전히 파괴된 경우는 극소수였다—— 그리고 이 지역들조차도 10세기 후반에는 재식민화되었다. 생-토메르는 북해에 매우 근접해 있었지만 모든 공격을 일축하였다. 883년 생-바스 수도원 입구 외곽에 형성된 부르고스[11]는 891년의 공격을 버텨냈고, 그 주민들에 의해 결코 포기되지 않았다. 캉토빅에서는 980년에 여전히 주화가 주조되고 있었다. 따라서 대부분의 키비타스는, 심지어 공격에 가장 노출된 것들까지 존속되었다. 그러나 그것들은 외양상으로는 변모하였다. 카롤링거 왕조 지배자들이 평화를 유지하는 동안에는 그 성벽들이 새로운 성당 건물들을 위한 채석으로 이용되었는데, 이는 도시 핵심부의 외부 가장자리로 경제활동이 확대되도록 해주었다. 9세기 중엽부터 공격을 지탱해 낸 키비타스와 수도원들 주변의 외곽에 요새가 축조되기 시작하였다. 이 요새들의 방어 역할은 도시 활력의 버팀돌로 작용하였다. 즉 그것은 피난민과 이들의 부가 도시 안으로 유입되도록 도와 주었다. 이러한 집중은 미래 성장을 위한 재원을 축적할 수 있게 해주었다. 이처럼 도시활동상에 전반적인 중단이 없었을 뿐 아니라, 어떤 의미에서 키비타스들은 이웃 영역에 가해진 위험에 의해 오히려 자극받았다고 할 수 있다.

고립된 수도원들과 시골들은 대부분 약탈 무리에 의한 파괴에 노출되어 있었다. 다수의 장원과 마을들은 그 경작자들이 노예거래상에 팔려 간 관계로 경작자의 일정 부분을 상실하였다. 그러나 농촌경제는 지나치게 원시적이어서 이러한 약탈로부터 심각한 손상을 입었다고 볼 수 없으며, 경작장비도 매우 단순하여 전혀 피해의 대상이 아니었다. 대부분 지역에서 매년 되풀이되는 그리스도교도 귀족들간의 경쟁보다 이교도들의 침입이 더 큰 물질적 손상을 초래했는지 하는 점은 의심스럽다. 주민들은 침입자들이 오기 전에 가축을 끌고 피난하곤 하였다. 이들은 항시 경계 후에 전혀 손상되지 않은 땅을 경작하러 되돌아왔다. 이들이 자신의 오두막

---

11) 라틴어 burgus는 현대어 burg, borough, bourg에 해당한다. 9세기 노르만족의 침입에 대비하여 각지에서 새로운 요새 또는 성곽이 구축되었는데, 이를 부르고스라 한다. 이 부르고스를 '봉건 제후의 성채'로 표현하고 있지만, 실제 부르고스는 '농촌 부르고스'·'수도원 부르고스'·'성채 부르고스'·'교외지 부르고스'의 네 가지 형태로 구분할 수 있다. 원래 이 부르고스는 군사적 방어 목적으로 축조되었으며 상업적·도시적 성격을 띠지 않았으나, 특히 11세기 이후 이 부르고스 외곽에 상인·수공업자가 모이면서 중세 도시로 발전하게 된다. 위에서 언급된 형태의 요새지들은 당대에 카스텔룸·카스트룸·우르부스·비크·고로트·부르 등으로도 불리었으나 부르고스가 가장 일반적으로 사용되었다.

집을 재건축하는 데 드는 비용은 많지 않았으며, 다수 농민은 재차 관습적인 영주권 체제 내에 매우 신속히 자리잡았다. 영주권 제도 자체가 어느 정도의 붕괴를 경험했을 것이다. 우리는 루아르 강과 북해 사이 지역에서 씌어진 문서 내용으로부터 시골민들이 습격자들에 대항하여 스스로를 방어하려 애썼다는 사실을 추출해 낼 수 있다. 또한 지방귀족들을 괴롭힌 무장집단들이 봉기하였다. 신속히 진압된 이들 봉기는 영주권의 사슬을 완화시키는 데 실패하였으나, 이들이 야기한 공격과 공포는 빈번히 실질적인 농민 이주를 초래하여 대영지로부터 경작에 불가피한 인력을 빼앗아 갔다. 대머리왕 카를 2세는 864년에 발한 칙령에서, 긴급 경고를 발동중인 지역에 살고 있는 농민에게 적어도 파종기와 수확기에는 이들이 관례적으로 일해 왔던 장소들에서 계속 일하게 함으로써 귀족들이 당한 손실을 완화시켜 주고자 하였다. 실제의 시행 여부가 불확실한 이 칙령 안에는 경작자들이 실로 자신의 장원에서 박탈당하고 있었음이 함축적으로 기록되어 있다. 이들 경작자들이 바이킹과 사라센족·헝가리족의 공격으로 도망치게 되자, 많은 노예와 예속민들이 영주들에 대한 자신의 멍에를 벗어 버릴 수 있는 기회를 포착하였다. 이들은 타지역에 정착하여 자신들을 자유민으로서 덜 가혹하게 대우하는 새로운 영주에 봉사하였다. 대지주들 입장에서도 자신의 영지를 경작자들로 채우기 위하여 지대와 부역 부담체계를 보다 융통성 있게 변화시킬 필요가 있었다. 따라서 침입의 충격은 토지 보유 부담의 변경을 유도하였다. 상세한 기록들이 다시 나타나게 된 11세기말의 토지 보유조건이, 가장 초기의 카롤링거 왕조 명세장에 드러난 조건에 비하여 훨씬 가벼웠음을 우리는 알 수 있다. 데인족의 영향권하에 있는 영국 지역에서, 자유민은 어느 모로 보나 스칸디나비아인들의 정복으로 앵글로 색슨 귀족의 수중에서 벗어난 중류 농민층의 후예들이었다. 그러므로 대영지의 과도한 농민 수탈이 상당히 완화되었다는 가정은 합리적이다. 이것은 경지에서의 경작자의 부담을 완화시킴으로써 이들에게 일상의 일에 박차를 가하게 하고, 토지 개간을 장려하며 인구 증가를 촉진시켰다. 9세기에 들어서서 뫼즈 강을 끼고 있는 시골에서 삼림 개간으로 새로운 보유지와 장원이 조성된 흔적들이 발견되고 있다. 강제부역은 이미 화폐지대로 대체되었고, 시골 교회들은 9세기와 10세기중 명백히 그 수가 증가하였다. 이같은 흔적 모두는 관습적인 제약에 의해 오랫동안 짓눌려 온 활력을 분출시켜 준 긴장완화를 증거해 준다. 마지막 침입은 궁극적으로 경제에 이로운 급작스런 충격을 유발했던 것으로 보인다. 그것은 카롤링거 왕조의 농촌 세계에서 여전히 억제되고 있었던 팽창 경향을 활성화시켜 주었다.

　가장 뚜렷한 역동성은 동산형태의 부, 특히 귀금속으로 표상되는 경제의 표면에서 발생하였다. 오늘날 우리는 스칸디나비아 박물관들의 진열장에서, 과거 바이킹의 원정으로부터 탈취해 온 금·은의 일부분을 바라볼 때면 매혹되지 않을 수 없다. 바이킹은 수도원의 귀중품보관소를 약탈하고 데인겔드를 부과하여, 라틴 그리스도교 세계의 교회와 궁정에 비치된 소장품의 상당 부분을 일소시켰다. 노르만족의 침입 이후에 작성된 목록으로부터 우리는 생-바봉과 헨트 수도원의 귀중품보관소에 비치되었던 보석의 3/4, 심지어 7/8이 사라졌음을 알고 있다. 그러나 약탈자들이 이것들 모두를 자신과 그들의 가족묘를 장식하기 위해 탈취했던 것 같지는 않다. 침략자들만이 탈취에 몰두했던 것은 아니었다. 본거지인들 역시 무질서를 이용하여 그들이 취할 수 있는 모든 것을 탈취해 갔다. 더욱이 바이킹은 자신들이 약탈한 그 장소에 점차 오래 머무르려는 경향이 있었다. 그 중 일부는 영구적으로 정착하였다. 이 경우 그들은 자신의 동료들과 전리품을 나누어 가졌다. 이 전리품들은 다른 물품, 특히 프랑크족에 의해 제련된 큰 칼, 그리고 무엇보다 토지로 교환되었다. 이들 중 상당수는 자신의 영지를 획득할 의도로 정복을 보다 멀리까지 추구했을 가능성이 높다. 이들의 사고방식에서 농촌의 영주권은 이들이 획득한 귀금속을 기꺼이 분배하고서라도 얻을 가치가 있는 최고의 상품이었다. 결과적으로 프랑크와 색슨 국가들 역시 약탈물의 증가로부터 은의 유통이 자극되고,

주화량이 확대되며, 경제체제가 보다 원활하게 운영되는 혜택을 입었다. 바이킹이 획득한 전리품 주변에서 교환, 재분배, 관대한 증여와 실제의 상업거래 등 포괄적인 복합 기능이 발달하였다. 정복자들이 영국과 갈리아에 세운 영구 주둔지들은 사업차 이 장소들에 온 이웃의 방문객들에 개방되었다. 873년 루아르 강에 근거를 둔 노르만족은 왕으로부터 정착지 내부에 시장을 개설하도록 허가받았다. 이 시장들에서는 노예들이 주요 거래품목이었다. 죄수들은 몸값을 내는 대가로 자유로이 되었다. 다른 일부는 입찰에서 최고 가격을 제시한 경매인들에게 팔렸으며, 카롤링거 왕조의 법이 슬라브와 이슬람 쪽 경계지역에서 금지한 바 있는 노예무역이 다시 번창하기 시작하였다. 이같은 노예무역은 11세기의 마지막 세반 세기 동안 여전히 행해졌다. 이후 거래가 영국 해협과 북해 근처의 중심지들로부터 농촌 세계 깊숙이까지 파급되었다. 그 증거는 화폐체계의 진전에 의해 확인된다. 초기 카롤링거 왕조 통치자들은 은화 데나리우스의 무게를 늘리려 했던 반면, 864년 대머리왕 카를 2세는 보다 가벼운 주화를 주조하도록 명령하였다. 이 왕은 유통되는 주화량을 증가시키고, 또한 주화의 가치를 떨어뜨림으로써 주화가 보다 하위의 사회범주에 속한 사람들의 상업거래에까지 미치게 하려고 했던 것 같다. 프랑스의 경우, 이처럼 귀금속의 함유량을 조절하여 주화를 평가절하시킴으로써 주화 사용을 보다 신속히 대중화하는 점진적 과정이 시작되었다. 스칸디나비아인들의 약탈은 카롤링거 왕조의 재건설 국면 동안 포르투스의 설립으로 상징되는 최초의 발전을 좌초시켜 중단을 초래한 것이 결코 아니었으며, 오히려 이 국면과 팽창 국면——1075년 이후의 기록들에서 증명되고 있는——간의 연속성을 확립해 주었다. 이 기간 동안 침입자들이 가한 충격은 서구 농촌경제를 에워싸고 있던 껍질을 깨뜨리는 역할을 하였다. 지금까지는 연결되지 않았던 보트 거래망이 대서양으로부터 슬라브 평원에 이르는 모든 경로에 이어지고 있었다. 유럽 영역은 카롤링거 왕조 왕들의 정복과 선교사업에 의해 확대되고 있었다. 도나우 강 경로가 비잔티움에 개방됨으로써 헝가리의 그리스도교 세계로의 유입이 예고되고 있었으며, 침입으로 인한 혼란은 결과적으로 기후 변화를 촉진시켰던 것 같다. 침입이 중단되자마자 9세기의 농촌 주민들 사이에서 감지되고 있었던 인구 증가 추세가 강화되었으며, 또한 고삐 풀린 역동적인 힘이 분출되었다.

침입 중지는 공격자들 진영의 사회 변화, 즉 공격자들이 성공을 거둔 결과 원정이 점차 불필요해지고 덜 유용하게 된 사정과 일치한 것으로 보인다. 10세기 중엽부터 마자르족은 유목생활 방식을 버리고 도나우 평원을 경작하기 시작하였다. 아프리카 노예들이 무슬림 세계에 유입됨으로써 티레니아 해에서의 노예무역에 대한 관심이 감소했던 것 같다. 그렇지만 물론 서구가 효과적인 거점망을 건설하고, 일부의 공격기술을 채택함으로써 자신의 군사적 열등감을 극복하는 데 성공한 점 또한 침략을 중단시킨 주요 요인으로 작용하였다. 성채와 무장된 기사의 존재, 그리고 해상 전투의 숙련화가 그리스도교 유럽을 위험으로부터 구출하였다. 10세기 중엽 색슨족의 성채에 의해 보호받은 독일인 전사들이 헝가리족의 침입을 중단시켰다. 리리 강가와 프락시네툼의 사라센족 소굴은 916년과 972년 각기 감소되었고, 바르바리 해안의 약탈자들은 더 이상 이 지역을 침략하지 않았다. 프로방스와 이탈리아 해안만이 돌발적 공격에 노출되어 있었는데, 이 장소들에 대한 공격조차 덜 빈번해지게 되었다. 노르만족의 습격은 더 오래 지속되었다. 930년과 980년대 사이에 중단이 있었지만, 그 이후 데인족이 영국 전체를 자신의 지배하에 예속시키면서 새로이 왕성한 약탈활동을 벌였다. 프리지아와 갈리아의 대서양 해안을 따라 자리 잡은 무역 중심지들은 11세기의 첫 15년 동안 파괴되었으며, 해안구역의 위험은 12세기초가 지나서야 사라지게 되었다. 그럼에도 불구하고 대규모 약탈원정은 1015년 이후 종식을 고하였다. 거의 1천 년 동안 계속해서 서유럽으로 향하였던 탐욕스런 정복자들의 침입 물결은 사라졌다. 이제 이 세계는 침입으로부터 자유로워졌다. 이 대단한 특권 내지 면제는, 우리가 지금부터 주안점으로 삼을 경제 발전과 꾸준한 진보를 설명해 준다.

3. 발전의 극점들

가장 심각히 손상된 것은 문화제도였는데, 특히 수도원이 그러하였다. 바로 이 이유로 인해 당대의 문서증거가 그토록 빈약했으며, 그렇기 때문에 우리가 농촌의 역사에 대해 알 길이 거의 없는 것이다. 카롤링거 왕조 르네상스와 11세기의 재생간의 실질적 분기점은 문서자료면에서 드러난다. 그럼에도 불구하고 고고학적 발견들은 특히 도시와 주화에 관련된 경제생활을 약간이나마 파악할 수 있게 해준다. 스칸디나비아인의 대규모 침략이 있기 이전에 그리스도교화되고 비교적 문명화된 유럽 변경지역들에서 고고학적 발견이 이루어져, 우리는 7,8세기에 그리스도교 서구에서 나타난 것과 유사한 경제체제가 기능하였음을 알 수 있다. 경제소득과 약탈, 그리고 느린 정치적 성숙 등의 복합적 영향하에서 이러한 체제가 암흑시대 동안 매우 신속히 발달하고 있었다.

야만족의 유럽

진보의 가장 뚜렷한 증거는 바이킹족의 원거주지들에서 나타나고 있었다. 인구가 희박한 이 지역들은 토지귀족에 의해 지배되었고, 모험가들은 이 계급 출신들이었다. 가축 사육에 상당 부분 의존하고, 곡식 경작에 일부 바탕을 둔 이들의 경작방식은 노예제에 기초하고 있었다. 농촌의 식민화는 포로의 유입에 의해 촉진되었던 것 같다. 9세기부터 덴마크의 마을들은 인구가 조밀해졌고, 정착의 새로운 중심지들이 증가하고 있었다. 10세기가 경과하면서 서서히 전사지휘자로서의 왕을 중심으로 한 국가의 주요 특징이 형성되었다. 정치 발전의 이러한 국면은 동시대의 세 가지 발전과 더불어 그 정점에 도달하였다. 첫째로 1000년이 다가온 시점에서 그리스도교가 도입되었고, 둘째로 제후 주변에 무장수행원(hirdth)이 형성되었는데, 이는 아마 영국의 데인로에서 시험된 바를 모형으로 삼았던 것 같다. 셋째로 국왕의 과세체제가 마련되었는데, 덴마크에서의 과세 기초는 카롤링거 제국의 망스에 해당하는 볼(bol)이라는 거주 단위였다. 왕권의 강화와 더불어 갈리아의 키비타스들에 비견할 만한 최초의 영구적 도시들, 예컨대 로스킬레(덴마크의 항구 도시)·룬드(스웨덴의 남부 극단 도시)·리베 등의 도시가 세워졌다. 이후 부족구조의 파괴와 도시화의 바탕 위에서 왕권의 공고화와 그리스도교 신앙의 침투, 그리고 농촌경제의 팽창이 함께 진전되었다.

첫번째 충격은 전쟁으로부터 초래되었다. 매우 번창했던 자유민의 삶에서 전쟁은 수렵원정이나 농장 경영과 밀접하게 얽혀져 있었다. 노예를 부리고 군사력에 의해 복속된 부족들에 공물을 부과하며, 더불어 모피를 위해 덫을 놓아 동물을 잡으며 축산하고 밀을 재배하는 일은 생계유지와 수익 획득 경제의 불가분적 요소들을 구성하였다. 스칸디나비아 정착지 경계 인근의 로포텐 군도의 북방에 거주중인 노르웨이인 오타르의 경우를 인용해 보기로 하자. 그는 자신이 870-890년에 작성한 여행록——그 여행로를 앨프레드 대왕이 후에 답습하였다——에 의해 우리에게 알려져 있다. 고래 사냥꾼이며, 암소·염소·돼지 사육자이자 지대 수취인이었던 그는 또한 스스로 영지를 조성하였다. 이웃한 라플란드 지역의 공동체들은 순록의 가죽과 뿔을 그에게 주기적으로 제공하여 안전을 확보하였다. 그는 때때로 이들의 공물을 배에 싣고 남부 노르웨이·덴마크·영국의 거래 중심지들에 운반하였다.

앵글로 색슨과 프랑크 왕국으로 모험을 감행한 바이킹은, 자신의 토지에서 부릴 수 있는 것보다 많은 노예를 싣고 귀향하였다. 이들은 이 노예들을 무리로 영국 시장에 내보내어 상품으로 전환시켰다. 또한 이들은 집으로 금·은을 가져왔는데, 특히 아이슬란드의 북부지역은 10세기에 금·은이 풍부했던 것으로 보인다. 남부 방향의 원정에서 가져온 전리품을 축적하고 나아가 현금으로의 전환을 위해 이를 선적한 배가 향했고,

바랑고이인들이 발전시킨 바 있는 동부—— 중부 아시아와 콘스탄티노플
(이스탄불) —— 방면의 무역 출구가 되는 거래 중심지들이 번창하였다. 스
칸디나비아인들이 대부분이었지만 외국인, 특히 그리스도교도 프리지아
인으로 구성된 전문 상인들 또한 주로 노예와 모피를 거래하였다. 스웨덴
의 멜라렌 호(湖)에 위치한 비르카를 예외로 하고, 가장 활동적이었던 상
업 중심지는 덴마크의 에타부였다. 11세기말 자신의 발트 해 여행 회고를
기록한 아당 드 브레멘은, 이 거래지가 자신의 시대에는 더 이상 중요한
중심지 역할을 행하지 못했을지라도, 그것이 번창했던 시절을 여전히 회상
할 수 있었다. 게르만족과 데인족은 이 거래지를 장악하고자 분쟁하였고,
노르웨이인은 1000년 조금 이후 이곳을 강탈했으며, 벤드족[12]이 1066년
재차 이를 침탈하였다. 우리는 주로 카롤링거 왕조 선교사들이 9세기 중
엽 이곳의 북부지역에서 벌인 개종활동 이야기인 〈앙스카리의 생애〉로부
터 이를 알고 있는데, 그 내용은 이 거래지가 두르스테데와 정규적으로
접촉했음을 보여 준다. 이 거래지는 그 이름이 804년에 처음 언급되었고,
바이킹의 침략이 절정에 달한 900년경 번성을 구가하였다. 이 중심지들
은 전쟁전리품 덕에 형성되었고, 또한 전리품의 소멸과 더불어 사라져 버
린 단순 거래지들로서 주변 세계로부터 고립되었던 것으로 보인다. 원래
는 슬라브족과 그리스인·야만족이 거주했고, 결국 바이킹 유랑자들에 의
해 지배된 것으로 보이는 약탈자들의 거점 역시 이와 마찬가지였다——
북해뿐 아니라 발트 해에서도 약탈과 정규적 거래간의 구분선은 없었다.
이 거점은 아당 드 브레멘과 유대 상인인 이브라힘 이븐 야쿠브에 의해
968년경 언급된 바 있는데, 오데르 강 어귀 근처의 볼린(포메른에 위치한
큰 섬)과 동일지역으로 여겨진다.
　스칸디나비아의 경제 발전과 슬라브·헝가리 경계의 경제 발전간에는

---

12) 8,9세기에 중부와 동부 독일에 정착한 서부 슬라브족의 일파. 12세기말경에 이르러 독일
　　왕들에 복속되고 그리스도교화되었다.

상당한 유사성이 있다. 슬라브의 발전은 스칸디나비아보다 훨씬 뒤에 이루어졌지만, 그것은 국가 탄생, 선교활동, 도시 설립과 농촌 생산의 점진적 증대간의 동일한 연관을 내포하였다. 널리 분산된 주민이 삼림과 초지 중간에 위치한 토양을 경작하려고 시도하는 이동농업의 원시적 토대 위에서 10세기에 처음에는 보헤미아, 다음으로는 폴란드, 최종적으로는 헝가리에서 존속해 온 부족구조가 해체되고 제후의 수중으로 권력이 집중되는 현상이 발생하였다. 다시 한 번 이러한 변화는 전쟁의 산물이었던 것으로 보인다. 상위 주군들은 도덕적 의무와 약탈물 분배 기대에 의해 이들에 충성하는 일단의 전사들(drujina; 스칸디나비아의 hirdth에 해당)을 그들 주변에 소집하였다. 이들은 힘에 의해 자신의 권위를 인정하게 하고 적대 부족의 귀족을 분쇄하거나 흡수하며, 전리품과 공물을 얻기 위해 원정을 감행해 오는 이웃 민족에 대항하여 진격할 수 있었다. 헝가리 유목민이 보다 대규모로 서구에 모험을 감행한 것도 마찬가지 현상이었다. 결과적으로 전리품 일체는 제후와 더불어 살아가는 무장봉신 가솔(trustis dominica)의 유지를 보장해 주었다. 이들은 서부와 남부의 덜 후진적인 지역으로 보석품에 대한 대가로 식량·모피·꿀·왁스·노예를 공급하였다. 이같은 사치품 유통으로 혜택을 본 사람들은 권력의 오른편에 선 주군의 동료로 구성된 소수의 엘리트였다. 그러나 차츰 이웃 부족에서도 동일하게 효율적인 권위가 공고히 됨에 따라 약탈원정은 보다 어렵고 덜 성공적이 되었다. 1000년을 전후하여 제후들은 소규모의 가솔전사만을 자신의 호위병으로 직접 가까이에 유지하고 전사단을 해체하기 시작하였다. 이들은 자기 영역의 예속민들을 수탈하였고, 코스마스 드 프라하의 표현처럼 "다른 사람에 속한 농민들과 공물제공자들…… 그리고 다른 사람에 속한 요리사·제빵업자·제분업자를 자신의 노예로 삼을 수 있는" 절대적 권리를 행사하여, 이들 농민 대중에 대한 수탈권 일부를 자신들이 해체시킨 이전의 동료집단과 부족의 생존귀족들에게 부여하였다. 이런 식으로 제후들이 제공받는 공조에 의존하고, 농장(praedia)과 대영지의 소유자 등 제후 주변의 소수 동료에 의해 지배되며 거대한 노예제 기초 위에 서 있는 사회계서제가 성립하였다. 전리품의 감소와 더불어 형성된 농촌 영주권 제도는 점진적인 인구 성장에 의해 지탱된 생산 팽창을 야기했는지도 모른다. 그것은 농업의 정착화를 용이하게 해주었다. 10세기 후반 첫번째 식민자들이 독일로부터 도착하기 이전, 엘베 강 이북의 오보드리트 슬라브 부족은 이미 딱딱한 토양을 부드럽게 개간하고 삼림을 베어내며 영구적인 경지를 조성해 가고 있었다.

　도시의 형성은 제후 권위의 강화와 전문적 전사집단이 그들의 주군 주변에 형성된 사실과 긴밀히 결합되어 있었던 것 같다. 부족시대에조차 흙과 목재로 된 방책(gródy)이 귀족의 거주지 근처에 축조되었던 바, 오늘날 7세기경의 것으로 추정되는 그 유적들이 발견되고 있다. 이들 거점들은 스칸디나비아의 대규모 상업 중심지가 이미 번성을 구가중이었던 9세기말과 10세기초에 보다 풍부한 재원을 수중에 둔 제후들에 의해 재축조되었다. 이러한 원래의 방책에 후에 '외곽지구(suburbium)'[13]를 포함하는 방어체제가 접목되었는데, 이 외곽에는 첫번째의 그리스도교 예배 장소가 건립되었다. 이들 성벽 내에서 이루어진 발굴은 마루 밑에 무기와 은장식품을 숨겨 놓은 몇십의 거주지에 대한 빛을 던져 주고 있다. 이 거주지들은 군사집단의 구성원을 위한 가옥들이며, 농민들이 거주하는 오두막집들은 방책 외부에 자리잡고 있었다. 1000년 이전의 폴란드에는 이처럼 진정으로 도시적인 취락 중심지들이 몇십 개에 달하였다. 침략전쟁의 약탈물들과 주변의 농촌 주민이 가져다 줄 수 있는 최소치의 부가 이곳에 집중되었다. 이 도시들의 약 10킬로미터 반경 내 지명들에 대한 연구

---

13) 라틴어 suburbium은 faubourg에 해당하며, 외곽지구 내지 바깥 부르고스를 의미한다. 원래의 부르고스 외곽에 상인들이 정착하고 집락을 이루는 바, 차츰 기존 부르고스의 성벽은 사라지고 suburbium은 '교외'의 의미를 갖게 된다. 중세 도시는 이 외곽지구까지를 포함한다. 요컨대 종래의 부르고스·키비타스·포르투스·카스트룸·비크·고로트·부르의 외부에 상인과 수공업자가 집락하는 외곽지구가 생기면서 도시가 형성된다.

는, 10세기에 그 주민들이 제후에게 공예품을 제공하지 않으면 안 되었던 마을의 존재를 밝혀 주고 있다. 이 공동체들은 주로 양봉가(특히 폴란드에서)와 대장장이(헝가리에서)로 구성되었으며, 이들의 노동력이 농촌 세계에 투입된 사실은 힘에 의해 건립되고, 예속부족의 노예화에 바탕을 둔 국가가 안고 있는 부담을 나타내 준다. 영주들은 감독자로서의 전사들과 더불어 자신이 원하는 대로 직인농민들을 지배할 수 있었다. 직인농민들은 고로트(gorod)[14]에 부속된 작업장에서 요구가 있을 경우 가서 작업하지 않으면 안 되었다. 이 사실은 외곽지구 내에 위치하고, 약탈이나 원거리 무역에서 획득될 수 없는 무기와 장식품 제조에 몰두하는 수공예품 제작 중심지와 더불어 전문 노동자들이 공존했음을 설명해 준다.

특히 모라비아와, 그리고 얼마 후 헝가리에서 일부 카스트룸[15]은 확립된 군사귀족의 단순한 활동거점이 되거나 발전되어 나가는 교회조직의 거점으로 남아 있었다. 상당수의 다른 카스트룸은 상업거래가 주기적으로 행해지는 장소에서 약간 떨어진 열린 공간을 끼고 있었다. 이들 시장 중에 일부는 정치적 중심지에 위치해 있었기 때문에 대규모 무역로의 요충지 역할을 하였다. 966년경 폴란드의 크라쿠프를 방문했던 이븐 야쿠브는 여기에 거주중인 무장전사를 3천 명으로 추산하였는데, 이들 모두는 원거리에서 생산된 품목들을 공급받고 있었다. 그는 프라하를 돌로 축조되고, 바랑고이인·유대인·헝가리아인·노예상인들에 의해 빈번히 방문되는 도시로, 즉 유럽의 대규모 노예시장으로 묘사하고 있다. 정치제도의 성숙으로 경제의 운용에서 전쟁의 역할이 제한되고 약탈과 침략으로 인한 수익이 원주민에 대한 착취로 대체되었던 한편, 왕권의 확립으로 생기한 도시망이 정규적인 거래망을 유용하게 지탱해 주었다. 930년부터 10

---

14) 러시아의 요새화된 성채이며, 가장 오래 된 도시들은 이런 성채들에서 비롯되었다.
15) 원래는 고대 로마의 주둔지였으며 성채집락을 의미한다. 카스텔룸이나 부르고스(구부르고스)와 동일시될 수 있다.

세기말 사이에 서유럽에 대한 대규모의 스칸디나비아 원정이 중단된 것
은, 동시기에 이루어진 에타부와 같은 무역거점들의 쇠퇴와 마찬가지로
이런 종류의 상업체제의 발전과 관계가 있는 것 같다. 그것은 폴란드의
강들에서 보트 거래를 자극하였고, 차츰 유럽의 야만적인 거주민을 화폐
사용에 익숙하게 해주었다.

*

고고학자들은 오직 유럽의 북부와 동부에서만 9,10세기, 그리고 11세기
전반부 시기의 것으로 추정되는 상당 규모의 비장소들을 발견하였다. 서
구의 이 지역에서 이교도가 오랫동안 잔존했다는 사실이 비장의 관행이
그토록 오래 유지된 이유를 어느 정도 설명해 준다. 이들 지역에서 여전
히 사자(死者)들은 그들이 살아 있는 동안 축적했던 소유물을 무덤으로
가져갔으며, 다만 매우 서서히 교회의 가르침을 통해 이러한 귀중품들이
신앙 장소의 귀중품보관소로 이관될 수 있었다. 그러나 야만족 유럽의 경
제 발전이 그리스도교화된 서구보다 계속해서 2,3세기 동안 뒤처졌을지
라도, 그것은 서구와 유사한 발전 도식을 따라 전개되었다.

세상에 빛을 보게 된 비장소들은 다양한 복합적인 물품들, 예컨대 금속
봉——폴란드에서 금속제련술이 개선되어 철이 은으로 대체되는 10세기
초 이전에는 철이 비장되기에 충분한 가치가 있는 물품으로 간주되었
다——과 깨어진 보석품들, 그리고 우리에게 발굴물들의 연대를 비슷하
게 추정할 수 있게 해주는 주화들을 비장하고 있었다. 시간이 지남에 따
라 주화의 수는 점차 증가하였다. 폴란드 구역에서 주화가 보편화된 것은
915년 이후였다.

9세기부터 10세기 중엽 사이에 발트 해 연안 주변에서 사용된 모든 주
화는 무슬림 기원 은화인 디르헴이었다. 그 이유는 이 지역이 아시아의
무슬림 지역에서 주조된 주화를 약탈이라는 수단을 통해 또는 용병에 지

불되는 임금으로서, 그리고 노예나 모피 거래의 수익으로서, 유럽 무역의 중심지들에 보다 가까이 가져다 주는 광범위한 교환망의 종착점이었기 때문이다. 예정된 경로를 거쳐 이들 주화는 항해자들이 모여드는 대규모 상업거래지에 이웃한 스칸디나비아 모험가들의 본거지에 축적되었다. 주화들은 이곳의 여러 금고들에 예금되었는데, 이제는 이것들이 장식물이나 권력의 상징물로 사용되지 않았기 때문이었다. 놀랄 만한 특징은 데인족의 침략이 서구를 향해 전개되었던 이 시기에, 스칸디나비아의 묘지들과 비장소들은 서구의 주화를 거의 담고 있지 않았다는 사실이다. 그러므로 우리는 노르만족에 대한 공물 지급을 위해 징수된 주화들뿐 아니라, 영국과 갈리아에 대한 침략을 통해 마구잡이로 강탈된 주화들이 북부의 은세공업자들에 의해 용해되었다고 가정해야 하는가? 왜 디르헴이 아닌 오로지 이러한 주화들만이 이같이 처리되었어야 하는가? 이 주화들이 토지와 포도주, 여타 생필품을 획득할 목적으로 이곳에서 사용되었을 가능성은 매우 높다. 거래와 화폐 사용은 영국과 갈리아의 경우 일찍이 9세기 초에 관행화되었으나 북부와 동부의 덜 문명화된 지역들에서는 여전히 알려져 있지 않았다. 또한 발트 해 연안에서 미사용의 커다란 아랍 은화 자루들의 축적은, 서유럽의 거래인들에게 그 방향으로 이들의 거래를 확대하도록 장려하였다고 주장될 수도 있다. 〈앙스카리의 생애〉의 저자가 비르카에서 조우했던 프리지아인들은 바로 이러한 경우이다. 이들은 점차 바이킹의 공격에 의해 라틴 그리스도교권에 덜 이질적이 된 세계에서 교환할 매혹적인 상품들을 디르헴으로 구입할 기회를 포착하였다. 이같이 그들은 비장된 은화의 일부를 서유럽 쪽으로 끌어들이는 데 성공하였다. 그리고 노르만족과 슬라브족은 차츰 화폐를 교환수단으로 간주하는 데 익숙해졌다. 10세기초부터 발트 해의 비장소들은 매일매일의 거래에서 보다 유용하게 사용되도록 하기 위해 더욱 소규모의 단위로 절단된 디르헴들을 포함하고 있었다.

주화 비장소들이 이미 해안지역에서는 보편화되고 있었지만, 폴란드의 경우 그것들이 새로이 탄생한 국가의 기초를 지탱해 주는 거점들에 가까운 내부지역에서도 증가하였다. 주요 시장들이 간격을 두고 위치해 있는 대륙 전체에 걸친 무역활동 방식이 점차 채택되어 갔다. 10세기 중엽부터 아랍 주화는 사라져 갔다. 아랍 주화는 서부 슬라브 부족 사이에서는 960년부터, 폴란드와 스칸디나비아에서는 980년부터, 발트 해 연변지역에서는 1000년경부터 드물게 되었다. 스칸디나비아 비장소들에서 발굴된 것 중 가장 후기의 디르헴은 무슬림 세계의 동부가 아니라 서부에서 주조된 것들이었다. 이 디르헴들은 초기에 그랬던 것처럼 바랑고이인들이 통제하는 러시아 평원 횡단로가 아니라, 중부 유럽을 관통하여 프라하로 향하는 경로에 의해 도달했던 것 같다. 반대로 서구에서 주조된 주화의 수는 증가하였다. 우리는 위이·디낭·나무르·리에주·마스트리히트 등 뫼즈 강가에 위치한 조폐소들과, 이탈리아에 존재한 일부 조폐소들을 제외하면 갈리아에서는 이를 찾아볼 수 없다. 대다수는 조폐가 이제 막 시작된 영국·프리지아·바이에른, 그리고 무엇보다 라인란트에서 주조되었다. 데나리우스가 스칸디나비아 영역과 엘베 강 너머에까지 유입된 사실은 매우 중요하다. 그것은 사람들이 화폐의 경제적 이용에 익숙해지는 과정에서 새로운 단계를 표시해 준다. 디르헴보다 가벼워 보다 적응력 있는 데나리우스는 보편화된 무거운 주화의 사용을 감소시키면서 보다 안정된 가치척도로서 받아들여졌다. 10세기 후반 이래 데나리우스의 유포현상은, 또한 데인족의 지배하에 놓인 영국으로부터 마크데부르크와 레겐스부르크로 확대되는 정치적 접촉의 중간지대를 관통하여 아직껏 비문명화된 유럽 지역과 서유럽간의 관계 발전을 뜻하였다. 작센에서 조폐는 당대 내부 시장의 필요에 대응하기 위해서라기보다는 오히려 북부와 동부 경계의 제후들을 제압하고자 하는 지배자들의 위신이나 장엄함을 드러내 보이기 위한 것이었다. 이슬람교도의 기원 주화를 서유럽 조폐소들에서 주조된 주화로 대체시킨 변화는, 궁극적으로 스칸디나비아·폴란드·보헤미아와 헝가리가 라틴 그리스도교 세계의 경제 궤도로 서서히 유입되는 것을 의미하는데, 이들 국가들은 또한 바로 이 시기에 라틴 그리스도교권의 종교와 정치체제 안으로 흡수되고 있었다.

보다 후기의 단계에서 이 못지않게 중요한 현상은 주화 비장소의 점진적 소멸이었다. 이것의 첫번째 흔적은 10세기말부터 나타나고 있었다. 폴란드에서는 이후에도 상당수의 비장소가 여전히 은닉되고 있었지만, 1050년이 지나면 그 규모나 질이 신속히 떨어진다. 기억해야 할 전환점인 1070년대는 이같은 귀중품 축적방식 —— 원시사회에 특징적인 경제 발전 단계에 상응하는 방식 —— 이 종식을 고한 시점이다. 과거 약탈자들은 대체로 외부 세계로부터 탈취해 온 주화를 교환의 보조수단으로 사용하는 방도를 알지 못하였다. 법화(法貨)로서의 주화의 가치는 너무 높아, 주화가 지역 차원의 매일매일의 거래에서 효율적으로 기능할 수 없었다. 이브라힘 이븐 야쿠브가 966년경 프라하의 시장을 방문했을 때, 그는 화폐체제의 부적절함에 놀라움을 표명하였다. 그는 1데나리우스로 한 사람을 한 달 동안 먹여살리기에 충분한 10마리의 닭과 밀이나 보리, 40일 동안 1명의 일꾼을 부양할 수 있는 보리 양식을 살 수 있다고 보고하고 있다. 사람들은 교환용의 잔전으로서 1데나리우스의 1/10 가치가 있는 1백 제곱피트의 리넨을 사용하고 있었다. 그러므로 우리는 지역 생산의 증가와 더불어 이루어지는 화폐 유통의 속도와 거래량이, 주화를 충분히 조절할 수 있을 만큼 주화의 구매력을 줄일 수 있을 때 주화 비장소들이 사라지게 된다고 추정할 수 있다. 비장소의 점차적인 감소는 보다 탄력적인 경제의 점진적 출현을 증거해 주는 것이다.

이같은 감소는 국가의 제도들을 성숙하게 만든 변화들을 수반하였다. 영역 제후령들이 아직 형성되어 가던 이 시기에 통치자들은 귀금속의 현혹적인 과시에 의해 스스로를 드러내길 원하였다. 코스마스 드 프라하는 폴란드 군주제의 창건자인 메스코가 위탁했던, 그리고 그의 몸보다 3배 이상의 무게가 나가는 정교한 금 십자가에 대해 언급한 바 있다. 제후의 비장소들에서 적으로부터 획득한 전리품 중 금이 은보다 양이 많았다.

1019년과 1068년에 용감왕 볼레수아프 1세와 용담왕 볼레수아프 2세는 키예프 공국의 보물들을 수중에 넣었으며, 한편 1059년에 보헤미아의 블라디슬라프는 그니에즈노를 약탈하였다. 이 군주는 이것들을 사당에 쓰도록 교회와 자신의 봉신에게 분배해 주었다. 익명의 갈루스는 용감왕 볼레수아프 1세 당시에, 폴란드 귀족들과 그들의 아내들이 엄청난 무게의 금 목걸이를 하사받고 굽신거렸던 사실을 우리에게 전해 주고 있다. 왕의 호의에 의해 하사받은 품목은 비장소들에서 결코 발견되고 있지 않다. 장식용으로 제조된 이 하사품들은 신과 귀족의 권위의 표현물로서 교회와 귀족의 저택에 장식되었으며, 은닉되거나 다른 귀중품들과 교환되지 않았다. 그러나 귀금속에 대한 태도는 변해 가고 있었다. 제후 권위의 공고화와 이에 따른 화폐 유통의 성장은, 통치자들로 하여금 서유럽 군주들을 모방하여 주화를 주조하도록 장려하였다. 주화 비장소 수의 감소와 조폐의 발전은 야만족의 유럽에서 정확히 보조를 같이하였다. 서쪽 방향의 소규모 영역 제후령인 포메른과 폴라비아에서와 마찬가지로, 폴란드·스웨덴·덴마크에서도 1070년까지는 조폐가 외국 화폐를 축출할 수 있을 정도로까지는 활발히 이루어지지 않았다. 보헤미아에서도 12세기초 이전에는 이 단계에 도달하지 못하였다. 화폐의 정규적 주조가 이들 지역 모두에서 시작되는 시점은, 제후들이 조폐에 따른 이득을 예고할 수 있을 만큼 상업활동이 활성화된 시기였다. 화폐가 유통된다는 사실은 제후의 정치적 위신을 직접적으로 확인해 주는 것이고, 화폐는 제후가 부과하는 과세의 첫번째 도구로 사용되었다. 성숙단계에 접근해 가는 국가의 권익을 위하여 제후는 귀금속으로 과세하고자 하였다. 화폐는 오랫동안 통치자의 전유물로 남아 있었다. 주화는 재판에서의 벌금과 시장과 강의 교차로에서 징수되는 거래세 형태로 이들의 수중에 되돌아왔다. 그렇지만 이들 주화 중의 일부는 또한 왁스와 여타 상품들에 대한 교환으로 빠져 나가기도 하였다. 당시 폴란드의 경우 조폐소 인근에서, 또는 여관이 위치한 시장들에서 이들 품목들의 일부가 판매되었다. 이런 식으로 화폐 혁신

(renovatio monetae)은 주로 11세기의 마지막 사반세기 동안 경제 성장에 기여하였다.

북해 연안

라틴 그리스도교 세계의 북부와 동부에 초점이 맞춰진 이러한 성장은 이 지역과 직접 맞닿고, 또 이 지역을 카롤링거 왕조 유럽의 심장부와 연결시켜 주는 영역에서 일어나고 있었던 성장과 긴밀한 연관 속에서 연구될 수 있다. 여기서 우리는 북해 연안 주변의 국가들을 언급하고 있다. 중세 경제사의 현저한 특징 중의 하나는 9세기와 11세기간에 이 영역에서의 발전, 즉 지중해를 중심으로 이루어졌던 것에 비견할 만한 발전이다.

스칸디나비아인들이 주요 원정 대상으로 삼았던 영국은, 우선적으로 공격자들에 의해 부과되는 공물의 규모에서 확실히 입증이 되는 활력을 보이고 있었다. 바이킹은 991년에 1만 리브르, 994년에 1만 6천 리브르, 1002년에 2만 4천 리브르, 1007년에 3만 6천 리브르, 1012년에 4만 8천 리브르를 요구하였다. 또한 자신에게 봉사하는 스칸디나비아인 용병에 지불할 돈을 확보하기 위해 앵글로 색슨 왕들이 부과하는 징수액이 이에 부가된다. 다음으로 정복왕 윌리엄 1세가 이끄는 노르만 전사들이 상당 규모로 알려진 이 섬의 부를 취득하고자 공격을 감행하였다. 지속적으로 받는 인상은 농업 팽창—— 증거의 부족으로 만족스럽게 측정될 수 없는—— 과 데인족의 존재 그리고 전리품의 양도에 의해, 나아가 랜프랭크 대주교가 윌리엄 1세에게 계속해서 폐지하도록 요청한 바 있는 노예무역에 의해 명백한 번영이 구가되었고, 또 그것이 오래 지속되었다는 사실이다. 우리는 적어도 유통된 화폐량을 추정할 수 있다. 그간 주화를 찍어낸 거푸집의 수를 계산하려는 시도가 이루어져 왔었다. 우리는 10세기말 에설레드 왕의 긴 십자가 모양의 페니 주화를 주조하기 위하여 사용된 거푸집을 대략 2천 개 정도로 추산할 수 있다. 하나의 거푸집으로 약 1만 5

천 개의 주화를 주조할 수 있음을 염두에 둔다면, 여기서 조폐된 주화의 가치는 대략 12만 리브르로 평가될 수 있다. 주화는 정규적으로 재주조되었기 때문에 이것이 당시 유통된 화폐 총량에 해당된다. 《둠즈데이 북》에 기록된 가치평가와 지대, 그리고 다른 문서들에 포함된 구입과 판매의 많은 흔적들로부터 화폐의 사용과 교환의 관행화로 활발했던 한 나라의 모습을 떠올릴 수 있다.

　이같은 내부 거래는 스칸디나비아뿐 아니라 본토 유럽 등 보다 광범위한 상업관계망과 연결되었다. 영국의 조폐방식은 북부지역에서 이루어진 첫번째 조폐의 모형으로 작용하였다. 통치자들은 영국 거래인의 안전을 보장하는 데 신경을 썼다. 991년 에설레드 왕과 맺은 협약에 의해 바이킹은 영국의 강어귀에서 활동하는 상선들을 공격하지 않으며, 대륙에서 자신들과 접하게 될지도 모를 영국 상인들에 간섭하지 않기로 하였다. 1027년 크누트 왕은, 독일 황제와 부르고뉴 왕으로부터 이탈리아에서 거래하는 앵글로 색슨 상인들에게 이권을 주었다. 1000년 조금 이전에 작성된 '문법쟁이(Grammaticus)' 앨프릭의 《대화편》은, "자신의 물품을 배에 싣고 바다로 나아가 이를 팔고 영국에서 발견되지 않는 상품을 사려는" 모험가들을 언급하고 있다. 동시기의 한 앵글로 색슨 보고문은, 세 번의 해외여행 끝에 한 상인이 중간급의 영주로서 번창하게 되었음을 시사해 주고 있다. 이러한 모든 거래의 주요 교차점은 사법기구(housing)가 내국 상인과 외국 상인간의 분쟁을 조정하기 위해 매주 회합하는 런던이었다. 우리는 1000년에 에설레드 왕이 공표한 통행세 규정집에서 이를 엿볼 수 있다. 여기에는 런던인들과 동일한 특권을 향유하며 주로 양털을 사러 오는 라인란트 상인들을 의미하는 '황제의 속민들,' 통행세를 지불하기 이전에 도시에 들어오도록 허용받은 위이·리에주·니벨의 사람들, 포도주 조달 상인으로 묘사된 루앙의 상인들과 플랑드르·퐁티외·프랑스의 상인들, 그리고 마지막으로 1년 동안 런던에 거주하도록 허용된 데인족과 노르웨이족이 거론되고 있었다.

이러한 팽창경제는 영국의 도시화를 촉진하였다. 9세기 이전에는 남동부 영국·윈체스터·캔터베리를 제외하면 진정한 도시들이 존재하지 않았다. 1000년경에 가장 활동적이었던 조폐소들은 여전히 이들 지방에 치중되어 있었다. 하지만 9세기말과 10세기초, 앨프레드 대왕과 그의 계승자들은 주로 전략적 이유 때문에 슬라브 국가들의 성채 집락과 유사한 부르(burh), 즉 울타리와 성벽으로 둘러싸인 다수의 거점을 건립하였다. 이것들 중 일부는 이미 거래 장소로 이용되고 있는 장소들에 건립되었으며, 왕은 상인들에게 화폐지대에 대한 대가로 하게(hagae; 방책 내에 둘러싸인 보유지)를 부여하였다. 이들 요새지 중 가장 위치가 좋은 요충지에 조폐소가 설치되었다. 이 요새지들은 문서에서 포르투스, 혹은 거래를 위한 특별 장소로 언급되었다. 스칸디나비아 점령하의 데인로에서 다른 정착지들 역시 규모가 커져 갔다. 예컨대 요크는 10세기에 조폐가 발전되었고, 로마의 장벽 외부로 상인과 직인의 거주지가 확대되어 그 영역 규모가 2배에 달하였다. 920년에 조폐의 중심지가 된 대규모 마을인 노리치는 한 세기 후 진정한 도시가 되었으며, 1086년에 25개의 교회를 두고 있었다. 주민의 1/20 정도가 도시적 성격의 정착지들에 살았던 것으로 보이는 《둠즈데이 북》의 영국에서는, 이미 도시망이 14세기의 그것만큼 꽉 짜여져 있었다.

*

10세기에 카롤링거 왕조의 정치적·문화적 상속자로서의 주요 몫을 취했던 독일에서도 상당한 변화가 일어났는데, 다만 그 속도는 매우 완만하였다. 여기서는 농촌영역이 보다 넓었고, 프랑크의 정복은 단지 덜 원시적인 경제의 초석을 마련해 주었다. 대영지들은 이미 백작과 주교의 거주지, 그리고 수도원 주변에 존재해 왔다. 그러나 로마의 흔적들이 존속하고 있는 라인란트와 도나우 강 유역을 제외하면 도시라 할 만한 게 없었다. 조폐소 또한 전혀 없었다. 극소수의 도로가 노예무역 모험가들을 슬라브 경계로 이끌었다. 이 모험가들은 10세기초 도나우 강가의 라펠스테텐의 통행세 징수소를 지나 소금·무기·장식품을 실어가고, 왁스·말·노예를 실어오곤 했었다. 기록이 드물었던 이 시대의 칠흑과도 같은 어둠 속에서, 새로운 영주제의 시행과 서유럽 기원의 전통적 음식의 보급에 상응하여 농업이 서서히 팽창하고 있었다고 우리는 추론할 수 있다. 이같은 팽창은 인구를 더욱 증가시켰던 것 같다. 독일은 바이킹의 침입으로부터 거의 손상을 입지 않았던 반면, 남부 경계 전역에 걸쳐 50년 이상 동안 헝가리족의 약탈 공격을 겪었다. 그럼에도 불구하고 이미 살펴보았듯이, 이 기간 동안 지속적으로 발전해 왔고 10세기 중엽 이후로는 헝가리족의 위험으로부터 완전히 구출된 나라들과 경계하고 있는 동부와 북부 방면에서, 서구의 가장 공고한 정치구조물의 기초로서 작용한 것은 독일 왕국이었다. 작센의 제후들은 비록 그들이 관심을 카롤링거 제국의 남부보다는 스칸디나비아와 슬라브 세계 방면으로 전환하고 있었을지라도 샤를마뉴 제국을 재건하려고 시도하였다. 새로이 복고된 황제들은 엘베 강 너머에서 형성중인 슬라브족의 영역 제후령들을 자신의 지배하에 두고자 하였으며, 새사냥꾼왕 하인리히 1세가 이끄는 작센 전사들이 이미 934년에 에타부의 무역거래지를 장악하였다.

우리는 정치적 행위가 적어도 부의 순환과 관련하여 이 시기의 경제에 종종 얼마나 심각한 반향을 일으켰는지를 보아왔다. 970년과 1030년 사이에 작센에서 화폐 유통이 일반화된 것도 정치적 행보와 밀접한 관련이 있었다. 그것은 고슬라르 근처 람멜스베르크 쪽 하르츠 산맥의 광물자원을 바탕으로 하고 있었다. 사가인 비투킨트 폰 코르베이가 오토 대제의 위대성을 칭찬하였을 때, 그는 오토 황제의 등극을 언급하는 것은 생략하였지만 작센 지방의 은맥을 개발한 것에 대해서는 칭송하였다. 이것은 예민한 관찰이었다. 작센의 데나리우스는 발트 해와 폴란드 지역에 침투하였다. 여기에 유포된 데나리우스는 우선적으로 이 주화들에 이름이 새겨

진 황제의 존재와 황제의 영광을 광고해 주었다. 그러나 표준화된 이 은
화들은 또한 교환수단이었으며, 이런 독일 화폐의 유통은 뚜렷한 영향을
미쳤다. 그것은 동부와 북부 방면에서 독일로 들어와 종착되는 무역로를
활성화시켜 주었고, 이 지방에서 상업활동과 화폐 유통의 범위를 확대시
켜 주었다. 이처럼 권력의 과시는 경제 발전을 간접적으로 촉진하였다.
시장의 창출은 동일한 의도의 산물이었고, 유사한 효과를 미쳤다. 샤를마
뉴와 마찬가지로 오토 왕조의 황제들은 상업거래를 통제하고, 그럼으로써
그것이 안정된 정치기반 내에서 이루어지기를 바랐다. 따라서 이들은 이
러한 제도를 전혀 알지 못하였던 지역에서 시장들을 세웠다. 잔존하는 문
서들로부터 우리는 936-1002년에 설립된 이들 시장 중 29곳을 알고 있
다. 카롤링거 왕조의 전통에 부합되게 이 시장들은, 원래 황제가 제멋대
로이고 소란스러우며 안전을 보장받지 못한 원거리 무역 전문가들의 여
행과 회합을 수월하게 해주기 위해 사법체제의 일환으로서 마련한 법적
내지 질서유지용의 기구였다. 946년 코르베 수도원에 공공 거래권(mer-
catus publicus)을 부여하면서, 오토 1세는 "여기를 오가고 여기에 머무르
는 사람들 사이에 확고히 평화를 유지할 것"을 왕권을 위임받은 자들에
게 명하였다. 상인들은 상업활동에 나서지 않는 사이 동안 이 거점들에
창고와 저택을 마련하였다. 따라서 이들은 자신들을 황제의 보호하에 두
고 있었으며——965년 통치자가 함부르크 주교에게 브레멘에 시장을 건
립하도록 허용해 준 특허장은 이 점을 명백히 하고 있다——이들의 여
행시에도 이러한 보호가 수반되었다. 이들은 '황제의 사람'이 되었으며,
이로 인해 런던에서 통행세를 면제받았다. 황제의 명령권에 의해 보장받
는 안전통행에 대한 대가로 상인들은 카롤링거 왕조에서처럼 궁정에 주
기적인 공물을 제공할 것으로 기대되었다. 1018년 티엘 상인들은 황제에
게 자신들을 보다 적극적으로 보호해 줄 것을 요청하였다. 만약 이들이
영국과 거래할 수 없다면, 자신들은 황제의 가솔에 대한 자신들의 애착을
표현하는 의무적 선물(vectigalia)을 더 이상 제공할 수 없다는 것이었다.

따라서 상업 중심지들은 주로 지방 무역의 필요에 봉사하기 위해서가 아니라, 원거리 무역로를 열기 위해 건립되었던 것이다. 947년 장크트-갈렌 수도원장의 요청에 따라 왕은 '이탈리아와 로마로 가는 여행자들의 편이를 위하여' 로르샤흐에 시장을 세웠으며, 그는 '상인·장인·프리지아인'이 보름스에 올 수 있도록 선왕들의 설립인가를 재확인해 주었다.

조폐는 채굴을 장려하였고, 시장의 확립은 편력상인의 보호와 통제를 수반하였다. 양자는 국가의 재건과 긴밀하게 얽혀 있으며, 성장의 자연적인 움직임 속에 내포되어 이를 촉진시켰다. 상업 관행과 은화 사용이 점차 개별의 새로운 시장의 농촌 배후지에 유포되었다. 우리는 993년 셀즈에 시장 건립을 명한 황제령에서 "화폐와 시장은 여기에 모여드는 군중뿐 아니라, 여기에 거주하는 수도사들과 사람들에게 필요하다"라는 구절을 접하게 된다. 시장의 건립은 조폐소의 신설을 수반하였기에, 상업거래를 위해 마련된 거점들은 정규적으로 주화를 공급받을 수 있었다. 황제는 백작·주교·조폐인 등의 지방 유력자들에게 조폐권을 부여하였다. 조폐소들은 곳곳에 분산되어 지금껏 화폐가 거의 공급되지 않았던 구역들에도 화폐가 유통되도록 해주었다. 이같이 작센 왕조 초기에는 조폐가 본질적으로 경계지역 부족들과의 정치적 문제로서 작용했었는데, 이후 은화는 내부 시장에서 더욱 유포되었다. 이 내부 시장은 주조된 화폐의 대부분을 흡수하였다. 제국의 경계지역 내에서 독일 화폐의 유통이 점차 축소됨에 따라 스칸디나비아와 슬라브의 제후들은 11세기 마지막 30년간에 자신의 주화를 신속히 주조하였다. 독일의 경계 외부에서 조폐소가 출현한 것은 화폐 사용이 독일 지역 자체에서 확고히 확립되었던 시기를 알려 주는 것이다.

마지막으로 영국과 마찬가지로 이들 지역은 도시화되었다. 라인란트와 바이에른 지방, 로마 키비타스들의 폐허 자리에서 부르가드[16]의 꾸준한

____

16) 비크처럼 교역이 이루어지는 장소.

성장을 탐지할 수 있다. 973년에 마인츠를 통과하던 한 아랍 여행가는 당시 고대 도시 영역의 일부에서만 사람들이 거주하고 있음을 관찰하였지만, 그럼에도 불구하고 비크는 예전의 성벽 너머로 확대되고 있었다. 오토 대제 시대에 쾰른에는 이미 도로 양편으로 확대되어 궁극적으로 정방형의 시장을 형성하게 된 긴 거리가 있었다. 917년에 요새화된 레겐스부르크의 거래구역(pagus mercatorum)은 36헥타르에 달하였다. 1000년경 보름스 교구는 요새화된 단일 방책 내에 도시 중심지·시장·조폐소 및 유대인 공동체를 포함하고 있었다. 11세기 중엽 쾰른의 고대 폐허 근처에 형성된 소규모 집들로 구성된 집단취락은 대주교의 관구 건물 외에 11개의 참사회 건물, 2개의 베네딕투스 수도원과 4개의 교구교회를 포괄하였다. 고대까지 뿌리가 닿는 도시들은 팽창하여 북부와 중부 독일에 탄생한 새로운 정착지들과 경쟁하게 되었다. 예컨대 슬라브 영토까지 들어가는 상인들과 노예무역 개척자들이 이용한 강의 교착지 옆의 마크데부르크에서 오토 대제는 '유대인과 여타 상인'의 이용을 위해 장크트-모리츠 수도원과 비크를 동시에 설립하여, 이 건물들을 단일 복합 울타리와 토루 내에 포괄하였다. 이런 식으로 975년 여기에 정착한 상인들에 부여된 특권에 따라, 라인 강과 이교도 지역을 향하여 발달하고 있었던 거래를 보호하고자 안전한 중계역이 신설되었다. 이 도시가 점유한 영역은 첫번째 독일 황제의 치세 동안 7 내지 35헥타르에 달하였다. 10세기에 왕들과 황제들이 시장을 설립했던 29곳 중 12곳이 도시로 되었다. 그럼에도 불구하고 당대의 독일에서 우월한 지위를 차지한 것은 통치자들이 자신의 궁정을 세우기로 선택한 정착지들이었다. 쾰른·마인츠·슈파이어·보름스·잘츠부르크·아우크스부르크·레겐스부르크 등, 이러한 정착지들 거의 모두가 로마화된 영역에 위치하였다. 거래 증가에도 불구하고 도시들은 주로 정치권력과 종교생활의 핵심구역으로 남았다. 이들의 경제 활력은 단순히 거래에만 의존하지 않은 교환구조에 의해 주로 유지되었다. 이 도시들은 왕과 교회가 소유한 근교의 시골 영지로부터 나오는 잉여 생산물,

제후와 그의 수행원을 숙박시킬 비용, 그리고 과세와 재판 벌금에 의해 요구되는 데나리우스를 징수하는 중심지로서 기능하였다. 특히 상당 규모의 세속 혹은 교회 소비자들이 영구적으로 또는 주기적으로 집중할 수 있느냐 하는 점과, 영주의 필요를 만족시키고 자신의 개인적 획득을 위한 일시적 개인사업을 벌이곤 했던 미니스테리알레스(ministeriales)[17]나 하인집단의 존재 여부에 도시의 번영이 달려 있었다.

*

게르만 세계는 스칸디나비아 약탈자들의 심각한 공격을 겪었지만, 이제 다시 활기를 띠게 된 지역들 중의 하나와 라인란트를 통해 접촉하고 있었다. 10세기와 11세기 전반 동안 플랑드르와 뫼즈 강 계곡은 아마도 영국에서 전개되었던——주로 문헌사료의 부족으로 인해 명확히 파악하기 힘든——것에 비견할 만한 현저한 경제 발전을 경험하였다. 바이킹은 소규모 도시들에 공격을 가하여 그 중 일부를 파괴시켰다. 구로마 도시인 통게렌은 그 주민에 의해 완전히 방기되었다. 834-837년에 조직적으로 파괴된 두르스테데는 9세기 중엽 이후 사라져 갔다. 그러나 피폐된 정착지 대부분은 폭풍과도 같은 약탈 몇십 년 후 회복되었다. 때로 투르네나 발랑시엔처럼 초기 거점으로부터 약간 떨어져 재설립된 경우들도 있었다. 유사한 방식으로 두 번이나 파괴된 적이 있는 강의 포르투스는 900년경 공고했던 성 바로 곁에 또 하나의 거점을 부활시켰다. 두르스테데의 상업적 기능은 곧 위트레흐트와 데벤테르(이곳의 주화가 10세기 후반 동안 스

---

17) 원래는 독일에서 교회나 세속제후의 궁정에서 집사나 주류 담당직을 맡은 예속하인이었다. 이들은 지출 책임을 맡게 되면서 그 대가로 봉토를 수여받았다. 그와 동시에 이들은 상향 유동하게 되었으며, 보다 중요한 행정적·정치적 책임을 떠맡게 되었다. 미니스테리알레스 집단은 중세 후반부에 들어서면서 하위귀족층을 구성하게 되었는데, 이들은 기원상 비자유민이었으므로 여러 복잡한 문제를 야기하였다. ministeriales에서 오늘날의 영어 ministers가 유래하였다.

칸디나비아에 널리 퍼져 있었다), 그리고 라인 강 지류인 발 강가의 티엘에 의해 담당되었다. 다른 많은 도시들은 모든 공격을 지탱해 냈고, 약탈자들에 대한 투쟁에서 자신의 힘을 표출하였다. 생-토메르의 요새화된 거점 내에 노르만족으로부터 탈취한 전리품이 '귀족·중간층·빈자' 사이에 분배되었다. 이같은 전리품 몫은 10세기에 영국인과 함께 로마를 향해 떠나갔던 상인들에게 약간의 원초적 자본을 공급해 주지 않았겠는가? 여하튼 이 당시 내부 수로가 성장하였음을 뫼즈 계곡에서 확인할 수 있다. 정기시가 열렸던 위이·나무르·디낭, 그리고 독일 왕과 후에 주교가 '항구와 시장에 정박중인 배에' 통행세를 부과하였던 마스트리히트에서는 수로를 따라 강변 정박소가 위치해 있었다. 이 수로 통행에 대한 권리는, 1000년에 런던 항에서 혜택을 누리고 있었던 것으로 여겨지는 본거지 상인들의 수중에 있었다. 아라스에서 8킬로미터를 에워싸고 있는 로마 시대의 방책 가까이에 새로운 정착지가 팽창하고 있었다. 9세기에 비쿠스, 즉 구(舊)부르고스는 생-바스 수도원 입구에 형성되었고, 한편 10세기에 신(新)부르고스가 생-제리 수도원 근처에 모습을 드러냈다. 11세기 자료들은 대소규모 시장들의 존재를 확인해 주고 있으며, 이 부르고스들은 지속적으로 확대되어 15헥타르 가량을 포괄하게 되었다. 1036년 생-바스 수도원을 위해 작성된 한 통행세 목록은, 주변의 농촌으로부터 짐수레로 실어 온 식량과 거기에서 판매되는 지방 공예품뿐만 아니라, 금과 더불어 '의복과 도매품'까지도 보여 주고 있다. 투르네 영역은 이 기간 동안 3배화되었다. 편력상인들의 왕래와 더불어 연 정기시의 존재는 노르만족의 약탈을 경험하지 않은 두 키비타스, 즉 툴에서는 927년에, 메스에서는 948년에, 그리고 두에에서는 987-988년에 확인되고 있다.

우리는 상업의 성장과 그것이 사회의 일부 구역에 초래한 번영의 다른 흔적들을 탐지할 수 있다. 거래를 통해 사람들은 헨트, 또는 생-토메르에서처럼 교회를 설립하기에 충분한 부를 획득하였다. 주민들은 권력을 독점한 영주들에 맞설 수 있을 만한 힘을 축적하였다. 951-971년에 리에주

주민들은 주교의 권위에 도전하였으며, 한편 958년 캉브레의 키베스 (cives)[18]는 주교가 이 도시에 접근하는 것을 허용하지 않겠다는 서약을 맺었다. 이들 모두가 도시민이었는지, 아니면 군부대 요원만으로 구성되었는지 하는 점은 명확하지 않다. 1066년 위이의 도시민은 그들의 영주로부터 특권을 쟁취하여 일부 세금을 면제받게 되었다. 거래를 통제하고 이로부터 이익을 얻었던 도시 거주민 사이에서 우리는 상호 방어를 위한 조합의 결성을 관찰할 수 있는데, 이것은 11세기 중엽에 그 헌장이 작성된 발랑시엔의 서약단체(charité)와 유사하다. 메스의 주교 알페르는 1021-1024년 티엘 상인들을 이해함이 없이, 단지 이들을 비난하기 위하여 이들의 관례를 다음과 같이 묘사하였다. 주교의 생각으로 이들의 관례는 "다른 사람들의 관례와 상이한 것이었다……. 이들은 몰인정하고 간음이 죄가 되지 않는 부정직한 사람들이었다. 이들은 법에 따라서가 아니라 자신들의 자유라는 측면에서만 스스로의 분쟁을 해결한다. (이들이 황제로부터 부여받은 특권에 의해 사법적 자치권을 확보했음을 의미한다.)" 지정된 날 이들은 함께 마시기 위해서가 아니라 술에 취하기 위해서 회합하곤 하였다. 음주시합은 주요 의식 중의 하나를 구성하는데, 구성원들이 명백히 이같은 서약단체 내지 길드에서 한 가족 같은 귀속감을 느끼기 때문이었다. 그런데 이것은 카롤링거 왕조 법령집들이 폐지하고자 하였고, 그 연회를 랭스의 대주교 힝크마르가 852년 비난한 바 있는 관행과 유사하였다.

성장 흔적의 대부분은 거래와 도시에 관련된 것이지만, 활력의 불꽃은 도시 공동체로부터 농촌 공동체로 파급되었다. 10세기 중엽에 작성된 생-위베르의 이적(異蹟) 모음집은 성유물이 보존된 수도원 근교에서 11월에 적어도 이틀 동안 지속되며, 외래인들이 빈번히 드나드는 한 정기시가 개시되었음을 보여 준다. 다른 주기적 회합들도 바스토뉴·포스·비제——

---

18) 키비타스의 주민을 의미하며, 영어 citizen의 원어이다.

즉 이적 모음집에서 특징화된 농민들처럼 스스로 제작한 철봉을 수도원에 제공했던 시골민이 가축·양털·금속을 구매할 수 있었던 소규모 농촌 중심지들——에서 마련되었다. 여기에 강상거래인이 운반하는 일부 물품이 짐수레로 도착되고 있었다. 보트인들이 밤새 정박해 있는 포르투스의 활동은, 이제는 니벨과 같은 내부 부르가드와 개간지의 확대에서 증명이 되는 농촌 생산의 발전을 수반하였다.

*

    아마 노르망디는 바이킹 침략의 역동적 성격에 의해 새로운 흐름과 가장 철저히 융합된 지역으로 간주되어야 할 것이다. 요크와 마찬가지로 루앙의 키비타스는 본거지 귀족들을 대신하여 농촌 영지에 기반을 마련한 침입자들이 설립했던 최상위 주군들의 거점이 되었다. 이들은 모험생활을 포기하지 않았으며, 노르만 약탈원정에 의해 우연히 마련된 상당 규모의 부의 획득활동에 계속해서 참여하였다. 영국 및 북해와 긴밀히 접촉하고 있었던 루앙의 시장은 전리품을 처분하고 노예를 팔며, 특히 보트에 의해 센 강을 따라 하류로 운반된 상품을 사는 데 유리한 위치에 있었다. 노르망디에 근거를 둔 전사들은 10세기에 영국 해안을 약탈하고 나서, 다음으로 그들이 모험을 감행했던 남부 이탈리아로부터, 마지막으로 1066년에 그들의 최상위 주군이 장악했던 전체 영국 왕국으로부터 막대한 양의 동산을 가져왔다. 유럽에서 10세기 후반 이래 귀금속이 센 강 하류 인근보다 풍부히 유통된 지역은 없었을 것이다. 이에 대한 증거는 페캉 수도원에 속한 귀중품의 내역과 이 수도원의 원장인 장이 1050년 추구했던 토지 구입정책, 그리고 최근에 설립된 오말 부속교회에 한 묶음의 금과 두 묶음의 은 십자가 금박 촛대를 제공했던 한 속인의 관대함에서 찾아볼 수 있다. 보다 명확한 증거는 상당수의 새로운 교회가 축조된 대규모 건물 부지의 취득에서 엿보인다. 캄파니아와 풀리아에서 행운을 얻고자 했

던 전쟁지휘자들은 세와 쿠탕스에 성당참사회 건물을 축조할 자금을 제
공해 주었다. 그리고 노르망디의 윌리엄, 즉 정복왕 윌리엄 1세는 영국 공
격을 통해 획득한 전리품으로 두 채의 캉 대수도원 건물을 짓는 비용을
보조하였다. 이 축조계획안은 채석공·짐마차꾼·석수에게 제공하는 임
금형식으로 상당액의 현금이 지방사회의 일반인에게 들어가도록 해주었
다. 마찬가지로 원거리 모험가들을 위한 준비는 화폐 유통에 대한 요구를
증가시켰고, 사람들이 데나리우스의 사용에 익숙하도록 하였으며, 토지를
담보로 하여 돈을 빌리는 관행에 의해 부를 동원하도록 해주었다. 이같이
거래에 관심이 많은 화폐귀족이 공작들과 대교회 영주들 주변에서 형성
되었다. 영국 정복에 의해 더욱 활성화된 물품의 신속한 유통은 생-로에
서 통과세 징수에 의한 수입액이 증가한 점에서 반영된다. 즉 1049년에는
15리브르였던 것이 1093년에는 2백20리브르가 되었다. 또한 도시 성장에
서도 그러한 점이 나타난다. 디에프와 캉·팔레즈·발로뉴는 이 기간 동
안 도시가 되었던 한편, 시골에서는 그 활동이 순수히 농업적이지 않아 이
로 인해 부르고스로 불리는 정착지들 수가 증가하였다.

　노르만족의 번창은 인근지역에 새로운 활력을 불어넣었으며, 특히 센
강의 상류 쪽에 가장 심대한 영향을 끼쳤다. 이 충격은 파리 분지에서 포
도주 구역을 확대시켜 11세기 중엽에 또 하나의 정기시가 생-드니에 설
립되도록 영향을 미쳤다. 노르망디와 플랑드르에 의해 이루어진 발전의
양극점 사이에 위치한 피카르디의 경우는 이같은 부활의 다양한 특성들
을 설명해 준다. 조폐도구의 도입 사실은 이 지역에서 매우 조숙한 발전
이 이루어졌음을 드러내 준다. 대머리왕 카를 2세의 칙령에 따르면, 캉토
빅의 유일한 조폐소는 이 지역에 주화를 공급해 주는 데 부족함이 없어
야 했다. 그렇지만 우리는 11세기 후반에 존재했던 18곳의 조폐소들과,
다음 세기에 새로이 설립된 4곳의 조폐소를 확인할 수 있다. 이것들은 스
헬데 강과 이 강의 지류인 스카르프 강·솜 강의 연안과 계곡을 따라 위
치하였다. 현금 지불은 950년경 이후 시골에서 보다 일반적이었던 것 같

다. 아마도 양모 제품을 팔고, 분명 농업 잉여품과 더불어 아마도 양모 제품을 판매함으로써 농민들조차 이제는 화폐를 확보할 수 있는 위치에 서게 되었다.

카롤링거 왕조에서는 매우 드물었던 주화가 증가되었는데, 이는 공격적인 전쟁과 정치적 행보에서 그 기원이 탐색되어야 하는 변화의 직접적 원인이었다. 이 변화들은 전쟁의 전리품과 공물 수익이 수합되는 일부 중심지들로부터 암흑기 동안 퍼져 나갔으며, 피카르디와 영국, 뫼즈 계곡, 독일, 그리스도교가 포교되어 나간 야만적인 경계지역 및 이 시기의 내부 역사가 실제 알려져 있지 않은 중부 갈리아에서 발생하였다.

지중해 유럽

또 하나의 뚜렷한 발전영역은 라틴 그리스도교 세계와 이슬람 비잔틴 영향권 사이의 경계 주변지역——상충 세력간의 계속된 적대와 불신으로 가득 찬——을 따라 남쪽 방향에서 발견된다. 유럽의 이 남반부에서 공격을 하고 괴롭히는 주세력은 앞서 발전해 나간 번창한 국가들이었다. 이 점에서 유럽의 북반부와 남반부간의 주요한 대비가 이루어진다. 강 건너편의 라틴 세계는 여전히 탈취의 대상이었다. 즉 바다 방면으로는 약탈에 의해, 내지 방면으로는 노예상인들의 추적에 의해 노출되어 있었다. 일부 지역에서는 이러한 상태가 오래 지속되었고, 경제활동의 결정적 상승 조짐이 11세기 후반까지 탐지될 수 없었다. 프로방스의 지방귀족들이 산악과 해안지대로부터 사라센족을 축출한 지 수십 년이 지난 후에도, 해안가 농촌들은 주민이 거의 없고 아주 비생산적인 상태로 남아 있었다. 한편 도시민들은 위험을 피해 있던 장벽 내부에 움츠린 상태로 거주하였다. 단지 마르세유만이 초기 도시 팽창의 징후를 보여 준다. 나르본에서는 점차 스페인 방면의 붐비는 도로에서 상인들이 해안 개펄로부터 획득한 소금을 거래하고, 더불어 유대인 거주지가 진귀한 상품들을 중계거래함에 따라 이곳에서 보다 일찍이 도시가 성장할 수 있었다. 그러나 11,2세기의 상당 기간 동안 론 강의 양안에 위치한 구역들은 신속한 성장을 경험한 역동적인 세력들이 비켜가는 사각지역에 위치해 있었던 것 같다—— 이같은 인상은 아마 특히 증거의 심각한 결여에서 비롯되었을 것이지만. 이 세력들은 10세기까지는 군사 상황이 역전된 서부와 동부의 스페인 경계와 이탈리아 경계에 원거점을 두고 있었다. 이베리아 반도에서는 육로에서, 이탈리아 해안에서는 수로를 따라 라틴 의례를 준수하는 그리스도교인들이 전쟁의 주도권을 장악하였다. 이들이 자체 방어를 위해 단련한 기술적 장비들은 연합원정의 형태로 반격을 시도할 수 있을 만큼 강력함이 증명되었다. 이 장비들의 절반은 이교도에 대한 약탈용이었고, 나머지 절반은 상업적 모험을 위한 것이었다. 서유럽 대부분 지역에서 외부 공격의 위험이 서서히 감소된 반면, 이 두 경계에서는 복합적인 활동이 전개되었다. 그렇지만 노르망디—— 그 전사들이 곧 이탈리아 반도의 남부 끝으로 진출하게 되는—— 에서처럼 공개적, 혹은 사적 전투가 계속해서 경제 성장의 주요 원천이 되었다.

*

 무슬림 스페인의 측면으로는 두 개의 뚜렷한 발전의 주축점이 자리잡고 있었다. 아랍인의 정복 이후 그리스도교 피난민은 산악지방에 거주하였다. 여기서 이들은 오랫동안 자신들의 거점을 고수하면서, 바스크족——8세기에 론세스바예스에서 프랑크 군대를 패배시켰던—— 이 피레네 산맥 너머의 서부 통과로를 가로질러 세운 장벽에 의해 카롤링거 왕조의 세계로부터 분리된 채로 남아 있었다. 그리스도교화되면서 동시에 문명화되어 간 야만 부족들의 점진적 순화로, 갈리아와 장벽 다른 편의 레온·갈리시아·아스투리아스·나바라·아라곤의 산악지방간의 연결이 이루어졌다. 이러한 연결은 10세기말 동안 산티아고 데 콤포스텔라 성지로의 순례가 개시되고, 또 그것이 신속히 확대된 사실에서 상징적으로 드러나고 있다. 갈리시아의 서부 끝쪽 방면의 도로를 따라 고위성직자와 전사수행원을 대동한 아키텐의 영역 제후들, 그리고 하층민들이 대거 이곳을 왕래하게 되었다. 무리를 지은 순례자들——이 중 대부분이 자신의 땅을 저당잡히고, 신에게 헌정하기 위해 귀중품의 일부를 처분하여 현금을 마련하고자 하였다——의 왕래는, 이 경건한 여행길에 위치한 다수의 휴식 장소들에 활력을 불어넣었다. 또한 산티아고 데 콤포스텔라로의 여행에서, 전투가 직업인 세속귀족의 구성원들과 무기 사용법을 결코 망각한 적이 없는 그들의 성직 형제들은 지방의 최상위 주군들에게 군사력을 지원해 주는 역할을 하였다. 몇십 년 동안 이들 최상위 주군들은 이교도들에 대항해 전쟁을 감행해 왔으며, 때로 성공과 후퇴의 반복되는 국면은 이들의 경계를 넘어 이슬람 영향권하에 있는 탈취할 것으로 가득 찬 번창한 지역으로 이끌었다. 이들은 피레네 산맥의 저쪽 편에서 온 전사들의 도움을 받아 적의 영토 깊숙이 전격적인 공격을 감행하여 전리품을 싣고 되돌아오곤 하였다. 이들은 코르도바 칼리프국의 쇠퇴로 인해, 독립적이면서 상호간 분리되어 있는 무슬림 제후들에게 공물 부담을 지우는 데 성공하였다. 공물은 금화로 제공되었으며, 11세기 스페인의 모든 그리스도교 통치자들은 이로 인한 꾸준한 수입으로 부유하게 되었다. 이같은 성공담은 오랜 뒤 서구의 전설들에 반영되어, 당시의 특출했던 약탈원정에 대한 매혹적인 향수를 불러일으켰다. 소규모의 산악국가들을 관통하는 이 약탈원정에 의해 포로——'개처럼 짖어대고,' 순례기사들이 이 흥미로운 대상을 피레네 산맥 너머로 데려왔을 때 리무쟁인들이 조롱했던 무슬림 노예들을 포함한——와, 모자라브의 장인들이 유행시킨 세공품——그 중 일부가 오늘날 프랑스 교회들에 귀중품으로 보관되어 있다——이 획득되었다. 그리스도교측 입장에서 볼 때, 이 전쟁이나 약탈은 작센 지방 광산들보다 훨씬 풍부한 귀금속을 제공해 주고 있었다. 이 전쟁은 승리한 전사들이 전쟁터의 시체로부터 수거하여 클뤼니 수도원에 제공한 것——

이것으로 11세기 전반부에 오딜롱 수도원장이 성소의 제단을 장식하였다——과 같은 은을 공급해 주었다. 이 전쟁은 또한 막대한 양의 금을 공급해 주었으며, 이를 바탕으로 50년 후 카스티야 왕은 연금——무슬림의 화폐로 평가된——형태로 클뤼니 수도원에 혜택을 부여해 주었다. 위그 수도원장은 이 자금으로 웅장한 규모의 수도원 건물을 재축하였다. 이들 전리품 대부분은 궁극적으로 원정기사들의 본거지였던 서유럽의 중심지들로 옮겨졌다. 쓰고 남은 전리품은 중심지 인근지역을 활성화시켜 주었으며, 그 결과 이 지역들이 화폐경제에 익숙해지게 되었다. 조폐는 나바라에서는 1030년경, 아라곤에서는 11세기말, 그리고 이슬람의 조폐소에서 주조된 주화가 상당 규모로 유통되고 있었던 레온과 아스투리아스에서는 조금 뒤에 시작되었다. 한편 사라센족 공격의 위험이 사그라짐에 따라 이 지역들에서 인구가 증가하였다. 산악의 남부 측면에서 이목이 가능하게 되었으며, 군사적 성공이 이를 보다 안전하게 해주었다. 갈리아에서 귀환중이었던 개척자들이 이 지역들의 일부 자유화된 영역에 정착하였다. 경계가 남부로 이동함에 따라, 농민전사들이 자신의 땅을 자유로이 보유하고 농장을 집단화하면서 도시와 근사한 실질적인 정착지를 세워 나가는 독특한 사회가 형성되었다. 로마 전통이 남아 있고 이슬람화된 영토의 정복을 통해 서서히 팽창되어 간 이 땅에서, 사람들을 계속해서 보호 속에서 살아갈 수 있게 해주는 방어거점이자 잉여 농산품과 유목제품을 교환하는 시장 역할을 한 도시에 모든 물질적 활동이 집중되었다. 이 왕국들 중의 한 수도인 레온의 성벽 외부에서 수요일에 시장이 개시되었다. 인근 지방으로부터 정규적으로 가져온 잉여 농산품과 일반 가죽제품·나무·도자기·금속이 판매를 위해 이곳에 집결되었다. 보다 진귀한 물품의 거래는 도시 내 폐쇄된 시장 안에서——왕권은 보다 심혈을 기울여 귀중품들을 보호하고자 하였다——이루어졌다.

피레네 산맥의 다른 쪽 끝에서 카롤링거 왕조인들은 군사요새인 카탈루냐 변경지대를 세워, 이를 에브로 강까지 확대하는 데 성공하였다. 셉

티마니아와 이웃한 이 그리스도교 세계의 전진기지는, 9세기 이래 이슬람에 예속된 지방에서 도망온 피난민들을 환영하였다. 지배자들은 이들 이주민을 보호하고, 초기 무슬림의 침입과 재정복의 혼돈 기간 동안 인구가 희박해진 땅을 호의적인 조건으로 이들에게 불하하였다. 외부인을 받아들이는 이러한 관행은 10세기초, 특히 산악계곡의 정착지에서 예외적일 정도로 인구가 과밀했다는 사실을 설명해 준다. 1000년 이후까지 지속된 무슬림 약탈자들의 공격에도 불구하고 유지된 인구 증가는, 문화적 활력에 의해 강력히 특징지어진 경제적 붐을 일으키는 한 원동력이 되었다. 노르망디에서 교회 축조를 위한 대규모 부지가 마련되기 50년 전에 이 지역에서 건축적 실험——이로부터 로마네스크 양식이 출현하였다—— 이 이미 착수된 바 있다. 여기서도 전쟁터에 가깝다는 사실이 성장의 추진력을 활기 있게 유지시켜 주었다.

예외적으로 풍부하고 지금껏 거의 이용되지 않은 바르셀로나 문서들을 근거로 삼은 한 뛰어난 연구[19]는, 1000년 바로 전후한 시기 동안 주요 키비타스에 인접한 한 마을의 발전을 긴밀히 관찰할 수 있게 해준다. 이 기간은 알-만수르의 약탈과 포로의 몸값 수익에서 절정을 이룬 격렬한 군사적 적대의 시기였다. 이 마을은 어부와 원예가들에 의해 거주되었는데, 이미 어느 정도 발전되어 있었던 이들의 농업은 원예·관개·포도주 생산을 바탕으로 하고 있었다. 한 대장장이는 당시 대다수 유럽 농민에 의해 사용된 것보다 분명히 덜 원시적인 도구를 제작하고 있었다. 이 마을의 주민 상당수는 읽는 방법을 알고 있었는데, 이는 이곳의 문명이 타지역보다 높은 수준이었음을 보여 주는 또 하나의 흔적이다. 즉 이곳에서는 문서가 광범위하게 사용되었고, 또한 문서사료가 풍부하였다. 농부들은 이웃한 도시에 식량을 공급하였다. 상당 규모의 소비자 집단, 특히 규모는 크지만 멀리 떨어진 영지를 소유한 성당참사회원들은 인근 농민들의

---

19) P. Bonassie, *Annales du Midi*, 1965.

제공품을 사고 현금으로 이를 지불하기를 선호하였다. 이런 식으로 화폐가 이 마을로 흘러 들어왔다. 이 돈은 땅을 구입하는 데 사용되었는데, 이는 이 지역의 법적 조건과 풍부한 자유지로 인해 수월해졌다— 종속민들도 토지를 소유할 수 있었다. 관찰 대상이 된 73건의 거래 중 5건만이 현물 지급 사항을 담고 있었다. 대체로 획득물은 곡물가에 해당하는 현금으로 지불되었다. 990년까지 주화는 지방에서 만든 은화였다. 코르도바에서 주조된 디나르가 유통된 이후 금화인 만쿠스가 사용되었다. 그런 다음 1018년 이후 바르셀로나 백작들이 이것을 모방하여 주조한 주화가 등장하였다. 전쟁과 그 파장에 의해 야기된 화폐의 불안정으로 이 화폐가 유입되었고, 이는 지가의 급속한 하락을 초래하였다. 매일매일의 화폐 사용과 그에 따른 토지시장의 탄력성은 사회 유동을 촉진하였다. 우리는 새로운 부자들이 등장하였고, 그 사실이 이들보다 운이 덜한 동료들을 질투하게 만들었다는 사실을 알고 있다. 우리는 한 가족집단이 사회적으로 상향 유동하는 단계들을 추적해 볼 수 있다. 987년에 이 가문의 한 선조는 4마리의 황소와 70마리의 양을 소유한 견실한 농민이었다. 그렇지만 그는 이미 약간의 군사장비를 소유하였는데, 이 시기에 적어도 농민 중의 엘리트층은 전문적인 전사들과 협동하였다. 위 사람들은 부동산을 획득하는 정책을 개시하였고, 그의 후손들이 이를 계승하였다. 1020년대에는 그의 자손들이 스스로를 개선시켜 가고 있다는 수많은 흔적들이 나타나고 있다. 그 흔적들로서 석조 저택의 소유, 산티아고 데 콤포스텔라로의 순례 참여, 귀족 상위층과의 성공적인 혼인, 사치스런 여성 장신구의 구비 등을 거론할 수 있다. 이들 중 마지막 요소는 '경제 성장의 가능한 가장 명백한 흔적'으로 간주될 만하다. 1053년 한 딸의 지참금은 25온스의 금 가치가 있었고, 또 다른 딸의 지참금은 '의복과 여타 개인 장신구'를 포함하여 40온스의 가치가 있었는데, 이는 전쟁용 말 4마리 값에 해당하였다. 결과적으로 농민 출신의 벼락출세자들이 물질적 성공 덕에 배심원단에 속하게 되고, 도시에 거주하며 도시 공동체의 문제들을 관장할 수 있게 되었다. 포로의 몸값 지불로 인해 전선의 한쪽 끝에서 다른 한쪽 끝으로 자본이 이동한 결과, 금을 대량으로 거래해 왔던 이 벼락출세자들은 상당한 이득을 획득하였다. 정착지의 밀집화와 인근 이슬람 경계지로부터 수입된 덜 초보적인 기술, 그리고 도시와의 근접성 덕택에 농촌은 주화의 신속한 유통—— 거의 끊임없는 전쟁으로 야기된 혼돈에 의해 자극받은—— 과 긴밀히 결부되면서 번영하게 되었다.

*

　비잔티움에서 제조된 세련된 보석품 중 일부는 이탈리아, 특히 파도바 평원으로부터 아드리아 해로 나가는 출구를 통해 카롤링거 세계로 흘러 들어왔다. 라벤나 및 여타 해안 도시들은 오랫동안 동부 제국과 정치적으로 밀착하면서 필수적인 중계지로서 기능해 왔었다. 이 도시들 중 840년 로타르 황제와 협약을 맺은 베네치아는 차츰 페라라와 코마키오를 압도하며 선두에 나섰다. 하지만 9세기 초반 비잔틴의 해군력이 약화되어 이 구역은 무슬림의 활동영역으로 남게 되었다. 이같은 후퇴 결과 해안 도시들이 흥기하였으며, 이 도시들은 오리엔트와 맺고 있던 관계를 스스로 방어할 수 있게 해줄 함대를 강화시켜 나갔다. 새로운 모험과 이에 따른 결의의 강화, 필수적인 수단으로서의 해적행위, 이슬람 세계의 제후들과 협상해야 할 의무, 이 모두가 이탈리아 해안가의 선원들에게 선공을 취하도록 만들었다. 사라센이 티레니아 해의 중심부를 자신의 경계 밖에 두게 된 9세기 후반부와 10세기초 동안, 두 항구가 라틴 그리스도교 세계와 동부 지중해간의 접촉을 활력 있게 유지하고 있었다. 이 두 항구는 베네치아와 아말피이다.

　베네치아 해안가의 주민들은 육지에서의 판매를 위해 소금을 생산하였다. 하지만 이들은 또한 원거리 항해자들이었으며, 콘스탄티노플 황제들의 금지에도 불구하고 무슬림 이집트의 물류집산지까지 모험을 감행하였다. 829년 이들은 여기에서 성 마르코(마가)의 유물들을 되찾아왔다. 이들은 그 대가로 무기와, 이스트라·달마치아의 삼림에서 벌채한 선박 건조용의 목재를 제공하였다. 또한 이들은 프랑크와 비잔틴 세력권간의 불확실한 경계지역을 점하고 있었던 남부 슬라브족으로부터 탈취한 노예와, 알프스 건너 중부 유럽에서 획득한 노예를 판매하였다. 11세기에 콰르의 주교는 이 노예들에게 2데나리우스의 인두세를 부과하고 있었다. 베네치아인들은 또한 롬바르디아로부터 비잔티움으로 곡물을 운반했던 것 같다. 10세기 중엽 콘스탄티노플의 세관원들은 오토 대제의 사절인 크레모나의 리우트프란트 주교에게 베네치아 상인들이 식량과 비단제품을 맞바꾸고 있었다고 보고하였다. 이 거래는 922년 비잔틴 황제가 이들에게 부여한 관세 면제에 의해 수월하게 되었다. 동시에 이들의 보트가 상품을 싣고 포 강까지 항해했음을 우리는 알고 있다. 이같은 다양한 활동으로 해안의 섬들에서 영지를 획득하기 위해 자신의 이익 일부를 사용하고, 또한 해외 모험에 끊임없이 상당 규모의 유동자본을 투자했던 귀족들이 꾸준히 부유해져 갔다.

아말피는 해안보다는 오히려 오르기 힘든 바위들에 의해서, 베네치아와 마찬가지로 육지 방향의 위험으로부터 보호받고 있었다. 따라서 이 도시는 궁극적으로 나폴리를 피폐화시켰던 야만족과 그리스 영주들간의 경쟁에 의해 촉발된 정치적 무질서를 피할 수 있었다. 아말피는 또한 비잔티움의 원거리 보호로부터 혜택을 입었는데, 비잔티움은 베네치아인들처럼 자유스럽게 콘스탄티노플에서 거래할 권리를 아말피 선원들에게 부여하였다. 이들은 또한 예배식에 사용되고, 교회와 궁정의 벽에 치장될 귀금속들을 집으로 가져왔다. 이 귀금속들은 아드리아 해의 상인들이 요구한 것보다 고가로 로마의 부유한 고객들에게 제공되었다. 오리야크 생 제로 수도원의 전기작가는, 자신의 영웅이자 9세기 후반부에 삶을 영위한 백작이 어느 날 로마에서 귀환하여 그에게 오리엔트의 공예품을 가져다 주었다고 전하고 있다. 그는 백작이 산 물품들이 백작이 지불한 액수만큼 가치가 나가지 않는다고 생각했던 베네치아인들을 파비아에서 만났다. 비잔틴 황제가 베네치아인들에게 특권을 부여했을 때, 그는 콘스탄티노플에서 거래하는 아말피인들의 권리를 침해하지 않으려고 세심한 관심을 기울였다. 그때까지 아말피인들은 이미 이슬람 세계 항구들과의 관계를 광범위하게 발전시켜 왔다. 이 관계가 지나칠 정도로 밀접한 나머지, 아말피가 비잔티움과 맺고 있는 정치적 유대에도 불구하고, 아랍에서 주조한 금화인 타린과 그것의 지방 모조품들이 인근의 살레르노에서처럼 이 도시에서 유통되었다. 확실히 라틴 그리스도교 세계의 어느 구역에서도 바다와 암벽의 언덕 사이에 위치한 이 격리된 해안선에서만큼 무역의 전문화가 진전되지는 않았다. 11세기의 마지막 25년간에 로마와 가르가노 곶의 성 미카엘, 그리고 안티오크와 예루살렘의 성소에 위치한 종교단체들에 막대한 부를 기증했던 판탈로네와 같은 모험가들이 재산을 축적한 것도 이처럼 이익이 많이 남는 사업으로부터였다. 아말피인들이 자선을 베푼 영역의 분포도는 아말피의 영향권 범위를 반영해 준다. 이 장소들은 티레니아해 도시들의 시민들이 해안선들을 따라서 식민화시켜 놓은 무역거점들에 위치해 있었다. 상당수에 달하는 이런 거점들에는 인구가 밀집하였다. 아직까지는 일차적 중요성을 지닌 상업 중심지가 아니었던 카이로에 1백명 이상의 아말피인들이 996년 폭동 속에서 사망하였다. 그렇다면 얼마나 많은 강건한 사람들이 아말피에 남아 있었을까? 상당수의 아말피 상인들이 보스포루스 해협과 두러스 해협으로부터 마그리브 해협에 이르기까지 흩어져 있었는데, 이처럼 물리적으로 고립된 장소가 기항과 피난처, 그리고 사자의 안식처 이상의 역할을 하는 항구가 될 수 있었을까? 젊은 이들은 일정 연령에 달하면 바다의 모험과 거래생활로 곧장 나아갔다. 8세기의 프리지아 해안, 15세기의 상(上)엥가딘, 전시기의 레반트 항구들처럼 아말피는 남자들을 불가항력적으로 원거리 모험가가 되도록 밀어내었다. 가장 대담한 자들은 아말피를 떠난 후 아마 우연한 방문객으로서만 되돌아왔을 것이다. 이들의 활력은 다른 곳에서, 그리고 잠재적인 경쟁자들의 이익을 위해 사용되었다. 판탈로네의 경건한 기증이 명확히 증명하고 있듯이, 이들이 출생한 도시는 이들의 경영을 통해 축적된 자본으로부터 결코 거의 이득을 얻지 못하였다.

결국 이 항구는 이 항구의 입구에서 거점을 마련하고 있었던 노르만 세력 확장에 저항할 수 없었으며, 1077년에 이들에 항복하지 않을 수 없었다. 아말피의 전반적인 번영은 이 항구가 이교도들과 자유로이 거래하도록 허용해 준 예외적인 정치 상황에 바탕을 두고 있었다. 아말피는 관심을 타방면에 기울이고 있던 한 국가에 의해 병합되어 얼마 지나지 않아 쇠퇴하였다. 아말피의 기능을 바리가 떠맡게 되었다. 콘스탄티노플이나 성지로 향하는 10세기의 여행자들 대부분이 이제는 바리에서 출발하였으며, 992년 베네치아와 비잔티움간의 협약에서 바리의 유대인과 롬바르드족 상인들은 아말피 상인들과 동일한 혜택을 부여받았다. 피사의 선박들이 이 항구를 공격한 1138년에 아말피의 위대한 날은 그 종식을 고하였다.

피사와 제노바의 상업 발전은, 서유럽 그리스도교인들이 효과적으로 대적할 수단을 갖추게 되자마자 반격에 나서 싸우게 된 사라센인들과 보다 밀접하게 얽혀 있었다. 이베리아 반도의 경계에서 서서히 무르익게 된 성전의 관념이 경제 성장에 미친 영향은, 이 도시들에서 보다 명백히 확인된다. 베네치아인과 아말피인은 평화로운 무역협정에 의해 무슬림 영토의 물류집산지에서 활동하였고, 이들의 창고는 유대인의 것과 마찬가지로 보호받았다. 하지만 티레니아 해 북부 출신의 선원들은 약탈전쟁용의 배와, 신속히 공격하여 빠져 나올 장비를 갖춘 갤리선을 건조하였다. 스페인 전사들이나 동시기에 남부 이탈리아에 행운을 찾아나섰던 노르만족과 마찬가지로 선봉에 선 피사인들은 약탈자로서, 동시에 그리스도교 병사로서 공격을 취하였다. 군사원정을 통해 획득된 전리품은 후에 사업활동에서 결실을 맺게 될 자본을 오랫동안 축적하게 하는 기능을 해주었다.

피사가 롬바르디아 왕들의 통치를 받았을 때, 비잔틴 황제에 속하였던 한 소규모 로마인 거주지는 왕의 보호하에서 한동안 존속하였다. 그렇지만 베네치아에서처럼 퇴락한 이 도시를 암흑기 동안 유지시켜 준 것은 아마도 염전 경작일 것이다. 루카를 통해 로마로 향하는 주도로의 전환이 피사의 부활을 가져온 시초의 요인이었다. 975년까지 피사의 선박들은 비잔틴의 선박들과 어울렸고, 또한 메시나를 위협하였다. 그러나 대규모 약탈원정은 10세기에 시작되었다. 처음에는 코르시카 해안에서, 다음으로는 사라센이 장악한 사르데냐 해안에서 행해진 이들 약탈원정은 점차 발레아레스 제도·스페인 해안·시칠리아·마그리브로 확대되었다. 1072년 피사의 약탈자들은 시칠리아에서 거점을 확보중인 노르만족을 지원하였다. 이때 아르노 항에 막대한 양의 약탈물이 축적되었으며, 이 사실은 대규모 성당 축조에서 여실히 확인되고 있다. 얼마 지나지 않아 제노바도 그뒤를 따랐다. 롬바르드족의 정복은 제노바에 상당한 시련을 안겨 주었다. 제노바는 리구리아 쪽 아펜니노 산맥을 횡단하는 경로의 전환으로 오랫동안 손실을 입어 왔다. '리비에라' 소굴지역으로부터 제노바의 귀족들은 피사의 약탈자들과 힘을 합하여 여러 섬의 사라센족을 상대로 공격을 감행하였으며, 제노바인의 해상활동은 11세기 중엽 이후 신속히 발전하였다. 제1차 십자군 원정이 발진되었던 그때에 두 도시의 항해전사들은 마디야를 탈취하였다. 이들은 이미 론 강 하류와 나르본의 항구들을 통제하고 있었다. 이제 이들은 멀리 동부 지중해의 번창한 해안들까지 약탈을 감행할 준비가 되어 있었다. 얼마 지나지 않아 이들은 평화로운 상업거래 수단을 통해 획득과 약탈의 욕구를 전환시켜 나갔는데, 부의 주형태가 동산이었고 또한 그것이 현금으로 계산되었다는 가정이 설득력이 있다. 이같은 심성적 특성들은 서유럽의 농촌문명에 매우 이질적이었으나, 이후 상인들의 사고방식을 특징짓게 된다. 그렇지만 이같은 정신적 태도들은 침략을 통해 이들의 공격성을 유발시킨 바이킹과, 그 계승자들에 의해 과시된 모험정신으로 점철된 환경에서 형성되었다.

*

이탈리아 내부에서는 고대 문화의 완강한 존속으로 여전히 키비타스가 모든 활동의 초점으로 남아 있었다. 산악 너머의 도시들이 폐허화되거나 단순히 존재하고 있었을 때에도 이탈리아 대부분 지역의 도시들은 사회 관계의 중추로 남아 있었다. 이 도시들은 단순히 종교적이거나 군사적인 구조물에서 비롯된 것이 아니었고, 또한 전적으로 농촌적인 경제에 둘러 싸여 중간에 고립되어 있지도 않았다. 오히려 농촌들이 이탈리아 키비타 스들 주변으로 이끌리게 되었다. 롬바르드족의 정복과 그 다음 카롤링거 왕조인들의 정복에 따른 쇠퇴 이후, 10세기가 경과하면서 장원의 잉여물 이 재차 도시 시장에 도달하였다. 그리고 이 시장이 회복됨에 따라 농촌 시장은 점차 쇠퇴하였다. 다른 곳과 마찬가지로 경제 활력의 가장 강력한 충격은 경지와 택지·포도원·방목지로부터 왔다. 하지만 지주 대부분은 도시 거주자들이었다. 이들은 원거리로부터 자신의 소유물을 경영하였다. 이같은 상황으로 인해 화폐수단에 지속적으로 의존하는 상업활동이 예외 적 활력을 유지하였다.

이곳에서 조폐는 당시 가장 번창했던 가문들의 성공이 이에 바탕을 두 었을 정도로 필수적인 기능이었다. 10세기 말경과 11세기 중엽까지 조폐 의 감독자들은 도시 거주민 중 고위층의 지위에 있었다. 이들은 황제의 대리인들과 함께 궁정에서 도열하여 앉았으며, 수도원들에 돈을 빌려 주 고 교회 개혁자들을 지원하곤 하였다. 1036년 한 조폐인이 한 성에서의 주둔권을 획득하는 데 데나리우스로 1백24리브르를 지불하였다. 970년경 부터 롬바르디아에서 보다 직접적인 주화 유통이 가격을 상승시켰다. 그 리고 11세기에 점증되는 지불수단의 부족은 파비아·루카·밀라노의 조 폐소들에게 보다 가벼운 주화를 주조케 하는 요인이 되었는데, 주화는 가 벼워져서 오히려 지방상업에 보다 적절히 사용되었다.

　10세기 내내 도시를 중심으로 이루어진 변화는, 경제구조를 카롤링거 왕조 명세장들에 드러난 대로의 대영지 체제로부터 서서히 이탈시키고 있었다. 우선 가내노예 집단이 이에서 이탈하였으며, 한편으로 보유농에 부과된 부역은 거의 완전히 사라졌다. 1000년 이후 농민의 잉여 생산물이 도시 출신의 전문 상인을 통해 도시시장으로 운반되어 오고 화폐수단이 보다 탄력화되어 널리 유포됨에 따라, 농민들은 자신의 생산물을 직접 시장으로 운반하는 대신에 현금 지불 요구를 받아들이게 되었다. 농촌 거주자들을 지주에게 속박하게 한 관습적 유대를 대신하여 단기간에 걸친 양자간의 계약 협의방식이 나타났다. 그리고 이런 계약들이 문서화됨에 따라 갈수록 번창하고, 대부업자로서도 활동하게 된 전문적인 서기집단이 필요하게 되었다. 교회의 광대한 토지 자산은 위와 유사한 계약형태로 이를 보다 능동적으로 이용한 서기나 도시인들에게 양도되었다. 이처럼 도시에 근거를 둔 전문 경영인에 이로운 방향으로 교회의 세습재산이 해체된 양상은 매우 심도 있게 진행되었다. 예컨대 보비오 수도원의 모든 재산은 수도원 원장이 황제의 개입을 간청했던 10세기말까지 이런 식으로 양도되었다. 동시에 이 과정은 인근의 농촌경제에 대한 도시의 통제권을 확대시켰고, 또한 토지 경작을 보다 집약화하였다. 나아가 이 과정은 또한 도시들에 집중된 귀금속 형태의 부가 농촌환경으로 유입되도록 해주었다. 위 형태의 자본은 포도원과 올리브 과수원의 확대와 더불어 황무지의 새로운 개간을 자극하였다. 이처럼 이탈리아는 전적으로 독특한 발전 양상을 보여 준다. 사라센족과 헝가리족의 약탈이 중지되자마자, 도시민들이 축적한 은 비축량의 막대한 투자로 농민 생산의 증대가 시작되었다. 이런 형태로 도시의 부로부터 유래한 경제활동의 활력은, 카롤링거 왕조 이래 심각한 방해 없이 계속해서 팽창해 온 것으로 보이는 인구를 부양해 줄 가장 효과적인 수단으로 작용하였다. 라티움에서 인구 팽창은 9세기초에 시작되었다. 그것은 무엇보다 새로운 농경방식의 유포, 다음으로 10세기와 11세기 전반부에 요새화된 핵심 정착지인 카스트라의 설립을 수반하였다.

화폐 사용이 점차 일반화됨에 따라 당시 알프스 너머에서 작성된 문서들에 드러난 것과는 전혀 상이한 행동방식이 도시민 사이에 도입되었다. 도시민은 물질적 가치를 계산하고 평가하며, 이를 화폐 단위로 환산하는 요령을 알고 있었다. 이들은 시골에서 생산적인 기업에 자신의 돈을 투자하거나, 상업 세계에 돈을 투자함으로써 획득되는 이윤에 대한 감각을 터득하여 왔다. 그리고 단순히 군사적 정복이나 전쟁지휘자의 관대함에서 비롯된 것이 아닌 이러한 이득에 대해 스스로를 과시하려는 열망이 꿈틀거리기 시작했다. 이같은 심성은 이탈리아 도시의 세속 거주민 사이에 빈곤과 금욕적 관행을 주요 덕목으로 치부했던 종교적 열망이 초기에 유포된 사실과 무관한 것은 아니다. 여태껏 라틴 그리스도교 세계의 다른 지역에서 자신의 세속적 권리를 과시하고, 신의 영광을 찬미하기 위해 자신의 성소에 귀금속을 축적하려는 교회의 권리를 아무도 부인하지 않던 시기에, 이탈리아 도시민들은 교회를 침탈하는 데 앞장섰다. 이들 덕택에 돈은 도구가 되었다. 부는 더 이상 단순히 영웅적 행위에 대한 보답이 아니었고, 그것의 도덕적 가치를 상실했으며, 대신 이들 도시민들은 빈곤에 완벽한 가치를 부여하였다. 이같은 경제구조의 독창성으로 인해 위 행동방식은 서구의 교회들을 빈곤의 생활로 유도하려는 모든 시도의 출발점이 되었는데, 이같은 행동방식은 또 다른 한편 반도 남부의 비잔틴 교회로부터 영향받은 바도 크다. 이같은 행동 유형들과 개혁운동의 부분적인 성공은 경제에도 직접적인 반향을 일으켰다. 귀족의 생활방식에 있어서 과시와 낭비 성향은 축소되었다. 자신의 재산 일부를 신에게 헌정하려는 욕구가 여전히 남아 있었을지라도, 금·은을 제단장식에 사용하기보다는 그것을 빈자들 사이에 분배하거나 자선단체에 제공하려는 경향이 점차 나타났다. 요컨대 이탈리아 도시들에서 동산이 점차 재분배되었고, 또한 귀족이나 종교단체의 금고에 사장된 부의 비율은 아마 어느 지역보다도 낮았을 것이다. 이후 시골에서 도시로 이전된 금괴 비축량의 대부분은 직접적으로 상업거래에 쓰이게 되었다.

　원거리 무역의 물결은 해안으로부터 떨어진 내부의 도시들로 침투되었는데, 이는 주로 아드리아 해로부터 포 강을 중점으로 한 수로망을 경유하여 이루어졌다. 이 도시들이 거주민 중에 적어도 약간의 상인들, 즉 신용대출을 해주고 때때로 상업에 손을 댄 부자들을 포함하고 있지 않은 경우는 전혀 없었다. 순례자용의 망토 판매는 이들을 부유하게 만들었다. 로마를 경유하여 성지로 향하는 모든 육로를 따라 위치한 정류지들에서 이 물품의 판매는 스페인에서보다 훨씬 이윤이 컸다. 성화되어 귀향하는 참회자들은 그들 눈앞에 펼쳐진 아름답고 기이한 물품들의 유혹으로 시련받았다. 빈자들에게 데나리우스를 아낌없이 주어 버리고, 사치에 대해 비난을 퍼부었던 오리야크의 속인성자 제로는 그럼에도 불구하고 로마에서 귀금속을 구입하지 않았던가? 한 부유한 순례자가 롬바르디아 평원의 키비타스들에 도달하자마자, 상인들이 이 전능한 영주와 그를 수행한 고위층 인사들에게 비단 망토와 향료를 제공하기 위해 신속히 접근하였으며, 이 일행은 곧 산악을 넘어 야만의 세계에 들어섰다. 샤를마뉴의 시대조차 융성했던 이들 상인들의 거래활동은 10세기 내내 팽창하였다.

　파비아는 왕권의 주요 거점이었던 관계로 지금껏 거래가 가장 활발히 이루어진 지역인데, 이는 정치적 요인의 중요성을 보여 주는 또 하나의 예이다. 파비아는 이 시기에 새로운 방어용 방책을 축조하였다. 파비아의 조폐소는 왕국 내 여타 조폐소들보다 오랫동안 활동적이었다. 여기에서 주조된 데나리우스는 11세기에 로마에서 주조된 것들과 경쟁하였다. 1000년 이후 이 주화는 북부 이탈리아 전역에서 화폐경제의 지속적인 팽창을 지탱해 주었다. 카롤링거 왕조의 붕괴 이후 파비아의 '가장 영예롭고 매우 부유한' 상인들은 여전히 통치자의 가솔에 속하였는데, 이들은 미니스테리알레스나 특별한 부서의 구성원이 되었다. 그로 인해 이들은 중요한 특권, 즉 다른 도시의 상인들이 어느 시장에서도 이들에 대항하여 경쟁할 수 없게 한 특권을 획득하였다. 왕은 가장 가치 있는 상품교환이 자신의 보호하에 파비아에 집중되기를 바랐는데, 예컨대 이후 1009-1026년의 국왕 외교문서는 베네치아인들이 2주 동안 1번, 즉 성주간과 11월의 생 마르탱(마르티누스) 주간에 각 1번, 두 정기시 이외 지역에서 비단제품을 판매하는 것을 금하였다. 그러나 11세기초에 왕권이 더욱 약화되어 파비아는 상업상의 우위권을 상실하였다. 이제 그 지위는 주요 상인 가문들의 출계가 9세기까지 추적될 수 있는 밀라노로 넘어갔다. 이들 중 가장 부유한 자는 성벽 내의 저택과 외부의 땅을 매수하였다. 상인 겸 선원들이 924년 주교의 권위에 대항하여 반란을 일으켰으며, 황제가 991년 특별 허가에 의해 자신의 보호하에 두었던 크레모나에서도 유사한 양상이 전개되었다. 그리고 피아첸자는 포 강과 3개의 육로, 즉 에밀리아로 향하는 도로와 밀라노에서 제노바로 가는 도로, 아펜니노 산맥을 넘어 루카로 향하는 도로의 교착점에서 또 하나의 중요한 교역 장소가 되었다. 루카는 토스카나 지방 내부에서 계속해서 주요 중심지로 남았다. 한편 10세기 후반에 피렌체와 시에나에서 이 키비타스들과 그 인근 농촌의 경제를 이후 오랫동안 지배하게 될 대가문들이 등장하였다.

1000년경 사라센족이 추방되어 그동안 약탈행위가 결코 근절되지 않았던 알프스 횡단 산악로에서 간이역 기능을 행하는 수도원들이 회복되자마자, 롬바르디아의 교통 중심지들과 북부지방간의 관계가 밀접해졌다. 그리스도교권의 대규모 순례지들과 로마의 교회들, 그리고 동구 쪽의 보다 원거리에 위치한 교회들에 대한 호기심이 점증되던 시기에 이 통과로들은 보다 분주해졌다. 이러한 연관성은 1010-1027년에 기록된, 그러나 실제로는 보다 초기인 920년대의 '파비아 키비타스의 탁월성'을 언급하고 있는 한 문서에서 탐지될 수 있다. 그것은 파비아로 집중되는 교통의 다양한 경로와 교통량을 나타내 주고 있는데, 이탈리아 왕은 이를 이용하고자 하였다. 가장 붐비는 교통로는 분명 아드리아 해와 남부로부터 오는 경로였다.

매년 베네치아의 총독과 베네치아인들은 베네치아 데나리우스로 50 리브르를 궁정에 가져왔고, 국왕금고국 책임자에게는 최고 품질의 스카프를 제공하였다……. 이들은 쟁기질하고 씨를 뿌려 포도를 수확한 것이 아니었다. 이들은 이같은 화폐 지불을 '계약(pacte, 라틴어로 pactum)'이라 일컬었는데, 그 이유는 베네치아인들이 모든 상업 중심지에서 산 밀과 포도주에 대해 파비아에서 별 어려움 없이 지불할 수 있었기 때문이었다.

전통적으로 상당수의 부유한 베네치아 상인들은 자신의 물품을 싣고 파비아에 오곤 하였다. 이들은 자신의 거래 이득으로부터 '성벽 밖'이라 일컫는 생-마르탱 수도원에 40솔리두스당 1솔리두스를 제공하였다.

베네치아인들 —— 적어도 부자들은 —— 각자는 매년 파비아에 도착시 1리브르의 후추와 계피·생강을 국왕금고국 책임자에게 제공하여야 했다. 그의 아내는 상아와 머리빗·거울·옷장, 또는 기타 20솔리두스의 파비아 주화를 받도록 되어 있었다. 유사하게 살레르노·가에타·아말피인들은 파비아에 거대 규모의 물품을 가져오는 대신에, 궁정의 국왕금고국 책임자에게 40솔리두스당 1솔리두스를 제공하고, 그의 아내에게는 베네치아인들처럼 각기 향료나 옷장을 제공하는 데 익숙해 있었다.

더불어 산악 너머로부터 온 상인들도 궁정 키비타스에 도착하였다.

이들은 왕국으로 들어서면서 국왕 소유의 관세국과 도로상에서 자신의 모든 물품의 1/10을 지불하곤 하였다. 한 관세국 목록은 다음과 같다. 첫번째 관세국은 수사(뒤랑스 강을 향하여 프로방스·아키텐·스페인으로 나아가는 몽주네브르 고개 입구에 위치한)에, 두번째 것은 바르

(생 베르나르 대수도원 어귀의)에, 세번째 것은 벨린초나(루크마니에 고
개를 바라보는)에, 네번째 것은 치아벤나에, 다섯번째 것은 볼차노에, 여
섯번째 것은 벨라르노에, 일곱번째 것은 트레비소에, 여덟번째 것은 몬
테 크로체 방면에서 접근 가능한 쥐글리오에, 아홉번째 것은 아퀼레이
아 근처에, 열번째 것은 치비달레 델 프리울리에 위치하였다. 산악을 넘
어 롬바르디아에 온 사람들 모두는 말과 남녀 노예·양모·리넨 옷·
대마 옷·주석·향료에 대한 십일조를 지불해야 한다……. 그러나 로마
와 성 베드로 대성당의 순례자들이 스스로의 비용 마련을 위해 운반해
오는 모든 것은 부과의 대상이 되지 않는다. 3년마다 앵글족과 색슨족
및 여타 민족들은 파비아의 궁정과 국왕금고국에 50파운드의 표백된
은화와 2마리의 그레이하운드, 초상품의 방패 2개, 유사한 제품의 창 2
개, 날이 날카로운 칼 2자루를 보내야 했다. 이들은 또한 국왕금고국 책
임자에게 큰 수치의 모피 2벌과 2파운드의 표백 은화를 선물하여야 했
다. 그런 다음 이들은 왕으로부터 왕래 도중 별탈없이 보호받을 수 있
는 보증을 받을 수 있게 된다.[20]

위 구절을 상세히 읽어보면, 우리는 수많은 전문 상인의 존재와 거래의
주요 방향을 인식할 수 있다. 비잔틴인이나 유대인에 대한 언급은 전혀
나타나고 있지 않다. 고품질의 공예품과 현금을 휴대하고 지중해 지역으
로부터 온 상인들과, 노예·일반 의복·영국 제도산 주석을 싣고 알프스
를 넘어온 상인들간에는 뚜렷한 대조가 있었다. 파비아 시장은 실로 양세
계의 접합점에 위치하였다. 그리고 영국과의 관계에 역점이 주어졌다. 영
국의 교회와 로마간의 특이한 유대가 맺어진 이래, 양자는 샤를마뉴와 앨
퀸 시대의 밀접한 관계에서 보듯이 특별한 관계로 발전하였다. 그러나 앵
글로 색슨족만이 알프스를 횡단했던 것은 아니며, 기록상에서 이들에 특

---

20) *Monumenta Germaniae historica, Scriptores*, 30, p.1451-1453.

별한 관심이 부여된 것은 단순히 11세기에 이들이 향유했던 불입권 때문이었다. 11세기 전반부 동안 수사 근처의 성 미카엘 수도원 영지가 남동 갈리아 쪽으로 확대된 것은, 이 시기의 교통 흐름 또한 이 방면으로 집중되었음을 보여 준다. 다른 한편 이탈리아 상인들이 반대 방면에서 알프스 너머로 기회를 막 엿보기 시작하였다. 이들은 어느 지역에서보다 대량으로 주조된 자신들의 은화를 휴대하였다. 1017년에 이들 중 상당수가 프랑스의 노상에서 강탈당한 것으로 알려져 있다. 이들은 또한 자신들의 이단적 교리, 즉 이탈리아 도시들 내 벼락출세자 집단에서 처음으로 나타났던 빈곤의 강조 논리를 유포시켰다. 이탈리아인들은 1025년경 아라스에 정착했으며, 아스티 출신의 상인들은 1034년 몽스니 고개를 이용했던 것으로 알려져 있다.

이런 사람들은 11세기중 롬바르디아의 발전지대를 점차 떠나갔던 집단의 선봉을 형성하였으며, 북해 연안 쪽의 북부 상인들과 관계를 맺고 있었다. 이들은 갈리아의 내부 깊숙이 모험을 감행했으나, 약탈과 전쟁 그리고 이에 수반된 교환으로 상업경제가 자극받고 그로 인해 농촌경제가 변모된 경계지역은 회피하였다. 이들은 그리스도교권의 한계 내에서 여전히 전쟁이 촉발한 경제 활력에 의해 거의 영향받지 않았던 농촌구역들을 통과해 갔다. 그럼에도 불구하고 이 시기에 동튼 새로운 정치질서의 도움으로 서유럽의 시골들은 이미 자체 내에 성장의 씨앗을 뿌리고 있었다.

III

농민의 정복

11-12세기 중엽

Ⅲ

1

봉건시대

라틴 그리스도교 세계의 경계지역들과, 극동부와 남부에서 점차 전쟁이 극심화되어 강제탈취와 약탈에 바탕을 둔 경제가 활력을 얻고 부의 이전이 수월해졌다. 그렇게 됨으로써 성장에 이로운 조건이 창출되었음을 우리는 보아왔다. 그렇지만 동시에 1000년 전후한 몇십 년 동안 유럽의 주요 지역 내에서 인간관계상의 새로운 질서의 특징을 관찰할 수 있다. 이를 사가들은 일반적으로 '봉건제'라 부른다. 이 체제의 근본적 특징들은 9,10세기의 침입에 의해 촉진되어 나타났으나, 또한 그 출발점을 보다 일찍이 카롤링거 왕조에 둔 광범위한 변화가 외면적으로 표출된 것이다. 가장 발전된 지역들, 예컨대 갈리아에서 봉건제는 11세기말에 성숙되었다. 하지만 그것은 또한 단지 약 1백 년간의 차이를 두고 새로이 형성된 독일에도 영향을 미쳤다. 다른 한편 그리스도교 세계의 지중해 끝, 특히 이탈리아에서 봉건제는 도시 활력과 화폐 유통의 조기 부활에 바탕을 둔 보다 고대적인 제도들에 접하면서 용해되었다. 정치와 사회조직상의 이같은 변화는 분명 부분적으로 농촌경제의 변화에 상응한 것이었다. 농촌경제는 군사적 원정을 통해 자신의 입지를 강화했던 귀족들에 의해 통제되었다. 하지만 귀족들은 스스로 반작용을 일으켜 새로운 환경을 창출하였는데, 이로 인해 유럽 경제의 내적 발전이 결정적으로 가능하게 되었다.

1. 팽창의 첫번째 흔적

이같은 발전의 징후는 서서히 도래하고 있었다. 11세기 전반부 동안 갈리아의 연대기작가들, 예컨대 아데마르 드 샤방이나 라울 글라베르는 이들이 주변의 물질문명에서 진보가 있었음을 분명히 인식했었다고 할 만한 내용을 전혀 제공해 주고 있지 않다. 물론 이들은 수도원 내에서 교육받았고, 또 그 중 상당수는 수도원 밖으로 나가본 적이 전혀 없었다. 더욱이 이 세계의 실제적 본질은 정신적인 것이기 때문에 물질 세계는 중요한 관심을 끌 만한 가치가 없었다. 이들 수사들이 고려하는 역사는, 인류의 도덕적 운명과 시간의 끝과 신의 도시를 향한 행군에 관련된 것이었다. 따라서 우리는 그 내용들이 경제 문제에 대한 유익한 정보가 되리라고는 기대할 수 없다. 마찬가지로 이들의 침묵이 경제상의 변화가 서서히 전개되었고, 또 그 경제가 붕괴적인 성격의 것이 아니었다는 사실을 의미하지도 않는다. 그리고 교회저술가들이 이같은 변화의 일부 특징을 신의 의도를 담은 흔적으로 간주했을 가능성이 있기 때문에 이들이 그 내용을 감지했을 수도 있다.

이들은 특히 두 가지 종류의 현상을 인식하고 있었다. 하나는 이들이 신의 저주, 혹은 인간의 빛을 향한 전진을 후퇴시키는 악의 세력으로 표현한 재난들이었다. 이들은 서구의 시골 전역에 퍼져 가고 있던 대유행병을 오로지 기도와 집단적인 회개, 그리고 유물의 보호력에 의존하는 행위에 의해서만 저지될 수 있는 것으로 묘사하였다. 확실히 전염병, 특히 맥각중독(mal des ardents)의 유포는 영양 부족으로 촉진되었다. 더욱이 한 저자는 1045년 북부 프랑스에서 퍼진 전염병과 음식 결핍간의 뚜렷한 상관관계를 다음과 같이 지적하고 있다.

치명적인 화재가 수많은 희생자를 게걸스럽게 삼키기 시작했다…….

동시에 거의 전세계 인구는 포도주와 밀의 결핍으로부터 초래된 기근을 겪고 있었다.[1]

　이 구절에 묘사된 사람들은 지속적인 기근의 위협 속에 살았던 것 같다. 때로 만성적인 영양 부족이 악화되어 급격한 사망의 증대를 초래하였다. 또한 우리가 라울 글라베르를 믿는다면, 그것은 1033년경 3년 동안 유럽에 몰아친 '회개의 징벌'을 야기하였다.
　그러나 이같은 영구적 굶주림과 시체 더미가 매장되지 않은 채로 교차로에 버려지고, 사람들이 흙과 심지어는 인간의 육신까지 닥치는 대로 먹어치우는 주기적인 위기 속에서 팽창의 실제 흔적을 발견하기란 어렵지 않다. 이같은 상황은 분명 생산 수준—— 나쁜 기후조건에 매우 취약한 생계농업의 기술적 난관과 관련된—— 및 인구와 더불어 증가한 소비자 수간의 일시적 불균형을 나타내 주는 것이다. 여하튼 라울 글라베르의 설명에 묘사된 1033년의 비극적인 모습은, 이 재난들이 이상할 정도로 불안정했던 경제 상황하에서 전개되고 있었음을 보여 준다. 그가 비난한 만행들은 여행자들이 육로를 따라 움직이고 여관에서 숙박을 하며, 나아가 시장에서 관행적으로 육류가 판매되고 식량 확보를 위해 화폐가 정상적으로 사용되며("당시에 장식품이 교회 건물로부터 제거되어 빈자를 구호하기 위해 판매되었다"), 투기꾼들이 공통의 불행을 이용하여 이익을 획득하는 그러한 지역에서 발생하였다.[2] 이처럼 세계는 변모하고 있었으며, 이에 영향을 끼친 재난들은 전혀 규제받지 않고 매우 신속히 진행된 인구 팽창의 대가였다. 하지만 이같은 인구 팽창은 경제 성장의 첫번째 결실 중의 하나로서 간주될 수 있다.
　다른 한편, 연대기작가들은 여러 가지 혁신을 인식하고 있었다. 이들은

---

1) Raoul Glaber, *Histoires*, V. 1.
2) Raoul Glaber, *Histoires*, IV, 4, 5.

인류의 구원에 중점을 둔 이야기의 측면에서 이 사실들을 해석하였지만, 이것들을 진보의 분명한 표징으로서 간주하였다. 라울 글라베르는 1천 년에 걸친 예수의 수난 후 자신에게 새로운 동맹, 또는 새로운 세계의 봄으로 보였던 것의 징후를 기록하고 있는데, 새로운 세계의 개화는 신의 자비의 산물이라는 것이다. 그에게 인상을 지운 흔적들 중에는 명백히 경제 운용과 관련된 것이 세 가지 있다. 첫째, 그는 비정상적일 정도로 많은 도로교통량을 강조하였다. 이 교회인이 특정해서 언급한 유일한 여행자들은 순례자들이었지만, 당시 그에게는 이 순례자들의 수가 이전보다 훨씬 많은 것으로 보였다.

　　……어느 누구도 이렇듯 엄청나게 많은 사람들을 예견할 수 없었을 것이다. 우선 하층민, 다음으로 중간층, 그리고 왕이나 백작·대공 또는 성직자나 모든 강자들, 마지막으로 전에는 결코 나타나지 않았던 사람들, 즉 상당수의 여성과 최빈자, 가장 고귀한 자들이 예루살렘으로 향하고 있었다.[3]

당대 사가들이 제시하고 있듯이 이같은 경건한 여행을 종교적 태도의 변화에 의해 설명할 필요가 있었을지라도, 그 과정이 부의 점증되는 유동에 의해 수월해졌음은 부인될 수 없다. 왜냐하면 순례자들이 여행을 시작하려면 현금을 동원하고 사용하며 분배하여야 했기 때문이다. 어느 계층의 사람이나 종교단체의 무료 숙식을 이용할 수 있었지만, 모든 정류지들에서 이런 혜택을 입을 수는 없었다. 그리고 이들은 순례 도중 그리스도교 영역에 남아 있는 한 약탈에 의해 식량을 확보할 수는 없는 일이었다. 이들은 식량과 장비를 구입하여야 했다. 그 결과 이들은 생산자와 중개인이 취하게 될 데나리우스를 뒤에 남겨 놓게 되며, 그 자극은 교착로에서

---

3) Raoul Glaber, *Histoires*, IV, 6.

내부의 시골로 미치게 되었다. 덧붙여 순례자들은 여행과정에서 종종 그리스도교 세계의 혼돈한 경계지방에 이르게 되는데, 여기서는 이교도들의 희생하에 유익한 전리품을 얻을 기회가 적지않았으며 상당수의 순례자들은 빈손으로 돌아오지 않았다.

당대 사가들에 의해 언급된, 그리고 마찬가지로 영적 진보로서 묘사된 두번째 혁신은 교회의 재건축이었다.

1000년 이후의 세번째 밤이 다가오면 당신은 지구상의 거의 전영역, 특히 이탈리아와 갈리아에서 교회 바실리카가 혁신되는 것을 볼 수 있을 것이다. 비록 이들 중의 대다수는 탄탄한 건물이어서 그럴 필요가 없었을지라도, 개별의 그리스도교 공동체는 경쟁으로 인해 이웃보다 화려한 건물을 갖추고자 하였다. 마치 전세계가 스스로 분발하여 노쇠한 모습을 던져 버리고 교회라는 흰 옷으로 온통 치장한 것 같았다. 당시에 교구 내의 거의 모든 교회와 수도원 성소들이 여러 성인들에게 헌정되었으며, 작은 마을의 소예배당들조차 신자들에 의해 보다 아름답게 치장되었다.[4]

이러한 축조 계획들로 인해, 농촌 배후지들이 원석을 캐내고 운반하여 건물을 짓는 용도로 농촌의 생산력 일부를 빼앗기게 되었음은 분명하다. 일부 일꾼은 교회 영주권에 종속되어 지불받지 않고 하루 온종일 작업을 행하였을 것이지만, 확실히 상당수는 자유노동자들이었다. 이들은 건물 부지에서 일할 때 음식을 제공받았으며, 장원 생산의 일반 잉여물로는 이같은 부가의 소비자들을 부양할 수 없었기 때문에 여분의 식량이 외부에서 도입되어야 했다. 또한 데나리우스로 임금을 지불할 필요가 있었다. 이처럼 교회 건물의 재축조 역시 점차 원활해지는 화폐 유통에 의해 촉

---

4) Raoul Glaber, *Histoires*, III, 4.

진되었다. 그것은 자선으로 금은을 제공하여 신성한 임무가 행해지는 교회 건물을 화려하게 장식하도록 해주었던 귀족들의 금고뿐 아니라, 교회의 금고에 꾸준히 축적되어 온 귀금속들을 동원하도록 도와 주었다. 당대의 기록들에 분산되어 있는 단서들은 비장된 재산이 방출되는 경향을 보여 준다. 연대기작가들은 종교 건축물의 미화에 대한 설명에서 은닉된 보고의 발견과 그것의 즉각적인 분산에 대해 언급하고 있는데, 빈번히 이를 기적으로 표현하였다. 오를레앙 성당의 재건축에 관심을 환기하면서, 라울 글라베르는 다음과 같이 쓰고 있다.

주교와 그의 동료들이 착수된 일을 가능한 한 빨리, 그리고 장려하게 완성하기 위하여 분주히 채근하고 있는 동안 주교가 신의 축복을 받는 일이 발생하였다. 어느 날 석수들이 바실리카의 택지를 선택하기 위해 땅의 단단한 정도를 시험하던 중에 상당량의 금을 우연히 접하게 되었다. 이들은 금의 양이 틀림없이 바실리카를 복원하는 작업 일체를 수행할 만큼 될 것이라고 평가하였다. 이들은 우연히 발견된 금 전부를 주교에게 가져갔다. 그는 그에게 부여된 선물에 대해 전능한 신에게 감사하고, 교회를 축조하는 데 그 금 모두를 쓰라고 작업 책임자들에게 말하면서 금을 그들에게 인도하였다……. 그 결과 주교의 충고에 따라 성당 건물뿐 아니라, 동일 도시 내 여타 퇴락한 교회들—— 여러 성인을 기념하여 세워졌던 바실리카들 —— 이 보다 우아하게 재건축되었다……. 시일이 얼마 지나지 않아 도시 자체가 가옥들로 가득 채워졌다…….

프랑스의 경건왕 로베르 2세의 전기작가인 생-브누아-쉬르-루아르의 엘고는, 콩스탕스 왕비가 남편의 사후 "왕이 오를레앙 성당의 성 베드로 제단을 치장하는 데 쓰도록 한 7파운드의 금장식을 제거하도록 명하면서, 이것을 교회 지붕을 수리하는 데 쓰도록 제공했었다"[5]라고 적고 있다.

결국 11세기초 연대기작가들이 기록했던 세번째 종류의 부활에 대한
흔적은 새로운 질서의 설립, 즉 봉건제의 확립에서 엿보인다.

2. 봉건질서

마르크스주의 사가들이 경제적·사회적 발전의 주요 국면의 하나로 규
정하기 위해 채택한 '봉건제(féodalisme)' 개념의 용법은, 생산력과 이로
부터 혜택을 얻은 사람들간의 새로운 관계를 설정함에 있어 이와는 다른
의미의 봉건제 —— 그 개념의 보다 광범위한 의미에서, 즉 1000년 전후한
시기 이래 서유럽에서 나타난 권리 행사형태 —— 가 행한 역할에 의해
정당화된다. 따라서 정치구조상의 이같은 대변화를 세심하게 검토하는 작
업이 필수적이다.

봉건제는 우선 왕권의 쇠락에 의해 특징지어지며, 카롤링거 왕조 왕들
이 외부인에 의한 공격을 격퇴할 능력을 상실한 결과 9세기가 경과하면
서 권력분산이 촉진되었음을 우리는 보아왔다. 영역의 방어 기능—— 왕권
의 원래 기능인 —— 은 신속하고 불가피하게 지방 제후의 수중에 맡겨졌
다. 제후들은 자신들에게 위임된 왕권을 소유화하고, 동일한 과정의 일부
로서 이 시기에 토대가 마련된 자기 왕조의 세습재산 속에 이를 병합하
였다. 이후 대부분의 대영역 제후령들은 왕국과 마찬가지로 조금씩 분할
되어 갔다. 중간층의 영주들—— 우선적으로 백작들, 다음으로 1000년경
에는 개별거점의 지배자들 —— 은 제후들로부터 독립을 쟁취하였다. 이같
은 발전이 10세기에는 갈리아 전역, 그리고 영국에 영향을 미쳤고, 이탈
리아 —— 여기서는 도시의 강화로 어느 정도 이탈하였지만 —— 에서도
나타났다. 그리고 카롤링거 왕조의 정치제도가 12세기초까지 존속했던

---

5) Raoul Glaber, *Histoires*, III, 5; Helgaud, *Epitoma vitae regis Roberti Pii*, 22.

독일에서는 보다 느리게 진행되었다. 이같이 명령권과 징벌권, 그리고 평화유지권과 재판권이 보다 소규모의 영역 단위로 분할됨으로써, 일정 거리를 넘어서면 교통이 힘든 시골적이고 야만적인 세계에 효과적인 권위가 행사될 구체적 가능성이 열리게 되었다. 정치조직이 물질생활의 조건에 적응해 가고 있었다. 하지만 예전에는 외부의 적에 대항하여 전체 자유민 집단이 행했던 계절적인 약탈전쟁에 대한 기억이, 농민의 심성으로부터 사그라들게 된 바로 그 시점에 이러한 변화가 초래되었음을 지적하는 것은 중요하다. 그것은 새로운 전쟁양식의 채택, 그리고 평화의 새로운 관념의 창출과 일치하였다.

'신의 평화운동(Paix de Dieu)'[6] 이념의 발전은 봉건화의 마지막 국면과 맥을 같이하였다. 이 이념은 가장 일찍이 왕권이 붕괴되었던 남부 갈리아에서 1000년 조금 이전에 처음으로 표출되었다. 이 이념은 라틴 그리스도교 세계 전체로 퍼져 나가면서 다양하게 변형된 모습을 띠게 되었지만, 그 원칙은 매우 뚜렷하였다. 신은 도유된 왕에게 평화와 정의를 유지할 임무를 위임하였다. 그러나 왕은 더 이상 그렇게 할 능력이 없었다. 따라서 신은 자신의 명령권을 자신의 수중으로 되찾아와 지방 제후들의 지지를 받고 있는 그의 종복들, 즉 주교들에게 이를 부여하였다. 그 결과 성직자들에 의해 소집된 공의회가 각 구역에서 회합하고, 귀족들과 그들의 전사들이 이에 참여하였다. 도덕적이고 정신적인 성격의 제약에 의존한 이 회합들은, 폭력을 제압하고 무장한 사람들에 대한 행동지침을 마련하고자 하였다. 집단서약을 행한 모든 전사들은 파문의 위협하에 일부 금지

---

6) 1000년을 전후하여 교회는 자신을 보호해 줄 공권 또는 왕권이 쇠락함에 따라 자구책으로 대체 보호수단을 마련하지 않을 수 없었으며, 그러한 이유로 '신의 평화운동'을 전개하였다. 이 운동은 성직자와 농민을 포함한 비무장인과 교회와 빈자의 재산상품 등 일부 범주의 재산을 교회의 특별 보호하에 두고자 하였다. 이 운동은 주교 또는 수도원장이 평화공의회를 개최하여, 여기에 회합한 교회인과 기사들에게 평화의 규약을 서약하고 다짐하는 형태로 전개되었다.

조항을 존중하여야 했다. 이같은 체제는 단지 상대적으로만 효과적임이 증명되었다. 11,2세기 내내 서구는 무법의 전사들에 의해 지속적으로 파괴되었다. 그렇다 할지라도 신의 평화제도는 사람들의 행동과 경제생활의 가장 근본 요소들에 심원한 영향력을 끼쳤다.

우선 신의 평화운동은 처음으로 일관된 전쟁도덕률을 마련하였다. 중세 초에는 전투가 정상적인 활동이었을 뿐만 아니라, 나아가 법적 자유가 최고도로 표현된 활동으로 간주되었다. 전쟁 획득물보다 정당한 획득으로 간주된 것은 아무것도 없었다. 앞으로는 평화공의회의 훈령에 따라 전투가 정해진 한도 내가 아니면 돈을 다루거나 성에 탐닉하는 일 이상으로 허용되지 않았다. 분쟁은 신의 계획과 세계의 올바른 질서에 위배되는 만큼 그것의 행동반경이 규정되었다. 일부 지역 —— 도로상에 세워진 십자가로 표시되는 성소의 근처 —— 내에서, 그리고 교회력(敎會曆)상의 가장 신성한 날들을 기준으로 일부 기간 동안, 또한 방어에 취약한 일부 사회집단 —— 교회인과 빈자 혹은 대중 —— 을 상대로 행해지는 모든 군사적 폭력은 금지되었다. 이같은 도덕적 원칙들은 카롤링거 왕조의 왕들이 안착시키려고 노력했던 평화와 정의에 대한 법규들 속에 발아적 형태로 존재하였다. 하지만 라틴 교회가 이에 대한 책임을 맡고, 이 원칙들을 모든 그리스도교도에 타당한 통합된 법전 속에 종합함에 따라 이 원칙들이 전체로서의 그리스도교 공동체에 보다 효과적으로 부과되었다. 그런데 이 시기는 바로 최근 정복에 의해 복속된 대규모 영역들이 군소의 경쟁세력들로 분해된 바로 그 시점이었다. 유럽이 수많은 정치 단위로 분해됨에 따라 군사적 적대행위가 증가될 조건이 창출되었다고 볼 수 있다. 왜냐하면 새로운 세력들이 부족간 전투에 이용되고, 주로 끊임없는 약탈에 기반을 둔 경제조직이 유럽의 핵심부에서 재건될 수도 있었기 때문이다. 신의 평화의 금지조항들은 봉건사회 속에 내포된 공격력을 그리스도교 세계 외부로 우회시켜 주었다. 신의 적들인 이교도에 대항하여 무기를 드는 것은 허용할 만한 일일 뿐만 아니라 참으로 경건한 일이었다. 따라서 전사들은 그리스도교권 외부에서 특별한 형태의 활동을 수행하도록 초대되었다. 새로운 평화 이념으로부터 직접 유래한 십자군 정신은 이들을 외부의 전선으로, 즉 전투가 부의 순환에 강력한 자극 요소로 대두되는 번창한 경계지들로 인도하였다. 이처럼 군사적 폭력을 통해 신의 사람들인 교회인과 농민의 소유물을 강탈하는 행위는, 갈수록 더욱 분명히 전투를 직업으로 삼는 사람들에 의해 자신의 영혼에 대한 위험으로 간주되었다. 그럼에도 불구하고 부의 획득은 여타 수단들——그 수단이 평화로운 것이라면——에 의해 성취될 수 있었으며, 이 수단들은 영주권 제도들에 의해 마련되었다. 신의 평화윤리는 폭력에 의한 전리품을 비난하면서 그 보상으로 영주제적 수탈을 합법화하였다. 이것은 새로운 체제가 경작하는 자들에게 제공해 준 안전에 대한 대가로서 지불되어야 할 것이었다.

영주제적 착취는 궁극적으로 당대 경제관계의 실제와 긴밀하게 얽힌 사회학적 형태에 부합하였으며, 동시에 경제 제관계에 상당한 결속력을 부여하였다. 1000년이 경과하면서 평화공의회에서 취해진 금지조항들은 한정된 범주의 지식인들이 서서히 마련해 간 '3위계(trois ordres)'[7] 이론으로 결실을 맺었다. 신은 창조 이래 특정의 임무를 사람들 사이에 할당하였다. 일부는 모두의 구원을 위해 기도할 임무를 부여받았고, 다른 일부는 대중을 보호하기 위해 전투하기로 서약하였으며, 자신의 노동에 의해 교회인과 전사를 부양하는 일은 가장 다수인 제3계급의 구성원들에게 맡겨졌다. 집단의식 속에 매우 신속히 각인된 이러한 형상은 신의 계획에 부합된 단순한 모습을 드러내고 있으며, 그럼으로써 사회적 불평등과 모든 형태의 경제적 착취를 정당화하고 있다. 이토록 엄격하고 명쾌한 골격 내에서 농민 경작자들과 지주간에 오랫동안 확립되어 온, 그리고 본질적으로 '봉건적'이라 불리울 수 있는 경제체제의 기제를 좌우해 온 다양한

---

7) '기도하는 자(oratores)'-교회인, '전투하는 자(bellatores)'-기사, '일하는 자(laboratores)'-생산자의 3계급.

예속관계들이 자유로이 존재할 수 있었다.

위계

  지식인들이 구성한 이러한 이념 모형에서 당시 교회의 모든 구성원, 즉 기도의 전문가들은 명백히 계서제상의 정점에 위치하였다. 이들은 강력한 사람들이 약탈과 과세를 통해 속민들에게 부과할 수 있었던 많은 과징으로부터 면제되었을 뿐만 아니라 모든 생산물의 상당 부분을 몫으로 부여받았는데, 이 몫은 이들의 중재를 통해 신에게 헌납되는 것으로 여겨졌다. 이처럼 사람들은 헌납과 희생에 관련된 경제활동을 행하도록 유도되었다. 이같은 집단의식의 유포 시기는 종교단체로의 경건한 기증 물결이 최고점에 달한 순간과 일치하였다. 서구 그리스도교 교회의 역사에서 1000년 전후한 5,60년 동안만큼 세속인의 기증이 활발히 이루어진 적은 결코 없었다. 신자들은 그들이 방금 저질렀던, 그리고 그들의 영혼을 위험 속에 빠뜨린다고 여겨지는 죄들을 속죄하기 위하여 나날이 기증하였다. 이들은 자신의 상속자들을 궁핍한 상태에 빠뜨릴 위험에도 불구하고, 자신의 장례와 최후의 심판날 이전 수호성인들의 지지를 얻기 위해 자신의 죽음 직전에 보다 관대하게 기증하였다. 이들은 자신들이 줄 수 있는 모든 것을 제공하였다. 그 대상은 주로 토지였는데, 당대에는 토지가——특히 이를 경작할 농민 경작자가 겸하여 제공될 경우—— 부의 가장 가치 있는 형태로서 간주되었기 때문이다. 사가들에게 유용한 당대의 문서 모두는 교회의 고문서보관소들에서 나온 것들이다. 이 문서들은 대부분 교회의 재산 획득을 보증하고, 따라서 양도받은 사실에 각별한 관심을 기울이며, 그런 만큼 그 재산의 범주를 과장할 위험이 있는 증서들이었다. 그럼에도 불구하고 토지 자산의 이같은 거대한 이전은—— 베네딕투스 수도원들이 가장 큰 수혜를, 다음으로는 감독 교회들이 수혜를 본—— 당대 유럽 경제에 영향을 준 가장 역동적인 변화였다. 그것은 교회를 세속의 최고 지위에 올려 놓았다. 복음 메시지를 보다 잘 이해하기 위하여 노력을 경주하는 사람들로부터는 그것이 곧 비판을 받았으며, 11세기 중엽까지는 교회의 종복들을 물질에 대한 지나친 관심으로부터 유리시키려는 바람이 이미 널리 표출되었다. 거대 규모로 증대된 교회의 부는 이단적인 선전의 빌미와 계속된 개혁 시도의 출발점으로 작용한 불안정을 조장하였다. 그것은 또한 11, 2세기에 수사들과 성직자들이 증가하도록 해주었다.

이들은 생산과정으로부터 완전히 분리되지는 않았다. 농촌의 성직자는 차츰 출신이나 관습면에서 자신과 동일한 농민층과 동등하게 지냈다. 시골 교회와 예배당의 사제들은 스스로 쟁기질하고, 성직자로서의 봉사 대가로 장원주에 의해 부여받은 땅을 자신의 가족과 더불어——실로 이들 중 상당수가 결혼하였다——경작하였다. 11세기말부터 널리 설립되어 나간 개혁 수도원들과 성당참사회들은 구성원들에게 노동을 명령하였다. 특히 출신이 천한 농부들 중에서 차출된 사제들에게 강요된 이같은 엄격한 금욕주의는, 예배를 주관하는 고위 성직자들에게는 철저히 적용되지 않았다. 일이 고된 측면에서, 그리고 물질적 조건면에서 이들 세속사제(또는 평수사)는 농민들과 형편이 비슷하였다. 그러나 최대치의 기증물을 수혜받은 가장 부유한 상당수의 교회인은 전적으로 소비자들이었다. 주교좌 성당 이웃의 거주민들은 세속의 유력한 인물들과 거의 다름없는 생활 수준을 누렸다. 그들은 신에게 봉사하는 그들의 역할이 과시 없이 완수될 수 있으리라고는 여기지 않았다. 그들은 분명 그들이 풍부하게 획득한 부의 일부를 빈자에게 제공하였다. 그들의 구빈 규모는 상당하였다. 빈자들은 교회문에서 음식과 돈을 받았으며, 이같은 관례적 구빈이 재난시에는 확대되곤 하였다. 대규모 수도원 단체들의 재정운용 계획에 세심하게 배려된 이같은 재분배 기능은 확실히 소홀하게 여길 것은 아니었다. 그것은 여전히 매우 미발달 상태에 있고, 뿌리 깊숙이 빈곤에 젖은 대중과 부랑민들이 증가하는 암담한 사회에서 궁핍을 정도 이내로 유지하는 데 효과적인 기여를 하였다. 그럼에도 불구하고 자선은, 현혹시킬 정도의 장려한 모습으로 교회를 경축하는 오래도록 관행화된 요구보다는 뒷전에 배려되었다. 수도원과 성당 교회의 수장들이 자신의 부를 이용하는 최상의 방법은 기도 장소를 충실히 장식하고 재건축하며, 또한 제단과 성유물 주변을 휘광찬 영광으로 꾸미는 일이었다. 신자들의 관대한 기증으로 재원이 계속해서 증가되는 것을 확신한 종교단체들은, 신의 영광을 위해 쓴다고 하는 오직 하나의 경제적 태도만을 취하였다.

　이러한 관점을 사회의 두번째 위계의 구성원들인 전사들도 공유하였다. 이들 역시 자신의 영광과 생활의 만족을 위해서만 쓰곤 하였다. 이 사회 범주의 구성원들은 교회에 자신의 행정가들을 공급하고 군사력을 독점하여, 신의 평화윤리에 의해 마련된 금지조항들에도 불구하고 군사권을 남용하면서 통치계급을 구성하였다. 물론 성직에 최상의 가치가 부여되고, 교회인의 수나 부가 분명 우위에 있었음에도 불구하고 그러하였다. 3위계 이론이 체계화되고 평화를 확립하기 위한 제도들이 마련된 것은 이들 속인전사들의 세력·행위와 관련해서였다. 11,2세기 봉건경제 전반을 좌우한 것은 이들의 지위와 행동이었다. 이들은 궁극적인 사망의 공포로 인해 신과 그의 수호성인, 그리고 신에 봉사하는 사람들에게 양도하여야 했던 부분을 제외한 토지를 보유하였다. 이들은 게을리 살았고, 노동을 자신의 계층, 그리고 이들이 자신들만의 선택적 권리라고 주장한 고귀한 자유에 어울리지 않는 것으로 간주하였다. 왕권의 쇠퇴 결과 이 계급의 구성원들이 독립적인 지위에 서게 되고, 또 이들이 왕 고유의 정신적 태도를 취하게 되었기 때문에 이들 스스로가 제공하기로 선택한 것, 그리고 자신들에게 불명예스럽게 여겨지지 않는 것──물질적 공조의 형태를 띠지 않는──을 제외하고는 어떤 제약이나 봉사 의무도 받아들이지 않았다. 따라서 이들은 자신들이 동의하지 않는 모든 지불에 저항하였고, 자유로운 기증과 상호간의 관대한 행위에 의해서만 자신의 소유물을 양보하였다. 이들의 직업은 전사였고, 이들이 소유한 재산의 첫번째 용도는 자신의 시간 대부분을 할애했던 육체의 훈련과 다른 한편 이들이 유일한 혜택──

군사적 권한의 증가——을 기대하여 벌였던 공격을 통해 가장 효과적인 전투수단을 획득하는 것이었다. 이 범주에 속한 사람들의 가정경제에서 이들 수입의 상당 부분이 전사들의 장비를 개량하고 말의 품질을 개선하며, 최상의 공격용·수비용 무기를 확보하는 데 할당되었다. 그 비율은 11,2세기 내내 상승했던 것으로 보인다. 말은 전사의 주요 무기가 되었고, 우월성의 상징이었다. 이제 전사들은 자신들을 '말을 탄 기사'로 지칭하는 데 익숙하게 되었다. 11세기말경 갑옷은 매우 비싸게 되어 괜찮은 농장의 가격과 맞먹었다. 무기의 개선 배경에는 제철기술의 꾸준한 발전이 있었다. 12세기에 군사 토목술이 빠르게 발전하여 종종 교회 인근에 성채를 축조하는 작업이 개시되었다. 이 사회집단의 구성원들이 경쟁의 정신에 물들고, 또한 이들의 개인적 가치가 용기와 무술의 숙련뿐만 아니라 장식이나 과시·낭비 정도에 의해 평가되었던 점 역시 이 집단이 씀씀이를 크게 한 또 하나의 이유였다. 이 귀족들이 추종했던 풍조 중 오랫동안 존중된 덕목 가운데 하나는 큰 씀씀이, 즉 낭비하는 만족이었다. 이전 시기의 왕들과 마찬가지로 기사들은 항시 자신의 부를 마구 쓰면서 관대하여야 했다. 획득물이 환대와 과시적 경쟁으로 파괴되는 축연과 술잔치는 전쟁과 더불어 귀족적 생활방식의 주류를 구성하였다. 기사계급이 당대 사회에서 보여 준 경제적 모습은 전투에 의한 약탈과 관습적 소비였다.

　주민의 대다수를 구성하는 제3위계의 하층민, 즉 일하는 자들은 두 엘리트 계급, 즉 기도하는 자와 전사에게 이들의 나태와 낭비를 가능케 해줄 수단을 공급하여야 했다. 섭리의 지시에 따라 불명예스런 노동을 불가피하게 행하도록 운명지어진 일하는 자들의 특별한 기능은 이들에게서 완전한 자유를 빼앗아 갔다. 노예제의 마지막 잔재들이 사라져 간——노예를 뜻하는 servus라는 어휘는 12세기초 프랑스 대부분 지역에서 사라진다——한편, 권력을 독점한 자들의 점증되는 압력으로 짓눌려 간 농민층 일체는, 자신들의 상황으로 인해 권력자들의 착취에 예속되었던 것으로 보인다. 일부는 기도를 통해 이들의 구원을 빌어 주었다. 다른 일부는 이론상 공격자들에 대항하여 이들을 방어할 책임이 있었다. 이러한 호의들에 대한 반대급부로 일하는 자들의 잉여 생산물은 영주권에 전적으로 종속되었다.

영주권

경제적으로 봉건제는 3위계의 조직적 배열에서 상징적으로 드러나는 사회구성원의 계층화에 의해서뿐만 아니라, 또한 영주권 제도에 의해 특징지어진다. 영주권은 새로운 것은 아니었지만 정치권력의 발전에 의해 서서히 변모되었다.

모든 정황을 통해 볼 때, 1000년 이후 3위계로 표상되는 사회학적 단순성에도 불구하고 일하는 자들을 교회인 및 전사들과 분리시킨 장벽은 한편에는 영주, 다른 한편에는 영주권에 예속된 자로 구분하는 방식과 정확히 일치하는 것은 아니다. 우리가 보아왔듯이, 상당수의 사제들은 장원에서 일하는 자들과 같이하였다. 자신의 직업적 특별성으로부터 이익을 얻고자 했던 영주의 제약하에, 이들은 제분업자나 화덕의 소유자와 유사한 봉사를 행하였다. 12세기말경 특히 독일과 북해의 경계지역 기사들의 상당수는, 이들을 고용하고 부양해 준 후원자의 저택에서 가솔종속민의 지위에 있었다. 이들은 토지가 전혀 없었을지라도, 또 영주권을 행사하진 못했으나 영주권의 이득을 공유하였다. 반면 자신이 경작할 수 있는 것 이상의 땅을 획득하여 지대를 받는 대가로 여분의 땅을 덜 보유한 이웃에게 소작시키는 농민도 있었다. 영주로부터 영지 경영을 위임받은 출신이 빈천한 하인들 중 상당수는 스스로 경영을 잘해 나가고 있었다. 이들은 자신들에 부여된 권한 일부를 적절히 이용하여 영주권을 통해 공조들을 창출할 목적으로 농부들을 수탈할 수 있었는데, 이들은 그 수익을 전적으로 자신의 몫으로 삼았으며, 그 몫은 자신의 개별적 영주권에 해당하는 것이었다. 그럼에도 불구하고 봉건사회는 두 신분으로 구성되었으며,

그 중 하나는 성직자와 기사를 포함한 영주들이었다. 이들에게 있어 경작자가 생활면에서 타자의 노동 덕택에 나태하게 살아가는 성직자와 전사의 특권을 공유하는 위치로 상승하는 것은 죄악은 아니더라도 수치스러운 일이었다. 봉건제도가 성숙해 가는 기간, 즉 1000년 이후 사회구조상의 긴장으로 성직자와 기사 신분의 영주로서의 지위가 공고화되고, 경제관계면에서 이들과 일반인간의 격차가 더욱 벌어지게 되었다. 이같은 공고화 과정은 구별되는 두 가지 측면에서 이루어졌다.

첫째, 귀족 영지의 통합이 공고화되었다. 속인에 속한 땅들은 경건한 기증과 분할상속이라는 두 가지 관행 때문에 분해될 위험에 처해 있었다. 세습재산이 한 세대에서 다음 세대로 상속됨에 따라 양자의 복합적 영향은 보다 심각하였다. 병자가 관대히 기증하려는 경향이 확산됨에 따라 일부 재산은 교회의 수중으로 들어갔다. 게르만 전통에 따른 유증 관습에 따라 나머지는 상속권이 있는 아들과 딸 사이에 동일한 비율로 분할되었다. 본능적인 방어 경향에 의해, 그리고 성문화된 법전이 부재한 까닭에 관습적인 규정들을 탄력적으로 이용하여, 속인귀족들은 가문의 핵심적인 토지 자산의 점진적인 소멸과 분할이라는 이중의 위험을 피하려고 노력하였다. 이들은 교회재산을 부가적으로 획득하기 위해 자신의 권력과 친족관계망, 대규모 종교단체 수장들과의 상호 원조관계를 이용하였다. 종종 교회재산의 규모는, 특히 1000년경 경건한 기증이 폭발적으로 증가한 이후 수사들과 참사회 공동체들의 필요 수준을 훨씬 넘곤 하였다. 당대 강력했던 수도원장들의 압력을 받고 있던 주교들과 참사회의 수석사제들은, 스스로 유리한 입장을 확보하기 위해 교회의 수호성인들에게 헌정된 토지 일부에 대한 용익권을 자신들의 친척과 친구에게 제공하는 데 주저하지 않았다. 이러한 관행이 당대에는 일반적이었으며, 실제 오랫동안 가문의 세습재산에 병합되어 왔던 재산을 첫번째 수혜자의 상속자들로부터 되찾기란 어려웠다. 머지않아 이런 성격의 증여물은 가문의 소유지로부터 구분되지 않게 되었다. 그런데 특히 그것이 단순히 신서와 상호 원조의

봉사를 요구하는 봉토이건 조건부 토지 보유 계약이건, 혹은 이탈리아에
서처럼 순수히 상징적인 화폐 지불을 요구하는 방식이건간에, 증여된 땅
은 증여의 대가로서 실제 물질적 의무를 전혀 포함하고 있지 않았다. 이
같이 교회인이 자기 친척에게 교회 영지를 제공하는 관행은 11세기 후반
에는 제한되어 갔다. 이 관행은 횡령된 권리를 되찾으려는 교회수입 담당
관리들의 노력 —— 항시 실패로 끝났으나 그래도 계속된 —— 에 맞닥뜨리
게 되었다. 그럼에도 불구하고 이 관행은 오래 지속되어 교회와 세속귀족
간의 불균형을 부분적으로 축소시켜 주었다. 더욱이 이 관행에 종지부를
찍게 한 것은 두 가지 사실, 즉 '그레고리우스 개혁'[8] 의 정신이 세속적
권력에 대한 영적 권위의 의존을 비난한 것과 부동산형태의 기증이 꾸준
히 감소한 것이었다. 교회 고문서들의 목록은 11세기 중엽부터 기증문서
의 수가 점차 감소하였고, 이 문서가 돈을 지불하는 권리증서로 대체되어
갔음을 명확히 보여 준다. 이같은 현상은 종교 감정상의 완만한 변화와
형식주의로부터의 탈피, 사람의 영혼이 기증을 통해 신의 용서를 구하는
것 이외의 다른 방법에 의해 구원받을 수 있다는 보다 심도 있는 인식과
관련되어 있다. 하지만 그것은 여전히 토지보다 덜 가치 있는 것으로 간
주된 귀중품의 제공을 가능케 한 화폐경제의 성장과, 자신의 소유물을 보
다 안정적으로 보호하려는 가문의 바람에 의해 보다 직접적으로 영향받
았다. 종교단체의 기록문서들은 12세기의 귀족층 구성원들이 기증을 덜
하려는 경향 못지않게 자신의 조상들이 기증한 토지의 반환을 완강히 주
장했다는 인상을 남겨 주고 있다. 돈이 갈수록 결정적 역할을 행하게 되

---

8) 교황 그레고리우스(1073-1085)의 이름에서 비롯된 '그레고리우스 교회개혁'은 개혁 교황
   인 레오 9세(1049-1054)가 교황좌에 오른 1049년부터 보름스 협약이 이루어졌던 1122년
   까지 확대 적용되는 교황 주도하의 성직권 회복운동이었다. 개혁의 본질은 두 가지 측면
   에서 고려되었는데, 하나는 성직자의 결혼을 금지하여 속권과의 구분을 명확히 하고자
   했다. 보다 본질적으로는 속권의 서임권을 부정하고 이를 교회, 즉 주교좌 성당참사회로
   이관시키고자 하였다.

면서, 소송——토지 상속분을 공고히 하기 위해 보다 세심한 정책이 요구된다——과 복잡한 거래의 시대가 시작되었다.

귀족 영지의 통합은 또한 친족구조상의 완만한 변화에 의해 촉진되었다. 학술권에서 여전히 거의 미연구 상태로 남아 있는 친족구조상의 변화는, 유럽의 상당수 지역에서 봉건관계망의 이식을 동반하였다. 사회의 상위층 수준에서 친족간 결속은 상속분의 통합을 보장하기 위한 엄격한 구조, 즉 출계(lignage) 안에서 그 힘을 얻었다. 즉 각 가문에서 하나의 남자 출계만이 존속하게 되었다. 아버지를 계승한 장남은 자기 가문의 세도를 유지하기 위한 보장책으로서 자신의 조상으로부터 상속된 공동 재산에 대한 통제권을 행사하였다. 이같이 보다 엄격해진 틀 속에서 분할상속의 효과를 억제하려는 바람에 의해 가문은 방계친족들의 증식을 제한하는 쪽으로 이끌었다. 각 가문은 한 명의 아들, 즉 장남이나 기껏해야 두 명의 아들에게만 합법적 혼인을 허락하였다. 가능한 한 다른 아들들은 주교좌 성당이나 수도원의 고위직을 부여받았다. 즉 지위 하락을 피하기 위해 교회 재원에 의존하였다. 이와 동일한 욕구는 결혼하려는 딸에게 지참금을 동산형태로 부여하는 관행을 초래하였는데, 그럼으로써 이들에게서 토지 자산에 대한 권리 주장을 박탈하였다. 그 결과 장남이 부친 영지의 전체는 아니더라도 핵심 몫을 차지함으로써 특혜를 받아야 한다는 사고가 서서히 수용되었다. 알지 못하는 사이에 관습화된 이런 종류의 관행은, 인구가 광범위하게 증가한 시기에 세속재산의 축소를 야기한 여러 강압 요인들을 효과적으로 제약했던 것으로 보인다. 사회적 제약의 불가항력적 압력이 최상위의 지배층으로 하여금 자신의 가솔로서 계속해서 부양되어 왔던 대부분의 기사들에게 봉토——친족 내적 결속 강화가 신속히 봉토에 상속적 특성을 부여케 하는 힘으로 작용하였다——를 수여케 하여, 이들이 택지를 마련하고 결혼할 수 있게 해주었다. 그 결과 하위 지배층도 개별 영주권을 부여받게 되었는데, 이를 통해 전 귀족층이 이 시기 동안 자신의 영지에 보다 굳건히 뿌리를 내리게 되었음을 알 수 있다.

12세기 대부분 기간 동안 교회와 기사귀족 양자의 영지가 상대적으로 분명히 안정되었다. 소기사들조차 농민의 생활 수준보다 현격히 우월한 경제적 지위를 유지하였다.

두번째 수준의 공고화 과정은 재정상의 부담이 전적으로 빈자나 일하는 자에게 지워지는 재정체계의 발전에 의해 촉진되었다. 이같은 방식의 과세는 새로운 것은 아니었으나 이전과 상이하게 조직되었다. 그것은 중세초 왕들이 장악한 권위에서 직접 유래하였다. 그렇지만 두 가지의 커다란 변화가 감지될 수 있다.

1) 모든 자유민이 일단 왕의 방(ban, 라틴어로는 bannum)권에 예속된 한편 3위계로 사회구분이 이루어짐에 따라, 주민 대중간에 근본적 격차가 드러나게 되었다. 불명예스런 제약과, 특히 재정적 강요에서 면제된 상태 —— 금후 특권으로서 인지되어 간 —— 를 의미하는 새로운 자유 관념의 생성으로, 교회인과 기사들은 방권의 소유자에 의해 강요된 경제적 압박으로부터 벗어나게 되었다. 반면 특권적인 두 신분에 속하지 않은 모든 사람은 예속적인 지위에 놓이게 되었다. 그 조상이 자유민이었던 사람들과 노예의 후손들이 단일 농장에서 결합하였다. 즉 동일한 봉사 부담을 지게 된 모든 사람이 균질한 신분 속에 포괄되었다. 이 신분 속에 이전 노예제의 특성들이 신속히 동화되었다.

2) 방권의 행사와 이에 의해 합법화된 공조의 징수 범위는 이제 제한된 영역, 즉 그 범위가 요새화된 중심지로부터 말을 타고 대체로 반나절이 채 걸리지 않는 구역인 디스트리쿠스(districus)[9]로 한정되었다. 성채 기사들의 지휘자는 전영역에 걸쳐 평화와 정의 유지의 책임을, 즉 왕권의 기능 그 자체를 떠맡았다. 왕국들과 영역 제후령들의 기초가 탄탄하였던

---

9) '구속하다 또는 강제하다' 라는 뜻의 동사에서 유래하였다. 결국 방권 소유자의 권한이 미치는 영역을 의미한다.

그리스도교 유럽 지역, 즉 영국과 대륙의 북서부에서 성주들은 여전히 왕이나 영역 제후에 종속되어 이들의 이름으로 위임받은 영역을 다스렸고, 방권의 행사에 의해 획득된 수입의 일부를 이들에게 상납하였다. 여타 지역에서는 성주가 독립적이었고, 그 자신이 법 자체인 양 행동하였다. 성주는 성채 이웃에 사는 성직자나 수사·기사를 제외한 모든 사람에 대한 재판권을 주장하였다. 그는 이들에게 벌금을 부과하고, 중대한 범법행위의 경우 이들의 물품이나 가재를 몰수하였다. 성주의 사법과 경찰활동은 실제로 유익했던 만큼 강제적이고 빈틈 없는 것으로 여겨졌다. 그는 농부들을 요새의 보수작업에 동원하고, 이들로 하여금 성채 기사들에게 신선한 양식을 제공하도록 강제할 수 있었다. 그는 성주령을 지나가는 이방인들, 예컨대 상인과 순례자와 시장을 늘 드나드는 사람들에게 그가 제공한 일시적 보호의 대가로 지불을 요구하였다. 이전의 왕들과 마찬가지로 그는 도량형의 보증자였다. 그는 또한 주화를 주조할 수도 있었다. 모든 수단을 강구하여 그는 자신의 수중에 있는 권위를 이용하였으며, 그 결과 방권의 행사는 농민의 잉여 생산물과 거래 이득에 대해 다방면으로 공조를 부과하는 새로운 과세형태를 취하였다.

성주[10]는 군사력을 장악했기 때문으로 경작자들의 잉여분에 손을 댄 첫 번째 존재였다. 그는 또한 스스로가 최상의 몫을 차지하였다. 하지만 성주령 내 거의 모든 주민들이 다른 영주들에게, 즉 자신이 경작하는 토지에 대해서는 토지 영주에, 그리고 노예의 후손이거나 자발적으로 예속된 경우에는 인신의 영주에게 경제적으로 종속되어 있었다. 이러한 사적 영주들은 자신의 보유농과 종속민을 방권을 장악한 자의 권한으로부터 벗어나게 하려고 애를 썼다. 성주는 당대의 문서들에서 '강제부과(exactions)'

---

10) 일반 성주건 공작·백작 등의 영역 제후이건간에 군사력이 집중되는 성채의 주인이면서 방권을 행사한 사람들 전부를 성주로 볼 수 있다. 방권을 소유하지 못한 일반 영주는 방권을 장악하고 있는 성주, 즉 방 영주의 지배하에 있었다.

나 '관습(coutumes, 라틴어로는 consuetudines)'[11]으로 지칭된 세금을 부과하였던 바, 이것은 여타의 일반 영주들이 오로지 자신의 몫으로만 장악하고자 했던 잉여의 부와 노동에 대한 과징이었다. 이들 일반 영주들은 자신의 영지 내의 농민과 자신의 예속된 가솔들에 대한 경제적 권한을 독점하지 못하고, 평화와 질서의 유지자인 방권의 소유자와 배분하여야 했다. 일부는 자신의 독점권을 인정받는 데 성공하였다. 때로는 기사의 가솔들에게 부여될 정도의 소규모인 경우도 있고, 또 때로는 마을 하나를 포괄할 정도로 대규모인 경우도 있는 고립된 구역들이 성주령 내에 일반적으로 산재해 있었다. 특히 종교단체가 과거 카롤링거 왕조로부터 획득한 바 있는 불입권을 계속해서 확보한 경우 그 규모가 컸다. 그렇지만 이들 고립된 구역의 주민들이 결코 과세를 피하지는 못하였다. 이들은 방영주처럼 자신들을 재판하고, 자신들로부터 보호세를 강탈할 권리를 주장한 토지 영주와 인신의 영주에 의한 유사한 요구에 노출되어 있었다.

요약하자면 방권은 분할되었건 그렇지 않건 균질하게 확립되었고, 두 가지 특별한 방식으로 경제과정에 결정적 요인으로 작용하였다. 첫째로 이러한 권한의 행사를 위해서는 다수의 보조자들, 예컨대 장원의 질서를 유지하는 세르장(sergents), 마을의 모임을 주관하는 프레보(prévôts), 삼림이나 공동지에서의 관습적 권리를 침해하는 자들을 추적하는 산림간수(forestiers), 그리고 시장과 주요 강의 교차로에 상주한 세금 징수원들에게 의존하지 않을 수 없었다. 특히 독일의 문서들에서 미니스테리알레스로 지칭된 이들은, 영주에 의해 그 심복들 중에서 차출되었다. 문제는 이들을 확고히 통제하에 두는 일이었다. 이들 보조자들은 '관습'의 이익을 직접적으로 공유하였고, 또 자신이 징수한 세금과 벌금으로부터 자신의

---

11) 1000년을 전후한 시기에 방 영주권이 시행되었을 때 타유세 등 방 영주권에 포함된 권한들이 '나쁜 관습'으로 불리면서 농민층의 저항에 부딪혔으나, 차츰 부과 정도가 완화되면서 그 권한이나 부담이 일상의 '관습'으로 간주되었다. 그러므로 '관습'은 관습적으로 지불되어야 할 부담을 의미하는 셈이다.

몫을 챙겼던 것과 마찬가지로 자연히 방권 역시 최대치로 이용코자 하였다. 이들은 가능한 한 부담을 증가시키고, 방권으로 인한 수입으로부터 자신의 몫을 교묘하게 축적하였다. 둘째로, 이런 형태의 착취는 아마 무제한적이지는 않았을지라도 극단적으로 추구될 때 보다 효과적일 수 있었다. 그 이름이 시사해 주듯이, 평화와 정의를 유지한다는 명목하에 징수된 이들 공조는 '관습'이었다. 다시 말해, 집단적인 기억은 이들 공조의 부과에 한계를 설정하였다. 또한 '관습'의 부과시에는 농민층의 저항·협박·둘러대기 및 여타 지연전략 등에 대해 세밀히 고려할 필요가 있었을 것이다. 그렇긴 해도 관습은 탄력성이 있었다. 관습의 힘은 권위를 장악한 사람들의 압력에 대해서 어느 정도 저항할 수 있게 해주었다. 방권의 대리 행사자들은 도처에 모습을 드러내고 탐욕스러우며 모든 준비가 되어 있었다. 이들의 위법행위에 따른 희생자들은 누구에게 불평할 수 있었을 것인가? 바로 그 점이 이러한 재정체계가 잘 기능한 이유였다. 그것은 농민층으로부터 이들이 생산한 것의 대부분, 또는 이들의 생계유지에 필요한 양 이상의 것을 탈취할 수 있게 해주었다. 따라서 그것은 빈자의 생활 수준이 향상될 여지를 상당히 약화시켰다. 그것은 보유농과 독립적 농부간의 격차를 좁혀 주었다. 그것은 농민의 상황을 안정시켜 주었다. 하지만 그것이 농민층 내 집단간의 격차를 줄이게 한 결과, 일하는 자와 영주계급간의 격차는 돌이킬 수 없이 확대되었다.

*

　영주계급은 전혀 균질하지 않았다. 영주들이 모두 사회적으로 동등하지는 않았고, 타자의 노동을 동일한 방식으로 이용할 수 있었던 것도 아니었다. 상호간 복잡하게 얽혀져 있었고 동시대인의 마음에도 혼란스럽게 여겨졌지만, 실제로는 세 가지 형태의 영주제적 착취가 있었다. 그 중 하나는 당시 '파밀리아(familia; 권력을 쥔 사람 주변의 가솔들)'라는 어휘에 의해 지시된 것과 내용상 교차되고 있는데, '가내 영주권'으로 표현될 수 있을 것이다. 이것에 의해 우리는 한 인간의 신체를 타자의 처분하에 놓는 권리의 이전을 의미한다. 이 영주권은 완강히 존속해 온 노예제의 유제였다. 방권의 압력하에서 고대적 형태의 예속은 그것이 도처에서 재부과되고 있긴 하였으나, 일반적으로 감소하였다. 지금까지 존재해 온 자유민 중 허약하고 가난한 대다수 사람들이 빈곤과 성주의 관리인에 의한 억압, 심지어 앞으로 다가올 세계에 대한 공포로 인해 스스로를 보호자의 후원하에 두는 '탁신' 형태로 자신의 독립성을 상실하였다. 노예제적 유제는 사라진 게 아니었다. 오히려 그것은 일반적으로 '농노제'라 불리는 예속제가 되었다. 유럽의 대부분 마을에는 영주가 '자신의 사람'으로 언급한 농민들이 있었다. 이들의 수는 다양하였는데, 때로 전마을 공동체 구성원들이 이 범주하에 놓여 있었다. 이들은 출생시부터 진정 영주의 사람이었고, 이들의 자손은 그에 속하였다. 영주는 이들을 팔거나 양도할 수 있었다. 이론상 이들은 영주에게 모든 것을 빚지고 있었다. 영주는 자신의 자택과 경지에서 주로 이들의 노동력을 이용하고자 했으며, 그는 이들로부터 제한 없는 봉사를 기대하였다. 이들은 단지 부양비만 드는 영구적 노동력을 가내경제에 유용하게 제공해 주었다. 이런 형태의 종속은 또한 수입원이 될 수 있었다. 실제 이 영주권에 종속된 모든 사람이 영주의 거주지에 사는 것은 아니었다. 이들은 그로부터 떨어져 그나 다른 사람에 속한 토지에 정착하곤 하였는데, 그렇지만 여전히 자신의 영주에 부착되어 있었다. 이들은 그러한 예속에 의해, 관습이나 거리에 의해 감소하는 경향을 띤 부역뿐 아니라 세 가지 종류의 지불을 행하여야 했다. 이에는 지대의 현금 지불, 영주의 가솔에 속하지 않는 배우자와 혼인할 경우 지불하는 혼인세, 상속시 영주가 취하는 상속세가 포함된다. 12세기말경에는 규모가 어떠했건, 영지 경작은 귀족의 전구성원뿐만 아니라 소수의 부유농 사이에 널리 공유된 이런 종류의 영주권에 의존하였다. 그것은 노동에 대한 의존을 상당히 제한하였다. 그것이 제공해 준 예비노동력에 의해 가내 영주권은 경제력의 두 근본축의 하나를 구성하였다.

또 하나의 영주권은 사람이 아닌 토지의 소유에서 비롯되었기 때문에 '토지 영주권'이라 지칭될 수 있다. 이 영주권의 특징들은 카롤링거 왕조 명세장들에 의해 이미 익숙해진 특성들의 연속이었다. 부자들이 자신의 종속민들의 노동에 의해서만 자기 소유의 모든 토지를 경작하는 경우는 참으로 드물었다. 종종 이들은 토지의 상당 부분을 '자신의 사람'이거나 또는 다른 사람의 '사람,' 또는 아마도 육신의 예속에서 완전히 벗어나 살고 있는 보유농에게 부여하였다. 토지를 부여하는 것은 보유농 가솔의 재산을 수탈할 수 있는 권한을 획득하는 것에 다름 아니었다. 엄격히 말해 이런 강제부과가 무제한적이지는 않았다. 문서작성이 보다 잘 보존되어 온 이탈리아와 같은 나라에서는 부과 내역이 동의에 의해, 혹은 동등하게 적용되는 관습법에 의해 정확히 규정되었다. 부과 내역에는 항시 또는 거의 언제나 현물이나 현금으로 지불되는 보유지에서의 생산물에 대한 과징이 포함되고 있었다. 또한 종종 그것은 농민가정의 작업 능력에 대한 과징을 포함하는데, 그 구성원들은 정해진 날수의 부역을 행하지 않으면 안 되었다.

영주권의 세번째 형태는, 우리가 보아왔듯이 방권의 행사로부터 유래하였다. 방 영주권[12]은 그 소유자에게 농민 가솔로부터 탈취할 수 있는 모든 것을 취할 권리를 부여하였다. 이에는 현금·수확물·가축, 그리고 노동(성의 재축조나 식량 운반 요구 등)까지도 포함된다. 그것은 실제 일종의 합법화되고 조직화된 약탈이었으며, 단지 마을 공동체들의 저항에 의해 완화되었다. 이런 형태의 경제적 수탈은 다른 두 가지 형태의 것들과 일치하며 종종 그것들 위에 중첩적으로 드리워져 있었다. 하지만 방 영주권은 소수의 영주만이 이 혜택을 누렸다는 측면에서 보다 독점적이었다.

---

12) 방권의 소유자는 이 권리를 이용하여 사적 영주권을 확대했으므로 ban은 방권과 동시에 방 영주권을 의미하기도 한다. 또 그러한 영주제를 방 영주제로 지칭한다.

방 영주권의 불균등한 분배로 영주계급 내에서도 상당한 경제적 편차가 발생하였다. 한편으로 문서상에서 11세기에는 '탁월한 자(optimates principes)'로, 12세기에는 '부자(riches hommes)'로 묘사된 사람들이 있었다. 개별적으로는 문서증서들에서 '영주(dominus)' 칭호가 그 영주의 이름에 부가되어 사용되었다. 이들은 가장 부유했기 때문에 사실상 지배계급이었다. 고위 교회직(주교나 수도원장)에 있건, 군사력을 장악한 사람들(영역 제후·백작·남작)이건 공권의 속성을 담은 특권들을 장악한 성의 주인들은 다소간 우월한 위치에 있었다. 이들의 가내 영주권과 토지 영주권은 이들이 통제한 영역 전체에 걸쳐 널리 확산되었다. 왕권의 상속자로서 이들은 예전에는 최상위 주군인 왕에 종속되었던 광대한 미개간지에 자신의 손을 뻗쳤다. 그렇지만 이들은 자신의 부와 이들이 수행한 기능 그 자체의 성격으로 인해 토지와 이를 경작하는 농민으로부터 유리될 수밖에 없었다. 이들은 너무 높은 곳에서 농민들을 지배하고 있는 셈이었다. 따라서 이런 영주들과 경작민 사이에는 이들의 명령을 수행하고 경제 운용의 실제 방편을 제공한 중간자들이 존재하였다. 귀족들 자신은 일반적으로 지대 수취자였다. 허식적 과시와 가문의 명성에 필요한 만큼 정규적으로 제공받으면 만족했던 이들은, 자기 권력의 상당 몫을 이들이 자신의 이름으로 그것을 행사하도록 책임지워 준 사람들의 수중에 넘겨 주었다.

다른 한편 여타의 군소 영주── 일반 기사, 성당의 기증물 일부를 연금으로 보유한 참사회원, 시골 소수도원의 수사── 와 귀족의 대리인들이 있었다. 이들 또한 생활 수준이 다양하였으나 공통적으로 자신의 경영 능력에 합당할 정도의 영역을 직접적으로 통제하였다. 이들은 농민들의 이웃이었고, 그들의 이름을 알고 있었으며 그들과 어려움을 함께 하였다. 이들은 농민이 생산한 것과 그것으로부터 취할 양을 알고 있었다. 이들은 자신들이 그 궁정을 빈번히 방문하는 '부자'들의 행동방식을 모방하면서 영주권 혜택을 극대화하고자 하였다. 그리고 이들은 토지 및 일하는 자들과 직접 맞대고 살았기 때문에, 12세기 문서들에서 현저하게 드러나는 경제 활력과 성장의 가장 활동적인 견인차로 간주될 수 있다.

3. 성장의 씨앗

마지막 분석으로 당시 유럽 경제가 경험한 내적 팽창의 배후 추진력은 영주 세력이 생산력에 가한 압력에서 초래되었음이 분명하다. 점증되어 간 이 압력은 신에 대한 봉사와, 스스로의 고양에 최선을 다한다는 이상을 보다 충만케 실현하려는 교회인과 전사들이 공유한 소망으로부터 비롯되었다. 11,2세기에 지중해상에서 라틴 그리스도교권의 활동이 널리 확대됨에 따라 이 소망은 지속적으로 커져 갔다. 그 이유는 중세초 귀족들을 끌어들인 고대 로마 모형의 매력이, 스페인과 남부 이탈리아의 모험가들이 바르바스트로·톨레도·팔레르모·바리의 탈환 이후 고향으로 가져오고, 콘스탄티노플과 안티오크를 통해 성지로 가는 순례자들이 획득한 기념품의 매력에 의해 압도되었기 때문이다. 후자의 매력은 시골적 생활방식을 거부하고, 남부 도시 거주자들의 생활방식을 획득하려는 확고한 결심을 영주의 심성 속에 심어 놓았다. 이 소망은 영주들이 고립으로부터 벗어나고 상호 접촉할 기회가 빈번해지며 제후 궁정의 매력이 증대됨에 따라 보다 공고해졌다. 이같은 모임들이 유행하면서 귀족의 행동방식이 규범화되고, 오리엔트로부터 가져온 부가 과시되었다. 보다 원거리의 야만족 유럽에서 슬라브 제후들은 갈리아와 이탈리아로부터 세련미에 대한 욕구를 접해 들은 게르만 제후들의 행동방식을 모방하고자 하였다. 높은 수준의 생활을 향한 욕구는 모든 곳에서 보다 확산되었다.

점차 까다로워지는 취향을 만족시키기 위해서는 약탈에 더욱 몰입할 필요가 있었다. 약탈은 여전히 전쟁으로 일그러진 그리스도교 세계의 경계들에서 첨예하게 행해졌지만, 봉건 유럽에서는 권력구조가 공고화됨에 따라 군사 모험의 범위가 제한되면서 일종의 법과 질서가 확립되었다. 여기에서 가장 필요한 것은 영주제적 수탈에 의해 수입을 증대하는 것이었는데, 하지만 두 가지 제약이 가로막고 있었다. 첫번째 제약은 관습 때문에 발생하였다. 영주는 자신의 종속민들로부터 이론상 모든 것을 요구할 수 있었고, 방권의 소유자들은 성주령 내에 거주하는 마을민들로부터 거의 모든 것을 취할 수 있는 위치에 있었다. 마을민들은 사소한 잘못으로 괴롭힘을 당하고, 영주를 대접해야 할 의무로 수탈되었다. 여러 형태의 영주권에 사법권이 부가됨으로써 경제적 수탈은 보다 효과적일 수 있었다. 일반 영주들은 소작 부담에 대한 분쟁을 해결하고, 보유농의 잘못을 징벌하는 법정을 주관하였다. 이들 법정의 결정 사항에 대해 항소가 제기되는 사례가 전혀 없었던 것은 아니었다. 당시 모든 영주가 자신의 이해관계가 걸린 소송들을 재판하였다. 그렇지만 영주권 내의 모든 사법기구는 경작자들로 구성되었다. 이들의 충고에 따라 배심원은 평결하였다. 영주를 상대로 일반인은 서로서로가 하나임을 인식하였고, 관습에 의해 자신의 아성을 구축하였다. 어느 누구도 관습에 반하여 행할 수 없었다. 이들은 관습의 동료 이사들이었다. 영주는 반드시 심문에 의해 이들의 증언을 청취하여야 했으며, 만약 영주가 관습법을 자신에 유리하게 개정시키려 한다면 그는 대중의 완강한 저항에 봉착하게 될 것이었다—— 집단기억은 감내하기 힘든 변화를 무효화하는 방법을 알고 있었다. 두번째 제약은 엄격히 경제적 성격의 것이었다. 누군가가 경작자들을 과도하게 수탈할 경우, 그것은 반드시 이들의 생산성을 떨어뜨리거나 이들을 여전히 이주공간이 넉넉한 세계로 도피하게 만들었다. 그런 까닭에 영주권에 의해 이익을 얻고자 하는 욕구는 영주와 이들 관리인의 마음속에 종속민의 조건을 개선시켜야겠다는 생각을 차츰 불러일으켰으며, 개선시킨다는 뜻의 라틴어 'meliorare'는 종종 당대의 경제문서들에 나타나고 있었다. 농민들은 더 많은 아이를 낳도록 장려되거나 자신의 생산 능력을 확대할 기회를 제공받았다. 다소간은 의식적이고 또 달리는 다른 충격들에 직면하여 또는 매우 투박한 심성적 태도 자체로 인해, 이 목표는 새로운 봉건환경 내에서 더 이상의 진전을 자극하였다.

이같은 진보의 징후는 일찍이 1000년경에 감지될 수 있지만 1075년경부터 훨씬 분명해졌다. 자료가 간결하고 극히 단편적이며 간접적 속성을 띠고 있어 시간적 추이 파악이 여전히 부정확할 수밖에 없으나, 전체적으로 볼 때 자료들은 이 시점이 활력이 넘치는 단계임을 시사해 주고 있다. 이 시점은 축적물들이 사용되고 동유럽에서 화폐 유통이 확대되어 간 시기이다. 서부 유럽에서는 변화의 보폭이 의심할 여지없이 강도를 더해 갔다. 11세기의 마지막 30년간 새로운 교회의 설립 자리가 이전보다 수도 훨씬 많아졌고 규모도 커졌다. 서유럽의 기사들은 1095년 제1차 십자군의 발진에서 정점에 다다른 보다 야심적인 공격을 서둘러 감행하였다. 새로운 수도원 공동체들이 번창하여 여러 사회계급으로부터 막대한 수의 구성원을 끌어들였는데, 그 모두가 금욕주의에 대한 열망으로 가득 찼고 부를 비난하는 데 열을 올렸다. 이것은 덜 정태적인 경제환경에서 경제 성장에 대한 비꼬인, 그러나 적극적인 욕구의 실현이라는 측면에서만 설명될 수 있다. 다시 말해, 이윤추구 질병이 처음으로 발병했음이 발견된 것이다. 덧붙여 같은 기간 동안 상업활동이 시골 구역에 침투해 들어갔다. 예컨대 상이한 주화들의 개별적 가치가 1080년부터 마콩 지방의 특허장들에 기입되기 시작했는데, 이는 농촌 세계에서의 점증된 화폐 영향과 조폐의 다양화, 그리고 환율이라는 새로운 관념의 태동을 지시해 주는 것이다. 동시에 방 영주들은 귀중품을 운반하는 상인들의 보다 빈번한 왕래에서 이익을 얻기로 결심하였다. 금후 신속히 증대되어 간 세금형태인 통과세에 대한 언급이 보다 빈번해졌다. 필리프 1세가 일-드-프랑스를 통과하는 아스티 상인들에게 세금을 부과하려 했을 때, 교황은 이 세금에 대한 면제를 확보해 주었다. 클뤼니 수도원장은 이웃 성주가 랑그르 출신의 상인들을 억류하고, 이들로 하여금 그에게 보호세를 지불하도록 강요한 것에 대해 그를 힐난하였다. 1080-1082년 앙제의 생-토뱅 수도원 수사들이

마련한 통과세 규정은, 거래가 단지 전문가들만의 관심거리가 아니었음을
명백히 보여 준다. 농민들은 가축을 사고팔았다. 이들은 외부인들과 축산
계약을 맺고, 왁스·꿀·돈육·가죽과 양모를 목에 걸고 와서 인근 시장
에서 처분하고자 하였다. 이들은 초창기에는 짐을 싣는 동물에 식량과 더
불어 때로 '외국산의 값비싼 물품'을 싣고서 원거리 무역에 참여하는 협
력관계를 맺기도 하였다. 1075년경 라이헤나우 수도원의 원장이 수도원
영지에 속한 한 마을의 농민들에게 "무역할 권리를 부여하여…… 이들과
그 자손들이 상인이 될 수 있었다." 이러한 활력의 유포는 당시에 처음으
로 분명해졌다. 그것은 보다 풍부하고 정규적으로 주조되고 있었던 주화
들에 사람들이 서서히 익숙하게 된 사실과 관련되어 있다. 전쟁으로 인해
부가 이동되었던 그리스도교 세계의 경계를 제외하면, 화폐 유통은 서구
의 시골 핵심부들 깊숙이에서 전세기에는 그 성장이 거의 감지되지 않았
던 활동들을 자극하였다. 이후 서구에서 관찰될 수 있는 상업과 화폐의
진흥은 경제상의 보다 근본적인 요소들의 활력에서 비롯된 것이다. 이같
은 새로운 진흥은 경제 요소들의 외적 분출이었으며, 하지만 양자가 서로
를 자극하는 방향으로 결합되고 있었다. 우리는 11세기의 마지막 30년 동
안 유럽 경제사에 있어서 새로운 국면의 시발을 감지할 수 있다. 그것의
광범위하고 지속적이며 신속한 발전의 다양한 모습들을 이제 우리는 추
적해 봐야 한다.

농 민

이러한 새로운 활력의 근저에는 농업 생산을 증대하려는 각고의 노력이 자리잡고 있었다. 이 노력은 주로 스스로의 몫을 차지하고자 종속민들의 노동에 의해 잉여 생산물의 증대를 꾀하였던 영주들의 압박에서 비롯되었다. 그렇지만 이 노선은 두 가지의 관계된 변화에 의해 오랫동안 준비되어 왔었다. 첫째로 환경조건이 개선된 것으로 보이는데, 유럽 지역에서 몇 세기 동안 경작에 보다 유리한 온화하고 맑은 기후가 지속된 흔적이 있다. 둘째로 인구 성장이라는 부인할 수 없는 요인이 있다.

1. 경작민의 수

여기서 우리는 실제로 관찰이 불가능하기는 하지만, 독일과 영국에서 오랫동안 활발했던 것으로 추측되는 근저의 흐름을 언급하고자 한다. 갈리아의 경우는 카롤링거 왕조 장원구조의 완강함으로 인해 일시적으로 지체되었다.

인구 성장의 동향은 봉건제도가 처음 확립된 순간부터, 그리고 11,2세기 내내 뚜렷하였다. 문서의 증거는 그 성격상 변화의 범위를 측정하려는 시도를 어렵게 하고 있다. 영국 대부분 지역의 경우 11세기의 마지막 세반세기 동안 《둠즈데이 북》이 해석상의 난점에도 불구하고, 예외적 가치를 지닌 통계자료를 제공해 주는 까닭에 충분히 이를 확인할 수 있다. 하지만 이 자료는 독특한 것이었다. 후에 이에 상응할 만한 자료를 접하기 위해서는 과세방법이 체계적인 조사를 가능케 할 만큼 충분히 개선될 때를 기다려야 했다. 이 경우에도 자료는 역시 영국에 대한 것들이었다. 12세기 후반부에는 교회 영지에 종속된 일부 마을에 대해, 그리고 14세기에는 왕국 전체에 대해 세심한 관심을 기울인 자료들이 작성되었다. 합리적으로 확인될 수 있는 사실은, 영국 인구가 1086년과 1346년에 3배로 증가했다는 점이다. 다만 그 증가 추세를 상세히 추적하는 일은 거의 불가능하다. 따라서 우리는 주로 사회적 상류층에 관계된 분산된 단서들에 의존해야 한다. 이 시기에 새로운 종교단체의 신속한 증가뿐 아니라, 군사 임무의 수행 범위 역시 기사귀족 구성원수의 꾸준한 증가를 가정하지 않고는 설명될 수 없다. 위 사실은 어느 정도 정확하게 구성될 수 있는 소수 귀족 가문의 가계도들을 통해 규명될 수 있다. 세습재산의 분할을 피하려는 가문들의 욕구는 각 세대로 하여금 남자아이의 혼인을 제한하도록 촉구하였다. 그렇지만 매 세대마다 혼인한 부부는 종종 많은 자녀를 두었고, 이중 적지않은 수가 성년에 도달하였다. 이런 종류의 정보에 기초해서 피카르디 지방에 대해 인구 증가율을 계산하려는 한 시도가 있었다. 자녀를 둔 부부 한 쌍당 성년에 달한 아들이 평균 1075-1100년에는 2.53명, 1100-1125년에는 2.26명, 1125-1150년에는 2.35명, 1150-1175년에는 2.46명, 1175-1200년에는 2.70명이었다. 결과적으로 12세기의 삼사분기에는 매년 0.28퍼센트의 증가율, 12세기의 마지막 국면에는 0.72퍼센트의 증가율을 보였다. 이러한 역동성은 아마 4,50세에 달하는 평균 예상 수명에서 비롯된 바 크고, 유아사망의 효과와 자녀 없는 부부의 높은 비율(아마 1/3 정도)만이 완화시켜 줄 수 있는 높은 출생률에 의해 강화되었다. 이같은 경향이 나머지 인구보다 영양 공급은 잘 되었지만, 군사적 위험에 보다 노출되어 있는 귀족들에게만 적용될 수 있다고 가정할 이유는 없다. 11세기말경 예루살렘을 향한 도로를 따라, 또는 방랑 선교사들이 빈번히 왕래하는 지점들에서 빈자들을 분주하게 만들었던 커다란 압박들, 그리고 12세기에 설립된 새로운 수도원들로 농민 출신의 속인 평수사들이 유입된 사실은 활력이—— 동시기에 상당수 귀족의 자제들에게 원거리 원정을 행하고, 수사나 참사회원으로서 경력을 쌓게 한 것과 유사한—— 농민 대중 사이에서도 파급되었음을 보여 준다. 인신 예속과 관련된 법문서를 통해 상세한 내용이 알려져 있는 예속민 지위의 소수 가문들에서, 남자아이들의 수가 귀족 가문의 남자아이들 수보다 적지않았던 것으로 보인다. 의심할 여지없이 인구 팽창의 물결은 농촌지역 보유지의 분할과 증식, 그리고 12세기가 경과하면서 보다 뚜렷해진 농촌 주민의 현저한 이동성에 대한 주요 자극 요인이었다.

이같은 팽창의 기원과, 그 배후의 결정 요인들은 무엇이었는가? 우리는 파괴적 약탈의 감소, 그리고 봉건질서와 그것의 평화를 조성하는 제도들의 형성을 그 요인들로서 배제할 수 없다. 그렇지만 이 요인들의 영향을 지나치게 강조하는 것은 오류일 수 있다. 왜냐하면 경쟁 성주들간의 지속적인 분쟁으로 촉발된 계절마다의 전쟁은 그리스도교 유럽 전역에서 여전히 행해지고 있었기 때문이다. 모든 금지령에도 불구하고 가문의 남자 자손들 상당수가 분쟁에서, 또는 군사훈련 도중 우연히 사망하게 된 전문 전사들의 공동체가 결과적으로 물리적 손해를 입은 유일한 대상은 아니었다. 노동인력 증가의 직접적 결과로서 초래된, 생계유지를 위한 생산물의 지속적 증대가 의심할 여지없이 보다 결정적 요인이었다. 그러나 여분의 식량이 대다수 농민들의 영양 수준 향상을 초래했다고는 볼 수 없다. 기근은 잠재적인 위협으로 남아 있었고, 영양 결핍과 여타 질병들은 계속해서 유포되었다—— 그리스도교적 경건성 측면에서 선행이 강조됨에 따라 병원과 자선단체 또한 현저히 증가하고 있었다. 반면 농업 팽창의 주요 효과는 가족집단의 해체를 촉진하고, 상당수의 개인들에게 그들의 조상이 겪었던 것과 같은 궁핍한 상황에서도 생존할 수 있게 해주었다.

마지막으로 농민층에 영향을 미친 법적 변화들 역시 결정적 역할을 했던 것 같다. 인구와 생산성 증가에 미친 가장 심대한 영향은 비자유민의 증가에서 비롯되었다. 젊은이들이 동산과 가옥 등의 법적 소유물 없이, 그리고 심지어는 자신의 육신조차 온전히 소유하지 못하고서 주인의 거주지에 가솔노예 집단의 구성원으로 남아 있는 한——그리고 우리는 이 집단이 7세기 갈리아의 대규모 영지들에서 왕성히 유지되었음을 살펴본 바 있다——농촌 주민 전체가 자녀 출생에 매우 바람직하지 못한 조건 속에서 활기를 상실해 갈 수밖에 없었다. 노예집단 속에서 출생하고, 또 유아시절을 보낼 위험에 처한 아이들은 생존 기회를 별로 갖지 못하였다. 주인들이 점차 이 집단의 분산을 허용하고 자신의 노예들을 이들 스스로가 경영하는 농장들에 부부로서 정착시키기로 결정했을 때, 주인들은 이들 경작자들의 생산력을 자극했다. 그것은 뿐만 아니라 이들이 보다 나은 위치에서 아이들을 낳고, 그 아이들을 성인에 이르도록 키울 수 있게 해주었다. 이들 노예의 자손들로부터 주인들은 자신의 가정을 유지해 나가기에 충분한 하인들을 계속해서 차출하였다. 하지만 노예 보유농의 아들과 딸 상당수는 새로운 가정을 세울 수 있게 되었다. 그리고 방 영주권의 확립으로 자유농과 비자유농간의 구별이 사라지고 농민의 지위가 보다 단일화되었을 때, 이제 동일한 관습에 종속된 노예의 자녀와 다른 마을민의 자녀간의 혼인이 주인의 동의하에 일반화되어 그것이 양자를 결합시키는 역할을 하였다. 이같은 혼인은 9세기초 생-제르맹-데-프레 수도원의 보유농 사이에서 이미 보편화되었다. 최근까지도 고대 노예제의 법적 기준에 의해 구분되었던 농민층 내 두 집단간의 혼인상의 차별은 사라졌으며, 이러한 융합은 인구 팽창에 의해 증진된 농촌 인구의 유동성을 촉진하였다. 11세기 클뤼니 수도원의 한 문서에는 손 강가의 마을에 정착한 한 자유민 태생 이주민의 예가 기록되어 있다. 그는 인근 정착지로부터 예속민인 여성을 아내로 삼았으며, 이 부부의 자손들은 곧 이웃 마을로 퍼져 나갔다. 우리가 알 수 있는 한 노예제에서 농노제로의 전환은, 그것이 가내노예 집단의 해체와 자립적인 생산 단위의 증가를 초래한 정도만큼, 일반 농촌민이 보다 많은 자녀를 갖도록 하는 가장 강력한 자극제를 제공한 것이다. 또한 수명을 보다 증가시킨 이 변화는 꾸준한 인구 성장의 기폭제였다고 필자는 생각한다. 중세초를 회상해 볼 때, 인구 증가는 이미 독일과 이탈리아, 즉 노예제의 멍에가 가장 덜 정확히 규정되었던 서구 지역에서 보다 현저하였다. 여하튼 정착지 팽창의 첫번째 가시적 흔적은 마지막 침입에 뒤이은 붕괴로 갈리아에서 이같은 멍에가 신속히 완화되고, 농민들이 성주의 권위에 보편적으로 예속된 결과 존속되어 온 고대적 예속의 최종적이고 의식적인 표현으로서의 만키피움(mancipium)과 세르부스(servus) 어휘가 차례로 나타나지 않게 된——도피네 지방의 경우 두 어휘가 각기 957년과 1117년에 사라졌다——바로 그 순간에 표면으로 부각되었다.

다른 법적 관행에 영향을 미친 관련 변화들은 근본적인 변혁을 강화하였다. 우리가 이 시기 가족의 관습에 대해 확인할 수 있는 거의 모든 것이 귀족과 관련된 것들이다. 12세기말 이전 농민이 토지 거래에 직접 참여한 경우는 극히 드물어서, 이들의 상속 관행에 대한 특정 규칙의 흔적을 남겨 놓을 수는 없었다. 그러나 우리는 보유농 사이에서 보유지에 대한 상속 원칙이 묵시적으로 수용될 만큼 가족집단의 결속이 공고했다고 추측하는데, 다만 서기를 통해 계약을 문서화하는 관행이 일반화되어 몇년간의 임차계약이 왕성히 행해졌던 이탈리아의 경우는 예외로 한다. 그렇지만 최근 피카르디 지방에 대한 논쟁에서 제시되었듯이, 기사의 가계가 보다 구조화되어 간 바로 그 시점에 농민가정은 오히려 분가해 나갔을 가능성이 높다. 이같이 친족간 유대가 완화되고 확대가족의 권리가 희생된 반면, 혼인한 부부의 권리가 서서히 개선된 사실은 분명 젊은 부부의 영구적 거주와 결과적으로 정착가옥수의 증가에 이롭게 작용하였다. 이 경향은 공조와 봉사 부담의 부과 기초가 되는 농업 단위들이 해체되는 것을 허용하지 않으려는 영주의 욕구와는 어느 정도 상충되었다. 보유

지는 많은 영지들에서 공유상태로 남아 있었다. 그렇지만 장원 관습의 힘
이 스스로의 농장을 확보하기 위해 가족재산 중의 당연한 몫을 요구하는
차남들의 열망을 꺾는 데는 성공하지 못하였다. 그것은 이들에게 자신의
본거지를 떠나도록 만들었다. 따라서 장원 관습은 일부 마을의 경우 인구
를 정체상태로 유지시킨 한편, 개척이 이루어지는 경계지역에는 개간을
위한 인력을 공급해 주었다. 가족을 확대하고 분산시킨 동향은 영주제의
정체성을 명백히 깨뜨렸다. 지주들은 보유지가 상속자들간에 합법적으로
분할될 수 있기 위해서는 자신들의 허락이 필요하고, 또 벌금이 부과된다
고 주장했지만 그 추세를 인정하지 않을 수는 없었다. 이처럼 고대적 농
민 경영 단위들의 분할과정은 서서히 시작되었고, 12세기에는 보다 촉진
되었다. 분할 정도를 측정하기 위해서는 지조장부(censier; 12세기말경 프
랑스에서 작성된 보유지와 부담의 목록들)와 9,10세기의 관리인들이 작성
한 목록들을 비교하는 것으로 충분할 것이다. 전자의 경우 상이한 농민
가솔들에 의해 공유되고 매우 불안정한 상태로 유지된 수많은 땅뙈기들
에 상응하여, 공조 역시 분할되어 묘사되고 있었다. 이로 인해 농민 토지
분배상의 탄력성은 농장 경영자들의 임무를 보다 복잡하게 만들었다. 그
리고 그것은 일반인의 가계가 분할되고 생산 단위들이 폭증하는 데 일조
했으며, 이런 식으로 화폐경제의 영향을 강화하였다. 현금은 보유지들이
분할상속될 수 있을 뿐더러, 그것들이 이전료 지불 대가로 분할양도에 의
해 해체될 수도 있다는 생각을 토지 영주들에게 수용케 함으로써 농민의
토지 거래를 자극하였다. 나아가 현금은 보다 결정적으로 경제적 선도를
장려하고 자본의 형성을 가능케 하여 개인의 이득을 조장하는 효과를 미
쳤다. 그것은 가장 모험적인 농민들에게 그들의 자녀가 보다 나은 삶을
이끌어 가고, 친족집단 외부의 사람과 상향적인 혼인을 할 수 있게 하는
수단을 제공해 주었다. 농민의 족외혼이 놀라울 정도로 증가한 사실은 상
당수 문서의 편린에 의해 드러나고 있다. 이 문서들은 중세초 내내 노예
제와 장원제의 틀 속에서 농촌 주민의 팽창력을 억제했던 법적 제약이

완화되어 삶에 대한 열정이 고조된 모습을 보다 잘 보여 준다.

농촌 생산에 영향을 끼친 세 가지 요인 중 하나는 7,8세기에 널리 반향을 일으켰다. 모든 곳에서, 심지어는 로마인들이 세운 농촌 정착지들의 형태가 널리 보존된 남부 부르고뉴 지방에서조차 토지는 모든 이주민에게 유용하였다. 많은 지역에서 정착지 각각의 경계들에는 막대한 예비 토지가 자리잡고 있었고, 또 다양한 경작방식이 채택될 수 있었다. 발전이 지체된 것은 오로지 다음의 두 가지 요소, 즉 인력과 장비의 부족 때문이었다. 이 장애들은 카롤링거 왕조에서 11세기로 넘어가는 불명확한 시기 동안 제거되어 갔다. 이제 재개된 경제 성장은 노예제에 기반을 둔 대영지들의 완만하고 지연된 해체에 그 뿌리를 두고 있었다. 그것은 농촌 주민의 증가에 따른 것이며, 농촌민의 증가는 농업기술의 개선과 긴밀히 연관되어 있었다.

2. 기술 요인

필자가 이미 언급했듯이, 기술의 역사는 명백한 자료 부족으로 추적하기 가장 어려운 대상이다. 일과 사용된 도구, 그리고 도구가 사용된 방식은 매일매일 생활의 가장 평범한 부분에 속한 것이지만, 이에 대해서는 언급된 바가 거의 없고 씌어진 것은 더욱 없다. 당대에 농민의 부담을 기록하고 장원 수입을 평가하도록 영주로부터 위임받은 조사인들을 별도로 하면, 토지 경작과정을 관찰하는 데 그 누가 관심이 있었겠는가? 그리고 조사인들조차도 그 내용을 결코 상세히 묘사하지 않았었다. 우리는 이 관리들이 개별 장원에 대해 보유지로부터 요구되는 부역의 성격과 그 기간을 적어 내려간 내용을 통해, 농업 관행에 대한 약간의 식견을 얻을 수 있다. 우리는 또한 조잡한 것이긴 하나 파종과 수확에 대한 대략의 계산치를 가지고 경작에 따른 소출을 감히 시도하고자 한다. 하지만 12세기

도구들에 대한 우리의 지식은 9세기의 것과 마찬가지로 도구들의 명칭에 한정되어 있다. 이는 우리가 그것들에 대하여 전혀 모른다는 것을 의미한다. 우리는 그 대부분이 영원히 증명되지 않을지도 모를 가설들에 의존하지 않을 수 없다.

첫번째 가설은, 아주 모호한 음식 관행에 관한 문제와 관련되어 있다. 특히 베네딕투스 규율에 의해 널리 퍼져 간 로마 모형은 이 시기 동안 유럽에서 계속해서 수용되고 있었으며, 그 결과 인간의 음식에서 빵이 차지한 역할도 여전히 상당하였다. 빵의 역할은 계속된 물질적 진보와 귀족적 생활방식의 점진적인 보급으로 빵과 더불어 먹는 선호 식품의 범주가 확대되기 이전인 12세기말에 보다 확연하였다. 11,2세기에 빵 소비의 가장 명확한 흔적은 농촌경제에서 물레방아의 역할이 점증된 점에서 발견된다. 카롤링거 왕조에 이르면 물레방아가 현저하게 유용한 장원의 시설물이 되었다. 예컨대 그것은 코르비 수도원의 식품관리인에게 그가 필요로 하는 식량의 상당 부분을 공급해 주었다. 하지만 아직은 물레방아들이 극히 드물었다. 생-리퀴에르 수도원에 증여된 마을을 포함한 33개 남짓한 마을에서 기껏 12개의 물레방아만이 발견되고 있다. 그런데 보다 후기의 《둠즈데이 북》은 6천여 개의 물레방아에 대해 기록하고 있다. 그렇다면 영국에서 1086년에 이미 평균 46농민 가솔당 1기의 물레방아가 존재한 셈이다. 후에 이 수는 특히 데번과 같은 미개발 지역들에서 꾸준히 증가하였다. 피카르디 지방에 대한 한 노작을 통해 우리는 진보의 속도를 감지할 수 있는데, 이 지방에서 9세기 중엽과 1080년 사이에 40기의 새로운 물레방아가 기록상에 언급되고 있다. 그런데 1080-1125년의 훨씬 짧은 기간 동안에 또 다른 40기의 물레방아가 나타나고 있다. 그렇다면 기록에 의해 알려진 물레방아의 수가 50년 내에 2백45기에 달하기 때문에 증가율이 훨씬 빨라진 셈이다. 그럼에도 불구하고 물레방아를 설치하는 과정은, 특히 설치작업에 필수적인 초석과 철을 획득하는 데 상당한 재원을 필요로 하였다. 따라서 우리는 대부분의 경우 영주가 이를 선도했다고 추정할 수 있다. 영주들은 스스로에게 새로운 소득원을 보장한다는 측면에서 이를 고려하였다. 영주 자신의 이해관계에 의해 지시된 물레방아 축조는, 반드시 농민층의 실제 필요에 대응하기 위해 이루어진 것 같지는 않다. 그것은 영주에 의해 행사된 경제적 압박의 한 형태를 보여 주는 것이며, 농민들에게 이 설치물의 사용을 강제했음을 지시해 주는 증거는 전혀 부족하지 않다. 1015년을 전후하여 드뢰 성 출신의 한 기사는, 부르게유 수도원의 보유농들로 하여금 3시간 거리에 위치했음에도 불구하고 자신의 물레방아에 이들의 곡식을 운반하도록 하였다. 대중의 음식물 상당부분을 자신의 시설에서 제분하도록 강제하는 영주제적 제약은 분명 효과가 없지 않았다. 그렇지만 만약 영주들이 이렇게 비용이 많이 드는 일에 앞장서서 경쟁하였다면, 그것의 보다 큰 이유는 빵 소비의 증대로 투자를 통해 상당한 이익의 실현을 기대했기 때문일 것이다. 이들의 바람은 결과적으로 실망스럽지 않았다. 물레방아는 이전보다 수가 현저히 증가했음에도 불구하고 가장 수지맞는 영주의 소득원으로 자리잡았다. 내부 수로를 따라, 그리고 야만적 유럽의 중앙에서조차 제분관계 상인들과 더불어 화덕수가 증가한 사실은——또한 12세기초 피카르디 지방의 모습이기도 한——밀 경작의 지속적인 진전을 나타내 준다. 즉 그것은 식량채집과 사냥, 그리고 원시적 형태의 가축 사육에 이용되는 미경작 황무지의 축소와 동시에 영구적 경지의 확대 양상을 반영해 준다.

더불어 이같은 진전은 파종할 곡식의 종류를 선택하는 문제를 야기하였다. 카롤링거 왕조의 곡창에서 주류를 이루었던 곡물의 종들 일부는 1000년 이후 가장 발전된 지역에서는 사라져 갔다. 피카르디 지방의 경우 11세기 이후 더 이상 언급되지 않았던 스펠트 밀이 그러하였다. 파종 곡식의 선택은 여전히 영주의 요구에 따라 결정되었다. 영주들은 경작자들에게 자신들의 마구간에 공급할 귀리를 포함하여 그들 자신이 원했던 곡물의 씨앗을 경지에 흩뿌리도록 강요하였다. 승마가 사회적 우위성을 드러내 주는 뚜렷한 표시로 간주된 기사 문명에서, 귀리 경작의 진전은 기사사회의 성숙 및 군사장비의 개선과 보조를 같이하였다. 하지만 부자들 자신들은 흰 빵을 선호하였고, 따라서 밀 생산을 장려하였다. 우리는 농민들의 경우 생계를 계속해서 질이 덜 좋은 곡물에 의존했을 것이라고 예상하기 쉽다. 그렇지만 경작된 곡물의 종류에 관한 정보를 담고 있는 기록——장원 영지의 소출과 보유농이 영주에게 제공한 현물량에 대한 묘사——들은 자연조건이 극복하기 어려운 장애가 아닐 경우, 그 어디에서나 밀 경작의 현저한 우위를 증거해 준다. 피카르디 지방에서 귀리를 배제할 경우, 보리와 호밀이 1125-1150년 장원문서에서 언급된 곡식의 17퍼센트를 차지하였다. 보리와 호밀 경작이 오랫동안 지속된 지역에서 후에 이 비율은 8퍼센트로 하락하였다. 모든 증거를 통해 볼 때, 알지 못하는 사이에 부자들의 음식 관행이 주민 대중에서도 채택되었다는 결론에 이르게 된다. 12세기인들이 최상으로 획득할 수 있었던 주식은 빵이었다. 1000년 이후 농업 팽창은 그것이 점차 널리 파급된 밀 경작에 바탕을 두었다는 의미에서 엄격히 농업적이었다.

*

이같은 경작지 확대가 농업 경작상의 현저한 개선을 동반했는지 하는 점은 의문이다. 12세기 기록을 통해 재구성될 수 있는 경작방식은, 샤를마뉴 시대 파리 지방의 대규모 수도원 영지들에서 적용된 방식과 크게 다르지 않았다. 거의 확실히 위 영지들은 가장 발달된 영지들이었다. 상당수의 귀족 영지와 농민 대다수의 토지에서는 보다 원시적인 방식들이 채택되고 있었다. 진보는 그러한 경작방식이 널리 파급된 데에 있으며, 다만 그럼에도 불구하고 토양이 충분히 개선되지는 못했던 것 같다. 토양이 보다 많은 비료의 퇴적으로 비옥하게 되었다는 흔적은 없다. 누구나 비료의 효능을 인지하고 있었으나 외양간에서 사육되는 가축의 수가 너무 적어 비료의 공급량은 부족했고, 또 그것은 많은 비용을 필요로 하였다. 여기에서 수거된 극소량의 분뇨는 대부분 집중 투하를 필요로 하는 영구적인 원예 재배지와 포도 재배지에 뿌려졌다. 보다 후기인 13세기에 가장 번창하고 기술적으로 가장 진전된 지역이라고 할 수 있는 파리 지방에서, 임대차계약들은 농부에게 밀밭에 '9년에 딱 한 번, 5년째에' 거름을 줄 것을 요구하였다. 일부 지방에서 대중화된 것으로 보이는 유일하게 개선된 요소는 비료용의 이회토였다. 12세기 피카르디 지방에서 중기간에 걸쳐 토지를 차지시킬 경우, 일반적으로 차지농으로 하여금 이회토를 첨가하여 토양의 석회와 인산분을 희석하도록 하는 구절을 계약에 포함시켰다. 하지만 당시 농민들이 곡식 생산을 증가시킬 목적으로 일부러 토지에 비료를 집중 투여했음을 시사해 주는 내용은 거의 없다.

윤작의 경우, 그 원칙들이 심각히 변화된 것 같지는 않다. 두 시기로 나누어 파종하는 관행 —— 가을 쟁기질 이후 밀과 호밀, 3월의 쟁기질 이후 보리와 귀리 —— 은, 대서양 쪽 유럽의 예측하기 힘든 강우량 탓에 모든 곳에서 일반적이었다. 이 방식은 그해 내내 경작의 주요 작업을 보다 균질하게 행하고, 쟁기질을 두 계절로 나눔으로써 가내노동력과 축력을 효과적으로 이용하게 하는 이점이 있었다. 이 경작방법은 일찍이 9세기에 북부 갈리아 지역 대수도원들에 속한 가솔하인들과 보유농들의 부역에 의해 경작된 경지들에 적용되었다. 하지만 보유농들의 경우 자신의 보유지에 부착된 가경지를 똑같은 방식으로 다루었는가? 이에 대한 증거는 전혀 없지만, 농민 보유지에서 두 계절로 나누어 파종하는 방식의 완만한 보급은 9세기에서 12세기 사이 농업 진보의 한 형태였다. 그렇지만 빵 제조에 적당한 곡류를 생산하려는 욕구와 더불어 토질과 기후조건 때문에 이 방식의 유포는 불완전하였다. 12세기에는 직영지에서조차, 그리고 기병 전술의 발전에도 불구하고 여전히 심각한 제약이 있었다. 1150년경 클뤼니 수도원장의 위임에 의해, 이 저명한 부르고뉴의 수도원 근교의 일부 장원들을 기술한 예외적일 정도로 흥미로운 문서의 구체적 내용에 눈을 돌려 보자. 이들 중 10개 장원의 직영지에서 봄작물과 가을작물이 각기 차지하는 비중을 평가하는 것이 가능하다. 그런데 이 중 2개의 농장에서만 양자간의 비율이 동등하였다. 다른 7개 농장에서는 귀리 수확량이 밀과 보리 수확량의 2/3, 1/2, 1/3, 심지어는 1/4정도밖에 안 되었다. 10번째 농장에서는 귀리가 생산물 전체를 차지하였다. 이 체제는 극히 탄력적이었고, 영주의 필요와 각 지방 토양의 적합성에 따라 운영되었다. 12세기 후반 병원과 나환자촌의 규정들에 의해 판단하건대, 빵을 곁들인 모든 수프 음식의 기초가 되었던 콩류의 문제에 우리는 접하게 된다. 완두콩·살갈퀴·강낭콩들이 농민의 생산물과 적어도 빈자의 음식에서 상당한 비중을 차지했음을 부인하기란 불가능하다. 하지만 이 작물들이 밭에서 자라났으며, 그리고 이 작물들은 곡물과 더불어 윤작되었는가? 12세기초 플랑드르의 샤를 선량공이 "매번 두 땅뙈기에 씨를 뿌리고, 다른 두 땅뙈기의 땅엔…… 강낭콩과 완두콩도 함께 심어야 한다"라고 포고하였을 때, 그는 식량 부족으로 인해 비정상적인 경작노선을 취했던 것이 아닌가? 브뤼헤의 갈베르트는 이 규칙을 다음과 같이 설명하고 있다. "……이같이 다양한 콩류는 실제 신속하고 일찍이 결실을 맺으며, 그러한 이유로 결핍이나 기근이 1년 내내 지속되는 경우 빈자는 이에 보다 의존하여 생계를 유지한다."[13] 곡물 경작에 의해 피폐된 토양이 회복하도록 도와 주는 이들 작물의 농업 경영상의 이점이, 당대 이 단계의 농민들에 의해 감지되었다는 증거를 우리는 가지고 있지 못하다.

휴한지가 이 시기에 제한되었는지, 즉 농부들이 개선된 경작방법에 의해 자연적으로 토지의 비옥도를 회복하기 위해 토지를 경작하지 않은 채로 방치하는 기간을 줄이는 데 성공하였는지, 그리고 결과적으로 이들이 생산영역을 확대하는 데 성공했는지의 여부를 파악하는 일이 훨씬 중요하다. 농업 생산성의 집약성 정도 문제를 거론한다 해도 기술 진보의 실제에 기여한 근본 문제들을 파악할 수는 없다. 당대 기록들은 경작지를

---

13) Galbert de Bruges, dans Migne, *Patrologie latine*, CLXVI, col. 946.

제외한 나머지에 대해서는 전혀 언급하고 있지 않다. 일부 기록은 피카르디처럼 비옥한 지방에서, 적어도 일부 농장에서 삼포제(매년 가경지의 1/3만을 초지로 남겨두는)가 12세기 후반까지는 시행되고 있었음을 지시해 주고 있다. 1199년 두 영주간에 작성된 계약에 의하면, 한 땅뙈기에 매 3년마다 봄밀의 씨앗이 파종되어야 하고, 보유농은 그 누구이건 첫번째 해에는 밀을, 두번째 해에는 귀리를 경작하며, 세번째 해에는 휴경지로 두어야 했다.[14] 하지만 인구가 많고 생산적인 지역에서조차, 집단적인 윤작 규제가 전 농업 공동체에서 채택될 정도로 이 경작방식이 널리 파급되지는 않았던 것 같다. 13세기 이전에는 이 방식이 어느곳에서도 명백히 언급되지 않았다. 이때까지 농부가 자신의 필요와 기술수단에 의존하면서, 자신의 작물에 적용할 윤작체제에 대한 선택권을 갖는 가경지가 거의 모든 곳에서 풍부하였다. 분명 대부분의 농민들은 빠른 경작주기에 따른 경지 경작의 직접적 효과가 각 땅에서의 소출보다 적을 게 분명했으므로, 이 방식을 채택하는 데 주저하였다. 한 번 경작한 땅을 재경작할 때까지 충분한 시간을 두며, 대신 여전히 이용의 여지가 많은 가경지의 다른 부분에 의존하는 것이 오히려 바람직하였다. 우리가 다루고 있는 시기의 말까지, 유럽 대부분 지역에서 인구와 정착지 증가가 농법상의 변화 추이를 고정시킬 만큼 충분히 진척되지 않았음이 모든 자료들에서 시사되고 있다. 재차 말하지만, 집약적인 농업 경영에 의해 가장 영향받은 지역 중의 하나인 일-드-프랑스에 관한 두 가지 증거가 있다. 1116년 프랑스 왕은 마을민에게 자신에게 속한 예전의 삼림 개간지를 "그들이 두 번의 수확기 동안만 이 땅을 경작하고 수확물을 자신의 것으로 취할 수 있으며, 이후 그들이 삼림의 다른 지역으로 이동한다는"[15] 조건하에 경작하도록 허용하였다. 여기서 장려된 방식은 땅을 오랫동안 초지상태로 남겨두고 간

---

14) Archives nationales, Paris, S. 1412.
15) *Cartulaire de Notre-Dame de Paris*, I, p.259.

헐적으로 잡초를 뽑아 태워 비료로 삼는 원시적 방식이었다. 이 방법만이 보통의 토지로부터 일정 수준의 수확을 확보하고, 지주에게 다소의 이익을 얻게 해줄 수 있었던 것 같다. 두번째 기록은 한 세기 후의 것이다. 이 경우 영주로부터 삼림을 개간하도록 허용받은 농민들이 삼포제를 행한다는 원칙을 고수했기 때문에 상당한 진보가 이루어졌다. 하지만 영주는 '빈곤에 의해서건'—— 보다 집약적인 경작을 위해서 요구되는 한 조의 필수적인 쟁기용 가축이 일시적으로 부족함을 인지하게 된 경우를 의미한다—— 혹은 '토지를 개선시키기 위해서건' 농부에게 계속해서 몇 년 동안 경지를 휴경하는 것을 허용하면서, 변칙적인 농업 경영도 가능하리라는 점을 예측할 수 있었다.[16] 따라서 이것은 규제 문제와 관련된다. 왜냐하면 토양이 취약했으므로 과도한 요구에 의해 이를 피폐시키지 않는 일이 필수적이었고, 한편 초지상태로 두는 기간의 감소는 빈자의 수중에 닿지 않을 게 확실한 고품질의 장비를 필요로 했기 때문이다. 이제 우리는 문제의 초점에 이르렀다. 유럽의 곡물 경작이 11,2세기에 확대되었다면, 그것은 주로 사람들의 수고와 땀에 의한 것이었다. 사람들은 집단적으로 토지를 경작하면서 거름 없이도 신속한 토양 회복이 이루어지도록 토양을 갈아엎는 일에 전력을 기울였다. 이를 위해 그들은 보다 효과적인 쟁기를 사용하였다. 이 시기의 농업 성취는 주로 쟁기술의 개선에 의존하였다.

*

12세기 중엽 클뤼니 수도원에 속한 한 장원의 보유농들은 1년에 4번에 걸쳐 쟁기질 봉사를 하여야 했다. 한 번은 보리와 귀리의 파종 이전인 3월에, 다른 3번은 3번 연속 뗏장을 갈아엎어 겨울 양식을 위한 휴경지를 마련하는 가을에 행하였다. 이 방식은 토지를 매년 3번만 쟁기질하는 카

---

16) Archives nationales, Paris, LL-1599, B.

롤링거 왕조의 가장 효율적인 농장에서 사용된 방식보다 진일보한 것이다. 이 진보는 결정적인 것이었다. 왜냐하면 이 장원에 파종된 밀의 생산량은 이웃들의 경우보다 2배 또는 3배 정도 많았기 때문이다. 이 사실은 쟁기질이 생산성에 미치는 근본적인 영향력을 증거해 준다. 하지만 쟁기질의 개선은 매우 제한적이었다. 같은 조사서에 묘사된 다른 9개 장원에서 쟁기질은 여전히 3계절에 행하는 카롤링거 왕조의 관행을 따르고 있었다. 기록들로부터 알 수 있는 한 쟁기질을 많이 하는 방식이 12세기말 이전에는 일반적이지 않았다. 개선이 이루어졌다면, 그것은 동시대 저자들이 상호 교환 가능한 아라툼과 카루카의 두 라틴어에 의해 지칭하였던 땅을 일구는 농민에게 유용한 주요 무기인 쟁기 자체와 관련된 것이었다. 이같은 도구 개선은 실제 농업사에서 모호한 이 시기 동안 기술 진보를 설명하는 데 필요한 기본 가설이다.

중쟁기[17]의 힘이 증대되었음을 가정해도, 쟁기용 황소의 견인력을 비교하려는 목적으로 샤를마뉴 시대와 제3차 십자군 원정 당시 양자의 물리적 힘을 파악하는 일은 불가능하다. 더욱이 항시 여러 종류의 황소들이 있었고, 농민의 소들은 영주의 외양간에서 최적의 초지로부터 거둔 건초로 사육된 소들보다 힘이 세지 못했을 것이다. 우리는 적어도 농장에서 쟁기용 가축이 수적으로 증가했다고 가정할 수 있다. 우리는 직영지에 대해서만 잘 알고 있는데, 이에 대한 상세한 증거는 당대 농장 경영주들이 보다 큰 규모의 중쟁기를 마련하느라 분주했음을 증명해 준다. 영국 동부에 위치한 램지 수도원의 9개 장원에서 11세기말과 12세기초 사이에 쟁기용 가축은 20 내지 30퍼센트 증가하였다. 바로 이 시기에 장원 생산의 확대를 계획한 클뤼니 수도원장에 의해 위임받은 조사인들은, 경제 성장을 증진시킬 가능성이 가장 높은 투자형태로서 직영지의 중쟁기를 강화하기 위해 황소를 보다 많이 확보할 것을 제안하였다. 이같은 관심은 당

---

17) 쟁기도구와 이를 끄는 가축이 결합된 것으로서의 중쟁기.

대인들이 도구로서의 쟁기에 부여한 가치를 보여 주는 흔적들이다. 이들은 중쟁기를 농업 발전의 주요 요소로 간주하였다. 따라서 이같은 발전의 배경으로서 혼합 경작체제의 보다 합리적 운영을 고려해 보는 일이 필요했을 것이다. 이것은 뿔 달린 가축의 사육에서 이루어진 진보를 포함했을 것이다. 그리고 다음으로 보다 풍부한 수확과 보다 영양가 있는 음식을 기대하여 어느 정도까지 쟁기용 가축을 잘 먹이는 데 집중할 것인지, 예컨대 건초밭은 얼마나 보다 세심하게 돌볼 것이며, 마을 가경지 중 어느 정도를 건초밭으로 할당할 것인지 하는 점에 대한 중요한 선택을 포함했을 것이다. 초지의 미소한 확대와 덜 원시적인 초지조직은 분명 곡물 경작의 진보를 이끈 배경이었다. 덧붙여 황소의 목에 멍에를 메는 방식의 기술 개선은, 11세기가 경과하는 도중 채택되어 가축의 견인력을 온전히 이용할 수 있게 해주었다. 마지막으로 일부 지방의 농민은 농업노동에서 황소 대신 말을 선택하였다. 이같은 변화는 아마도 12세기 후반에 서유럽의 가장 비옥한 지역들에서 야기되었던 것 같다. 말의 쟁기질에 대한 언급은 피카르디 지방에서 1160년부터 보다 풍부했던 반면, 쟁기용 황소에 대한 언급은 13세기초의 문서들에서 거의 완전히 사라졌다. 램지 수도원의 한 장원에서 1125-1160년에 황소수는 반감하였고, 견인용 말의 수는 4배로 증가하였다. 말의 이점은 빠르다는 데에 있었다. 말에 쟁기를 맨 결과 토양을 일구는 데 시간이 덜 걸릴 뿐더러 쟁기수가 증가되고, 써레질을 할 수단이 농부에게 제공되었다. 이미 11세기말에 이르면, 바이외 지방의 실내장식물에서 써레질이 말에 의해 행해지는 장면이 나타나고 있다. 그렇긴 해도 쟁기용 장비의 이같은 개선은 가장 번창한 시골지역에서만 실현될 수 있었다. 월터가 13세기에 실용적인 가축 사육에 관한 자신의 저서에서 상기시키고 있듯이, 실로 "말의 비용은 황소의 비용보다 더 들었다." 왜냐하면 말은 그 말굽에 편자를 박아야 하고, 귀리로 사육되어야 했기 때문이다. 말은 여분의 현금을 갖고 정규적인 삼포제를 통해 상당량의 봄밀을 생산해 내는 마을 공동체들에서만 이용될 수 있었다. 이처럼 견인용 말의 채택은 농촌경제에서 진보의 가장 명백한 흔적이었다. 이제 한 문턱을 넘어선 셈이었다. 그것은 시간과 공간 양면에서 보다 고도의 생산적인 농업체제가 도래하고, 거의 인지되지 않은 채 장기간에 걸쳐 성장이 이루어진 결과였다.

이 기간 동안 적어도 가장 번창한 지역에서는 쟁기 자체가 크게 개선된 것으로 보인다. 나무는 카롤링거 왕조의 것과 똑같았지만, 이에 철조각이 부착되어 토양과의 마찰점——풀 베는 날, 보습날과 보습——의 강도를 강화시켜 주었다. 1000년 이후 유럽 전역에서 금속 제련술이 진전되었는데, 이는 주로 보다 효율적인 군사장비를 확보하고자 하는 귀족의 소망에 의해 자극받았다. 말과 마찬가지로 금속의 사용은 12세기중에 기사 거주지로부터 농민 거주지로 확대되었다. 금속 제련술의 결정적 진보는 강력한 흡인력을 갖춘 용광로의 사용과 수력을 이용한 제련방식의 채택에 의해 보다 일찍이 나타났는데, 예컨대 1086년까지는 영국의 물레방아들이 쇳조각을 부착하기에 이르렀다. 여하튼 스프링해머에 대한 언급은, 12세기초 피레네와 알프스 산맥·프랑스의 중부 산악지대에서 빈번히 나타나고 있었다. 동시에 철광석에 대한 언급도 종종 발견된다. 가경자(可敬者) 피에르는 《이적(異蹟)에 관하여》라는 자신의 책에서, 그르노블 지방의 광부들이 갱도에서 겪는 위험과 이들이 이웃의 대장장이에게 판매하여 얻는 이익에 대하여 언급하고 있다. 1156-1171년에 샹파뉴 백작이 시토 수도원에 구호물로 제공한 것과 같은 철광석 가공용의 삼림 작업장들에 대한 언급은 보다 많이 나타나고 있다. 이때부터 금속은 보다 일반화되었다. 1160년경 이후 베네치아 선원들은 항해 때마다 더 이상 철제 닻을 빌리지 않았다. 이제 모든 배가 자신의 철제 닻을 구비하게 되었다. 제련에 필수적인 연료 공급지 인근의 삼림 중앙에서 채굴되는 철은 우선적으로 도시 중심지들에서 제련되었음이 분명하다. 1100년경 아라스에서 철은 여전히 주로 칼·낫·삽 등의 자르는 도구를 제조하는 데 쓰여지고 있었다. 하지만 철은 곧 쟁기 보습날의 제조에도 사용되었다. 12세기에 7곳의

'쟁기 보습날 제조 작업장들'이 가장 강력한 수공업 길드를 결성했던 메스 키비타스의 경우가 그러하였다. 그리고 대장장이들은 농민 고객들이 손쉽게 접근할 수 있는 농촌구역에서 신속히 확고한 거점을 확보하였다. 1100년에 이르면 제련용 숯이 보베지의 마을들에서 판매되고 있었다. 이 같은 농촌 수공업자의 증가 사실은 피카르디 지방에 대한 연구에서 검증된 바 있다. 12세기초 이전에는 어떤 흔적도 발견되지 않았으나, 1125-1180년의 자료들에서는 30곳의 수공업자들이 도처에 나타나고 있다. 이 당시 에스댕의 소수도원 소속 30개 마을 중 10개 마을에서 1명의 대장장이가 작업하고 있었다. 이것은 놀랄 만한 비율이며, 전통적인 나무도구를 고수하는 다수의 후진 지역에서는 그 수가 훨씬 적었을 것이다. 그럼에도 불구하고 위 사실은 12세기말 이전 농촌활동 중 가장 눈에 띄지 않는 수준에서 발생중이었던 기술 개선의 정도를 나타내 준다. 물레방아보다 뒤늦게 나타났지만, 그것과 더불어 마을 작업장의 출현은 마찬가지로 농민 사회에 전문 직공을 끌어들였다. 그런데 분명 이들은 신체에 대한 인신적 권한을 소유하지는 않았을지라도 특권적인 지위를 누리면서, 이들의 주요 고객이기도 했던 지방 영주들에 긴밀히 의존하고 있었다. 대장장이의 작업장은 경제 성장을 촉발한 한 요소임과 동시에 그것의 직접적 결과이기도 하였다. 그 이유는 농민의 생활 수준이 다소간 개선되지 않고는 작업장이 존재할 수 없었기 때문이다. 동시에 그것은 생활 수준을 유지하고 상승시켜 주었다. 대장장이에 의해 유행된 도구들이 보다 값비싸고 사람들이 이를 획득하기 위해 보다 많이 저축하여야 했을지라도, 이 도구들은 그 이상으로 훨씬 유용하였다. 이같은 도구를 사용하지 못하거나 중쟁기를 제공할 수 없을 정도로 궁핍하지 않은 사람들에게 이 도구들은, 보통보다 괜찮은 수익을 가져다 주고 그들의 토지 보유권을 공고히 해주며, 그들의 자녀들에게 보다 나은 인생을 출발케 할 수단을 약속해 주었다.

이같은 다방면의 진보는, 서유럽이 1000년부터 12세기말까지의 생산수단의 역사에서 결정적인 단계를 경험하고 있다는 사실을 지시해 준다. 중쟁기의 개선은 일반적으로 경제 진보와 인구 증가에 있어 중심적 요소였다. '샤뤼(charrue, 라틴어로는 carruca)'[18]는 그런 만큼 농촌경제의 가장 중요한 원동력이었다. 그것은 망스가 중세초에 그러했던 것처럼 경제의 기본 단위가 되어가는 추세에 있었다. 11세기말 피카르디 지방에서 가경지의 측정 단위가 '샤뤼에(charruées, 라틴어로는 carrucatae)'[19]였고, 12세기 클뤼니 수도원 혹은 영국 수도원들의 장원 명세장들에서 부역이 '샤뤼에' 단위로 계산되었다. 그런데 당시에는 '소 치는 사람(bouvier),' 또는 쟁기 끄는 사람이 땅을 쟁기질하는 가내노동력 중 가장 중추적 요소였던 것 같다. 기술 진보는 중요한 변화, 즉 땅의 가치와 관련하여 장비가치의 증가를 야기하였다. 이같은 진보의 배후 요소들인 철과 가축은 매우 값비쌌다. 앙제 지방의 한 마을에 대한 11세기 후반의 통과세 목록은 이 부가물들의 비용을 나타내 주고 있다. 굽에 편자를 박지 않은 가축이 1데나리우스의 비율로 부려졌다면, 굽에 편자를 박은 가축은 그 2배에 해당하였다. 그리고 비교가치상의 이같은 변화는 즉각 농민의 상황에 양면적 영향을 미쳤다.

  1) 중쟁기는 동산이어서 가족집단의 책임하에 있는 토지보다는 보호가 덜하였고, 이 도구의 소유권이 화폐 변동 상황과 보다 긴밀히 연관되어 있었다. 무엇보다 이 도구는 쉽게 장악될 수 있는 것이었기 때문에 농민들은 부자의 착취에 보다 취약한 상태에 놓이게 되었다. 농민들은 자신들에게 가축을 빌려 주거나 그들이 소유한 가축을 몰수하겠다고 위협하여, 그들에 대한 확고한 지배권을 유지할 수 있었던 영주들의 압박을 더욱 받게 되었다. 여분의 현금을 보유하여 이를 빌려 주었던 사람들의 압력에 농민들은 보다 종속되었다. 기술 진보가 농촌 세계에서 채무를 자극하는

------

18) 장비 자체와 쟁기용 가축, 그리고 이를 이끄는 사람이 구비된 쟁기를 뜻한다. 때로 쟁기질이 이루어지는 땅 일체를 의미하기도 한다.
19) 중쟁기 하나로 한 해 경작할 수 있는 면적이며, '하루갈이 땅'으로 번역될 수 있다.

뚜렷한 기능을 하였다.

2) 농민들은 필요한 자본이 부족하거나 장비가 너무 무거워, 그들이 경작하는 토양을 망칠 염려가 있었기 때문에 그들 모두가 자신의 장비를 개선시킬 수는 없었다. 토양이 메마르고 박약한 농촌지역에서는 가벼운 경쟁기가 계속해서 사용되었으며, 한편으로 모든 지역에서 호미 및 나무 도구들이 가난한 가정의 유일한 장비였다. 그 결과 12세기에 기술 혁신을 받아들이고 생활 속도를 빨리했던 일-드-프랑스나 피카르디 지방과 여전히 정체상태에 처해 있던 여타 지방, 특히 남부지방간에 차이가 더 벌어졌다. 동시에 각 영지에서도 '황소나 다른 가축을 구비하여 노동했던 사람들'[20]과 자신의 육체 이외에는 의지할 게 전혀 없었던 사람들간에, 즉 쟁기질하는 사람들(laboureurs; 전반적인 팽창에 보다 효율적으로 협력한 사람들에 대한 응분의 대접을 함축하는 개념)과 육체노동자(manouvries)간에 10세기에 이미 명백해졌던 차이가 보다 확연해졌다. 영주는 이들을 상이하게 다루었다. 일부 지역에서는 전자만이 마을 공동체의 생활에 전적으로 참여하였다. 12세기에 영주제적 과징에 의해 동일한 수준에 처해진 농민계층 내에, 특히 인신의 예속에 바탕을 둔 구분선이 더 이상 거의 나타나지 않게 된 상황하에서, 동일 마을의 주민 또는 인근 구역 주민들간에 새로운 경제적 불평등이 개선된 장비의 부수물로서 드리워졌다.

*

기술 진보가 생산 결과에 미친 영향을 측정하는 일이 흥미롭긴 하지만, 이를 검증하기란 거의 불가능하다. 12세기 후반 이전에는 장원 행정방식들이 조야하였다. 행정에서 문자쓰기가 거의 이용되지 않았으며, 통계 이용은 더욱 그러하였다. 따라서 문서들의 내용이 카롤링거 왕조의 경우보

---

20) *Cartulaire de Saint-Vincent de Mâcon*, n° 476.

다 유용할 게 없었다. 이같은 심각한 증거 부족상태에서 존재하는 어떤 종류의 단서에나, 특히 12세기 중엽 클뤼니 수도원에 속한 장원들의 세장들에서 제공된 정확하긴 하나 매우 지방적인 단서들에 눈을 돌리는 것은 당연하다. 이 장원들을 방문했던 조사인들은 6개 장원에 대해 겨울 곡식의 파종과 소출을 측정하였다. 9세기 안나프 왕령장원에 묘사된 것과 유사한 내용들을 토대로 해서, 모험적이긴 하나 구체적인 사항들을 통해 파종량 대비 수확량을 추측해 볼 수 있다. 수확량은 장원마다 상당한 차이가 있었다. 이들 중 한 장원에서 수확은 파종 대비 6배의 가치가 있었다. 다른 장원에서는 호밀은 5:1, 밀은 4:1이었다. 나머지 4개 장원에서는 각기 2:1, 2.5:1이었다. 생산성이 얼마나 빈약해 보이는가! 사람들이 장비 개선의 필요를 느끼고는 있었지만 —— 이것이 조사의 근본 목표였다 —— 분명 이미 평균 수준 이상의 도구들을 사용해 온 이같은 대규모 농장 대부분에서, 적어도 유럽 농촌들에서 2세기 전 이래 발전해 온 팽창의 커다란 움직임이 정점에 달한 1150년경에 이 농장들은 매우 비생산적인 상태로 남아 있었다. 주민을 먹여 살리는 데 여전히 많은 땅과 공간이 필요하였다. 그럼에도 불구하고 두 가지 사실이 드러나고 있다. 만약 생산이 농장들간에 2배 내지 3배 정도 차이가 났다면, 그것은 아마 토질뿐 아니라 부분적으로 장비 수준의 차이에 기인했을 것이다. 수확이 가장 풍성했던 장원은 최상의 외양간과 최대수의 쟁기를 갖추고 있었다. 이 장원문서에 의해 판단하건대, 이처럼 생산 증가는 쟁기의 강도와 긴밀한 연관을 맺고 있었다. 다른 한편 클뤼니 수도원의 명세장들을 통해 보건대, 낮은 수준의 소출은 나쁜 날씨조건에 의해 두드러지게 된 사실을 감안해야 한다. 명세장 기록자들은 그해에 소출이 좋지 않았음을 적시하였고, 관리인들 역시 평소 수확의 1/5 정도가 감소한 것으로 계산하였다. 여러 요소들을 정산하여 고려해 보면, 가장 비옥하지 않고 경작이 덜 된 토양에서조차 파종에 따른 수확량이 카롤링거 자료들에서 확인될 수 있는 것보다 많았음을 즉각 깨닫게 된다. 분명 시공간적으로 분리된 통계자료들을 비교하는 것은 매우 성급한 일이다. 하지만 우리는 적어도 9세기부터 13세기—월터가 자신의 저술에서 파종된 씨앗보다 3배 이상의 생산이 이루어지지 않으면 경작에서 얻은 바가 없는 것으로 산정한—간에 토지 생산성이 증대하였고, 기술 진보가 미미하게나마 파급되었으며, 농부들이 땅을 과다 사용하지 않고 적절히 휴식을 취하게 할 만큼의 공간이 있었다는 점을 인정할 수 있다. 발전 속도는 극히 느렸으나, 지주들이 보다 효과적인 수단으로 농업을 팽창해 가는 일에 열의를 보이자마자 그 속도가 뚜렷이 빨라졌다. 그리고 이 진보는 분명 소홀히 할 수 없는 정도였는데, 이는 소출이 2:1, 3:1로 증가할 경우 소비 가능한 수확량이 2배로 증가하였기 때문이다.

이러한 생산성 증가의 효과는 농촌경제 일반에서 감지되었다. 직접 경영하에 놓인 토지에서 보다 풍부한 수확이 거두어짐에 따라, 영주와 이들의 직영지를 관리했던 사람들은 잉여물을 팔거나—1150년경 클뤼니 수도원에 속한 한 장원에서 수도사들은 시장에 출하된 곡식의 1/8을 취하였다—자신의 수고를 덜기 위해 농장의 크기를 줄이려고 하였다. 장비의 품질 개선은 근육노동 봉사의 가치를 떨어뜨렸기 때문에 대규모 영지의 소유자들은 보유농을 덜 필요로 하게 되었다. 영주들은 보유농을 단계별로 부역에서 벗어나게 하고, 농번기를 제외하고는 직영지 경작에 이들을 더 이상 끌어들이지 않아도 될 것 같은 생각을 갖게 되었다. 보유농의 농장들에서는 보다 중대한 개선이 잇따랐다. 이들은 자신의 장비와 인력을 전적으로 자신을 위해 활용하는 방향으로 나아갔다. 노동이 부가적으로 투여되자마자 직영지에서보다 농민 보유지에서 훨씬 빠르게 토지 증가에 따른 생산 증가가 이루어졌으며, 그 차익이 커서 옛 농업 단위는 한 가정의 필요 이상으로 큰 것처럼 느껴졌다. 예전의 한 망스에서 이젠 여러 가정이 수용될 수 있었다. 직영지의 임대와 농민 보유지의 분할은 많은 영지에서 정착 밀집도를 크게 해주었다. 동시에 노력에 따른 생산성 증가와 더불어 부역의 감소로 각 가정은 일부 노동력을 농업 팽창에 자유로이 투여할 수 있게 되었다. 황무지 개간과 마을 가경지의 확대는 생산 증대에 이중의 기여를 하였다. 이 두 가지 요소로 인해 윤작이 실행화될 수 있는 영역이 확대되고, 땅을 초지화할 수 있는 필요 공간이 마련되어—— 경작지 밀집도의 커다란 증가에도 불구하고 —— 토양의 피폐를 피하게 되었으며, 그 결과 생산이 증가되었다. 수확 증대로 가족들이 분가하고, 가경지수가 증가된 마을들로부터 개간지로 인력이 유입되었다.

3. 개간

중세초의 농업체제에서 개간은 정상적이고 정규적인 활동이었다. 매년 경작으로 피폐된 구(舊)경지의 일부를 포기하고, 미경작지의 일부에 새로운 경지를 마련할 필요가 있었다. 가경지—— 그 상당 부분에서 일시적으로 자연식물이 성장하였다—— 주변 경작지의 느린 윤작은 농민층 중에서 상습적인 개척자들을 만들어 냈다. 이들은 비료 부족으로 휴경의 전통이 유지되는 한 계속해서 존재하였다. 지금 고려되고 있는 시기의 말에 출현하는 적절히 조직된 혼합 경작체제하에서, 휴경지의 첫번째 쟁기질은 주기적인 개간의 최후의 그리고 잔재적인 형태를 나타내 준다. 이후 토지 개간은 전체 곡물 경작체제 안으로 통합되었다. 그것은 무엇보다 토질의 악화를 완화시켜 주는 방책으로서, 토지의 생산을 계속해서 유지하기 위한 불가피한 조처였다.

이 과정은 개간이 안정된 경계를 가진 마을 농장 내부에 한정되지 않고 그 외부로 확대됨에 따라, 또 다른 경제적 중요성을 띠게 되었다. 즉 그것은 식량 생산영역의 지속적인 확장을 초래하는 진정한 정복의 면모를 갖추게 되었다. 12세기의 서유럽에서 황무지 개간은 의문의 여지없이 거대한 경제 모험이었다. 개간은 인구 압력과 기술 개선에 의해 초래되었다. 미개간지를 경작하고 자연식물을 제거하며 수로를 조절하는 일은 도구 개선을 필연적인 것으로 만들었다. 슐레스비히의 침수 토양에서는 긴 이랑들 사이에 깊은 밭고랑을 파내고, 일종의 배수로를 조성할 정도의 강력한 쟁기를 갖추어 경작할 수 있게 되기 전에는 파종이 효과를 볼 수 없었다. 증가하는 경작자들에 대해서는, 널리 열린 공간들이 과거 이들의 조상들에 불러일으켰던 공포를 극복하며 인내를 갖고 불확실한 계획을 추진하도록 이들을 유도하는 일이 필수적이었다. 달리 말해, 구(舊)경작지들의 경우 인구 밀집도가 매우 높았다. 농업 팽창의 배후 추진력은 식량 부족이었다. 그 추진자들은 빈자들, 또는 생산 능력이 기술 진보에 의해 확대됨에 따라 여력을 갖게 된 일반 가정의 잉여 노동력이었다. 더불어 처녀지의 소유자들인 영주들이 개간자들의 활동을 방해하지 않아야 했다. 때로 개척자들이 삼림 간수의 감시를 피하면서 비밀스러이 개간작업을 행할 수도 있었고, 나아가 삼림이나 덤불지역의 가장자리에 위치한 땅의 일부를 자신의 것으로 소유할 수도 있었다── 12세기의 농민 자유지는 광대하고 감시되지 않는 고립지의 가장자리에서 가장 일반적으로 나타나고 있었다. 그렇지만 미경작지는 전적으로 부자들의 소유였기 때문에 농업 정복은 동일하게 이들의 관심거리였다. 교회 영주들과 아마도 상당수의 세속 영주들은 보유지를 구하고자 하는 빈자들의 압력에 굴복하였다. 그들은 식민을 추구하는 모험을 인정해 주었다. 그들은 '정착민들'을 환영하였고, 이들에게 당시에 말해진 대로 '환대를 제공하였다.' 그들은 더욱 나아가 개척자들을 장려해 주고, 이들을 끌어들이기 위한 비용을 감수했으며, 이들과 논쟁을 벌였다. 결과적으로 영역 제후들은 자기 조상의 경제 운용방식을 변경시키지 않으면 안 되었다. 황무지 소유자들은 훌륭한 사냥꾼들이었으나 삼림·덤불·황무지에서 얻는 만족의 일부를 희생하고자 하였다. 그들은 방기된 땅의 식민화를 촉진하는 데 비용이 들었을지라도, 식민화가 결국에는 부가수입원이 되리라는 사실을 인식하고 있었다. 그들은 자신의 재원을 증가시킬 필요를 감지하였고, 풍경의 변화가 그 기회를 제공해 줄 수 있을 것으로 이해하였다. 그들은 이윤추구욕을 차츰 자각하게 되었다. 경지를 확대하고 토지의 가치를 증가시키기 위해 새로운 땅의 개간에 참여하는 활동은, 낭비 취향과 당대 모든 영주들에게 일반적이었던 희생의 관습 혹은 관대한 증여 관행으로 대변되는 경제적 태도의 일종이었다. 이 활동은 무엇보다 '획득하다(gagner)'라는 단어에 의미를 부여해 주었다. 이는 의어론(psychologique)에 의해 증명되는데, 12세기 로렌 지방의 삼림 중간에 조성된 새로운 농장들은 '획득물(gagnage)'이라 불리지 않았기 때문이다. 이같은 심리적 태도는 중세의 대규모 개간의 역사에서 결코 흥미가 덜한 대목이 아니다. 불행히도 개간사의 시간 추이는 유감스러우리만큼 부정확한 상태로 남아 있다.

　이같은 정확성의 결여는 원래 확실한 정보를 제공해 주는 사료의 부족에 기인하고 있다. 보다 심각한 요인은 여러 방식의 개간이 있었고, 또 그 비율이 개간지마다 동일하게 나타나지 않고 있다는 사실이다.

　1) 가장 단순한 개간방식은 마을 가경지의 점진적 확대였다. 이 방식이 가장 널리 채택되었다. 그것은 많은 지역, 예컨대 모든 농업 단위가 로마 시대 이래 존재해 온 마콩이 페리고르와 같은 지방들에서 그 흔적이 발견되고 있는 실질적으로 유일한 형태의 개간방식이었다. 피카르디 지방에서 획득된 땅의 5/6는 이런 형태의 개간에 의한 것이라고 평가되어 왔다. 하지만 그것은 매년 미약한 수단으로 조금씩 작업을 수행해 간 수많은 개인의 노력의 성과였으며, 다만 문서상에서 이를 확인하기가 쉽지 않다. 우리가 그 내용을 명확히 파악하기 위해서는 보다 예외적인 상황들에 대한 검토가 필요하다. 시토 수도회의 라 페르트 수도원이 끈기 있는 토지 구입정책을 통해 자신의 영지를 확대함에 있어서 보인 완강함은, 새로운 경지와 초지에 대한 한 특허장의 내용에 반영되어 있다. 여기에는 이를 계획했고, 12세기가 경과하는 동안 부르고뉴 삼림의 가장자리 주변을 조금씩 잠식해 들어갔던 사람들의 이름이 적혀 있다. 또한 램지 수도원의 수사들이 12세기 후반부 30명의 농민이 보유한 1백40헥타르의 개간지로

구성된 한 장원의 모습을 자신의 권리를 보호하는 차원에서 기록한 바 있다. 생-드니의 수도원장 쉬제르 역시 자신의 행정활동을 정당화하려는 바람에서, 그가 영지를 경영하는 과정에서 이룬 개선을 상세히 묘사하였다. 이 중에는 특히 땅을 보다 집약적으로 경작하기 위해, 그가 여러 장원의 땅뙈기들에 끌어들였던 정주자들의 수가 언급되어 있다. 하지만 일반적으로 우리는 연대 측정이 어려운 보다 불확실한 흔적들, 예컨대 오늘날 농장 구획터에 남아 있는 옛 흔적과 시골의 장소명에서 엿볼 수 있는 흔적들에 의존할 수밖에 없다. 또한 프랑스에서의 현물세(champart)[21]나 잡역(tâche)처럼 특히 개간활동에 의해 조성된 보유지에 부과된 공조들에 대한 언급, 그리고 과거에는 비생산적이었으나 새로이 수확이 이루어지게 된 땅들에서 십일조(novales)의 징수로 인해 야기된 분쟁들도 참고의 대상이다. 우리는 또한 식물이 우리에게 말해 주는 바, 특히 토탄지에서 나온 꽃가루에 관한 정보에 의지할 수 있다. 꽃가루 채취가 유리한 독일의 일부 장소에서 이에 관해 작성된 도표는 11세기말 곡식 경작의 현저한 증가를 지시해 준다.

실제 경작의 한계선을 점차 후퇴시켜 간 힘은 매우 이른 시기부터 나타났던 것으로 보인다. 그 힘이 7세기 이래 게르마니아에서 저지된 적이 있었던가? 우리는 뒤늦은 10세기에 노르망디의 생글레 삼림에서 개간 사실을 탐지할 수 있으며, 마콩 지방에서 기록상 언급된 첫번째 개간은 1000년 이전에 있었다. 11세기중 방기된 예전의 개간지 이외 지역으로는, 토지 정복이 거의 확대되지 않았던 푸아투의 가티네 지방에서처럼 당시 개간은 종종 단순히 포기된 땅의 재정복을 시도하는 작업이었다. 개간은 때로 실망을 안겨 주는 토양에서 시행착오를 경험해 나가는 일시적 전진 작업이기도 하였다. 1075년경 베리 지방의 한 기증문서는, 숲이 증가하고 한때 소수 농민의 개간지였던 땅에 관하여 약간의 정보를 제공해 주고

---

21) 토지세를 내는 농민이 영주에게 납부하는 현물세.

있다. 확실한 것은 이 과정이 11세기의 마지막 시기에 촉진되었다는 점이다. 그때부터 모든 지역에서 이런 과정이 어느 정도씩 진행되었다. 그리고 피카르디 지방에 대한 통계표들이 설명해 주고 있듯이 이 과정은 12세기 내내 지속되었다. 집중적인 활동이 이루어진 절정기는 1075-1180년이었던 것으로 보인다. 그것과 인구 성장과의 관계를 정확히 진술하기는 어려운데, 개간활동의 시간적 추이가 모호하기 때문이다. 피카르디 지방에 대해 이를 위한 시도가 이루어졌으며, 제안된 가설은 마을 가경지의 확대가 1125년경 이후 인구 성장을 보다 촉진시킨 대격변보다 훨씬 빨랐다는 것이다. 농민 가솔들은 자발적이고 느리며 비밀스러운 이 운동을 이용한 첫번째 사람들이었으며, 이들은 그럼으로써 영주들과의 무모한 충돌을 피하였다. 거의 모든 곳에서 개간지에는 초지가 할당되었다. 초기단계에서 개간지는 견인용 가축의 사육과 중쟁기의 강화를 초래하였다. 다음 단계에는 파종이 이루어져, 개간지는 이전의 경지와 더불어 주민들에게 풍성한 곡물을 제공해 주는 완전히 새로운 땅으로 변모해 갔다. 영주들, 특히 마을에 거주하면서 직접 자신의 농장을 경영하는 하급 영주들 역시 이를 이용하였다. 더불어 이들은 자신의 가내노동 인구에게 땅을 개간하여 비옥하고 덜 피폐된 땅을 자신의 직영지에 부가하도록 재촉하였다. 이들은 황무지를 조금씩 줄여 그로부터 예견하지 못한 이득을 얻고자 하였다. 영주들은 농민들을 관찰하는 데 익숙해져 황무지의 가장자리에 위치한 땅으로부터 수지맞는 공조를 갹출하는 방법을 알게 되었다. 이 공조는 점차 수확물의 일부를 수취하는 방식을 취하였다. 마지막으로 영주들은 종종 그들 자신이 교구의 십일조를 취하였기 때문에 커다란 어려움 없이 개간지의 수확을 더욱 잠식할 수 있었다.

 2) 토지 개간으로 새로운 정착지가 형성되었을 때, 그리고 개척활동이 비개척지의 중앙에서 내적 공격과 점차적인 정복 양상을 띠게 되었을 때, 토지 개간은 두번째 양상을 띠게 되었다. 많은 지역에서 삼림과 소택지대는 매우 한정되어 있었다. 때로 과거 방기된 개간지가 재개간되는 과정에

서 이 지대가 완전 파괴된 결과, 이웃 정착지들간의 경계들이 합쳐져 하나의 거대한 초원을 형성하게 될 지경에 이른 경우도 있었다. 하지만 1000년 이후 정착되기 시작한 황무지들 역시 방대하였다. 처음에 이 지역들은 영구적으로 정착할 마음이 없었던 사람들의 통과지에 불과하였다. 물질문명이 완만하게 성장하고, 천연자원에 대한 수요가 증가함에 따라 일부 사람은 이를 얻기 위해 삼림 주변을 배회하였다. 예컨대 12세기 기록들에서 철, 또는 석탄의 제조자들이 점차 빈번히 나타나고 있다. 다른 일부는 세계를 떠도는 종교적 심성의 소유자들이었다. 11세기부터 프랑스 서부지역에서 빈번히 모습을 드러냈던 은자들은 방기된 땅에 새로운 개간지를 개척했던 첫번째 사람들에 속하였다. 다음으로 규칙에 의해 엄격한 고립을 규정한 종교교단의 자매단체들—— 시토 수도회, 카르투지오 수도회, 개혁참사회—— 이 설립되었다. 그렇지만 이미 11세기말까지는 농민 가솔들 역시 앙주·멘·푸아투·일-드-프랑스와 같은 일부 갈리아 지방의 삼림과 황야 사이의 여러 경계지역들에서 활약하였다. 그 다음으로 우리는 1175년경 프랑스 기록들에서 기존의 가경지를 따라 부자들이 조성했던 대규모 농장들의 흔적들을 발견하기 시작한다. 이런 식으로 고대 마을과 분리된 빈 지역에 새로운 정착지들이 산재하였다. 이 정착지들은 각각 채원·경지·초지 덩어리의 중심지에 위치한 분산된 거주 단위들의 형태라는 면에서 특징적이었다. 이 구역들은 야생동물의 공격을 막고자 방책이 둘러졌으며, 경지의 가장자리들은 열십자로 울타리가 쳐졌다. 이것은 서프랑스에서 보카주(bocage)[22]로 알려진 풍경의 한 형태였다. 처음의 것에 비해 약간 후기의 것인 이런 형태의 농업 정복은, 중세초의 빌라가 덜 응집적이었고 정착이 희박했던 멘과 같은 지역들에서 광범위하게 행해졌다. 그런데 이 형태는 12세기 말엽 명백히 두 가지 이유로

---

22) 노르망디와 앙주 등 프랑스 서부지방에서 전형적으로 나타나는 농가형태로서, 경지 가운데 농가가 위치해 있고 경지 주위를 다시 나무들이 에워싸고 있는 점에서 특이하다.

모든 곳으로 파급되어 나가기 시작하였다. 한편으로 개선된 장비를 갖춘 농민들이 집단적인 조직체로부터 보다 손쉽게 철수하여 마을 공동체로부터의 상호 원조 없이 일을 꾸려 나갈 수 있었다. 또한 이들은 자신의 힘으로 이웃의 제약에 덜 의존하는 농장을 지을 만큼 모험적이었다. 따라서 기술 진보는 경지의 집약화로 농민들이 과중한 제약을 받고 있었던 보다 옛 정착지들에서 그간 성장하지 못했던 농업적 개인주의를 발생시켰다. 다른 한편 삼림이나 방목지에 위치한 농장들은 덜 계획적으로 곡물 경작을 하는 방향으로 나아갔다. 나무와 목초로 인해 밀밭을 위한 공간은 적었다. 이들 농장의 생산체계는 덜 서민적인 소비경제하에서의 새로운 경향과 부합되는 것이다. 12세기말경 유럽 사회의 보다 광범위한 영역에서 빵에 대한 수요가 감소한 반면, 육류·양털·목재·가죽에 대한 수요는 증가하였다. 조직적인 삼림개발의 동이 터와 푸주한과 목축업자들이 번창하게 되었다. 보카주형 정착지의 확대는 이런 변화와 보조를 같이하였다.

3) 미경작 황무지에 대한 공격은 세번째 형태, 즉 새로운 가경지의 조성형태로 나타났다. 이 양상은 가경지 조성이 빈번히 동의에 의해 이루어졌고, 또 그 중 다수가 기록되었기 때문에 문서들에서 가장 명확히 밝혀지고 있다. 이 경우 조성과정의 시간적 추이가 덜 모호하다. 11세기말까지는 이런 종류의 개간이 플랑드르와 북부 이탈리아—— 이곳에서는 포 강 델타에서뿐만 아니라 만토바와 베로나 인근에서 포 강의 홍수를 다스리기 위해 대역사가 행해졌으며, 방기된 라티푼디움은 거의 완전히 새로운 땅들로 분할되었다—— 남서잉글랜드·노르망디·툴루즈, 그리고 조금 이후에는 독일과 브라반트에서 시작되었다. 이 개간은 12세기 중엽에 정점에 달하였다. 일반적으로 생각된 것 이상으로 그러했다고 여겨지는데, 이 경우 사료가 미비한 것은 새로운 마을들이 근처 농장지역으로부터의 자발적 이주에 의해 설립되었기 때문으로 보여진다. 이런 식으로 1100년경 켄트의 윌드 지방에서 40년 내에 1백15가구의 농민가정을 포괄하는 한 정착지가 형성되었다. 그렇지만 이런 성격의 개척 모험들 대부분은 영

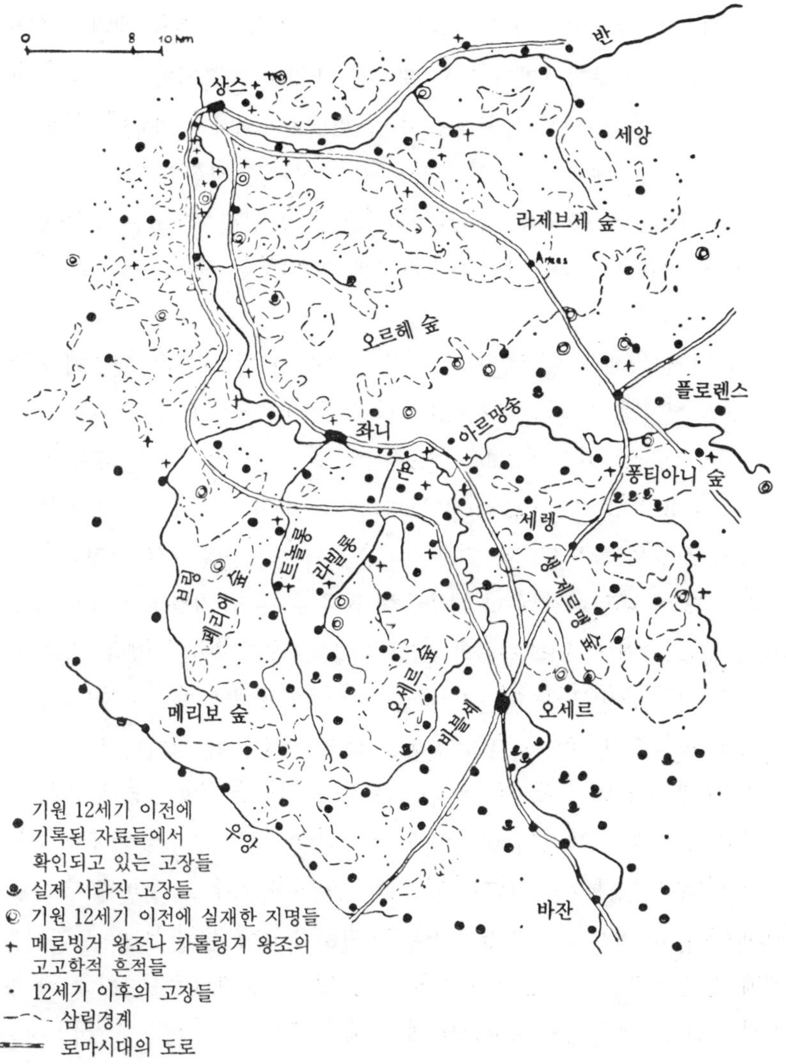

출전: La Roncière-Cortamine-Delort-Rouche, *L'Europe au Moyen Age*, 1969, Colin, collection ⟨U⟩, t. 2.

주, 특히 방권의 소유자로서 자신의 광대한 황무지 소유권을 왕으로부터 부여받았던 대영주들의 선창에 의해 부추겨졌다. 이들은 황무지를 개간하여 이로부터 경지를 조성할 결심이 되어 있었다. 이들은 개간에 참여할 예속민의 수를 증가시키기 위해 필요한 대가를 지불하였다. 그렇게 함에 있어서, 이들은 엄격히 농업적인 수입원보다는 과세와 재판에 의한 수익을 증대시키는 데 관심이 있었다. 더불어 이들은 자신의 영역을 보다 공고히 확보하고자 궁극적으로 토지의 방어에 동참할 수 있는 공동체 설립에 적극적이었다. 영주들의 사고방식에 의하면, 그것은 주로 경제적·정치적 사업이었다.

그러므로 경제적 영향면에서 이런 유형의 토지 개간은 첫번째나 두번째 것과 현저히 달랐다. 무엇보다 그것은 개척자들에게 삼림·습지·개펄 등을 이용할 수 있는 권리를 제공했던 영주들의 공식적인 결정에 따라 이루어졌다. 따라서 이 경우 개간사업은 각 작업의 잠재적 유용성과 그에 수반될 희생을 의식적으로 고려하여 추진되었다. 한편으로 그것은 영주가 자신의 땅에 새로이 거주한 사람들에게 주로 현금 지불의 형태로 과징하고자 했던 점에서 화폐경제와 보다 긴밀히 연관되어 있었다. 다른 한편 정착을 유인하기 위해 약간의 자금을 정착민들에게 제공할 필요가 항시 있었다. 황무지의 농경지로의 전환은 때로 사람들의 원거리 이동을 필요로 하였다. 플랑드르 출신의 농민들은 영주였던 주교의 명령에 따라 북서 독일의 습지에 정착하러 왔으며, 여기서 초지와 더불어 농경지를 조성하고자 하였다. 12세기초 이들의 이동은 광범위한 이주의 첫번째 물결에 불과하였다. 이 세기 중 새로운 땅을 개척하기 위해 20만 명의 독일인들이 엘베 강과 잘레 강을 건너 비옥한 토양으로 이동하였다. 그런데 이 땅의 가장 가벼운 토양만이 슬라브족에 의해 경작되고 있었으며, 이주민들은 자신들의 우월한 도구 덕택에 보다 효율적으로 토지를 개간해 갈 수 있었다. 정착민을 끌어들이기 위해서는 이들에게 약간의 혜택을 약속하고, 이들이 폭력적인 공격으로부터 피할 수 있도록 십자가들로 둘러싸인 '성소(sauveté)'를 마련해 주며, 구두약속이나 가능하면 문서계약에 의해 이들이 옛 마을들에서 겪었던 가장 과중한 영주제적 수취로부터 면제받을 수 있도록 보장해 주는 일이 필수적이었다.

주민들은 타유세 및 모든 부당한 과징으로부터 면제받거나 자유롭게 된다. 이들은 전시를 제외하고는 같은 날 집에 귀환하는 조건이 아니면 보병이나 기병으로 군대에 봉사하지 않는다……. 비행을 저지를 경우 60솔리두스의 벌금이 예상되는 범법에 대해서는 5솔리두스를, 그리고 5솔리두스의 벌금이 예상되는 범법에 대해서는 12데나리우스를 부과하였다. 한편으로 서약에 의해 자신의 혐의를 깨끗이 하고자 하는 사람들은 자유로이 이를 행하며 벌금을 전혀 물지 않는다.[23]

이상의 내용은 프랑스 왕이 1182년 자신 소유의 한 삼림에 위치한 마을을 설립하는 데 조력하고자 한 농민들 앞에 제시했던 혜택들이었다.

이 특권들은 공공화되어야 했고, 또한 인구 과다가 심각한 양상을 띠고 영주제적 과징이 보다 과중한 것으로 드러난 지역들의 경우 그 내용이 널리 공표될 필요가 있었다. 더불어 이주민들이 이동시와 정착 초기단계에 필요로 했던 동산들을 스스로 처분할 수 있어야 했다. 식민화될 땅의 소유자들은 종종 이 일의 수행에 개인적 흥미를 갖지 않을 만큼 우월하거나, 혼자 이를 감당하기에는 매우 역부족이었던 제후들이었기에 새로운 농장 설립은 공동의 모험형태로서만 실효를 거둘 수 있었다. 때로 생산이 이루어질 땅의 소유자인 세속 영주가 프랑스에서 '공유 영주지(pariage)'라 지칭된 땅들 근처에, 한 수도원의 구성원들과 더불어 새로운 마을을 설립하러 왔다. 위 수도원은 원거리에 위치한 다른 수도원들과의 연계를 통해 식민자들의 차출을 쉽게 해주었고, 또한 자신의 금고에서 투자할 여

---

23) *Recueil des Actes de Philippe Auguste*, I, n° 51.

분의 필요 자금을 손쉽게 마련하였다. 두 협력자는 예상되는 이익을 동등하게 나누기로 약속하였다. 때로 독일에서처럼 스스로 이 일에 참여하고, 자신의 봉사에 대한 대가로 새로운 마을에서 보유지와 영주 수입의 일부를 얻고자 했던 전문 경영자(locator; 종종 교회인이거나 귀족 가문의 차남이었던)와 영주가 약정을 맺기도 하였다.

　　나는 헤리베르트에게 그와 나 사이에 맺은 약정에 따라 경작하고 결실을 거두기 위해, 페초라는 마을과 이에 부속된 경지·초지·삼림·연못을 제공하였다. 주민들의 재산에 대해서는 그가 이를 관할할 것이며, 나는 일체의 법 소송을 위해 '도시민법'이라 불리는 사법권을 제정하였다. 나는 헤리베르트에게 봉토로 6망스를 제공하였다……. 헤리베르트의 사후에는 그의 상속자들이 주민들 사이에 해결되어야 할 모든 송사를 재판할 것이다……. 재판 수익 중 2/3는 나와 나의 상속자에게, 나머지 1/3은 헤리베르트나 그의 상속자에게 제공된다.[24]

　　이상이 1159년 마크데부르크의 주교와 농지 정복을 주도한 한 인물간에 맺어진 약정의 조건들이었다. 여기에 그러한 정복의 선두에 선 소수의 전문 경영인이 있었으며, 이들은 12세기의 경제 이면에 작용했던 모든 활력과 추진력을 발현하였다. 이들은 토지에 가까이 있었을 뿐더러 이를 이용할 수단과 야망을 겸비하였다. 스스로가 시골민이었던 이들은 이윤추구욕이 가장 강렬했던 사람들이며 —— 이들은 수익을 획득하는 방법을 알고 있었다 —— 이 욕구를 이들이 봉사하는 대영주들과 공유하였다.

---

24) R. Kötzschke, *Quellen zur Geschichte der ostdeutschen Kolonisation im 12. bis 14. Jahrhundert*, p.33-34.

*

인구가 증가하기 시작하던 10세기경에 토지 개간사업이 도처에서 서서히 조심스럽게 착수되었던 것으로 보인다. 이후 기술 혁신과 인구 압력에 상응하여 조금씩 그 범위가 확대되었다. 곧 영주와 그들의 대리인들이 개입하여 전과정에 활기를 불어넣는 역할을 하였다. 지금 연구되고 있는 시기 중 가장 집중적인 개간 시기는 12세기, 보다 정확히는 1140-1170년으로 상정될 수 있을 것이다. 그 효과는 다면적이고 복잡하였다. 무엇보다 그것은 중세초 유럽의 광대한 영역에 걸쳐 있었던 광범위한 황무지를 깨뜨렸다는 측면뿐만 아니라, 농지구도를 급격히 변화시키기 시작했다는 측면에서 농촌경제의 외관상에 심원한 변화를 초래하였다. 이같은 토지 단위들의 내적 변모는 어렵사리 추적될 수 있다. 그것은 일부 지역에서 보다 일찍 시작되었을 것이지만, 이후 상당 기간 지속되고 농촌의 경제사에서 근본 요소로 자리잡게 될 과정의 시발을 이룬 것은 12세기였다. 식민자들의 노력으로 개별의 농민 공동체들이 생계를 얻는 생활영역이 확대된 한편, 동시에 인구 성장으로 확대되는 경지의 중심에 정착이 집중되는 경향이 나타났다. 그리고 경지의 경계가 꾸준히 뒤로 밀려나고 외양간의 황소를 보다 많이 기를 수 있는 새로운 초지가 조성되는 한, 가경지의 중심 부분 —— 시기적으로 가장 먼저 조성되었고, 가옥·마구간·마당에 근접해 있으며, 퇴비와 비료를 매우 넉넉하게 제공받고 있는 —— 은 점차 조방 경작보다는 오히려 보다 집약적인 윤작체제를 취하게 되었고, 휴한지의 역할은 축소되어 갔다. 주변의 개간지가 확대되고, 더불어 이곳에서 보다 조직적인 축산이 이루어짐에 따라 퇴비를 보다 많이 필요로 하는 핵심 경지 또한 증가하였다. 12세기 후반에는 거의 모든 곳에서 토지 개간이 더욱 확대될 수 있는 충분한 공간이 남아 있었다. 그 결과 한편으로 보다 집약적인 경작방식에 의해 피폐화된 마을 가경지의 중심 부분과, 다른 한편으로 집단적인 제약을 덜 받고 개척에 따른 혜택을 얻고 있는 개간지의 가장자리 사이에 탄력적이면서 보다 오래 경작될 수 있는 땅이 충분히 있었다. 즉 여전히 무산자들을 끌어들이기 위해 제공될 땅덩이가 방대한 규모로 남아 있어 타지역의 인구 압력을 줄여 줄 수 있었다. 이런 상황은 12세기에 농업 생산이 증대하고, 기근이 사라지지는 않았을지라도 적어도 참담한 양상을 띠지는 않게 된 이유를 설명해 준다. 토지 개간은 생산과 인구의 균형 성장을 촉진시켰다.

토지 개간 덕택에 농민의 처지에도 유사한 탄력성이 나타난 것으로 보인다. 우선 식민화는 옛 마을들에서 영주제적 수탈 단위들의 해체를 촉진하였다. 결국 12세기에 파리 지역에서 망스가 사라졌으며, 반면 기존 경지의 가장자리에 위치한 새로운 경지들에서 토지세 납부 토지와 현물세 납부 토지라는 두 가지의 새로운 토지 보유방식이 보다 일반화되어 갔다. 전자에서 지대는 고정되었으며, 후자의 경우는 수확물에 비례하였다. 후자는 보통 덤불이 제거될 때까지는 생산량을 평가할 방법이 전혀 없는 땅에 보다 잘 적용되었다. 사람들간에 쉽사리 양도될 수 있었고, 분리되어 특정의 농장에 병합될 수 있었으며, 일반적으로 부역이 면제된 점에서 양자는 공통적이었다. 두번째로 전문 경영인들이 토지 정복에 의해 자유영역이나 '성소'—— 이주민들이 명확히 규정된 특권을 향유하고 '도시민(bourgeois, 라틴어로는 burgenses)'으로 간주될 수 있었던 —— 를 구축함에 따라, 옛 마을의 영주들은 어느 정도 강압을 완화하고 자신의 요구를 줄이지 않을 수 없었다. 이후 농업 팽창에 참여한 사람들에게 광범위한 혜택을 베풀 필요가 있었던 경계의 개척지들로부터 시작해서 농촌 세계 속으로 일종의 자유가 점차 스며 들어갔다. 우리는 굶주림과 집을 마련하려는 소망에 의해 빈손으로 어디선가 행운을 얻고자 했던 무일푼의 이주자들이, 영주와 전문 경영인 내지 영주의 대리관리인에 종속되었으리라고 상상할 수 있다. 개간이 먼저 진행되고 있던 지역들에서 이주민들이 보다 과중한 인신의 종속상태에 빠지는 예도 전혀 없지는 않았다. 그렇지만 황무지에 대한 공격이 경작자 중 덜 무자비하게 착취받는 사회집단의 증가를 초래했음을 증거들은 시사해 주고 있다. 예컨대 독일의 왕들이 12세기에 왕령 삼림을 식민화하도록 도와 주었던 개척민들이나, 동시기 동안 프랑스의 농촌 대부분에서 증가했던 개척지역 정착민들이 그러하였다. 가경지 확대작업이 여전히 시발점에서 머뭇거리고 있었던 11세기 중엽에 이르면, 개간지 정착민은 옛 마을민 집단과는 현격히 구분되었다. 이들의 도래는 영주의 호의에 힘입곤 하였다. 영주는 이들을 덜 가혹하게 다루었다. 이들은 고대의 보유지들에 부과되었던 집단적인 부담으로부터 면제되었으며, 보다 자유로웠다. 이들 계층으로부터 제분업자와 대장장이들이 출현하였다. 기술 진보로 인해 장원이 이들을 수용할 수 있게 되자 이들의 수는 신속히 증가하였다. 그리고 관습의 힘에 의해 새로운 마을 주민들이 향유했던 특권들이 전마을 공동체에 확대되는 시점이 결국 도래하였다. 인구 압력·장비 개선·농장 확대 덕에 귀족층은 이같은 풍요를 확신하게 되어, 12세기말에는 다수의 경작민 계층에 대한 억제를 일시적으로나마 조금은 완화할 여유를 쉽게 가질 수 있었다.

3

영 주

12세기의 유럽은 농민 정복자들이 등장한 시기였다. 영주들의 요구로 이들은 개척해 갔고, 그들을 만족시키기 위해 밀을 파종하고 포도밭을 일구었으며, 나아가 시장에서 자신의 노동력과 농업 생산물을 판매하여 약간의 데나리우스를 축적할 수도 있었다. 반면 부분적으로나마 농민들이 점차 획득해 간 독립은 이들에게 동기부여를 해주었다. 의식적이건 아니건간에 영주들은 이들의 재산을 부분적으로 덜 침해하게 되었다. 영주들은 경작자들에게 스스로 생산력을 증진시키고, 많은 자녀를 두며, 쟁기용 가축을 먹이고, 쟁기에 필요한 부분을 보강하며, 미경작 황무지를 경작하도록 하는 투자방식을 취하였다. 1075-1180년에 투자와 저축의 주요 경로는 영주제적 부담의 완화에 의한 길이었다. 의심할 여지없이 성장의 가장 촉진적인 요소였던 이같은 완화는 세 가지의 뚜렷한 특징을 담고 있다.

1) 소규모 자유지나 독립적인 농민의 보유지는 거의 모든 지역에서 보편적으로 나타나고 있었다. 1090년 클뤼니 수도원의 수사들은 인근 구역의 농장 전체를 조금씩 구입하였다. 매각인 중 15명이 농민이었고, 이 중 6명은 부분 소작농이었다. 한편 여타 매각인들에 의해 양도된 토지는 영주권으로부터 완전히 자유로웠다. 아마 부자와 마찬가지로 빈자의 재산도 이들의 토지를 흡수하고자 하는 이웃 영주들의 압력뿐만 아니라, 분할상

속과 경건한 기증행위에 의해 위협받고 있었다. 그럼에도 불구하고 이런 토지 자산은 경작자에게 포도를 심도록 위임받은 장원 땅의 절반에 대한 완전 소유권을 갖도록 해준 수많은 계약들에 의해 계속해서 축적되었다. 이같은 축적은 은밀한 개간이나 기만에 의해 이루어지기도 했다. 왜냐하면 보유농은 빈번히 자신의 농장이 관습에 의해 부과된 공조로부터 면제되게 할 만큼 오랫동안 자신의 의무를 회피할 방법을 마련할 수 있었기 때문이다. 12세기중에 일부 지역에서 소규모 자유지에 대한 언급들이 점차 줄어들었다. 피카르디 지방의 문서들에서 묘사되고 있듯이 이들의 토지 몫은 이 세기의 일사분기에는 17퍼센트로, 이사분기에는 4퍼센트로, 삼사분기에는 2퍼센트로 감소하였다. 또한 영국에서처럼 자유지가 알려지지 않은 지역들도 있었다. 하지만 자유지가 부재하거나 감소한 지역에서는 지주에게 실제 거의 부담을 지지 않는 보유지수가 이에 상응하여 증가하였다. 참으로 그 부담이 거의 없어 이들 보유지의 경제적 지위가 자유지의 그것과 거의 다를 바 없었다. 사실상 영주들은 농장의 이익을 거의 전적으로 이들에게 양도함으로써 농민들이 자신의 토지 보유권을 강화하는 것을 허용하고 있었다. 하지만 이같이 영주들이 농민들에게 부유해질 수 있는 여러 수단들을 허용했을지라도, 이들은 다른 경로에 의해 농민의 축적분 상당 부분을 흡수할 수 있었다.

2) 보유지는 토지 경작자들과 영주들간의 관계를 보다 탄력적으로 만들어 줄 두번째 변화를 겪었다. 이미 살펴본 바대로 망스는 분할되었다. 여타 지역보다 기술 진보의 충격을 덜 심각하게 받은 남부 갈리아의 농촌들에서 망스는 결집력을 유지하였다. 그리고 관습에 의해 상속자들간의 보유지 분할이 금지되었던 북서독일과 같은 지방들에서도 그러하였다. 하지만 유럽의 나머지 지역에서는 그것이 사라졌다. 노르망디의 경우 11세기말경에 그 흔적들이 자취를 감추었다. 피카르디에서는 망스가 궁극적으로 그 분해에 의해 생겨난 자그마한 땅뙈기 —— 문서들에서 '쿠르틸 (courtil)'로 표현된 —— 에 의해 대체되었다. 1150년경 부르고뉴의 한 장

원에 대한 기록에 언급된 15망스 중에서 3망스만이 아직은 완전히 해체되지 않고 있었다. 이 과정은 인구 증가·토지 생산력 증대·경작지 확대에 의해 촉진되었는데, 경작지의 확대로 마을 가경지의 가장자리에 위치한 개간지와 이전 망스들의 일부가 결합되어 새로운 농장의 조성이 가능하게 되었다. 하지만 농민의 노동에 대한 수탈이 행해졌던 원래의 단위들이 해체된 첫번째 이유는, 이 단위들이 새로운 마을경제의 상황에 더 이상 적절하지 않았기 때문이다. 이제 농민가정은 여러 제약에서 탈피하는 혜택을 획득할 수 있었다. 한편 영주들은 가솔들보다는 땅뙈기에 대한 권리 행사로부터 더 많은 이익을 얻었는데, 장원의 과징은 농민들의 세부담 능력과 보다 긴밀히 관계하여 탄력적으로 적용될 수 있었다.

　3) 영주제적 부담 완화의 세번째 측면은 농민이 점차 특권을 획득해 갔다는 점이다. 이 특권들은 상호간 세력 투쟁을 벌이는 경쟁 영주들간의 협정에 의해, 즉 자유헌장이나 새로운 마을의 설립을 예고하는 설립헌장의 부여에 의해, 혹은 단순히 '권리의 포고'에 의해 확립되었다. 마지막의 경우 독일이나 로타링기아에서 영주권에 종속된 사람들이 때로 그것을 관습법으로 선언하였다. 영주의 자의적 강제는 종식을 고하게 되었고, 관습법이 법전화되고 성문화되었으며, 관습들이 문서화됨에 따라 예속이 완화되었다. 이러한 양보는 영주의 권위에 종속된 농민가정의 수를 증가시키고, 농민의 현금 축적을 도와 주었기 때문에 영주는 이러한 것들에 동의하였다. 12세기 후반 프랑스 시골들에 유포된 자유헌장들에서 마을의 상품교환을 자극할 목적으로 기재된 구절들은, 그 내용이 새로운 것이라는 측면에서 주목할 만하다. 실제 이같은 양보로 인해 영주의 재정적 권한들이 폐기된 것은 결코 아니었다. 반대로 과징은 정규화되고, 그럼으로써 보다 효율화되기조차 하였다.

　이 시기의 경제 발전 와중에서 경작자들은 상당한 행동 자유를 성취하였으나, 영주들은 이들이 생산한 물품의 대부분을 계속해서 장악할 수 있었다. 영주들은 화폐 유통의 속도를 현저히 증가시킨 데서 보인 적응력과 더불어 다른 수단들에 의해 이 목적을 달성하였다. 그리고 영주들은 항상 그래왔듯이 보다 많이 지출하려는 의도하에 이 수익을 사용하였다.

1. 수도원의 예

대규모 베네딕투스 수도원들의 경우보다 영주들의 경제적 태도를 선명히 보여 주는 예는 없다. 이 수도원들은 중세의 경작방식을 가장 잘 대변해 준다. 11세기 후반 이래 종교생활을 개혁하는 데 기울인 노력을 통해 이 수도원들은 자신들의 세습재산을 방어하고 유지하며, 그럼으로써 세속인들의 침해에 대항하여 저항할 수 있었다. 수도원 고문서들의 내용을 보존하여 관련 종교단체의 권리를 세심히 보존하려 한 이들은 카롤링거 왕조의 집필 전통을 복원하고, 코르비 수도원장인 아달라르가 9세기에 그랬던 것처럼 내부 규칙을 정하였다. 또 동일 차원에서 이들은 장원 명세장들, 즉 토지에 대한 과징을 기록한 지조 장부와 방 영주권의 과징 목록을 기록한 관례집(coutumiers)을 세심하게 작성하였다. 이 문서들은 우리가 장원경제를 분석함에 있어 접할 수 있는 자료 전부이다.

근본적으로 이 경제는 낭비적 성격을 띠고 있었다. 이 경제를 관장하려는 사람 누구나 필요의 충족이란 측면에서 고려하였다. '지출계획표'는 1150년경 클뤼니 수도원장이 작성한 가정경제 계획 안에 붙여진 의미 있는 표제이다. 공동체 구성원들이 그들에게 적당한 생활방식을 이끌어 가는 데 필요한 것들은 무엇이었을까? 수사들은 일하는 자들이 아닐 뿐더러 중간층에 속한 사람들도 아니었다. 이들은 신에게 봉사하였으며, 세속적 관심으로부터 해방된 정도에 비례하여 자신의 직책을 최상으로 수행하였다. 따라서 종교단체는 음식과 현금의 정규적인 공급을 보장받는 것이 일차적으로 중요하였다. 수도원 가솔의 생활방식을 변화시키지 않기 위해서는 음식을 책임진 식품담당자, 그리고 의복담당 관리인이 충분한 양의 집단적 기부를 받는 일이 필수적이었다.

영지를 경작하는 데 사용된 방법들은 이같은 최우선의 고려로부터 발생하였다. 영지는 일반적으로 경작 단위들로 나누어지며, 이에 대한 책임은 개별 수사들에게 위임되었다. 레겐스부르크의 장크트-에메람 수도원 영지는 1030년경 33개의 장원 단위로 하부 분할되었으며, 11세기말경 클뤼니 수도원의 영지는 약 20개 단위로 하부 분할되었다. 상당 기간에 걸쳐 수도원에 식량을 제공할 임무가 각 단위 중심지들에 부여되었다. 각 단위들간에 순번체제——당대의 언어에서 메사티쿰(mesaticum)으로 표현된——가 마련되어 있었다. 엘리 성당에 부속된 공동체를 부양하기 위해 33개의 장원들간에 주단위로 봉사 임무가 분담되었다. 한편 로체스터 영지에서 장원들이 경작을 위해 매겨 놓은 경작계획표에서 한 해는 28일 단위로 나누어졌다. 이를 잘 운영해 나가기 위해서는 각 장원의 재원에 상응하여 부담을 지우는 것이 중요하였다. 그러기 위해서는 부담의 주기적 재조정이 필요했다. 일반적으로 각 장원에 대한 부담은 각 장원의 생산량보다는 적었으며, 장원관리인은 자신이 적당하다고 생각한 바대로 남은 양을 처분하였다. 이같은 경영 원칙은 중간인들에게 상당한 재량권을 남겨두게 된다. 순번에 의한 경작체제가 차지에 의한 경작방식으로 대체됨에 따라 이들의 행동은 보다 자유로워졌다. 12세기 영국의 경우가 이러하였다. 자신들의 수고를 덜기 위해 수도원들은 수도원령 장원들을 공동체로부터 선택된 관리자가 아니라, 평생계약에 의해 완전한 영주권을 부여받은 차지 경영인(firmarii)에게 위탁하였다. 이들이 매년 넘겨 줄 차지(ferme, 라틴어로는 firma)의 규모는 장원 수입이 뚜렷이 증가할 경우 커질 수 있었다. 그 결과 램지 수도원이 차지시킨 농장의 생산물은 1086년과 1140년 사이에 2배로 증가하였다. 이 방식은 또한 대륙, 특히 라인란트와 일-드-프랑스에서 채택되었던 것 같다. 후자의 경우, 생-드니의 수도원장인 쉬제르가 매년 경신 가능한 계약에 의해 개별 장원들을 차지화하는 것이 이로울 것으로 평가했었다.

널리 분산된 토지들과 수도원이라는 유일 소비 중심지간의 재산 이동을 보장하기 위해서는 화폐를 이용하는 것이 편리했을 것이다. 그리고 12세기중에 은화가 가내경제의 기제 안으로 깊이 침투하여 분명 현저한 변화가 초래되었다. 화폐 사용은 또한 영지체제의 재조정이라는 중대한 문제를 야기하였다. 농업 생산물 시장이 보다 활기를 띰에 따라, 짐마차를 동원한 원거리 이동 —— 카롤링거 왕조의 대영지 체제에 과중한 부담을 지웠던 —— 보다 시장에서 잉여 생산물을 팔고 한 보따리의 데나리우스를 보내는 편이 보다 바람직했던 것으로 보인다. 이처럼 화폐 이용은 기부받는 형태의 수도원 행정에 있어 그 중요도가 컸다. 식품담당자의 역할은 축소된 반면, 집사의 역할은 증대해 갔다. 사실 12세기 전반기 동안 영국 수도원들에서 현물의 수령 경향이 커져 가고 있었다. 동시에 수사들의 수는 증가하였고, 따라서 가장 긴급한 필요는 이들을 부양하고 식품창고를 채우는 일이었다. 하지만 1150년경 이후에는 현금 수입이 여러 이유로 주도적 경향을 띠었다. 캔터베리에서 소비자수의 감소는 현물지대가 더 이상 이루어지지 않고 현금지대로 대체되었음을 의미한다. 다른 한편 램지 수도원에서는 외부 구매가 증가하여 채무 부담이 과중해졌다. 유사한 재정 곤란에 직면한 클뤼니 수도원의 재산관리인들은, 반대로 지출을 제한하고 곡물과 포도주 등 현물에 보다 더 의존하는 방안을 통해 이를 해결해 보고자 하였다. 해결방식은 다양했지만, 문제는 동일하게 화폐의 새로운 기능에 의해 촉발되었던 것이다. 클뤼니 수도원은 문서증거에 의해 극히 잘 설명되고 있는 전형적인 예이다. 이 문서들은 경제 발전에 직면한 영주권의 반응을 보여 주기 때문에 세밀히 검토될 필요가 있다.

*

클뤼니 수도원이 베네딕투스 규율에 가한 손질로 비용이 현저히 증가하였다. 신의 영광을 확대하기 위해 예배식에 장엄함을 부여하고 성소를 재건축하며, 이를 화려하게 장식하는 일은 필수적이었다. 나아가 수사들이 신성한 직책에 완전히 전념할 수 있게 하고, 세상의 여러 신분 사이에서 이들의 지위를 확립시켜 주어 이들이 자신의 우월함을 명백히 드러낼 수 있게 해주는 일 또한 긴요한 작업이었다. 이들은 충분한 음식을 제공받고, 매년 새로운 의복을 입었다. 베네딕투스 규율에 명시된 노동은 주방에서의 상징적인 일에만 전적으로 한정되었다. 수사들은 영주들처럼 살았다. 수도원장은 여행시에 지배자처럼 말을 탄 상당수의 수행원에 호위되어 공적으로 등장하였다. 클뤼니의 성공 때문에 11세기의 마지막 30년 동안 수도원의 귀금속 비축량은 현저히 증가했다. 이 수도원은 방대한 회합체에 대한 통제권을 행사하였고, 자매수도원들은 모수도원에 현금으로 토지세를 지급하였다. 프로방스 지방에서만도 15개의 클뤼니파 소수도원들이 매년 50리브르에 근접하는 총액을 모수도원의 집사에게 제공하였다. 수도원은 그리스도교 세계의 대제후들로부터도 후원금을 받았다. 전쟁으로 인해 귀금속 유통이 널리 행해졌던 이슬람과 경계한 스페인 남부까지 이 수도원의 영향력이 확대된 이래, 수도원에의 기증물은 토지뿐 아니라 금·은을 포함하였다. 1077년 카스티야의 왕은 클뤼니 수도원에 이 수도원의 데나리우스로 4백 리브르에 상당하는 금을 제공하였는데, 이는 이 수도원의 영주권 현금 수입 총계를 능가하는 액수였다. 그 중 일부분은 금은세공업자에 의해 성소를 장식하는 비용으로 사용되었다. 또 다른 일부는, 특히 자신의 토지를 수도원에 담보로서 남겨두고 성지를 향해 출발했던 지방 기사들에게 수도원이 돈을 빌려 주는 형태로, 토지를 획득하는 데 쓰여졌다. 하지만 그 대부분은 낭비되었다. 1088년 새로운 바실리카를 지을 라틴 그리스도교 세계의 가장 큰 건축 부지가 마련되었다. 그렇지만 집사직을 이용한 편안한 생활에 익숙해진 수도원 행정가들은 이 영지를 소홀히 여기게 되었다. 11세기 후반 많은 마을들에서 적절히 감시되지 않은 미니스테리알레스는 영주의 희생하에 사적 이익을 크게 증대시켰다. 식품창고들을 채우기 위해 보다 많은 분량의 식품이 구입되었다.

1122년에 이르러 클뤼니는 자신의 토지로부터 식량분의 1/4조차도 마련하지 못하고 있었다. 수도원은 빵과 포도주에 방대한 액수를 지출하고 있었다. 매년 1천 리브르, 혹은 24만 개의 은화가 인근 지역의 생산자와 작물판매를 후원하는 중간인들에게 분배되었다. 따라서 12세기초에 이 수도원의 가내경제 운영방식과 대량 수요는 화폐 유통에 상당한 활력을 불어넣었다. 즉 교회건물 축조에 고용된 운반원과 채석공·삯팔이꾼에 제공되는 임금형식으로, 그리고 식량 구매에 의해 보다 소규모 물량으로 농민환경 속에 화폐를 침투시키는 역할을 하였다. 이 시기에 이르면, 수도원 영지에서 현금 지불이 부역을 대체한 현상은 거의 놀랄 일이 아니게 된다. 영주는 자신과 토지와의 관계를 끊으려 했고, 농민들은 현금을 자유로이 획득할 수 있었다. 수도원의 지출경제 일체의 토대를 화폐 사용에 두고자 했던 클뤼니 수도원은, 12세기 초반에 만성화되어 간 난관들에 마지못해 대응하고 있었다. 화폐 유통의 속도가 물품 가격의 상승을 야기한 바로 그 시점에서 현금원은 고갈되고 있었다. 이제 비축량을 쓸 필요가 생겼다. 그 결과 비장재산은 축소되어 갔다. 위기에 봉착한 가경자 피에르는, 그의 전임자였던 퐁 드 멜궤유 수도원장을 비축 귀중품을 낭비했다 하여 비난하였다. 하지만 사실은 수도원 집사가 토지세 수입만으로는 11세기 후반의 번영기에 관습화된 지출을 더 이상 감당해 낼 수 없었던 것이다. 수도원장은 25년 동안 이같은 경제 병폐를 치유할 방도를 찾고자 노력하였다. 공동체 구성원들은 불평하면서도 허리띠를 조금이나마 졸라매는 데 동참하였다. 그렇지만 계속해서 내핍생활을 하는 것은 불가능하였다. 이는 클뤼니 전통에 의해 마련된 영주적 생활을 수사들로부터 빼앗는 결과가 될 것이었다. 두 가지의 가능한 행동방침이 남아 있었다. 첫째는 영지의 합리적 이용에 의해 식품창고에 저장할 빵과 포도주를 보다 많이 갹출하는 것이었다. 이를 위해서는 조직적 경영을 회복하고, 더불어 수도원의 권리를 침해하면서 자신의 기생적 영주권을 창출해 왔던 세속 집사들을 상대로 11세기로의 전환점에서 취해졌던 정책을 추구하는 일이 급선무였다. 또한 상세한 명세장을 작성하여 각 장원의 수입을 평가하고, 순번에 따른 봉사 의무를 균등하게 분배하며, 공조의 징수를 감독하는 일이 필요하였다. 무엇보다 직접 경영을 표방하여 수확량을 증대할 목적으로 매 장원마다 쟁기수를 늘리며, 새로운 포도를 심고, 포도원 일꾼 고용자에게 현금 수령액의 일부를 할당하는 일이 필수적이었다.

이처럼 수도원 관리자들은 여러 난경으로 인해 수도원의 가내경제로 관심을 전환하여 수치를 다루고, 이익과 손실을 계산하며 생산을 증대할 방법과 수단들에 대해 골몰하지 않을 수 없었다. 다시 말해, 자신의 특별 임무를 소홀히 할 위험을 무릅쓰고 스스로를 차지농으로 변모시켰다. 우리는 가경자 피에르가 마련한 재조직 계획이 결실을 거두었는지의 여부를 알지 못한다. 사료들은 단지 이 수도원장이 두번째 행동방침, 즉 차용을 취할 수밖에 없게 된 상황을 보여 주고 있다. 그는 자신의 손님이었던 윈체스터의 주교이자 영국 왕인 스티븐의 동생으로부터 도움을 받았는데, 후자는 자기 교회의 귀중품들과 더불어 클뤼니에 피난하고자 하였다. 이 성직자는 보증을 확보한다는 전제로 상당량의 귀금속을 자기 처분하에 두면서, 클뤼니 수사들에게 영국의 보다 진전된 장원 관리방식을 채택하도록 했던 것 같다. 하지만 그의 기여가 충분치 않아 가경자 피에르는 귀중품 안치소의 물품들을 저당잡혔다. 채권자들은 주로 유대인이었지만——아마 수도원장이 자신의 저술 일부에서 표현한 바 있는 반 유대주의를 자극한 장본인들일 것이다——이 수도원이 대부분의 물자를 수입하던 시기에 수도원들의 입구 가까이에 머무르며 이득을 챙겼던 그리스도교도 상인들도 있었다. 12세기가 경과하면서 채무 부담이 조금씩 과중해졌고 수도원은 화폐 없이 지낼 수 없게 되었기 때문에, 수도원 경제를 신용에 바탕을 두어 관리하는 일이 점차 일상적으로 여겨지게 되었다.

풍부한 자료 검증을 통해 밝혀진 클뤼니 수도원의 상황은 이 단체에만 특유했던 것은 아닌 듯싶다. 어느 경우에나 압도적인 관심은 예배 장소의 영광을 드러내는 일이었다. 다른 한편 비축량의 낭비와 의도적인 차용에

의 의존은, 옛 규율을 따르는 당대 우두머리격의 베네딕투스 수도회 수도원들에서 널리 나타난 경제적 모습을 표상해 준다. 12세기 후반 노르망디의 수도원들이 화폐를 세속에 유포하지 않기로 결정했을 때, 이 조치는 교황이 근자에 토지 저당에 의한 대출을 금지하도록 포고한 명령을 진정 존중하여 취해졌던 것일까? 그것은 오히려 보고들이 고갈되었기 때문이 아닐까? 장원 경영의 효율성에 부여된 관심은 쉬제르와 가경자 피에르 당대에 현저하였다. 쉬제르는 신의 영광을 위해 생-드니의 바실리카를 장식할 막대한 비용을 들이면서, 이 건물을 당대의 가장 장려한 신앙 장소로 만들 수단이 없었다. 그럼에도 불구하고 그는 자신의 축조와 장식계획안을 설명하기 위해 —— 어느 정도 자기 만족감을 곁들여 —— 편찬한 책에 〈관리에 관하여〉라는 글을 부가하였다. 그가 지적한 대로 이 글은 위 책의 필요한 보완물이었다. 교회 부지에서 수행될 모든 작업은 실로 건전한 영지 경영을 전제로 한 것이었다. 그의 설명은 클뤼니 수도원장의 경우와 유사한 사실 그대로의 의도, 즉 본질적으로 필수 식량의 구입을 급삭감하기 위해 직접 경영을 진전시키려는 의도를 보여 준다. 그는 라니 정기시에서 수도원 장식물을 담보물로 삼아 포도주 구매를 해온 관행을 중지함과, 동시에 생-뤼시앵에 한 포도밭을 조성하는 데 20리브르를 투자하였다. 퀼레발의 전토지가 보유농에게 부여되었는데, 쉬제르가 고정된 지대 징수에 기반을 둔 체제가 가장 유익한 경영형태가 아니라는 판단을 내렸기 때문이었다. 대신 수도원이 농민의 재원을 이용할 수 있도록 기존의 지대 수취방식을 수확량에 비례한 토지세 징수방식으로 대체하였다. 그는 비싼 값을 치르고 3샤뤼에의 땅을 획득하였다. 이 중 한 필지에 그는 농민의 불만과 공조 수취방식의 변화에 대한 저항을 진압할 책임을 진 미니스테리알레스를 배치시켰다. 다른 두 필지에는 직영지 하나를 조성했으며, 그 결과 수입은 4모디움의 곡식에서 50모디움의 곡식으로 증가하였다. 그는 보크레송에 한 마을을 설립하고, 교회와 부속건물을 한 채 지었으며 쟁기로 황무지를 개간하였다. 곧 60명의 정착민이 거주하게 되었고, 보다 많은 사람들이 거주를 신청하고 있었다. 루브르에서는 근처의 성주가 제안한 협력 개간안을 거부하고 스스로 장원을 책임졌으며, 생산량을 20리브르에서 1백 리브르로 증대시켰다. 더불어 그는 매년 바실리카의 축조를 위해 부가의 80리브르를 비축하였다.

*

한편 11세기말경에 이르러 클뤼니 수도원에서 정점에 달하였던 구식 수도원 생활에 반대하는 비판의 소리가 커지게 되었다. 논쟁은 절실한 금욕주의와 원 규율로의 복귀라는 관점에서 제기되었다. 비판자들은 토지 소유권이나 화폐 사용이 아니라 과다 지출을 비난하였다. 이같은 편향과 비난은 확립된 지 오래 된 베네딕투스 수도원들의 경우와는 매우 상이한 경제 상황을 초래하였다. 이 사실은 가장 커다란 성공을 거둔 새로운 수도원 단체 중의 하나인 시토 교단에서 가장 잘 대변될 수 있다.

시토 수도회 수도원들은 클뤼니 수도원의 영주제적 태도를 비난하였다. 이들은 지대와 타인의 노동으로 살기를 거부하였다. 이들은 인신의 종속민이나 보유농, 또는 물레방아나 십일조가 아니라 단지 토지만을 소유하였고 이를 스스로 경작하였다. 이들은 클뤼니 수도회 수사들이나 쉬제르보다 훨씬 공고하게 수도원 경제를 직접 경영의 토대 위에 두었다. 그렇지만 이러한 선택은 생산과 관련하여 수사의 지위를 완전히 변모시키는 결과를 초래하여, 적어도 부분적으로는 수사들로 하여금 예배식에만 참여하는 나태한 생활로부터 벗어나게 하고 자신들 중에서 경작자를 차출하게 만들었다. 이것은 철저한 혁신에 해당하는가? 실제 이들에게 있어 농장일은 주변적인 일에 불과했으며, 노동력을 집중적으로 필요로 하는 시기에만 이들의 노동이 의미가 있었다. 그리고 성 베네딕투스의 정신에 따라 노동은 더 이상 육체적 정화의 도구로 간주되지 않았다. 시토 수도회 수도원들에서 농장일은 두번째 범주의 종교인, 즉 경작자 계급 출신의 평수사에게 맡겨졌다. 이들에게는 기도에의 참여가 제한되었고, 수도원의 부를 창출하는 일에 그 임무가 주어졌다. 이들은 주로 영지 경작을 위임받았으며, 시토 교단의 관례에 따라 수도원들이 '버려진 땅'에 설립되어야 했기 때문에 이들은 대부분 미경작지의 토양을 경작하였다. 이처럼 경작의 전문가와 나머지 사람을 구분하는 세속사회의 분할방식은 수도원 구성원들의 심성에까지 미치고 있었다.

전력을 다하는 값싼 가내노동력 공급 —— 간헐적으로 소수의 임금노동자들에 의해 보충된(이들의 고용은 일찍이 1134년 시토 수도회의 참사회장에 의해 합법화되었다) —— 을 포함해서, 토지와 생산력간에 확립된 관계는 현저한 경제적 성취를 향한 길을 마련하고 있었다. 시토 수도회 수도원들은 새로운 비옥한 땅에 설립되었다. 이 수도원들은 곧 자신의 부양에 필요한 것 이상의 곡식과 포도를 수확하게 되었다. 이들은 미개간의 기부받은 땅 한 부분에서 방대한 규모로 가축을 사육하고, 목재와 철광석 자원을 개발하였다. 공동체는 육류를 먹지 않고 난방을 이용하지 않았으며, 가죽과 양털은 가능한 한 사용하지 않았다. 더불어 수사들은 이곳에서 소출된 방대한 잉여물을 신속히 판매하는 일에 전념하였다. 롱퐁의 수사들은 수도원 설립 13년 후인 1145년에 포도를 심기 시작했다. 2년 후 이들은 포도주를 수입하는 나라들로 가는 경로에서 통과세 면제권을 획득하기 시작했다. 이들은 뇨용 시내에 물품저장소를 설치하였고, 포도 수확물의 판매를 용이하게 하기 위한 모든 방안을 강구하였다. 12세기말부터 영국의 시토 수도원들이 양털 무역에서 행한 역할은 잘 알려져 있다. 이들이 문자 그대로 추종하고 있는 성 베네딕투스 규율에서는 화폐 사용이 합법화되고 있었기 때문에, 시토 교단의 수사들은 주저하지 않고 데나리우스를 축적하였다. 하지만 이 돈을 가지고 그들이 무엇을 행하였을까? 그들은 수도원 내에서 쓸 소비품은 전혀 구매하지 않았다. 이들의 관습은 귀중품을 귀중품보관소에 비장하거나 성소를 장식하는 것을 금하고 있었다. 쉬제르는 귀금속의 처분방법을 몰라 당혹해했던 시토 수도회 수사들로부터 귀금속을 할인구매한 사실을 말해 주고 있다. 이처럼 금욕적인 경향은 경제 성장을 촉진하고 있었다. 새로운 규율을 준수하는 베네딕투스 수도회 수사들은 자신의 자본을 근본적으로 증가시키기 위해 화폐를 사용하였다. 그들은 어느 누구보다도 기술 진보에 앞장섰다. 가장 좋은 중쟁기와 도구들이 그들의 농장에서 발견되고 있었다. 그들은 땅을 매입하였다. 수도원 영지의 위성장원 중심지들은 곳곳에서 증가하였다. 여기서는 결손도 긴장도 차용도 없었다. 이 공동체에서는 구성원들의 개인적 빈곤과는 현저히 대조되는 집단의 풍족함이 있었다. 시토 수도회 수도원들은 사업에 대한 관심이 지나치게 높았으며, 결국 이들의 방대한 유동자산은 12세기 후반 속인의 불신을 불러일으킴으로써 종식을 고하게 되었다. 왜냐하면 일반 속인들의 눈에는 이들이 관심 있는 땅을 구매하거나, 화폐 시장의 상황을 파악하려 할 때에만 은둔지로부터 나타났기 때문이었다.

수도원의 고문서보관소 문서들은 두 가지의 주요한 경제적 태도를 보여 주고 있다. 우선 가내경제는 토지 자산의 직접 경영에 기반을 두고 있었다. 둘째로 구입·판매·대출·채무 증가가 일반화되었는데, 이는 12세기의 전형적인 현상으로 보여진다. 달리 말해 비율이나 정도는 다양했지만, 여하튼 주로 토지 소유권에 바탕을 두고 있던 경제가 물품과 서비스의 전통적인 교환 경로를 뒤엎을 정도로 활기 있게 된 화폐 시장체제 안으로 들어서게 되었다. 위의 두 가지 태도는 12세기 영주들 사이에서 일반적으로 드러나고 있었다. 이들이 자신의 토지 영주권으로부터 획득한 수입과, 다른 한편 이들의 보유농들에 대한 권리를 분석해 보면 이러한 사실이 확인될 수 있다.

2. 수취

지 대

토지 영주권에 의해 얻는 이익들 중에 보유지들에서 나오는 수입은 이제 갈수록 중요하지 않게 되었다. 관습에 의해 고정되고 이론상 변경될 수 없는 지대율은, 카롤링거 왕조 이래 많은 변화를 겪지 않은 것으로 보인다.

이 망스에 거주하는 귀샤르는 다음과 같은 부담을 진다. 부활절에는 어린 양 한 마리, 건초 만드는 시기에는 6데나리우스, 수확시에는 식사 한 끼(여러 동료와 더불어)와 1부셸의 귀리, 포도 수확시에는 2데나리우스, 크리스마스에는 12데나리우스와 빵 3덩어리 및 1/2통의 포도주, 사순절 초기에는 수탉 한 마리, 그리고 사순절 중간에는 6데나리우스를 제공한다.[25]

위 내용은 1100년경 아직 분할되지 않았고, 따라서 여러 경작 가정을 활기 있게 유지시켜 줄 수 있었던 긴 지조의 농민 보유지로부터 예상되는 제공물이었다. 농민들에겐 그 부담이 가벼웠으나 영주들에겐 미흡한 수입이었다. 카롤링거 왕조의 명세장과 비교해 볼 때, 이 문서의 유일한 새로운 특징은 건초 만드는 시기나 포도 수확기에 과징되며, 이전의 부역을 대체한 것으로 보이는 현금 지불에 역점이 주어지고 있다는 점일 것이다. 토지 보유에 따른 부담 중 현금 지불의 비중이 커졌음은 특기할 만하다. 피카르디에서 11세기에 이르러 현물지대는 거의 완전히 사라졌다.

---

25) *Cartulaire de Saint-Vincent de Mâcon*, p.197.

11세기말에 에스댕 소수도원의 10개 보유농은 매년 10리브르의 가치가 있는 미주조 은화만을 제공하고 있었다. 마찬가지로 현금지대의 비율은 영국에서 매우 높았던 것으로 보인다. 그렇지만 이 양상은 결코 일반적이지 않았다. 12세기 북부 이탈리아에서 영주들은 현물지대를 화폐지대로 대체하려고 하였다. 이들은 예속농장들로부터 소출된 잉여 생산물을 판매함에 있어 시장을 매점하여 사업 이윤을 추구하는 도시 거주자들이었다. 간단히 말해, 12세기 유럽 대부분 지역에서 관습적인 보유지들로부터 나온 수입은 상대적으로 빈약하였다. 영주들은 이들로부터 농업 생산물을 획득했으나 그 양은 적었다.

농민의 토지에 대한 영주의 약한 장악력에 대해서는 설명이 가능하다. 토지 개간은 인구 압력을 완화시켜 주었다. 경작자들을 위한 공간은 넓었으며, 토지의 가치는 낮았다. 그렇지만 황무지가 축소되자, 보유구조의 변화를 야기한 실제 과정은 장원의 지대 수취에 유리하게 작용하였다. 새로운 땅들이 완전 생산에 돌입하자마자 토지세와 잡역, 그리고 새로이 조성된 경지와 포도밭에서 거둔 수확에 비례해서 지불되는 공조가 —— 비록 요구된 비율이 낮았을지라도 —— 오래 된 땅의 경우보다 훨씬 많이 영주의 저장고에 들어왔다. 이런 종류의 징수는 12세기 중엽에 감소하였다. 대신 영주와 농민은 화폐지대를 고정하였으며, 양자간의 동의가 연기되면 될수록 현금 지불의 부담은 증가하였다. 영주는 개간지로부터 갈수록 많은 현금 수입을 획득하였다. 그리고 또 다른 현금원이 있었다. 이전 망스들의 분할과 수많은 땅뙈기들에서의 부과금 할당, 그리고 보유농으로 하여금 재산을 양도하거나 이를 자신의 상속자간에 분할할 수 있게 해준 것에 대한 대가로, 영주는 현금 지불을 요구할 많은 기회를 포착하였다. 토지시장의 점증되는 열기는 갈수록 현금 지불을 유익하게 하였다.

그렇지만 장원의 수익에 대한 모든 잔존한 기술이 검증해 주고 있듯이, 영주들이 향유한 가장 비중 있는 수입은 화덕과 물레방아·십일조로부터 나왔다. 이것들 대부분은 여전히 세속인의 수중에 있었다. 11세기중에 거의 모든 속인이 그들의 조상에 의해 설립된 교회의 소유권을 수도원이나 주교좌 성당참사회에 되돌려 주었지만, 십일조까지 양도하진 않았다. 십일조는 수익이 매우 컸다. 십일조 수입은 물레방아와 화덕의 경우와 마찬가지로 경작영역이 확대되고, 빵의 소비량이 많아지며, 인구가 증가하는 한 계속해서 증대하였다. 이들 시설물의 소유자들은 이로부터 자신의 가솔 일체를 부양하기에 충분한 식량과 더불어 때로 이를 임차시킬 경우 현금을 획득하였다. 이들은 자신의 가장 꾸준한 수입원으로서 이 시설물들을 보유하였다. 12세기에는 이들 시설물들이 영주들간 소송의 주요 대상이었고, 영주권의 핵심 요소를 구성하였다. 피카르디 지방 교회의 부속 영지들에서 1080년경까지는 수입 대부분이 토지에 대한 전통적인 공조로부터 나왔다. 이후에는 삼림·물레방아·화덕의 사용자들에 대한 징세와 십일조 쪽으로 균형이 기울었다.

따라서 기술 진보, 개간, 포도 재배의 진전은 12세기에 지대가치를 향상시켰다. 이는 봉토 부여, 분가, 많은 종교단체의 설립으로 기사와 교회 신자의 수가 급증했음에도 불구하고 이들이 편안한 생활을 영위했음을 증거해 준다. 여기서 세 가지 사항을 언급할 필요가 있다. 첫째로 농지 확대는 그에 따른 수입 증가가 농민층의 영주권 부담을 감소시킬 정도로 빨리 진행되었다. 둘째로, 1180년경 이전에는 지대의 금납화 정도가 제한적이었다. 예컨대 매년 마콩 지방의 성당은, 한 마을에서 이 성당에 속한 72보유지로부터 한 가솔의 하인들을 부양하기에 충분한 빵과 포도주에 부가하여 기껏 40솔리두스를 획득했을 따름이었다. 셋째로, 이같은 수입원 중 경작물에 대한 징수나 관습적 권리에 따른 공조 부과에 의해 획득되는 가장 수익성 있는 부분은, 영주가 가까이에 위치하여 감시를 행할 때에만 높은 수익을 가져다 주었다. 이 수익이 사라지지 않게 하기 위해서는 방대하고 분산된 영지의 관리를 영주관리인── 영지 수입의 상당 몫을 차지했던── 에 의존하지 않으면 안 되었다.

직접 경영

이같은 이유로 가장 발전된 지역을 예외로 하면, 당대 모든 영주들에 있어 지대는 직접 경영보다 덜 중요하였다. 영주의 수입 대부분은 가솔들에 의해 경작되고, 그 수확물 일체를 영주가 스스로의 몫으로 취하는 직영지로부터 나왔다. 영주 직영지의 해체와 붕괴에 대한 언급은 기록들에서 발견될 수 있다. 경건한 기증과 분할상속·봉토 지급은 빈번히 대농장들을 해체시켰으며, 최상의 해결책은 분산된 땅뙈기들을 수합하여 그 경작을 보유농에게 맡기는 것이었다. 보다 집약적인 경영과 높은 토지 생산성은 별탈없이 직영지의 축소를 가능케 해주었다. 다른 한편 쉐제르나 가경자 피에르와 마찬가지로 12세기 귀족 가문의 수장들은 직영지를 좋은 상태로 유지하거나, 새로운 땅을 개간하고 포도를 재배함으로써 직영지를 재구성하거나 확대하는 일에 분주하였다. 모든 방향에서 접근이 쉽고 정비가 잘된 개간지는 장원의 직영지에 의존하였다. 피카르디에서 우리는 카롤링거 왕조에서처럼 수백 헥타르에 달하는 직영지를 소유한 세속 영주들을 접하게 된다. 《둠즈데이 북》에서 농민 보유지를 능가할 뿐만 아니라, 가장 비옥하고 잘 일구어진 땅을 포함한 직영지가 없는 장원은 거의 나타나지 않고 있다.

실제 영주의 가솔은 많은 인력을 공급받았던 것으로 보인다. 쟁기를 끄는 소 치는 자 아래 2,30명으로 구성된 가내하인들에게 지속적인 경작 임무가 맡겨졌다. 당대의 기록에 따르면, 이들 무리는 "영주의 빵으로 살아나갔다." 하지만 관습의 힘에 의해 이들은 자신들이 부여받은 장원청 가까이의 채원으로 둘러싸인 오두막집에서 생활을 영위해 갈 수 있게 되었다. 자신의 보유지 덕에 이들은 가정을 꾸리고 자녀들을 양육할 수 있었다. 그 결과 인구가 토지보다 훨씬 드물고 농민의 유동성이 컸던 시기에 이들은 농장에 보다 확고히 부착되어 살았다. 영국의 문서들에서 보르다리(bordarii)[26] · 코타리(cottarii)라 불린 농민들이 거의 다르지 않은 지위에 놓이게 되었다. 이들은 또한 소규모의 땅뙈기에 정착하였다. 그 대가로 이들은 장원에서 주당 하루 또는 이틀씩 보수 없이 일하여야 했으며, 그 이상의 일에 대해서는 임금을 받았다. 그렇다 해도 한 해 동안 농번기와 농한기가 교체되면서 경작노동이 고르지 않았으므로 일시적으로 전시간 고용되어 일할 사람이 필요하였다. '부가'의 노동이 부역을 할 여지가 많은 사람들에게 요구되었다. 무임금의 강제노동이 경제적 중요도면에서 모든 곳에서 동일하진 않았지만, 여전히 전유럽은 이러한 노동에 익숙해 있었다.

 a) 부역이 거의 가치 없었던 루아르 강 남부와 알프스 지역에서는 보유지 대부분이 부역 부담으로부터 벗어나 있었다. 타인의 봉사는 1년에 며칠 동안으로 한정되었다. 마콩 성당은 35보유지로부터 1년에 총 2백20일 이하, 또는 과거 파리 분지의 카롤링거 왕조 장원들 중 1망스에서 요구되었던 정도보다도 적은 부역을 제공받았다. 간단히 말해, 기꺼이 육체적 노동자들의 봉사 없이 지내고자 했던 이 지방 영주들이 기대했던 것은 주로 중쟁기의 도움이었다. 기술 혁신과 쟁기질 작업이 기여한 근본적인 역할로 인해, 영주들은 자신들이 그러한 힘을 갖는 한 경작자들에게 새로운 부담을 신속히 부과할 수 있었다. 12세기에 그리스도교 세계의 곳곳에서 부역 부담은 어느 정도 과중했을지라도, 이 지방에서는 그 부담이 오랫동안 가벼웠던 것 같다.

 b) 다른 한편 대륙의 북반부에서 농민 보유지와 직영지를 긴밀히 엮어 놓는 영농체제는, 이 시기에 확고히 뿌리를 내렸다. 장원 명세장들 모두가 보유농에 의해 경작되는 땅뙈기들과 농민가정에서 만들어져 장원에 공급되는 물품들, 그리고 여러 가지 정규적인 부담들을 기술하고 있다.

---

26) 노르만 정복 이전 영주의 오두막집에 살면서 노역을 부과받은 천민으로서, 코타리와 구분이 잘 안 된다.

그럼에도 불구하고 이 체제는 1100년 이후 완만한 해체과정을 겪었다. 예
컨대 12세기초 알자스의 마르무티에 수도원장은, 카롤링거 왕조 이래 독
일의 노예 망스들에게 적용되었던 1주일에 3일의 부역권을 포기하기로
결정했다. 동시에 강제부역에 의해 경작된 경지 대부분은 지대 부담을 지
는 보유지로 전환되었다. 12세기 중엽에는 프랑스 영주들이 예속민들로
부터 의복과 땔감을 공급받는 권리를 결국 포기하였다. 생산성의 향상은
인구의 증가와 더불어 그 수가 증가하는 농민의 부역에 덜 의존하게 해
주었다. 또한 화폐의 유용성은 영주에게 1일 기준으로 보다 유능한 일꾼
들을 고용하게 해주었을 뿐만 아니라 최상질의 수공품을 획득할 수 있게
해주었다.

  c) 12세기에 강제부역의 부담은 적어도 정보 파악이 가능한 영국의 대
수도원 영지에 의해 판단하건대, 세번째 영역인 영국에서 가장 과중했던
것으로 보인다. 그 부담이 모든 보유농에 균일하게 부과되지는 않았다.
자유민으로 간주된 일부 사람들은 북프랑스와 독일의 영지들에서처럼 계
절적으로 분할된 특정 임무, 특히 쟁기질 작업만 행하면 되었다. 다른 사
람들, 즉 《둠즈데이 북》과 보다 후기의 문서들에서 언급된 '마을민'들은,
일시적 봉사와 때로 직영지 일부의 강제적 경작 이외에 토지 보유의 대
가로 영주의 뜻에 따라 1주일에 3일씩 행하는 주부역 부담을 지고 있었
다. 마을민들은 카롤링거 왕조의 세르부스가 그러했던 것처럼 시간제 가
내하인이었다. 세르부스와 마찬가지로 이 마을민들은 이틀 중 하루를 영
주 가솔의 경작하인들과 더불어 일하고 먹고 하였다. 9세기의 노예와 마
찬가지로 그는 그에게 부여된 토지로부터 가족을 위한 식량과 스스로를
위한 부가물을 획득하였다. 영국의 영주들은 12세기에 위 권리들을 완전
히 행사하지는 않았을지라도 계속 보존하고는 있었다. 상당수의 영주는
이 권리들을 1년 기한으로 자신의 예속민들에게 팔았다. 농민은 몇 펜스
를 지불하고, 자신의 에너지와 장비를 자유로이 활용할 수 있었다. 샤프
츠버리 수도원에 속한 한 장원의 마을민들은 이같은 방법으로 40년 가까

이를 주부역으로부터 벗어나 있었다. 대신 이들 모두는 3 내지 4쉴링의 지대를 지불하고 있었다.

이처럼 대륙과 마찬가지로 영국에서도 유사한 압력들이 영주들에게 보유농의 생산력을 새로운 방식으로 이용하도록 촉구하였다. 부역을 제공받는 사람들의 부주의·무능·나태와 무대책으로 인해 저효율 고비용의 '일'을 포기하는 것이 보다 현명하였다. 일반의 경작자들은 식량을 제공받았고, 약간씩이나마 비특권층에 유리하게 전개된 관습은 이들의 생활 수준을 향상시키는 방향으로 작용하였다. 따라서 부역 부담을 과거보다 훨씬 쉽게 농민의 수중으로 들어오는 현금으로 대체하는 편이 바람직했다. 이런 식으로 직영지 규모의 급감 없이 강제부역의 역할은 모든 곳에서 극소화되었다. 반면 임금노동자의 역할은 확대되어, 예컨대 클뤼니 수도원의 수사들은 일부 부역의 폐지를 상쇄해 주는 대가로 받은 세금을 수도원의 포도밭 경작자들에게 임금으로 지불하였다. 이같은 발전 결과 가솔노동력이 행할 수 없는 육체노동 대부분이 1일 고용노동자들에게 맡겨졌다. 강제부역에 따른 노동력이 여전히 존속한 경우에도 인력보다는 견인용 말이나 도구의 사용 비율이 보다 높아졌다. 마을은 경제적 가치면에서 특별했던 세 가지 요소를 제외하고는 직영지 경작에 더 이상 기여하지 못했다. 마을은 쟁기와 임시고용을 통해 부가의 수입을 얻고자 하는 인력, 그리고 이들 임시노동자들에게 지불할 현금을 공급해 주었다.

촌락에 보다 많은 사람들이 정주하고, 개선된 기술장비를 갖추며, 화폐유통이 개방됨에 따라 점차 유익해져 간 이같은 기여 덕택에 이 시기에 조방경작이 널리 행해졌다. 이 경작체제는 영주와 하인, 그리고 영주들의 환영을 받은 정착민에게 식량을 공급해 주었다. 이 체제는 판매될 수 있는 상당량의 잉여물을 축적시켜 주었으며, 이런 식으로 직영지는 영주들에게 화폐를 제공해 주었다.

사람에 대한 수취

그렇지만 가장 실질적인 현금 수입은 토지 영주권이 아니라 사람들에 대한 권리로부터 획득되었다. 가솔에 대한 지배권부터 살펴보기로 하자. 12세기 영주들은 자기의 인신 예속민들(Hommes de corps)에게 부여하는 경제적 독립 정도에 비례하여, 그들의 수익이 증가함을 인지하기 시작했다. 분명 영주들은 이전과 마찬가지로 자신의 예속민 중에서 가솔하인들 대부분을 충원하였다. 그렇지만 영주들은 과세 기제가 뚜렷이 효율화되어감에 따라 새로이 획득된 부의 상당한 몫을 취할 수 있었기 때문에, 자신의 예속민들이 정착하고 번창하는 것을 허용해 주었다. 예속민에 대한 일부의 권리 내지 자유부여는 영주에게 상당한 수익을 가져다 주었다. 예컨대 1185년경 페리에르-앙-가티네의 수도원장은 자신의 사람들에게 이동하는 권리, 자신의 물품과 가축을 자유로이 처분할 권리 등의 일부 자유를 부여하기로 결정했다. 이에 대한 반대급부로 각 가솔의 장은 교회에 매년 5솔리두스의 지대를 제공하기로 하였다. 현금지대에 대한 대가로 가솔하인들을 자유롭게 해주는 방식은 손쉬운 해결책이긴 하였으나 가장 유익한 방법은 아니었다. 예속민의 저축분을 수탈할 수단을 얻는 것이 보다 바람직했다. 위 수도원장이 사망했을 때, 이 방법이 채택되었다. 당대 독일에서는 한 농노가 자신의 영주에게 동산의 1/3을 제공하였다. 북프랑스에서는 영주가 최고질의 가축 한 마리를 취하거나(라틴어로는 melius catallum, 프랑스어로는 meilleur catel), 혹은 여자 농노가 사망하여 그 상속이 이루어질 경우는 가장 값진 의복 한 점을 취하였다. 또 달리는 예속민이 관습을 위반하거나 범법했을 경우 위의 조치가 취해질 수 있었다. 모든 인신 영주권 중에서 재판권은, 영주에게 경작자들이 가까스로 획득한 돈을 가장 손쉽게 수탈케 해주는 영주권이었다.

재판권은 항시 방권을 소유한 소수 영주들에 속하였다. 경제사의 이 측면에서 가장 많은 정보를 제시해 주는 프랑스 문서들은 방 영주권의 전개 양상을 파악하도록 해준다. 국왕 재판권의 속성들이 지방 영주들의 수중으로 넘어가던 11세기 전반부 동안, 기록들에서 여러 '관습들'에 대한 언급이 나타나기 시작했다. 성채 기사들을 위해 건초와 귀리를 징발하는 권리와, 토지 영주와 그의 관리인들에게 환대를 베풀게 하는 권리는 특히 일반적으로 거론되고 있었다. 보다 후에 1100년을 20년씩 전후하여 마을 시장에서 징수되었던 통과세, 특정 시기에 포도주를 독점판매하는 권리 등, 영주가 자기 것으로 삼았던 여러 경제적 권리 이외에도 자신의 직영지 경작을 위해 요구했던 공적 운반과 쟁기질 봉사 의무가 그 모습을 드러냈다. 영주가 필요할 때마다 예속민이 모아 놓은 재산에 과징했던 타유세의 흔적이 가장 먼저 나타난 시기는 1090년경이었다. 영주에 의해 자의적으로 부과된다는 측면에서 가장 부담이 컸던 이 공조는 12세기 중엽에 관계된 두 가지의 변화를 겪었다. 그것은 현금으로 징수되기 시작했으며 앞서 예고되었다. 즉 매년 고정적으로 지불되는 형태를 띠었다. 이것은 농업 팽창, 농촌으로의 상업교환의 유입과 부합되는 일련의 사건들의 주요한 단계였다. 시간의 경과에 따라 방 영주들은 보다 다수의, 그리고 덜 궁핍한 농민들로부터 점차 더 많이 취하였다. 방 영주권의 수취액을 측정하거나, 이를 토지 영주권 수입과 비교하도록 해줄 자료는 전혀 없다. 방 영주권은 그 부담이 훨씬 컸던 것으로 보인다. 12세기 남부 부르고뉴의 한 영주는 한 농민으로부터 40수의 타유세를, 또 다른 농민으로부터는 1백 솔리두스의 타유세를 한 번에 한하여 면제시켜 주었다. 이 예들은 가족이나 마을 공동체의 개입에 관계 없이 경작자의 집에 현금이나 가축으로 비축된 분량의 정도를 나타내 준다. 1200년경 또 다른 영주는 자신의 성주령 주민 일부로부터 총계 3백 마르크의 은화를 징발할 수 있었다. 재판권은 더 많은 양의 화폐를 수취할 수 있게 해주었다. 1202년 링컨의 순회재판소에서 영국 왕은 재판권을 통해 —— 그런 대로 잘 사는 시골 농가가 소유한 가축의 가치가 6수를 넘지 않고, 하루 임금이 1페니였던 시기에——총계 6백33리브르, 범법자 1인당 평균 30수의 벌금을 부과할 수 있었다. 1187년 플랑드르 백작의 관리인들이 자기네 영주의 수입을 평가하고자 했을 때 '세금 등록대장(Gros Brief)'으로 알려진 회계문서에서 재판에 따른 수령액을 분리하여 설정하였는데, 이는 그 액수가 압도적으로 많았기 때문이었다.

막대한 방 영주권 수입은 미니스테리알레스를 부유하게 해주었으며, 이들은 12세기에 귀족층이 되어갔다. 예컨대 피카르디에서 매 교회 영지 내 중심 장원의 감독관직은 일부 지방 기사들에 의해 보유되었다. 기사들이 이같은 관리직에 보인 흥미는, 이들이 그로부터 상당한 수익을 거두었음을 증명해 준다. 이들의 상승을 저지하려는 영주들의 모든 노력에도 불구하고, 이 수익은 비귀족 미니스테리알레스에게 신속히 상향 유동할 수 있게 해주었다. 가장 역동적이었으며, 출생이 빈천한 자들로서 영주계급에 속하기 위해 범상한 노력을 기울였던 유일한 사회계층인 미니스테리알레스들은 영주층——명령권과 재판권을 소유하여 막대한 수익을 획득할 수 있는 권한을 장악한——의 일부가 되었다. 이같은 역동성, 즉 전문 경영인의 정신으로 무장된 사람들이 면밀히 추구했던 사회적 상향 유동 욕구는 종종 방 영주권의 압력을 꾸준히 증가시키는 방향으로 작용하였다. 재정체제를 운영해 나간 제후와 대영주의 미니스테리알레스 자신들이 이로부터 일차적 혜택을 입었다. 그 결과 이들은 요구를 점증시켜 농촌 생산을 자극하는 한편, 자신의 성공과 전반적인 경제 발전을 가장 능동적으로 증진시켰다.

필자는 방 영주권의 행사가, 그것이 영국에서처럼 왕의 수중에 전적으로 집중되어 있건 아니면 프랑스에서처럼 다수 영주에 분산되어 있건간에, 유럽 경제에서 내적 성장의 배후 추진력으로 작용했다고 보려는 경향이 강하다. 사실상 방권의 소유자들 자신이 예전 통치자들의 특권뿐 아니라 그들의 의무까지 떠맡았다. 샤를마뉴 궁정이 한때 부의 집중과 분배의 중추적 진영으로서 수행해 왔던 경제적 역할이, 이제는 각 영주의 궁정에서 행사되었다. 노르망디 공작뿐만 아니라 일-드-프랑스나 마콩 지방의 독립적인 상위 영주들의 경우가 그러하였다. 이들의 궁정들은 일반인 공통의 이익을 위해 교회·보석·환대·무기·말의 형태로, 영주의 선물을 주로 수혜받는 기사 봉신들에게 관대한 증여를 해주는 주요 원천이었다. 이런 궁정들은 상당수에 달하였다. 봉건관계망의 확립에서 비롯된 한 가지 결과는, 이후에 선물과 보답선물의 복합적인 교환이 이루어지는 수백의 회합 장소들이 존재하게 되었다는 점이다. 이같은 권리 이전 자체가 경제를 자극하는 잠재적 요인이었다. 방권의 소유자 거의 모두가 12세기의 어느 단계에서는 참여했던 이교도에 대한 원거리 원정을 제외하면, 이들이 상호간에 분쟁을 중단한 적이 거의 없었다. 또 그런 면에서 이들은 중세초의 왕들과는 상이하였다. 군사적 활동이 얻는 것 이상으로 훨씬 많은 비용을 초래했을지라도 이들은 끊임없이 싸웠으며, 또 이들의 아들들은 토너먼트식 마상시합에 참가하였다. 이러한 활동 모두가 제후의 수중으로부터 현금을 자유로이 유출시켜 이를 소 기사·말 사육자·무기 제조업자, 상당수의 거래인, 그리고 마상시합장 인근의 떠들썩한 정기시에 모인 환대인에게 재분배시켜 주었다. 상황이 완전히 역전되어 이제 재분배가 전쟁의 주요 경제적 기능으로 작용하였다. 군사활동은 귀족의 재원을 불어나게 하기보다는 그 구성원에게 더 많이 지출하도록 유도하였다. 자신의 저택을 모두에게 개방하기 위하여, 영주들은 자신의 권리를 이용하여 예속민층으로부터 취할 수 있는 모든 것을 취하여야 했다. 예컨대 토지를 개간하고 장비를 개선하며 정착자들을 끌어들이는 의도적인 정책에 의해 농업 생산을 팽창하거나, 가능한 한 많은 돈을 획득하여 의식적이건 그렇지 않건 농민환경에 교환 확대를 장려하지 않을 수 없었다. 예전 왕들의 상속자들인 다수 영주의 권한과 수요는 당대 전경제기구의 핵심적 자극 요인이었다.

방 영주들은 어느 누구보다 훨씬 많은 돈을 축적했으면서도 또한 돈이 모자라는 첫번째 사람들이었다. 소규모 토지 영주들간의 대출은 친족과 친구들 사이에서 상호간 주고받는 식으로 교환되었던—— 만성적인 현금 부족을 의미하는 것이 아니라, 이 사회집단 구성원 사이에 일반화된 방식으로서—— 한편, 대영주들의 채무는 계속해서 증가하였다. 수입과 지출간의 불균형은 귀족의 상위층에서 먼저 발생하였다. 유럽 경제사의 결정적 전환점인 1075년경 이 현상은 표면으로 부각되었다.

처음에는 세속귀족들이 귀금속이나 현금을 교회에 제공했었다. 여러 세대에 걸쳐 수집된 교회 귀중품보관소의 물품들은 막대하였고, 또 계속해서 경건한 기증에 의해 축적되었다. 11세기 후반 이래 세습재산을 보호하려는 욕망, 화폐 유통의 활력, 점차적인 부의 이동으로 부자들은 신의 종복들에게 토지를 덜 기증하는 대신 화폐를 보다 많이 증여하게 되었다. 예컨대 생-트롱 수도원에서 한 수사는, 순례자들이 수호성인의 사당 가까이에 주야로 비치해 두었던 주화와 은줄을 수집하는 데 한평생을 다 보냈다. 축조계획과 기근시 빈자에 대한 구호물의 분배, 시토 수도회 수사에게 그들이 기증받은 모든 귀금속을 가능하면 빨리 팔도록 종용한 청빈정신은—— 수도원 경제가 봉착한 어려움은 말할 필요도 없이—— 교회 비축물을 정리하도록 압력을 넣은 유일한 요인들이 아니었다. 교회의 고위 성직자들은 전당포업을 활동적으로 수행하고자 교회의 기금을 널리 사용하였다. 대부에 대한 대가로 종교단체는 빚이 청산될 때까지 담보물 일부에 대한 용익권을 획득하였다. 이 수익이 대출이자에 해당되며, 소유주가 이를 상환할 수 없을 경우 저당물은 결국 영지로 흡수되었다. 이 거래는 분명 상당한 수익을 가져다 줄 수 있었다. 1075년 이후 이런 방식의 거래는 상당 규모에 달하였다. 부용의 고드프루아는 리에주의 주교 오트베르트에게 은 1천3백 마르크와 금 3천 마르크에 달하는 큰 규모의 대부에 대한 담보로서 자신의 자유지를 제공하였다. 이 담보는 상당 규모에 달한 만큼 매력적이었는데, 주교는 성당 내 성 람베르트의 사당을 장식하고 있는 금을 떼내도록 하였다. 귀금속의 양이 충분치 않자, 주교는 수사들의 항의에도 불구하고 교구 내 수도원들에서 보다 많은 귀중품을 약탈하는 데 주저하지 않았다. 저당물은 12세기중에 점차 충분치 않게 되는데, 도덕적인 이유 때문에 그러했던 것은 결코 아니었다. 그레고리우스의 교회개혁이 종교인들 사이에 유포시킨 정신적 요구는, 1163년 교황이 공적으로 비난했던 대출 관행에 대한 유보조건을 강화하였다. 하지만 대규모 종교단체 자체가 재정적 곤경에 처해 있었음을 우리는 또한 알고 있다. 클뤼니의 곤경은 12세기 후반부에 이와 마찬가지로 분수에 넘친 생활을 해왔던 다수의 수도원장과 모든 주교들이 공유했던 곤경이었다. 마인츠의 대주교는 절박할 정도로 금전이 필요하여 재정적 요구를 지나치게 증대시켰으며, 그 결과 예속민들이 1160년에 봉기하여 그를 살해하였다. 대교회 영주들도 세속 영주들만큼 지출에 몰두하였다. 그럼에도 불구하고 경건한 기증에서 금·은과 주화의 비율이 증가하였으며, 그렇기 때문에 이들은 급속히 채무상태에 빠지는 순간을 모면할 수 있었다. 하지만 이들은 대출을 중지할 필요가 있었으며, 속인 영주들은 다른 쪽에서 방도를 마련하여야 했다.

중세초 동안 유대인들은 다소간 일편적으로 귀금속과 현금을 축적해 왔었다. 고리대금업에 대한 교회의 비난은 이들의 관심사가 아니었기 때문에, 이들은 그리스도교인들에게 자신의 축적물을 빌려 줄 수 있었다. 따라서 경제적 도덕성을 표방하는 그리스도교의 입장은 유대인들의 신용대부 전문화를 독려한 셈이었다. 유대인들은 957-970년에 카르카손 백작을, 11세기의 삼사분기에는 쾰른의 대주교를, 그리고 50년 후에는 클뤼니의 피에르 수도원장을 대출에 의해 곤경으로부터 벗어나게 해주었다. 12세기 중엽 이후 프랑스와 영국에서 유대인 공동체의 번영은 뚜렷하였다. 영국의 왕 헨리 2세를 비롯한 수많은 영주들이 이들의 채무자였다. 두 가지 새로운 요인이 이에 작용하였다. 첫번째는 대출을 해주고 수익을 얻는 사람들 중에 세속 영주나 성직자가 아닌, 스스로 사업을 훌륭히 경영해 나간 그리스도교인들이 존재했다는 사실이다. 두번째는 대귀족 가문들의 내적 경제에서 차용의 기능이 변화한 점이다. 차용은 더 이상 일시적 방

편이 아니라 전적으로 정상적인 경영과정으로 여겨졌다. 한 세기가 못 되어 방 영주들의 자그마한 세계는 신용차용의 관행에 익숙해졌다. 이 사실은 신용대부가 경제 성장에 필수적 기여를 했음을 증거해 준다. 영주들이 돈을 차용한 이유는 그들이 획득한 것 이상으로 지출하였고, 11세기 마지막 30년간의 클뤼니 수도원장처럼 돈을 남용했기 때문이었다. 더욱이 영주들의 거처 입구에는 이들에게 돈을 빌려 주어 이자를 얻고자 하는 대부업자들이 자리하고 있었다. 차용자금은 상당 부분 일찍이 영주들의 관대한 기증과 구매가 행했던 것과 동등한 기능을 수행하였다.

3. 지출

12세기에 제후들과 성주들은 지출면에서 클뤼니 수도원과 동일한 상황에 처해 있었다. 클뤼니 수도원의 수사들은 신의 영광을 위해 금전을 사용하였으며, 또한 정착자들을 끌어들이고 지위에 맞게 이들을 다루는 데 돈을 지출하였다. 영주적 생활을 영위하려는 취향과 보통 사람들처럼 옷을 입지 않으려는 욕구로 이들은 상인들과 거래하지 않을 수 없었다. 왕으로부터 일반 성주에 이르기까지, 대영주들 모두는 동일하게 희생과 치장이라는 두 가지 목적으로 자신이 수합한 돈을 쓰거나 차용하였다. 이들 모두는 자신과 자신의 보호하에 있는 사람들의 구원을 위해 신에게 봉사하여야 했다. 따라서 이들은 이전 시기의 왕들처럼 교회에 관대히 증여하곤 하였다. 파리의 노트르담 대성당과 일-드-프랑스의 또 하나의 성당 축조를 보조함에 있어 루이 7세는 샤를마뉴의 업적을 답습하였다. 그리고 성직자회 교회를 세우지 않거나, 그 가계의 구성원들이 자신과 조상을 위해 기도하고 또 매장되는 수도원을 지원하지 않는 방 영주는 지위에 관계 없이 존재하지 않았다. 경건한 기증은 과거와 마찬가지로 지출 목록의 첫번째 자리에 위치하였다. 그럼에도 불구하고 12세기에 기증의 성격이 변화하여, 그것이 금전 기증이나 연금 제공의 형태를 띠었다. 이같이 종교적 헌납행위면에서 혁신적 변화가 생겨났고, 이는 화폐 유통의 점증되는 속도에 의해 촉진된 경제 전반의 발전과정과 그 힘을 같이하였다. 과거에는 신과 그의 종복에 대한 헌납이 단순히 고정자본, 즉 한 영지나 금고의 귀중품이 다른 쪽으로 양도됨으로써 이전되는 형태를 띠었다. 이후에는 기증이 건축물 축조에 기여하건 종교 공동체를 부양하는 쪽으로 기여하건간에, 그것이 직접적인 지불 회계방식으로 이루어졌다. 부를 신에 헌납하는 새로운 방식들 역시도 널리 채택되었다. 우선적으로 원거리 순례자들은 순례 여정 내내 주화의 유통을 촉진시킨 부를 동원하였다. 다음으로 빈자에 대한 관심을 들 수 있다. 궁핍이 일반적이었고, 사회구조가 엄격했던 고대 세계에서는 빈곤이 거의 경제적 중요성을 띠지 않았다. 카롤링거 왕조의 용법에서 pauper(빈곤)라는 어휘는 권위에의 복종을 의미했으며, dives(부유)가 아니라 potens(전능)와 대비되었다. 빈자에 대한 의례적 보조는 예배의식의 일반 절차에서 상징적 동작에 지나지 않았다. 11세기초 프랑스의 경건왕 로베르 2세가 빈자들에게 구호물을 제공했을 때마다, 그는 그리스도의 역할을 대행한 것이었다. 고정된 수의 빈자들이 그를 수행하였다. 이들은 단역을 맡은 연금생활자들이었으며, 그 중 한 명이 사망하면 다른 사람이 신속히 그를 대체하였다. 12세기의 경제적 해빙은 이러한 양상과 상충하였다. 기근시에 샹파뉴 백작 티보의 마음속을 차지했던 빈자는 보다 뚜렷이 경제과정의 희생자로서, 즉 신의 사랑이라는 측면에서 보조받아야 할 사람으로서 부각되었다. 종교 감정상의 이같은 완만한 변화는 복음이 당대인의 마음속에 심어 놓은 새로운 관심의 결과이긴 하나, 물품 유통의 진전 또한 명백히 이를 촉진하였다. 중세초 동안 자신의 곡창을 빈자들에게 열어 놓지 않았던 귀족은 전혀 없었으며, 결과적으로 농촌사회에서 상당한 부의 분배가 이루어졌다. 12세기에 새로운 점은 자선이 제도화되었다는 사실이다. 빈곤은 부자에게 개인적 품행의 건전한 모형으로 제시된 일종의 가치가 되었다. 그리고 보다 많은 사람들이 금전은 수도원이나 주교좌 성당참사회의 전문 합창 대원을 부양하거나 성당을 축조하는 데가 아니라, 빈자와 나누어 갖는 데 쓰여지는 것이 최상이라고 생각하게 되었다. 이런 식으로 현금은 당대 사회의 가장 빈한한 사람들에게 보다 직접적으로 유익하게 사용되었다.

그러나 12세기에 부유해진다는 것은 이전처럼 신뿐만 아니라 친구들에게 무언가를 제공하는 것, 즉 이들을 상당수 초대하여 가능한 한 편안하게 해주고, 또 이들을 화려하게 치장해 주는 것을 의미하였다. 대수도원들과 마찬가지로 방 영주권의 중심지로서의 영주의 궁정은 찾아오는 자 모두에게 일상적으로 환대가 제공되는 장소였다. 영주의 가장 큰 기쁨은 환대를 베푸는 것이었으며, 그의 가장 관대한 선물은 그의 종복뿐만 아니라 영구적 또는 일시적 손님들에게 지구상의 결실물을 분배해 주는 것이었다. 이 궁정은 자신이 육성하고 부양해 온 소비경제의 진정한 종착역이었다. 궁정의 훌륭함은 주로 식탁과 신체, 그리고 정신의 고양을 위한 특이한 장식물의 규모에 따라 측정되었다. 영주는 동부로 여행하는 라틴 기사들이 접하였던 온갖 장식물로 치장하고, 그의 수행원들에게 이를 분배하였다. 따라서 궁정은 새로운 물품들이 보다 광범위한 소비자 집단에 유포되도록 해주는 생생한 대중화 과정의 근원지였다. 이곳은 또한 모두가 자신의 사치를 자랑하는 경쟁의 장소였다. 12세기인들은 경제 성장으로 인해 점차 유행에 민감해지게 되었다. 하지만 이러한 사치의 내용은 엄격히 말해 '외부로부터 구입해 오는 것'——수사들은 수도원 내에서 생산되지 않은 품목을 구입할 때 이 용어를 사용하였다——정도를 의미하였다. 그러므로 귀족적 생활방식의 근저를 이루었던 지속적인 환락의 주인이 되기 위해서는, 원거리의 희귀하고 세련된 물품을 전문적으로 공급해 주는 상인에게 의존할 필요가 있었다.

*

　12세기 유럽 내부에서 상업활동의 발전은, 모험가들이 그리스도교 세계의 경계들에서 자신의 무기를 버리지 않은 채로 전리품을 처분했던 1백년이나 1백50년 전과 정확히 동일한 압력에 의해 자극받은 것은 아니었다. 봉건체제에 의해 성취되고, 대영역 제후령들의 강화에 의해 점차 공고화된 평화 속에서 상업거래는, 농촌 생산의 팽창 결과 지속적으로 증가된 수입과 편리한 생활에 점차 익숙해진 귀족층의 점증적 필요에 대처하기 위해 발전하였다. 하지만 농촌 깊숙이 그 뿌리를 내리고 있던 이같은 발전은, 또한 도시활동의 고조를 야기시켰다. 도시의 성장은 그것이 방영주권의 보다 효율적인 과징에 직접적으로 의존하고 있었기 때문에 가장 대규모 궁정들의 활력과 긴밀히 얽혀 있었다.

　도시라기보다는 상인들이 회합하고 자신의 물품을 저장한 장소였던 소수 교차로를 예외로 하면, 중세초의 보다 큰 규모의 정착지들은 종교적이며 군사적인 두 가지 주요 기능을 충족시키고 있었다. 이 정착지들에는 영지를 관리하는 중심 장원청들, 예컨대 주교·성당참사회·수도원의 중심 장원청, 또는 그리스도교 세계 남반부의 경우 도시에 거주했던 백작의 중심 장원청, 그리고 성채를 방어하는 기사 가문들의 장원청들이 위치하였다. 지배자들은 여기에 자신의 궁정을 마련하였다. 큰 고장의 영지에서 생산된 농산품의 상당 부분이 도시들로 이송되었다. 1000년 이전에 수확물이 매매되는 장소는 주로 도시의 시장이었다. 봉건관계가 확립되면서 왕권이 침해될 때마다 지방 영주——수도원장, 왕을 대리한 백작, 왕의 호의를 입은 주교 등——들은 방권을 행사할 수 있는 권한을 장악하였다. 따라서 도시들은 인근 구역으로부터 갈수록 화폐의 형태로 세금을 징수하고, 이전보다 높은 비율의 잉여 농산물을 끌어들이는 광범위한 관계망의 중추가 되었다. 방권을 장악한 사람들은 개인차에 따라 건물을 축조하거나 ── 가장 중심적인 교회나 세속 건축물의 부지는 점차 도시에 집중되었다 ── 혹은 이웃에 환대를 제공하는 데 수익을 사용할 수 있었다. 이같은 지출은 지금까지는 도시의 기능 중 중요하지 않은 것으로 간주되었던 경제적 기능의 비중을 확대시켰다. 성장 자체가 성채와 종교단체 건물들을 끼고 있는 밀집지역과 연결된 구역의 팽창을 생기시켰다. 이것들은 항시 부르고스라 불리었다. 부르고스들은 시장이나 항구, 또는 어느 정도 개선된 운송수단들로 향하는 가장 분주한 도로들을 따라 확대되었다. 예컨대 프랑스 도시들에서 다량의 석조 다리 축조가 11세기말경에 행해졌다. 도시의 영주가 강력하고 부유할 때 성장은 더욱 빨랐다. 가장 번창한 도시들은 대제후들이 장기간 체류하곤 했던 툴루즈와 아를·앙제·오를레앙·파리·윈체스터, 그리고 마인츠 등지였다. 빈의 융성은 하인리히 2세 야조미르고트 변경백이 이 도시를 자신의 영구적 거주지로 선택했던 12세기 후반부에 시작되었다. 영주권과 도시 활력과의 관계는 명백하였다. 활동적인 궁정이 시골에 거점을 정하게 되면, 그곳에서 도시 정착지가 신속히 조성되었다. 클뤼니 수도원의 경우 부르고스가 1000년 이전 그 입구에 형성되었다. 12세기말경 이 부르고스는 규모와 씀씀이가 큰 수도원의 가내경제와 긴밀히 연관된 것으로 보이는 2천 명 정도의 주민들을 포괄할 수 있었다. 알자스 지방에서 아그노는 1164년 붉은수염왕 프리드리히 1세가 여기에 궁정을 세운 조금 후에 작은 도시가 되었다.

부르고스의 원래 기능은 수공업과 거래에 의해 영주의 궁정에 물품을 제공하는 것이었다. 수공업 작업은 기원상 전적으로 가내적이었던 것으로 보인다. 수공업 작업장은 화덕·제철소·무두질 공장·직물기 등의 장원 편의시설의 부산물 형태로서 발전하였다. 이들 작업장들은 차츰 자신들의 생산품 일부를 외부 고객들에게 제공하였다. 11세기말경 마콩의 다리 접근로에서 화덕 제조업자가 주교의 가솔에게 처음으로 자신의 물품을 공급하였다. 그는 또한 여행자들에게 빵을 팔았고, 도로가 분주해짐에 따라 그의 사업은 성장했으며, 결과적으로 그는 경제적 독립을 이루었다. 당대

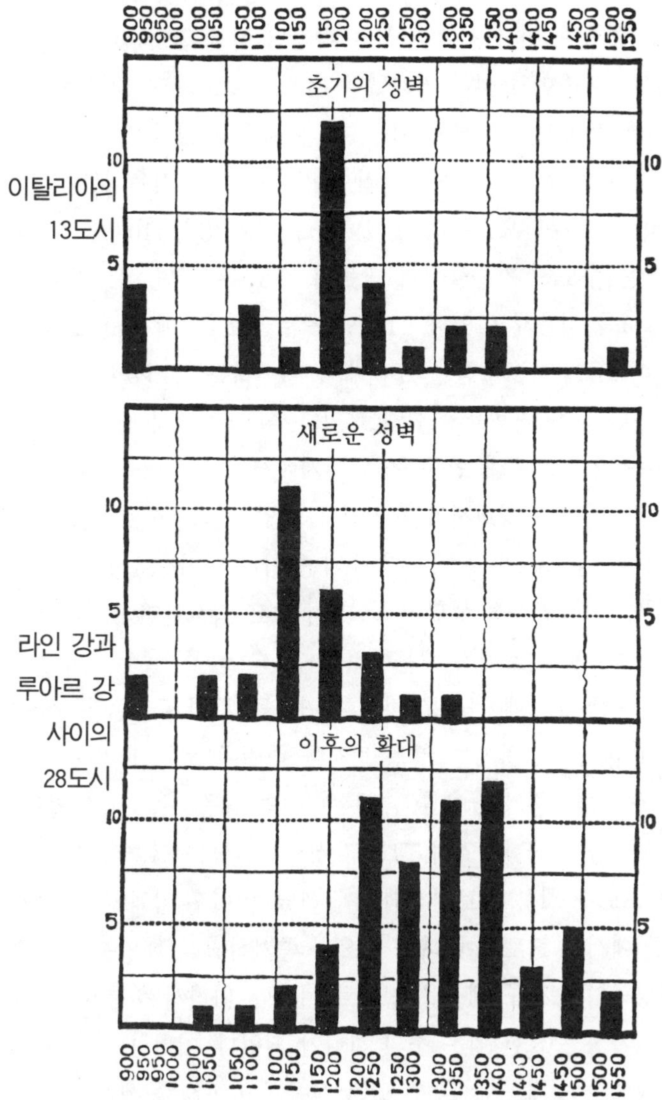

출전: R. Lopez: *Naissance de l'Europe*, 1963, A. Colin, collection ⟨Destins du Monde⟩.

의 통과세 목록이 보여 주듯이, 11세기초에는 이미 도시 수공업 작업장들이 뚜렷이 부각되고 있었다. 아라스의 한 통과세 목록은 특히 식료품을 언급하고 있으며, 이 도시에서 사업 확장의 길을 열어 놓은 것은 우선 빵 제조업자나 푸주한의 식품 거래였던 것으로 보인다. 이 기록은 또한 시장 노점상들이 판매하는 양모와 귀금속을 언급하고 있다. 그럼에도 불구하고 도시 수공업 역사에서 신속한 성장 국면이 전개된 것은, 분명 경작자들이 영주제적 가내 부담으로부터 벗어나는 12세기였다. 1109년 프리츨라르의 수도원장은 수도원 가솔들에게 그들의 제조품이라면 어느것이나 시장에 팔 수 있도록 허용해 주었다. 1170년 스트라스부르에서 공표된 규정들은, 자신의 손으로 만든 물품을 도시에서 판매하는 "교회의 가솔은 세금을 물지 않는다"라는 내용을 포함하고 있다. 이 단계에서 빵과 육류·철·가죽 거래는 12세기 내내 인근 농촌 세계에서 물질문명의 진보에 의해 확대된 지방시장을 활성화시키는 역할을 하였다. 다음으로 멀리 떨어진 부유한 고객을 상대로 하는 직인의 수가 증가하기 시작했다. 왜냐하면 이들은 사치품, 특히 귀족적 생활의 두 가지 주요 장식물인 포도주와 고급 직물을 전문적으로 제조했기 때문이었다.

중세초 이래 도시에 근거를 마련한 귀족들, 특히 주교들은 기후가 포도 재배에 아주 부적절하지는 않은 도시들 주변에 포도원 지대를 조성하였다. 영주 수입의 증가와 제후적 생활방식의 대중화는 전 귀족층 사이에 포도주 사용을 정규화하였다. 그리고 상인단체들은 그들의 주기적 술잔치를 통해 포도주 취향이 보편화되도록 하였다. 이후 양적인 면뿐만 아니라 질적인 면에서도 포도주에 대한 수요가 증가하였다. 대영주들은 손님들에 대한 최상품의 포도주 제공을 명예로 여겼다. 따라서 주류 관리직은 카페 왕조에서 가장 중요한 임무 중의 하나가 되었다. 이러한 필요에 부응하기 위해 대량으로 쉽게 수출될 수 있는 상품질의 포도주 생산 최적합지들에 포도밭이 널리 조성되었다. 이들 지역은 센 강 중류와 우아즈 강·루아르 강·라인 강·라 로셸 강 주변의 대서양 해변들에 위치하였다. 포도주 생산의 확대는 12세기 농촌 성장의 활력적인 면모를 나타내 준다. 영주들 자신이 앞장서 허용하였던 가장 탁월한 투자 중의 하나는 포도밭을 조성하고 개선하는 일이었다. 이들은 주로 자신의 식탁의 명성을 고려하였지만, 더불어 잉여 생산물의 판매가 가져다 주는 이익을 염두에 두었다. 이들은 금전과 토지의 희생을 주저하지 않아 새로이 개간된 포도밭의 몫 절반을 개척적인 포도 재배자들에게 제공함으로써, 소농 자산가의 수를 증가시켰다. 그렇지만 포도 재배는 그것이 지속적인 관심과 순수한 수작업을 필요로 하고, 같은 땅뙈기에 영구적으로 투여되는 인간노동력의 정도에 따라 품질이 향상되는 만큼, 여타 경작과는 상이하였음을 반드시 강조할 필요가 있다. 그것은 도시와 긴밀한 연관을 맺고 있는 진정한 직인들과 연관되어 있다. 랑·마인츠·파리·오를레앙, 보다 후기에는 오세르·페리에르-앙-가티네와 같은 다수의 소규모 수도원 고장 주변 등 어디에서나 포도 재배가 서서히 팽창해 간 곳은 도시 외곽이었다. 포도 재배지는 도시에 매우 근접해 있어 도시를 확대하기 위해서는 포도 줄기를 뿌리 뽑고, 좀더 원거리에 새로이 포도를 재배할 필요가 있었다. 포도 재배자는 도시민, 1000년경에 사용된 개념으로는 부르주아였다. 그는 여기에 가옥을 짓고 포도주를 만드는 데 각고의 노력을 기울였으며, 자신의 수확물을 처분하기 위해 스스로 운반해 와 거래하여 돈을 획득하였다. 이런 점에서 그는 곡물 생산자와 상이하였으며, 오히려 의류상인이나 직물 제조업자와 보다 유사하였다.

특이한 색깔로 염색되고 마치 동방에서 가져온 고급 의복처럼 곱게 짜여진 양모는, 출신이 고귀한 사람을 일반인과 구분시켜 주는 또 하나의 표식이었다. 11세기에는 일반의 소규모 농촌 부르고스들에서 직물 제조자들이 존재하였지만, 이들의 제품은 일반 포도밭 생산물과 마찬가지로 대영주들과 그들의 수행원을 만족시킬 수 없었으며, 최상품에 대한 열망은 일부 작업장들의 점진적인 전문화를 촉발하였다. 1070년경 북프랑스에서 작성된 저술인 《양모와 리넨간의 대립》이 상당한 반향을 일으켜 작업장들이 지방화되도록 하는 데 일조하였다. 이 저술에는 라인란트와 슈바벤 지방으로부터 검붉은색으로 염색된 의복들이 들어왔지만, 그것들이 최상품은 아니었다고 언급되어 있다. "영주 —— 방 영주권의 소유자를 지칭하는 말로서의 dominus —— 의 마음을 매혹시킨 의복을 보낸 사람들은 플랑드르인, 바로 당신들이다." 플랑드르의 옷은 초록이나 회색 또는 진파랑색이며, 항시 궁정과 연관된 것은 아니지만 플랑드르 백작령 안 또는 주변의 옛 포르투스 —— 그 기능이 출발시부터 거의 순수히 경제적이었던 —— 를 근거로 삼은 영역 내의 중심 작업장들에서 제조되었다. 이것들은 파리 분지나 대서양 해안의 대규모 포도밭들처럼 전적으로 수출 지향적이었다. 1100년경 핀란드 만 너머에 위치한 노브고로트의 상인단체에 참여하기 위해서는, 이프르에서 만든 의복을 공급하는 일이 필수적이었다. 이 도시는 이후 50년간 이상 존속하지 못하였다.

11세기 중엽 한 중대한 개선이 플랑드르의 양모 제조에 영향을 미쳤다. 그리고 이 점에 관한 가장 확실한 문서, 즉 트루아 출신의 한 랍비가 《탈무드》에 대해 주석한 바를 믿는다면, 샹파뉴에서도 또한 그러하였다. 기술의 전체 역사와 마찬가지로 이 변화는 연구자들의 명민함으로도 결코 밝혀낼 수 없는 극히 모호한 상황에서 전개되었지만, 우리는 적어도 그 기원을 가정해 볼 수는 있다. 수직 베틀은 9세기의 장원 명세장들에서 언급된 모든 규방들에 비치되어 있었다. 또한 그것은 샤를마뉴와 머시아 왕 간의 주협약 대상이었던 빵과 망토(pallia),[27] 그리고 이른바 프리지아산 소매 없는 외투를 공급했던 노예 출신 보유농의 헛간에서 사용된 여성의 도구였다. 수직 베틀은 발판으로 구르는 수평 베틀에 의해 대체되었으며, 이로부터 좁지만 훨씬 긴 직물이 생산되었다 —— 새로운 피륙(panni; 길이가 긴 피륙)의 보통 길이는 15-20미터였던 반면, 옛 피륙의 길이는 3미터를 넘지 않았다. 수평 베틀은 오랫동안 명성이 있었지만, 그것은 새로

---

27) 조직의 폭이 넓고 짧은 피륙 또는 피륙의 단위, 혹은 망토를 의미하기도 한다.

이 개조되어 두 사람이 함께 작업하면 길면서도 폭이 넓은 고급 직물을 생산할 수 있었다. 이후 그것은 쟁기처럼 남자의 전문적인 도구, 즉 팽창을 위한 도구가 되었다. 새로운 베틀의 주요한 이점은 3배, 심지어는 5배까지 노동 생산성을 증가시킨 점이다. 뿐만 아니라 이 베틀에 의한 생산물은 또한 과거의 것보다 장식과 벽포(壁布)면에서 전통적 유행에 훨씬 더 잘 들어맞았고, 조폐소에서 찍어낸 주화처럼 균질하였다. 즉 대량성과 균질성면에서 탁월하였다. 새로운 의복의 생산은 전적으로 상업의 필요에 부응한 것이었다. 그러면서도 신상품은 여전히 고품질의 것이어야 하였다. 이런 이유로 직물기의 개선은 타공정의 개선과 긴밀히 연관되어 있었다. 천이 보다 두껍고 부드러우며 촘촘히 되도록 의복이 축융될 필요가 있었으며, 그 결과 축융 물레가 직물기와 동시에 그리고 그것과 보조를 같이하여 널리 사용되었다. 또한 매일매일 제조되는 물품으로부터 특유의 잿빛 색깔을 제거하기 위해 직물은 염색되어야 했다. 세심한 주의를 요했던 마무리 공정은 다른 전문가들에게 하청되었다. 그 결과 11세기 후반 유럽에서 수공업은 처음으로 복합적 공정으로 구성되는 형태를 갖추어, 고급 직물은 여러 공정을 거쳐 제조되었다. 이같은 재조정은 반드시 필요하였다. 그리스도교 세계의 한 끝에서 다른 끝에 이르기까지 가장 부유하고 까다로운 소비자들 사이에서 인지되고 있었듯이, 제품가치는 이같은 여러 공정의 협력에 의존하였다. 이같은 노동력 분할은 세밀한 조직과 집단적 훈련을 필요로 하였다. 직물공·축융공·염색공 모두가 생산품의 명성과 균질성을 보증해 주는 규정들을 존중해야 하는 진정한 공동체 속에서 협력하여야 했다. 도시들만이 이같은 필수적 체계를 제공해 줄 수 있었다. 영주가 지나칠 정도로 과중하게 압력을 행사하지 않고 원거리 무역 모험가들이 이미 자리잡고 있었던 플랑드르와 아르투아 지방에서, 내지 수로교통의 교차지점에서 형성되었던 도시들만이 이를 가능케 하였다. 성공의 열쇠는 상인의 수중에 있었다.

*

　대부분의 직인들이 작업장이나 시장 등의 장소에서 지방 출신의 소비자들에게 판매하였다면, 상품질 포도주 생산자와 고급 직물 제조업자는 중개인을 매개로 하여 자신의 고객과 접촉하였다. 원거리 무역의 전문 상인들은 직인과 마찬가지로 귀족의 가솔에서 유래하고 있었다. 이들의 기능은 주로 향료처럼 아주 멀리에서 가져온 일부 품목을 포함하여 외래품을 영주의 궁정에 제공하는 일이었다. 또한 이들은 위 물품들을 찾아나서고, 장원의 직영지에서 나온 잉여 생산물을 화폐로 교환하여 제공하였다. 팽창하는 소비경제가 상인들로 하여금 자신의 영주보다는 타인들에게 자신의 제품을 과시할 수 있도록 해줌에 따라, 숙련공의 수공업과 마찬가지로 상업의 기능이 점차 가내적 성격에서 벗어나게 되었다. 그렇지만 무역은 과거의 전쟁이 그러했던 것처럼 위험하지만 유익한 모험으로 남아 있었다. 이웃 부족을 약탈하려는 전사집단들이 과거 그러했던 것처럼, 동일 도시에 확립된 상인들은 확고히 연합된 집단을 형성하였다. 그들은 원정 기간 동안 '형제단(fraternité)'을 구성하였다. 그것의 주요 특징들이 11세기부터 나타나고 있는 발랑시엔 지방 형제단의 헌장들은, 육지와 바다에서 가해지는 계속된 위험에 대해 언급하고 있다. 이 헌장들은 무기에 대해 언급하고 있고, 상인 대상이 도시를 떠난 후에는 아무도 이 무리를 이탈하지 못하도록 명하고 있다. 또한 여행 동안 상호간 원조를 제공할 것과, 3일이면 해당 도시에 닿을 수 있는 거리 내에서 사망한 동료의 시신을 귀환시킬 것을 규정하였다. 이런 활동이 훨씬 신속히 돈을 축적하게 해주었지만 그것은 강인함과 대담성을 요했으며, 보다 단호한 사람이 약자로부터 더 많은 것을 취할 수 있었다. 12세기 전반에 이 상인들이 한 사회집단을 구성하여, 리베레즈의 게로나 가경자 피에르와 같은 교회 지성인들이 이들을 전통적인 세 신분에 부가된 특별한 신분으로 분류하였을 정도였다.

　도시들에서 전문 수공업과 상업활동이 영주의 궁정에서 비롯된 것과 마찬가지로 도시민, 즉 부르주아는 영주가 보호하고 자기 뜻대로 이용하며 인신적 지배하에 두었던 사람들 중 영주 가솔에 그 뿌리를 두고 있었다. 유대인들이 바로 이에 속하였다. 예전에는 왕의 보호하에 있었던 이들 공동체는, 이제는 방 영주의 보호하에 놓였다. 방 영주는 이들로부터 특별세를 징수하였고——이들이 여전히 동방의 상품을 교역하고 있었기 때문에 영주는 빈번히 지대로서 향료를 취하였다——더불어 이들이 고리대금으로 번 돈을 온갖 수단을 다해 거두어들였다. 11세기에 여전히 미니스테리알레스 신분으로 있었던 직인과 상인들의 지위 또한 실질적으로 그러하였다. 이들은 도시 공동체의 중추를 구성했으며, 그 구성원권을 얻고자 하는 외부인은 우선 도시의 영주에 스스로를 탁신하여야, 즉 그의 보호하에 들어가야 하였다. 각 도시는 그것이 행한 기능보다는 여기에 새로이 참여한 주민들로 인해 궁정이나 영주 가솔의 부속기관의 모습을 띠고 있었다. 그렇다 할지라도 생활 수준이 모든 방면에서 향상되어 간 사회에서 도시민의 활력적인 경제활동, 전문 수공업과 상업교환이 행한 역할로 인해 도시들은 사람들로 붐비게 되었다. 도시는 타지역이 아닌 바로 이곳에서 보다 쉽게 고용처를 구하고 생활을 영위하고자 했던 이주민들을 끌어들였다. 여행으로 온몸이 먼지로 뒤덮여 일반적으로 '먼지 낀 사람들'이라 불리었던 이주 정착민들의 경우 원거리에서 온 사람들이었는데, 이들은 11세기 후반 마콩의 키비타스에 정착하여 그들의 보호자로서 주교나 백작을 자유로이 선택할 수 있었다. 그렇지만 뿌리도 아무런 관계도 갖지 않은 이 모험가들은 새로이 이주해 온 사람들 중 바로 이웃에서 온 사람들에 비해 그 수가 훨씬 적었다. 도시들은 반경 20킬로미터 이내로부터 새로운 주민의 다수를 끌어들였다. 따라서 도시민들은 가족관계와 여전히 자기 소유물로 남아 있는 토지에 대한 권리와, 농촌 영주가 자신들에게 행사한 권위에 의해 원래의 마을과 연고를 계속해서 유지하고 있었다. 12세기에 조성된 농촌 활기는 두 가지 면에서 도시의 성장을 촉진하였다. 하나는 영주의 과세에 의해 농촌의 잉여 생산물을 도시로 향하게 한 것이며, 다른 하나는 토지의 정복으로도 재흡수할 수 없었던 과다 인구를 부양하는 일이었다. 더욱이 도시들은 부유해졌다. 주민들이 내는 세금의 비율이 생산량에 비례했던 링컨 부르고스의 농장은 세금액이 1066년의 30파운드에서 1086년에는 1백 리브르, 1130년에는 1백40리브르, 그리고 12세기말에는 1백80리브르로 증가하였다. 도시의 새로운 외곽구역을 포괄하고 도시민의 부를 보호해 주는 새로운 성벽의 축조는 이같은 성장에서 결정적 단계였으며, 그 축조연대를 보다 확실히 측정할 수 있는 경우가 많다. 알프스 이북에서 이 단계는 이탈리아의 경우보다 확실히 뒤늦었다. 프랑스와 독일에서 12세기 마지막 30년간에 성벽이 빈번히 축조된 사실은, 이 시기가 가장 집중적인 성장 국면이었음을 알려 주고 있다.

이주민의 유입과 점차적인 번영은 주민의 가솔에의 의존을 완화시켜 주었다. 부르고스에 거주하는 미니스테리알레스는 법적·경제적 지위면에서 농촌의 미니스테리알레스와 다를 바 없었다. 마을의 장원 관리인과 마찬가지로 신선한 물의 공급을 책임진 일부 사람들은 사회적으로 상향 유동하였다. 특히 화폐가 보다 활발히 유통된 도시들은, 어느 지역보다 사회적 유동에 유리했기 때문에 이들은 더욱 신속히 상향 유동하였다. 일부 도시민들은 대영주들의 주요 관리들처럼 기사계급으로 상승할 수 있기까지 하였다. 11세기초의 문서들은 일반의 도시민들과 '최상의 시민들'(optimi civitatis, primores, meliores로 불리는)을 구분하였다. 이들 '최상의 시민들' 모두는 상인들이었다. 이들은 행운을 획득한 이후 스스로를 영주의 가솔로부터 분리시키고자 하였다. 자신의 성공이 행동의 자유에 긴밀히 의존하고 있는 사람들에게 있어, 종속은 그것이 담고 있는 법적 의무와 영주가 요구할 수 있는 자의적이고 규정되지 않은 요구 부담들 때문에 매우 불편하였다. 상인들은 영주의 예견하지 못한 요구에서 오는 공포감 없이, 자신의 자본과 시간·운반수단을 스스로 처분할 수 있기를 원하였다. 다른 한편 영주가 강력한 인물일 경우 그의 가솔로 속함으로써 오히려 뚜렷한 혜택을 얻을 수 있었다. 이런 혜택 중의 하나는 효과적인 보호였다. 예컨대 상인 대상이 통과세를 과다 요구하는 징수자를 접하게 될 때, 상인들의 영주는 자신의 사람들을 보호해 주었다. 그 이상의 특권은 과세 회피였다. 11세기에 아라스의 자유로운 상인들은 서둘러 통과세를 지불하지 않는 생-바스 수도원의 가솔에 소속되기를 원했다. 그리고 통과세 과징을 책임진 백작은, 자신의 수익을 손실하지 않기 위해 종속을 향한 이들의 돌진을 막고자 무진 애를 써야 하였다. 상인들이 원한 것은 그러한 종속이 가져다 주는 혜택을 포기하지 않은 채 자신의 자유를 보장하고 유지하는 일이었다. 이 목적을 위해 이들은 단체를 구성하였다. 우선 기사사회에서 효력이 뚜렷이 증명된 바 있는 자연적인 보호관계인 친족간의 유대를 공고히 하였다. 12세기초 도시귀족이 소수 대가문의 연합형태로 출현하였으며, 각 가문의 가솔들은 각 가문의 저택과 재산 주변으로 집결하였고, 또한 그 가솔 모두가 공통의 성명── 가문명──으로 불리었다. 길드, 동료들간의 서약단체, 모험적 거래를 행하는 상인 대상들의 단체는 또 하나의 피난처였다. 예컨대 고대의 음주의식에 의해 결합된 생-토메르의 길드는 매년 이틀씩 회합하였다. 이 길드의 결속력은 친족간, 혹은 가장 강력한 후원자의 가솔간의 유대와 마찬가지로 엄하고 단단하였다.

(몇십 년 전에 맺어진 구두약속을 재확인한 1188년 에르-쉬르-라-리스에서 작성된 조합헌장은 다음과 같은 내용을 포함하고 있다.) 도시의 서약단체에 참여한 모든 사람은 충성 서약과 맹세에 의해 다른 성원을 자신의 형제로서 도와야 한다……. 만약 누군가의 집이 불타거나 또 그가 포로로 잡힐 경우, 그의 동료들 각자는 피폐된 친구를 돕기 위해 자

---

28) *Ordonnances des rois de France*, t. XII, p.563-564.

신의 몫 일부를 떼내어 그의 몸값으로 제공하여야 했다.[28]

서약단체에 바탕을 둔 이같은 연대성은 사업 세계에서 널리 나타나고 있었다. 생-토메르에서 할인이 이루어져 구입자가 동의된 가격에 물품을 살 경우, 길드의 모든 구성원이 동일한 가격에 문제의 물품들 일부를 구입할 수 있었다. 이러한 조합은 조직된 집단이었다. 도시의 영주로부터 미니스테리알레스 계급이 획득했던 것과 유사한 특권을 획득하기 위해, 도시민 사회의 엘리트들이 벌인 주요 투쟁의 성과는 조합의 어깨에 달려 있었다.

가장 부유한 도시민들이 주로 대항해 싸운 대상은 인신 영주권이었다. 이들은 자유를 원했고, 1074년 쾰른에서 발생한 소요의 기원은 이러한 근본적 요구의 절박함을 보여 준다. 대주교는 한 부유한 상인의 보트가 영주 가솔의 필요를 위한 가내 용도로서 대주교의 미니스테리알레스들 사이에서 쓰이도록 하역을 명령하였다. 상인과 그의 아들은 자유민이 되기를 요구하였다. 달리 말해, 그들은 더 이상 미니스테리알레스로서 간주되기를 원치 않았다. 그들은 길드에 속하였다. 그들은 그들의 동료 구성원들의 도움을 요청했으며, 6백 명의 상인들이 자의적 영주권의 남용에 반대하여 도움을 얻고자 왕궁으로 향하였다. 개간에 의해 조성된 새로운 경지와 마찬가지로 도시영역은 이처럼 특권화되어 가는 경향이 있었다. 여기서는 관습이 일반적으로 1년으로 정하고 있는 수습 기간이 지나면 예속의 멍에가 완전히 풀린다.

또한 토지 영주권에 대항한 투쟁도 전개되었다. 도시 내의 토지치고 영주에 속하지 않는 것이 없었다. 최근까지도 이 땅들은 포도밭·채원, 또는 일반의 곡물 경지로서 경작되어 왔었다. 새로이 조성된 땅들은 여전히 공조와 현물지대, 심지어는 부역의 부담까지 지고 있었다. 여전히 보유농 신분이었던 상당수 시민들은 더 이상 농민이 아니었다. 이들은 이들로부터 포도주와 곡식, 또는 용역을 요구하는 토지 영주들과 씨름하는 데 상당 시간을 보냈다. '최상의 시민들,' 즉 가장 부유한 자를 따라 함께 단합할 경우 이들은 새로운 특권을 확보하였다. 때로 아라스에서처럼 모든 지대가 도시 공동체에 의해 회복되기도 하였다. 보다 일반적으로 예전의 영주들과 타협점에 이른 것은 부유한 자들이었다. 이들은 거래에 의해 획득한 현금을 토지에 투자함으로써, 도시거점 내에 조성된 보유지들을 구입하여 과거의 토지 보유에 따른 부담으로부터 스스로를 해방하였다. 이들은 또한 정착중인 보유농에게 화폐지대를 요구하였다. 이런 상황이 헨트의 경우 1038-1120년에 발생하였다.

마지막으로 도시민들은 방 영주권의 압력으로부터 벗어나, 영주의 미니스테리알레스로 있으면서 혜택을 입었던 상인들과 동일한 특권이나 면제를 확보하려고 노력하였다. 이들은 사업에 매우 유해한 과징금의 폐지와 통과세 완화, 그리고 영주에게 유보된 상업 독점권의 철폐를 요구하였다. 정도의 차이는 있었지만, 마지못해 영주들은 상인 길드를 모형삼아 도시민을 투쟁 협력자로 끌어들였던 '코뮌(commune; 중세의 자치 도시)'이나 서약단체와 협상을 벌였다. 이들 연합 정착지들 대부분이 알려져 있지 않다. 이탈리아와 북해 연안의 선구적인 도시 부활지역으로부터 얻을 수 있는 일부 사료들은, 유럽을 관통해 점차적으로 펼쳐졌던 코뮌운동의 예외적이고도 비극적인 특징들만을 주로 보존하고 있다. 10세기부터 위 지역들에서 가장 발전적이고 활동적인 화폐경제가 이루어졌다. 종종 격렬한 분쟁을 동원하지 않고 점진적인 협상, 관습의 꾸준한 보완에 의해 방 영주권은 도시경제의 요구에 부응하는 방향으로 적용되었다.

수탈은 종식되지 않았다. 이미 도시구역에 거처를 정했던 경작자들과, 여기에 정착하기 위해 도착한 상당수의 사람들은 두 가지 측면에서 경제적 통제를 받고 있었다. 우선 이들은 도시 당국의 새로운 통제하에 놓였다. 코뮌이 영주에 의해 인정받았건 그렇지 않건간에 영주는 주민들의 공동체에 자신의 특권 일부를 양도하여야 했다. 사법권 일부를 부여하고, 특히 성채를 축조하거나 보수하는 경우 도시 자체의 재원 보유를 인정하며, 결과적으로 세금 징수권을 포기하여야 했다. 이런 식으로 도시 공동체에 양도된 권력은 시 행정관들(échevins)에 의해 행사되었다. 광범위하게 말해 시 행정관직은 전적으로 '최상의 시민들,' 즉 자유를 위해 투쟁을 벌이고 자신의 가족이나 전문 협력자들과의 관계를 통해 자신의 권한을 확대해 간 사람들에 의해 차지되었다. 코뮌의 지도자들, 예컨대 1118년 바젤에서 '고귀한 시민들(nobiliores civium)'로 언급된 시 행정관들은 미니스테리알레스의 상위층에서 유래하였다. 이들은 부유해진 상인들이거나 영주의 수행기사였다. 군사귀족이 도시 행정에 참여하는 관행은 미디 지방의 도시들에만 독특한 것이 아니었다. 아라스의 시 행정관들과 마찬가지로 랑의 기사들은 12세기초 이 도시에서 주도적 역할을 행하였고, 친족관계와 혼인·상호 우호관계 등의 다양한 관계를 통해 순수한 도시민 혈통과 결합되었다. 이들 부유한 자들은 적어도 도시의 땅 일부분을 소유하였고, 그 주민들을 자신들의 보유농으로 두었다. 그리고 이들은 영주가 도시에 유리하게 양도했던 사법적·행정적·재정적 권한을 장악하였다. 이들이 공동체의 이름으로 부과한 벌금과 과징한 세금으로부터 나온 수익은 공동의 이익을 위해 사용되었다. 하지만 시 행정관들은 자신들에게 위탁된 기금을 사금고화하고, 이들이 제정할 권한을 갖고 있는 경제 규정들을 스스로에 이롭게 변형시키려는 내재된 경향을 품고 있었다. 이들은 정치적 정복과 도시 활력에 따른 결실의 진정한 수혜자였다. 따라서 시민 공동체를 두 계급으로 나누기 시작했으며, 이 중 지배계급은 원래 미니스테리알레스 출신이었고, 또 이들 사이에 깊이 뿌리 내리고 있었기 때문에 영주의 궁정과 긴밀한 관계를 유지하였다. 아직은 안정된 가족 전통에 바탕을 둔 거래와 귀족적 생활방식을 모방한 관습에 항시 적극 참여하고자 한 도시귀족들은, 1165년 조스트의 '최상의 시민들'에 대해 언급된 바와 같이 "자신의 권위로 도시를 관장하고, 자신의 수중에 상급 재판권과 재산권을 확보했던" 집단이었다. 이들은 사실상 방 영주권의 하부 권리를 신속히 장악하였다. 이들은 영주나 영주의 미니스테리알레스가 과

거에 그랬던 것보다는 덜 공개적으로 이 권리들을 이용하였으나, 그럼에
도 불구하고 12세기 후반 도시경제에 대한 장악권을 강화하는 방식으로
매우 효율적으로 이를 이용하였다.

　방 영주권에 포함된 권리의 대부분은 그것의 수익과 더불어 여전히 영
주의 수중에 남아 있었다. 미경작지의 영주들이 권리의 감소를 무릅쓰고
대신 정규화된 자신의 재정적 권한에 의해 생산을 증대시키고자 —— 이
주민들에게 자신의 일부 특권을 포기하기로 한 것과 똑같이 —— 도시 영
주들 또한 자신의 수입을 현저히 증가시키겠다는 낙관적인 희망으로 자
신의 권리의 일부를 희생하고자 하였다. 이들은 자신들이 상인 길드뿐만
아니라 수공업 길드에 부여한 독점권과, 또 이웃 도시의 영주들로부터 양
길드를 위해 얻어 준 혜택에 의해 양 길드에 대한 통제권을 유지하였다.
이같은 독점과 혜택은 부유한 상인들에게 매우 유리했기 때문에, 후자는
대출 요구에 흔쾌히 응하였다. 도시 영주는 다음과 같은 요건들로 인해
농촌 영주보다 훨씬 많은 현금을 제공받고 있었다. 우선 타유세와 병참세
는 비율은 고정되었지만 과거보다 정규적으로 징수되고, 나아가 종속화된
이주민이 증가한 관계로 매우 유익했다. 또한 시장에서 이동되는 상품과
주화에 과징되는 세금, 영주들이 계속해서 보유해 왔던 상급 재판권, 나
아가 이들이 유대 공동체와 '이주 정주민'에게 보장해 주었던 보호 ——
이들은 외부인으로서 보호의 대가를 값비싸게 지불하곤 하였다 —— 등이
이에 포함된다. 도시 공동체에 부여된 특권과 세금 경감의 정도가 어떠했
든간에, 12세기의 가장 강력한 영주권은 도시에 대한 권위를 행사하는 영
주권이었다. 이 영주권을 행사한 사람들이 또한 가장 번창하였다. 이 사
실은 플랑드르의 백작과 작센의 사자공 하인리히 3세, 슈바벤의 체링겐
등, 제후들이 새로운 도시를 설립하는 데 보인 열의를 설명해 준다. 제후
들은 토지 개간 모험가들과 동일한 목적을 추구하였다. 즉 전반적인 성장
의 움직임을 자신에게 유리한 방향으로 전환시키고, 자신의 영지에 방어
거점을 세우며, 새로운 예속민을 더불어 징모하거나 이들로부터 보다 많

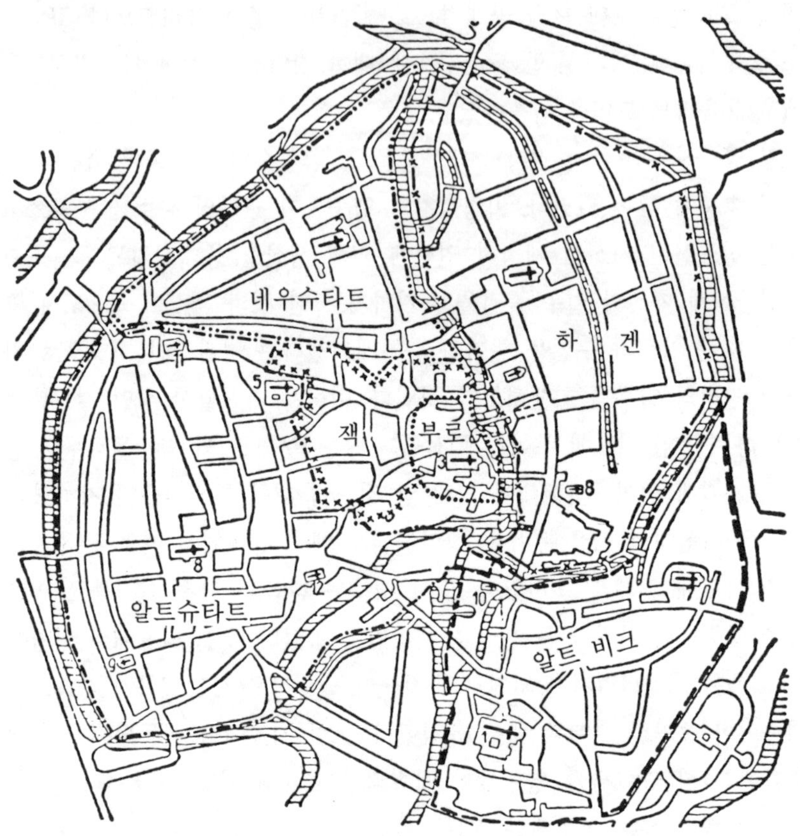

브라운 슈바이크: 1)1115년의 장크트-길레스 2)1150년경의 장크트-안드레아스
3)1030년경의 장크트-블라지우스 성당 4)1031년경의 장크트-마그누스
5)1180-1190년의 장크트-마르틴 6)1150년경의 장크트-미하엘
7)11세기말경의 장크트-니콜라스 8)1150년 이후의 장크트-페터
9)1038년 이전의 장크트-울리히

10세기의 부르크 단크바르데로데………; 1031년 이전의 알트 비크——;
1100년 이후의 알트슈타트 —·—·—·: 1160년경의 하겐×—×—×:
12세기말의 네우슈타트···——···: 1300년의 잭 ×××: 1269년 도시로 재결합.

(출전: *Die deutsche Stadt im Mittelalter*, Graz, Köln, 1954, 215.)

출전: Planitz, *Die deutsche Stadt im Mittelater*, Graz, Köln, 1954,
p.215.

314 전사와농민

은 것을 취하겠다는 기대하에 이들이 부유토록 해주었다. 그리고 만약 시민들이 이같은 수취를 관용하고, 도시귀족들이 자치권 주장을 한도 이상으로 밀고 나가지 않았다면, 이는 각 도시의 영주가 평화의 보장자이며 평화는 사업의 번영에 불가피했기 때문이었다.

길드나 우애집단이 행한 서약은 평화의 서약이었다. 에르-쉬르-라-리스에서처럼 이 서약들은 '분쟁 장소에 와서 온 마음을 다하여 지지해 주고,' 분쟁 당사자들을 끝까지 추적하며 난투의 가능성이 매우 높은 도시의 시장과 그 접근로에서 엄한 질서를 유지할 의무를 담고 있다. 사실 위 서약들은 신의 평화운동에서 행해진 집단서약과 형태 및 목적면에서 동일하였다. 하지만 서약단체들은 단지 임시방편적 도구에 불과하였다. 왕으로부터 악행자들을 추적하여 징벌할 권리와 정의, 즉 부의 동등한 분배를 구현할 의무를 상속받았고, 또한 의심의 여지없이 12세기에 풍요를 초래하는 마술적 힘의 주관자로 간주되고 있었던 방 영주―― 이전 시기의 왕들과 마찬가지로―― 만큼 도시와 그 인근지역에서 안전을 보다 잘 확보해 줄 수 있는 존재는 없었다. 여행자들을 보호하고, 시장에서 평화를 보장하며, 상업교환에 유리한 조건을 조성할 뿐만 아니라 풍요를 증진해야 하는 자기 임무의 필수적 기초로서의 질서를 유지한다고 하는―― 신에 대한 의무이기도 한―― 과거 카롤링거 왕조의 통치자들이 완수했던 사명들 일체가, 이제는 왕권의 편린을 보존하고 있었던 대소 규모의 방 영주들에 의해 취해졌다. 이같이 방 영주들은 궁정에서의 지출뿐만 아니라, 보호와 통제방책을 적절히 마련함으로써 상업교환과 화폐 유통의 성장에 기여하였다. 정치구조가 경제사에 끼친 결정적 영향이 여기서 재차 드러나고 있다.

카롤링거 왕조의 통치자들과 마찬가지로 12세기의 영주들 역시 도덕적 이유로 상업에 관심을 기울이는 경향이 있었다. 이들은 예속민의 안녕에 책임을 느끼고 있었다. 또한 이들은 평화와 정의의 후견인이기도 하였다. 플랑드르의 선량공 샤를이 1123년에 그러했던 것처럼, 이들은 초자연적

질서를 떠받드는 일에 개입하였다. 상업활동이 기근으로 위축되고, 그 희생자들이 빈자가 되는 상황에서 제후는 '신성한 선언'에 의거해 특별한 관심을 기울여야 하였다. 샤를마뉴가 동일한 상황에서 행했던 것과 똑같이, 이 선량공은 지상 과실의 공정한 분배를 재확립하고자 금령을 발하였다. 사람들은 긴급한 자를 위한 귀리과자를 제외하고는 귀리나 보리로 맥주를 더 이상 제조해선 안 되었다. 가격은 안정되어야 했으며, 포도주의 최고 가격을 설정함으로써 상인들이 포도주를 구입하여 저장하지 못하도록 했다. 그리고 기근에 따른 절박한 필요를 고려하여 빈자의 부양에 보다 적절한 다른 물품을 거래 품목으로 선택하도록 하였다.[29] 그리고 도량형, 특히 화폐에 대한 세심한 감시가 유지되도록 하였다.

왕권의 가장 주요한 속성 중의 하나였던 조폐권은 매우 일찍이 분산되었다. 조폐권을 행사해 왔던 영주는 누구나 자신의 조폐소에 들어온 은화의 일정 부분을 주화로 전환시키기 위해 공제하였다. 이 세금, 즉 화폐세(seigneuriage)의 징수는 유통 증가와 더불어 더욱 많은 이익을 가져다주었다. 봉건시대에 화폐는 물레방아나 화덕처럼 일차적으로 영주가 사용료를 부과하면서 이용하도록 한 도구였음을 망각해선 안 된다. 조폐소의 증가는 제분소의 증가와 마찬가지로 동일한 필요에 부응하기 위한 것이었다. 조폐권의 분산은 유럽의 각 지역마다 상이하였다. 정치적 권위가 덜 분할되었고, 노르망디 공(公)과 같은 영역 제후들이 조폐 독점권을 보존했던 북부에서는 조폐권이 덜 분산되었다. 화폐 유통의 속도가 보다 빨라졌고, 주조된 주화가 곧 광범위한 영역에 걸쳐 유통된 남부에서도 덜 분산적이었다. 프로방스 지방의 경우 12세기가 끝날 때까지 외국의 주화만이 사용되었다. 조폐권의 분산은 프랑스 왕국에서 가장 심대하게 이루어졌다. 베리에서는 수도원장과 백작·부백작, 그리고 여러 성주가 운영한 적어도 12곳의 조폐소가 있었다. 상이한 주화들의 유통과 교환가치에

---

29) Galbert de Bruges, *Patrologie latine*, éd. Migne, CLXVI, col. 947.

대한 인식은 프랑스에서 처음으로 생겨났다.

　그렇지만 조폐소들의 분산 이상으로 봉건시대의 화폐사를 특징지은 것은 주화의 가치절하였다. 이는 귀금속의 저장이 처음과 동일한 상태로 남아 있다는 사실에 의해 설명될 수 있다. 특히 람멜스베르크 은광의 고갈로 은 생산이 급감하여, 분명 12세기초에는 매우 얇아서 망가지기 쉬운 주화들만이 사용되었다. 이처럼 지속적인 가치 하락의 근본 원인은 화폐 수요가 점차 증가했기 때문이다. 이 수요에 대응하고 더불어 화폐세 징수에 의한 수익을 증가시키기 위해 —— 주화가 많이 주조될수록 이익이 컸으며, 또한 가벼울수록 주화는 더 많이 주조되었다 —— 영주들은 무게와 정교함이 지속적으로 떨어지는 데나리우스를 주조하고자 하였다. 12세기 후반 루카와 피사의 주화들은 샤를마뉴 시대 주화들의 1/3 정도의 무게밖에 나가지 않았다. 독일에서 주화의 두께는 매우 얇아져 한 면으로만 주조될 수 있었다. 프랑스 왕의 명령으로 주조된 주화는 11세기말 1.53그램의 무게였다가 30년 후에는 1.25그램, 1200년경에는 1.22그램으로 내려갔었다(합금의 은 함유량이 감소함과 동시에). 그렇지만 유통 속도가 빠르게 되어 법화로서의 주화의 가치를 하락시킴에 따라, 이들 주화는 조악해지고 얇아질수록 오히려 보다 탄력적인 교환수단이 되어갔다. 이후 화폐는 최빈자들에 의해, 그리고 이들의 필요를 위해 사용될 수 있었다. 신에 의해 위임받은 사명을 영주들이 진정으로 수행하고자 했을 때, 이들은 이러한 화폐의 탄력성을 의식적으로 보다 증진시키려고 하였다. 1123년의 기근 동안 플랑드르의 선량공 샤를은 '빈자들을 위해' 반 데나리우스짜리 주화를 조폐시켰다. 때로는 공공 복지에 대한 관심에 의해, 그리고 보다 자주 탐욕에 의해 —— 왜냐하면 이들에게 있어서 조폐권은 가장 유익한 산업적 독점물이었기 때문이다 —— 이들 공권의 소유자들은 1075년경 이후 통화를 그것이 진취적인 농촌 세계에서 기능을 다할 수 있도록 조정시켰다. 화폐가치의 저하는 적시에 경제 활력의 강력한 자극 요인으로 작용하였다.

그럼에도 불구하고 12세기 중엽 이후 상업활동의 팽창과 사업 이익의 확대는 즉각 변동적이지 않고, 지나치게 작지 않은 지불수단에 대한 필요를 창출하였다. 소규모 영역을 넘어 활동을 벌인 대상인들은, 상이한 조폐소들에서 주조되었고 닳아진 정도가 달라 가치가 균질하지 못한 다량의 데나리우스를 사용하기보다는 오히려 다른 도량형에 의존하고자 하였다. 자신의 상품을 평가하기 위하여 이들은 때로는 후추를, 보다 자주는 은괴 등의 희귀한 물품의 무게를 언급하곤 하였다. 그리고 마르크는 큰 액수의 지불을 행할 때 사용되는 표준적인 가치 단위가 되었다. 그러므로 화폐는 그것이 농촌경제의 요구에 잘 적응되는 정도에 비례하여 도시경제의 발전된 진영의 요구에는 부응하지 못하게 되었다. 도시에서 현금의 개입 없이 전개되는 상업활동 비율은 증가되는 추세였다. 이 과정은 조폐소를 소유한 영주들의 이익과 상치되었으며, 이들 중에 가장 강력한 자들은 대응하는 행동을 취하였다. 이들은 원거리 무역인들에게 사용될 수 있는 안정된 진정한 화폐를 주조하는 일에 착수하였다. 영국의 왕 헨리 2세가 12세기의 마지막 사사분기에 서유럽에서 가장 강력한 통화인 파운드화를 주조하기로 결정했을 때, 그가 의도한 바는 바로 이것이었다.

안목이 출중한 영주들에게 1150년경 이후 주요 문제는 단순히 자신의 영지를 유지하는 것이 아니라 진보를 장려하는 일이었다. 1168-1191년에 플랑드르 백작령을 통치한 알자스의 필리프 같은 제후는 진정한 경제 발전정책을 추구하였다. 그의 행동은 획득의 욕구보다는 본질적으로 종교적이고 모호하게나마 마술적 성격을 띠었던 자신의 직책을 모든 면에서 완수하려는 희망에 의해 영향받았다. 구호물을 분배하고 교회를 설립한 것과 유사한 동기로, 필리프 백작은 쾰른으로 가는 길에서 자기 백령의 상인들이 네덜란드 백작에 의해 상인들에게 부과된 세금에 대항하여 투쟁을 벌였을 때, 이들에게 군사원조를 제공하였다. 또 운하가 해변 쪽 플랑드르를 가로지르게 하여 에스코 강변 계곡을 해변에 연결시켰고, 그라블린·니우포르트·담처럼 큰 톤수의 배를 정박시킬 수 있는 항구들을 신설하였다. 그는 관대한 분배자가 되기를 원했다. 브레멘-함부르크의 대주교들이 자신들의 영역 제후령 내에서 덤불지역의 토지 개간을 추진했을 때, 그리고 호엔슈타우펜 가문의 통치자들이 자신의 영지를 식민화하고 장비를 마련하는 데 관심을 기울였을 때, 이들의 마음을 움직인 것도 위와 동일한 동기였다. 또한 샹파뉴의 백작 티보가 자신의 영지 내 정기시들을 빈번히 왕래하는 상인들에게 제공했던 안전통행과 보호를, 자신의 영주권 경계 너머까지 확대하고자 애쓴 것도 바로 이러한 동기에서였다.

실로 공권의 소지자들이 교환경제의 발전에 가한 충격은 아마 상업로와 상업로상의 주요 교차점에서 안전이 강화된 사실, 즉 평화를 창출하는 제후들의 기능이 꾸준히 확대되었다는 사실에서 가장 깊이 감지될 수 있을 것이다. 강력한 영역 제후령의 재확립은——그 자체가 제후들의 부유화와 도시 성장, 그리고 화폐 유통의 촉진에 바탕을 둔—— 북서유럽에서 상업활동의 순환이 보다 주기적으로 진행되도록 도움을 주었다. 아르투아와 플랑드르에서 의복 생산용 작업장들을 출현케 한 양털 무역은 2중의 정기시망 주변, 즉 영국의 윈체스터·보스턴·노샘프턴·세인트 이브·스탬퍼드와 플랑드르의 이프르·릴·브뤼헤·메시나·투른호우트 등지에서 조직되었다. 동시에 샹파뉴의 일부 소규모 농촌 부르고스에서 오랫동안 개시되어 온 말·소·가축시장들은 성격이 변해 가고 있었다. 이제 이 시장들은 의복의 구입자들과 판매자까지 끌어들였다. 1137년에 이르면 아라스와 플랑드르의 무역인들이 정기시가 열리는 동안 프로뱅에 머무르고 있었다. 1148년에 베즐레의 환전업자들이 여기에 도착하였다. 그리고 시장의 방문자들에게까지 안전보장을 확대하고, 거래가 행해지는 모든 곳과 접근로들에서 평화를 유지할 수 있는 효과적인 사법권을 확립하는 데 백작의 권위가 이용되었다. 곧 이탈리아 출신의 상인들은 이 정기시들을 플랑드르의 의류상인들과 만나는 가장 편리한 장소로서 선택하였다. 1172년 밀라노 출신의 사업가들이 직물을 구매하러 왔다. 이런 식으로 자신의 현금 재원을 증가시키길 원했지만, 일차적으로는 평화를 유지할 사명을 신으로부터 위임받았다고 느꼈던 강력한 영주들의 의식적 활동을 통해, 13세기 서구에서 상업적·재정적 활동의 중추로 발전하게 될 요소들이 점차 형성되었다.

　재확립된 영역 제후령들의 중심으로서 도시들은 이제 봉건관계의 혼돈으로부터 서서히 출현한 정치질서에서 중추적 지위를 차지하였다. 또한 도시들은 회복된 권위의 중추였고 일차적 중요성을 지닌 군사거점이었다. 성벽, 영구적인 기사부대, 농민들보다 무기를 잘 다루고 무장이 잘된 거주민들을 둔 도시들은 애초 제후의 행정 기초가 궁정 주변에 마련된 장소였다. 12세기의 마지막 시기 동안 시민계급의 상위층과 거의 구분되지 않았고 이들뿐만 아니라 제후 궁정과도 긴밀한 관계를 유지했던, 도시 사회조직 내의 또 하나의 상승집단을 우리는 발견할 수 있다. 이 집단은 권위를 행사하는 관리집단이었다. 매우 탄력적이고 개방된 새로운 미니스테리알레스 계급으로서 이 집단은 상인들 —— 전통사회의 상류계급인 성직자와 기사들뿐만 아니라 근로 대중으로부터도 스스로를 꾸준히 분리시켜 온 새로운 계급 —— 을 함께 제후에 봉사하도록 이끌었다. 상인들은 공통의 문화와 세속가치에 대한 공통의 태도를 지니고 있었다. 이들은 글을 읽고 쓸 줄 알았으며, 무엇보다 숫자에 밝았다. 이들에게 있어 부는 숫자와 화폐 단위로의 정확한 환산에 의해 표시되었다. 이들은 자기 주인의 권한을 데나리우스로, 그리고 수와 리브르와 같은 추상적인 회계 단위로 계산하는 데 익숙했다. 12세기 후반에 이르면 화폐가 가장 잠재적인 세력의 도구가 되었다. 제후가 충실한 보조자들을 자신에게 붙들어 놓은 것도 일차적으로 화폐 사용에 의해서였다. 최근까지 그러했던 것처럼, 이들은 자신들을 이동할 수 없게 만드는 토지 수수방식으로 지불받는 것이 아니었고, 개인적인 종속망에 얽매여 있는 것도 아니었다. 이들은 임금 획득

---

30) 당대에 일반의 귀족들이 바롱으로 지칭되고 있었는데, 대체로는 공작·백작 등의 영역 제후 밑에 위치한 귀족들을 의미하였다.

자였다. 바롱(barons)[30]의 재정적 곤경을 이용하여 영역 제후는 화폐 사용에 의해 분할된 왕권을 회복하고, 보다 억압적인 과세 기초가 되는 상급 권력의 완전한 실체를 자신의 수중에서 재결합시키고자 하였다. 제후는 화폐 사용을 통해 기사계급을 길들이고, 이들을 자신에게 봉사하도록 배치시키며 실전의 전문가들로서 용병들을 징집하기 시작하였다. 일부 영주들에게는 중세초에 그러했던 것처럼 금고국의 기능이 여전히 가장 중요하였다. 그렇지만 차이점은 있었다. 금고에 비축된 귀금속들은 더 이상 장식품이 아니라 사용되는 도구였다. 이제 이 금고는 계산될 수 있고 보다 많이 획득하는 데 사용되는 주화들로 채워졌다. 제후는 차츰 시민들의 데나리우스 축적에 간섭하지 않게 되었다. 그런 후 그는 과세와 보다 빈번히는 차용에 의해 그들로부터 가능한 한 많이 갹출하였다.

이같은 비축화폐의 주요 원천은 도시들 자체 내에서 발견된다. 왜냐하면 큰 도시의 영주들은 매우 부유했기 때문이다. 다만 이들은 토지와 그에 따른 권리, 즉 부동산면에서 부유하였다. 만약 영주가 이 재산을 동원하기 원할 경우, 그는 시민들에게 현금으로 이를 매입하도록 요청하여야 했다. 영역 제후령들을 점차 강력하게 해준 재정적 탄력성의 증가는 도시민들이 제공해 준 신용에 바탕을 둔 것이었다. 하지만 영주들만이 상인들에게 빚을 진 것은 아니었다. 화폐가 도시로부터 농촌경제 전반으로 점차 신속하고 광범위하게, 그리고 꾸준히 유입되었다. 또한 도시들은 마을들에 대부분의 데나리우스를 공급하여 부역을 금납화하고 이전료를 지불하며 수확물을 구입하였다. 12세기의 도시민들, 심지어는 가장 부유한 자들조차도 여전히 그다지 농민과 다를 바 없었다. 이들은 자신들의 토지 거의 모두를 조상들이 태어난 구역이나 바로 그 이웃에서 소유하고 있었다. 이들은 스스로 토지를 경영해 나갔다. 이들은 식량과 더불어, 심지어 이들이 여행자들에게 팔거나 직인들이 자신의 작업장에서 활용했던 물품의 상당 부분을 토지로부터 공급받았다. 도시시장의 공급은 막연한 거래보다는 도시와 인근 마을들간의 밀접한 관계에 의존하였는데, 이러한 관계는 시민 공동체의 농촌적 배경과 도시에 근거를 둔 영주들이 보유한 영역적 권력을 통해 유지되었다. 상인들이 경지 저쪽 너머로 수출했던 가축과 가죽·양털·포도주·밀·염색용 식물들은, 상인들의 재원이나 이들이 재산관리를 위임받고 있는 영주들의 재원에서 유래하지 않았다. 이것들은 농촌의 생산자들로부터 구매되어야 했다. 그리고 사업량이 꾸준히 증가하고, 도시민들이 자신들이 선택한 직업들에서 더욱 전문화되어 스스로를 토지로부터 분리해 나가면서, 화폐와 거래가 농촌에 미치는 영향이 보다 증대해 감을 우리는 감지할 수 있다.

이런 식으로 큰 도시들과 농민 생산자들 사이에 발판이 마련되었다. 이들 발판지역은 특권을 제공하고, 시장을 특별히 보호하기로 결정한 영주의 폭넓은 안목에 의해 실제 혜택을 입은 마을들이었다. 이러한 특권들은 역동적 성장의 강력한 자극원이었다. 농장 경작자들 중에서 특권을 부여받은 마을들에 거주한 사람들은 결연히 교환경제에 뛰어든 첫번째 사람들일 것이다. 우리는 영주들이 자유헌장들에 삽입한 구절들에서 이들이 무역과 화폐에 기울인 관심을 엿볼 수 있다. 베리 지방에서 한 소수도원 가까이에 설립된 라 샤플로드라는 소도시의 관습법 특허장을 한 예로 들어 보자. 여기서 영주는 효율적인 상업 독점권을 여전히 보유하고 있었다. 영주가 수확 후 자신의 포도주를 처분하기 이전에는 어느 누구도 포도주를 판매할 수 없었으며, 또한 그는 마을에서 신용으로 포도주를 구입할 수 있는 권리를 보유하였다. 그렇지만 주민들은 집에 도량형을 두는 것이 허용되었다. 이들은 행인들에게 빵과 육류를 팔았다. 이들은 보다 높은 가격에 팔기 위해 포도주를 당나귀나 짐수레에 실어 조금 떨어진 지역으로 운반하기도 했다. 영주의 독점이 풀린 기간 동안 정기시들이 개시되었다. 하지만 영주는 가격 수준을 유지하고 외래 구입자들로 하여금 구입처를 바꾸게 할 수도 있는 과다한 상승을 억제하며, "자신과 인근 마을들을 돌아다니는 부르고스의 주민들에게 유용한" 화폐를 주조할 것으로 기대되었다. 이 문서에서 설명된 대로의 경제적 조치들은 도시에서 발생한 압력으로 취해진 것들이었다. 도시에서의 이같은 요구들은 영주제적 과징의 효과를 드높이고, 농촌 생산에 신선한 활력을 불어넣었다. 이러한 조치들에서 우리는 진정 외적 요소라고 말해질 수 있는 것의 파급현상을 감지할 수 있는데, 그것은 외적 요인이 생산자와 그의 가족을 부양하는 데 기여하지 못하고 더 이상 영주의 과징에 의해 흡수되지 않았다는 의미에서 그러하다. 외적 요인은 농촌 생산물의 도시 판매에 영향을 끼쳤다. 이 요인은 주로 주민들에 대한 음식 공급, 즉 곡물 경작에 주안점이 주어지는 마을 가경지와 관련해 볼 때 주변적 요인이었다. 외적 요인의 영향은 염색 식물과 포도가 재배되는 울타리쳐진 채원지와, 육류 및 양털 생산용 가축들이 풀을 뜯는 아직은 정돈되지 않은 땅에 작용하였다. 농민의 가내경제에서 이 영역은 약간의 모험을 요하는 영역이었다. 이 영역은 이윤 동기가 농민의 의식 속에 자리잡고 있는 사적 획득을 위한 작은 땅 뙈기였다. 그것은 구입하기 위해서가 아니라, 보유 토지와 보유농에 부과된 공조를 영주에게 제공하는 데 불가피한 돈을 마련할 수 있게 해주는 영역이었다. 그럼에도 불구하고 이 외적 요인은 12세기에 매우 제한적인 채로 남아 있었으며, 그 영향이 매우 제한적이어서 정화(正貨)에 대한 당대의 필요를 만족시킬 수 없었다. 영주가 상업보다는 신용의 차원에서 농민으로부터 취하여 도시에서 지출했던 현금은 도시민의 금고로부터 농촌으로 되돌아갔다.

　교회의 금지에도 불구하고, 유대인과 마찬가지로 도시의 상인들은 모든 계층의 농민들에게 이들이 필요로 한 자금을 이자를 받고 대출해 주었다. 이들은 딸의 지참금을 마련하고, 아들을 기사로 서임시켜야 했던 지주들과 마상시합을 준비하는 소기사에게 돈을 빌려 주었다. 그런데 모든 지방의 사람들이 구경하러 오는 이 마상시합에서는, 그가 시합에서 승리를 거둔다 할지라도 그가 가지고 있는 돈의 수백 배에 해당하는 돈을 단 하루에 지출하여야 했다. 또한 상인들은 병든 소를 대체하도록 강요받고, 타유세 징수자들에 의해 지불을 압박받는 가난한 보유농들에게도 돈을 차용해 주었다. 귀베르 드 노장이 말한 바대로, 자신의 지갑을 '나쁜 방법으로 얻어진 획득물'로 채우고, '산더미 같은 귀금속'을 축적한 고리대금업자 내지 '빈자의 갈취자'들을 교회는 비난하였다. 하지만 인생의 황금기에, 그리고 임종에 임박하여 죄악에 대한 두려움을 갖지 않는 한, 사업모험가들은 자신들이 획득하여 아직 사용하지 않은 돈을 빚으로 유통시키는 것에 대해 가책을 거의 느끼지 않았다. 주화는 사람들이 개인적으로 애착을 느낄 수 있는 가치물이 아니었다. 주화가 항시 예비재산으로 간주된 것은 아니었다. 이것들은 유통을 목적으로 주조되었다. 주화가 유통되면 될수록 획득되는 부는 증대하였다. 가장 통찰력 있는 시민들은 모든 경제활동과 자기 기업의 성공 자체가 이같은 유통 경로의 활력에 의존하고 있음을 느끼기 시작하였다.

여기서 우리는 12세기의 특성을 조성한 요인들을 살펴보자. 근본적으로는 여전히 농촌적이고, 그 발전이 농민의 정복에 의해 영향받는 문명에서 화폐는 성장의 모든 면에서 중심적인 명료한 지위를 차지하게 되었다. 화폐가 기여한 역할은 확대되었고, 1180년경에는 그 역할이 주도적이 되었다. 그 다음에는 화폐 유통이 2세기 전 전쟁이 활력을 불러일으켰던 변경 경계지들에서 그랬던 것처럼, 그것이 유럽 대륙의 광범위한 범위에 걸쳐 진보의 모든 분야를 떠받치는 새로운 국면이 열리게 되었다.

4

도 약

　12세기말에는 화폐가 예외적이고 비정상적이며 탈선적인 경제 상황에서나 사용되는, 도량형의 단위가 아닌 어떤 것을 상징한다고 여기는 사람들이 여전히 남아 있었다. 발전을 가장 효율적으로 억제하는 한 요인은, 이같은 정신적 태도와 이런 태도를 공고히 하는 문화적 모형들의 완강한 저항이었다. 이런 모형들 중 가장 견고하고 매력적인 것은 봉건사회의 지배계급에 봉사하기 위해 창출된 기사도 정신이었다. 기사도는 완벽한 인간에 부합되는 유일하게 고상한 규범으로서 부와 관련된 행동의 특징적 행태를 모범화해 주었다. 이 규범 안에는 생산하는 것이 아니라 파괴하는 행태, 그리고 비천하지 않다고 여겨지는 유일한 수입원인 토지 소유권과 사람들에 대한 권위에 의해 영주적 삶을 영위하는 방식, 나아가 비용을 고려하지 않고 환대를 제공하는 행태가 포함된다. 상위층 세속귀족들의 재정상태가 악화되고 대영주들이 도시민에게 진 채무가 적체되며, 화폐를 이용한 관리방식의 진전으로 제후들이 더 이상 귀족이 아니라 용병이나 숫자에 밝은 상인으로부터 심복관리들을 선택하고자 했던 12세기 후반에 호방한 나태와 낭비에 대한 예찬이 봉건 유럽에 널리 구축되어 갔다. 기사도는 지금까지는 최상층 사람들 —— 하지만 경제적 우위면에서 위협을 느끼기 시작했던 —— 에 의해 지배받아 왔으나 이제 이들 귀족층으로 상향 유동해 간 사회집단, 즉 기사계급에서 계급의식의 힘을 분출시켰다. 12

세기말경 기사 청중을 위해 만들어진 문학에서 갈수록 인기를 얻은 주제 중의 하나는, 출세의 사닥다리를 타고 올라가 현금을 지불하는 대가로 영주권을 보유한 귀족의 자리를 차지할 뿐만 아니라, 귀족의 태도를 모방하려고 애쓴— 결과적으로 스스로를 우스꽝스럽고 저주받도록 만드는 데만 성공했을 뿐이지만— 벼락출세한 시골뜨기에 관한 것이었다. 졸부의 경우 충격적인 사실은, 이들이 귀족들처럼 이타적이지도 관대하지도 많은 빚을 지지도 않는다는 점이다. 화폐경제의 발전이 궤도에 오름에 따라, 귀족들은 개인적인 이윤추구욕을 전보다 강도 높게 비난하였다. 13세기 중엽 영국의 세속귀족— 군주의 힘이 일반 대중에 대한 귀족의 권한을 상당 부분 제거했기 때문에, 자신의 토지 자산을 적절히 운용하고자 무진애를 썼던 사회계급— 을 위해 씌어진 실제의 농업 경영에 관한 저술들은, 여전히 지출의 관점에서 가내경제를 조직하고 이런 목적을 위해 생산품의 최고 가격을 정하며, 가격이 그 수준에서 유지되도록 하는 점에만 관심을 기울일 것을 제안하고 있었다. 월터에 따르면, 앞으로의 투자를 결정하기 위해서가 아니라 "문제의 상태를 발견하기 위하여 회계감독이 이루어졌다." 그리고 만약 잉여가 있을 경우 비상시를 위해 이를 비축하고, 이익을 확대하기 위해서가 아니라 가내를 보다 안락하게 만드는 데 이를 사용하라고 그는 조언하고 있다.

한편으로 경제과정이 여전히 영주권 중심으로 진행되고, 다른 한편 가장 역동적인 사회범주에 속한 경영자들, 즉 경제 성장의 실제적 선도자들이 귀족층에 유입되어 그들처럼 행동하는 것 이외의 다른 목적을 추구하지 않았다는 점에 비추어볼 때, 고귀한 생활방식의 모방이 매우 지대한 영향을 끼쳤음을 알 수 있다. 귀족적 생활방식이 갖는 매력으로 인해 사회적 진전의 압력은 분출되지 못하고 현상 유지되었다. 욕심이 많은 자들도 돈을 벌어 이 재산을 언젠가, 아량이 넓은 왕들처럼 관대한 증여로서 희사하고자 했던 것 같다. 세속의 시들에 등장하는 '졸속 부자'들은 결코 신화적 인물들이 아니었다. 모든 미니스테리알레스는 귀족층에 유입되고,

자신의 부하들로 둘러싸여 무위도식하며 영주권에 의해 수입을 획득하기를 꿈꾸었다. 재산을 마련한 도시민들은 토지에 대한 권리를 획득하고 지대를 수취하며, 간접적인 방식이 아니면 화폐와의 접촉을 꺼릴 뿐만 아니라 자신의 아들을 기사로 만들고자 심혈을 기울였다. 12세기초 아라스의 위크디외의 경우가 바로 그러하였다. 또한 이보다 75년 정도 이후, 아시시의 성 프란키스쿠스가 상인이었던 부친의 단호한 결심에 의해 군사적 모험심과 서정시, 노래 솜씨, 남에게 관대하게 베푸는 마음을 기르는 방향으로 교육을 받은 사실 역시 이를 설명해 준다. 사업가들은 자신들의 영혼이 악에 물들 위험에 처해 있음을 알고 있었기 때문에, 어느 누구보다 관대히 베풀려는 마음의 부담을 지고 있었다. 자선을 통해 이들이 구원될지도 모를 일이었다. 중세초의 왕들, 다음으로 11세기 전사계급의 구성원들이 취했던 희생의 태도는 12세기에는 점차 도시민의 관심사가 되어갔다. 고딕풍의 성당들을 축조하고 외곽의 접근로에 병원을 세우며, 삼위일체 수도회나 성령회 같은 자선단체들을 설립하도록 해준 것은 도시들에서 징수된 경건한 기부금이었다. 《캉브레 주교들의 업적록》은, 1150년경에 사망한 도시민인 웨랭볼의 이야기를 언급하고 있다. 그는 아마도 고리대금업으로 매우 부유했으며, 목욕탕·저장실·마구간을 갖추고 돌과 목재로 만들어진 드넓은 가옥을 가지고 있었다. 그의 아내는 4명의 아들과 마찬가지로 빈자를 구호했고, 끝내 수도원에 은거하였다. 생-위베르 수도원에 25명의 정주민을 제공하고 다리의 유지비를 마련해 주며, 기증을 통해 생트-크루아 병원을 부유하게 해준 후, 그는 궁핍한 자들을 구호하면서 수사처럼 가진 것 없이 생을 마감하였다. 그는 빈자들에게 자신의 재산을 분배하고 빈자의 생활방식을 공유하고자 했던 리옹의 상인 발데스보다는 20년, 아시시의 성 프란키스쿠스보다는 50년 먼저 이같은 삶을 살았다. 대부분 사람들의 역정에서 이윤추구 경제와 연관된 모든 요소가 개인의 사망에 임박하여 궁극적으로 재차 승리를 거두는 증여의 경제로 귀착되었다.

　이처럼 주도적 이념은 여전히 중세초로부터 이어진 관대한 베풂의 정신에 의해 지탱되고 있었으며, 이 정신의 힘은 역전되는 경제 변화과정에 의해 전혀 영향받지 않았다. 교회는 이 이념을 표명함과 동시에 파급시켰다. 수많은 참사회원과 수사들이 토지 개간을 진흥하고, 자선금의 건전한 투자처를 찾아나서며, 최상의 가격으로 상품을 파는 데 열중했을지라도 교회는 계속해서 이윤을 비난하였고, 수도원들이 담보를 잡고 대출하는 행위를 일종의 고리대금업으로 간주하면서 이를 금하였다. 또한 교회는 일은 저주이며, 고귀한 혈통의 사람에게 일은 단지 금욕적 경험으로서만 의미 있다고 주장하였다. 시토 수도원에서 육체적 노동은 고행의 일부로서 행해졌으며, 발도파 사람들은 진정으로 가난해지기 위해 자신의 손으로 일하기를 거부하였다. 교회는 부자들에게 빈곤과 세속재산의 거부, 화폐에 대한 경멸을 완벽함의 이상으로 제시하였는데, 1000년의 수사들이 그러했던 것처럼 12세기의 이단 창시자들과 더불어 정통 설교자들도 화폐를 영혼에 흠을 내는 대상으로 간주하였다. 과거의 조상들과 마찬가지로 이 시대인들에게 있어——그리고 당대의 물질환경은 이들을 결핍의 상태에서 벗어나게 해주었기 때문에 오히려 전혀 이의 없이——실제의 경제 상황은 2차적 고려 대상이었다. 경제 상황은 부수적 현상이었고, 실제 세계는 초자연적인 정신의 세계였다. 경제의 윤리규범에 대한 복종은 철저하였고, 또 장차 오랫동안 그렇게 될 것이었다. 1360년 12월 5일, 프랑스 왕은 플랑드르 백작에 의해 1123년에 제정된 화폐 규정들의 내용을 답습하면서, 여전히 화폐는 본질적으로 자선의 수단임을 칙령을 통해 표명하였다. “우리는 빈자들이 제약 없이 구호물을 제공받을 수 있는 곳에서 합금 주화에 부가하여 양질의 금·은 주화를 주조해야 한다.” 이같은 도덕적 표현들의 힘은 지속적인 자본 축적의 주요 장애물로 작용하였다. 재정기구에 의해 징수되지 않은 저축분은 궁극적으로 부동산의 형태로 고정되거나, 일종의 기증형태로 나뉘어 쓰여졌다. 12세기 후반 프랑스·독일·영국에서 도시귀족의 왕조들이 존재하였으나, 도시귀족 대부분은 사업으로부터 철수하였고 성당의 사제직을 신설하거나 자기 아들을 전통 귀족층에 속한 가문들과 혼인시키는 데에 관심을 기울였다. 이 시기에 경제 발전을 자극한 것은 화폐자본의 축적이 아니라, 토지와 사람에 대한 권리의 축적이었다. 즉 농촌 생산의 팽창을 이용할 권리와 보다 사치스런 생활방식을 유지시켜 주는 수익은 점증되는 지출과 상업적 활력의 배후 추진력으로 작용하였다.

*

그러나 그리스도교 세계에는 이탈리아 도시들처럼 정신적 태도가 이와는 전혀 상이한 곳들도 있었다. 이들 지역에서도 아시시의 성 프란키스쿠스의 이야기가 뚜렷이 증명해 주듯이, 도덕적 외양은 동일하였고 귀족적 생활방식이 갖는 매력 또한 상당하였다. 하지만 두 가지 이유로 전반적 분위기가 대조적인 모습을 띠었다. 도시경제의 부활을 촉발한 것은 미니스테리알레스가 아니라 일찍이 자신의 부를 운용하는 데 화폐를 사용했던 영지의 소유자들, 자유로운 도시민들이었다. 현금을 계산하고 버는 일은 누군가가 자신의 존엄성을 염려하여 그 가솔들이 해서는 안 된다고 느끼는 행위가 아니었다. 대부분의 도시화된 귀족들 사이에서 이윤추구는 훌륭한 시민의 도덕철학에 부응하는 것으로 여겨졌다. 베네치아 · 피사 · 제노바 등의 해안 도시들에서, 본질적으로 귀족의 주요 관심사였던 약탈을 거래와 이윤추구로부터 구분하는 일은 여타 지역에서보다 오랫동안에 걸쳐 어려웠다. 그렇지만 바이킹과는 달리, 12세기 이탈리아의 항해 모험가들은 자신들이 원정을 통해 가져온 귀금속을 무덤의 장식에 전용하지 않았다. 이들은 이 귀금속을 사업에 사용하였다. 제노바인의 함대가 카이사레아의 소유물을 탈취했을 때, 전리품 중의 소수 품목만이 성당의 금고에 그리고 선장의 몫으로 떼어졌을 뿐이며, 나머지 중 1/6은 선주에게 할당되었고 8천 명의 선원 각자는 은 45솔리두스와 후추 2파운드씩을 받았

다. 달리 말해, 선원들은 스스로 상업에 착수할 수 있는 약간의 자본을 획
득하였다. 이탈리아 도시들에서 화폐는 단순히 도량형의 단위가 아니었
다. 그것은 경제적 결실을 이룰 수 있게 해주는 살아 있는 가치였다. 화폐
에 대한 이같은 태도를 '자본주의적'이라고 표현하는 데 주저하지 말자.

  이 자금은 소량씩, 그리고 다양한 협력관계에 의해 신중히 투자될 것이
었다. 이러한 협력관계를 지칭하는 말들은 각 도시마다 상이하였지만, 어
느곳에서나 한 사람이 자본을 제공하고 또 한 사람은 이익을 창출하기
위해 해외에 이를 투자하였다. 이들은 문서로 명기된 단기 상업거래를 위
해 상호간 의존관계를 맺었다.

  나 조반니와 나의 상속자들은, 트리디문도의 아들인 세베스트로 당
  신과 당신의 상속자들로부터 2백 리브르의 데나리우스를 협력자금
  (colleganza)으로 받았다. 이 자금의 2/3를 우리는 고스미로 선장의 배
  에 실을 것이다. 나는 테베로 향하는 이 배에 온갖 물품을 실을 것이
  다……. 수익은 우리 사이에 절반씩 배분될 것이다.[31]

이 문서는 베네치아에서 일찍이 1073년에 기록된 것이다. 이와 유사한
수많은 협약들이 제노바와 피사에서도 체결되었다. 12세기 중엽을 시발
로 공증등기소들은 이같은 기록들을 다량으로 보관하고 있었다. 투자 모
험액이 많을 경우, 이 협약들은 부의 신속한 증대를 약속해 주었다. 상세
히 탐구된 바 있는 제노바인 안살도의 경우를 들어 보자. 1156년 매우 젊
었고 아버지의 통제로부터 벗어난——상업상의 모험은 개인적 관심사였
다——그는 2백 리브르를 내걸었던 대상인과 접하게 되었다. 그 자신은
가진 게 전혀 없었다. 그는 프로방스 · 랑그독 · 카탈루냐로 항해를 떠났

---

31) *Documenti del Commercio Veneziano nei secoli XI-XIII*(éd. M. della Rocca et
    Lombardo), t. I, p.12.

다. 귀환하여 그는 자신의 수익의 최저 몫인 18리브르를 받았다. 그와 그의 협력자는 이 자금을 비축하지 않고, 같은 해의 두번째 항해에 총계 2백54리브르의 돈을 모두 재투자하였다. 이번에는 수익이 2백44리브르로서 거의 1백 퍼센트에 달하였다. 안살도에게는 그의 개인적 기여분 이외에 56리브르가 분배되었다. 무에서 출발했을지라도 그는 수주 내에 총계 74제노바 리브르의 자본을 축적하였다. 2년 후, 그는 여전히 동일 협력자와 손잡고 보다 복잡한 항해를 떠나게 되었다. 이집트·팔레스타인·시리아로의 항해를 위해 이들은 거의 5백 리브르에 달하는 자본을 모았는데, 이 중 절반은 여러 투자자들에 의해 제공되었다. 안살로 자신은 64리브르를 투자하였다. 원정에서 귀환하여 수익을 분배했을 때, 그는 총계 1백42리브르를 소유하게 되었다. 이것은 그의 수고와 용기 그리고 바다의 위험과 질병, 나아가 한 발자국도 움직이지 않고서 부유해진 사람들, 그의 연장 협력자처럼 3년 내에 자신의 몫을 3배로 증가시킨 사람들로부터의 강탈을 무릅쓰고서 성취해 낸 것에 대한 보상이었다. 이 예는 현저한 것이긴 하나 예외적이라고는 전혀 볼 수 없다. 이 예는 남부의 해안 도시와 유럽의 나머지 지역간에 경제활동상의 질적 대조를 확인시켜 준다.

이처럼 무역원정을 통해 획득된 부는 결국 토지 자산으로 고정화되었다. 우리는 1172년 베네치아 총독이었던 세바스티아노의 자산에 대해 알고 있다. 그의 자산은 개펄지대와 포 강 델타·파도바 주변의 시골 영지로 구성되어 있었다. 12세기 중엽 프라이징 주교인 오토가 이탈리아 도시들에 관심을 기울였을 때, 그는 매우 많은 직인들과 상인들의 자녀들이 기사신분이 되어감을 보고 놀라워했다. 여타 지역에서처럼 이탈리아에서도 부자의 아들들은 귀족의 나태한 생활을 열망하였다. 그렇지만 이들은 시골 영지의 관리를 자금을 투여하여 수익을 얻는 일종의 사업으로서 다루었다. 이들은 보유농으로부터 화폐지대가 아니라 곡식이나 포도주를 요구하여 이를 자신이 직접 팔고자 하였다. 이들은 상업상의 협력자들과 동일한 원칙하에서 작업하는 농촌 경작자들과 동업관계를 맺었다. 이들은 자본을 제공하고, 농민은 노동과 수고를 제공하였으며, 수익은 분배되었다. 이런 식의 동업관계 체결계약을 통해 자금이 플랜테이션, 가축 사육, 농업 경영에 투자되었다. 이 방식은 농촌가정들에 장비를 제공하도록 장려하였고, 마을 주변에 고도의 생산적인 농지 풍경을 생기시켰으며, 성장률의 현저한 상승을 자극하였다. 그리고 이로부터 도시경제는 특히 활발한 화폐 유통에 힘입어 알프스 이북지역보다 직접적인 혜택을 입었다.

11세기말경부터 이탈리아 출신의 상인들은 이전보다 대규모로 보다 손쉬운 수익을 찾아 알프스를 넘나들었다. 이들은 몽-스니의 출구와 여타 통과로에 포 강 계곡의 항구들과 도시들에서 축적된 주화 베낭을 가져왔지만, 이곳에서는 화폐가 여전히 드물고 귀했다. 이 상인들은 또한 산악 너머의 농촌경제에 여러 기술을 소개하였다—— 이로 인해 이들은 이 지방에서 과거 유대인들이 오랫동안 행사해 왔던 우위권을 차지할 수 있게 되었다. 쓰기와 숫자 계산, 콘스탄티노플로부터 부지(알제리에 위치)에 이르기까지, 지중해의 전 해안선을 따라 널리 행해진 자본의 협력계약 등 실용적인 경험들이 이에 포함된다. 그리고 이들은 또 하나의 경제적 사고방식, 예컨대 정화(正貨)가치의 이윤에 대한 태도—— 농민과 영주의 관점과는 전혀 판이한—— 를 파급시켰다. 이처럼 낯선 행동방식이 일으킨 반향과 그것이 조장되고 파급될 수 있었던 방식, 그리고 이탈리아 모험가들의 성공 및 이들이 야기한 자극에 관해 12세기말 이전의 기록들은 거의 아무것도 드러내 주지 않는다. 이 시점부터 신속히 변화하는 세계가 펼쳐진다.

*

통계학적 수치가 완전히 결핍된 상황하에서 포괄적인 성장 국면 내의 특정 국면들을 구분하고, 성장 속도가 변화할 때 여러 국면들간의 구분선을 짓기란 매우 어렵다. 그럼에도 불구하고 우리는 중요한 질적 변화의 흔적을 1180년대에서 찾고, 이 시점을 유럽 경제사의 주요 전환점의 하나로 설정하려는 유혹을 받게 된다. 이 시점은 이탈리아뿐만 아니라 모든 지역에서 도시 활력이 농촌지역의 활력을 뚜렷이 압도해 나간 시점으로 보인다. 이후 농촌 세계는 경제 발전면에서 항시 뒤처졌다. 농민은 선도자의 역할을 도시민에 넘겨 주었으며, 새로운 경제활동에 대한 정신적 억제 경향은 진보적 집단들에서 곧 보편적으로 사라지게 되었다. 더불어 두 가지 특징이 드러나게 되었다. 하나는 성장률의 촉발이고, 또 하나는 지금까지는 심각한 경제적 불균형에 의해 분리되었으나 이제는 다면적인 무역관계에 의해 통합된 라틴 그리스도교 세계의 세 지리적 영역이 단일 세계를 형성하게 된 점이다. 이같은 새로운 통합은 화폐 유통과 상업교환의 진전에 의해 서서히 예고되어 왔었다. 그것은 상업적 모험의 성취 결과였다.

우리가 이러한 변화의 흔적을 찾을 곳은 지중해 유럽이 아니다. 여기서는 서구의 타지역들에서 채택되고 있었던 문명의 이기들이 오래 전부터 확립되어 왔었다. 예컨대 12세기 후반 카스티야에서는 이슬람으로부터 전리품을 탈취하고, 그리스도교 지배자에게 1173년에 금화를 주조하도록 유도한 유익한 전쟁이 끊임없이 발생한 한편, 이탈리아에서는 사업활동이 팽창하고 법인형태의 여러 자본 협력단체들이 왕성한 활동을 벌였다. 연안 도시의 상인들이 이슬람과 비잔틴 국가들의 주요 상업교환 지점들에 설립한 식민지들은 계속해서 증가하였다. 그 중 일부 장소에서는 이들 상인들의 태도가 매우 강압적이어서, 1176년과 1182년 콘스탄티노플에서 발생한 사건에서 보듯이 이들의 존재가 지방 주민들 사이에 외국인 혐오감을 폭발적으로 야기하였다. 해외모험과 이윤추구, 그리고 화폐자본 축적의 원동력이었던 십자군 정신은 아드리아 해와 티레니아 해에서 사그라들었다. 약탈과 무기 소지가 이교도들과의 평화로운 상업거래보다 이익이 적다는 사실이, 상업활동에 임하는 모든 상인에게 명약관화해 보였다. 십자군 원정을 선교사업으로 대체하길 원했던 아시시의 성 프란키스쿠스가, 샹파뉴 정기시를 빈번히 왕래했던 상인의 아들이었다는 사실은 우연이라고 볼 수 없다. 십자군들은 산악을 넘어와 거의 항시 해안 도시들에 나타났다. 이들은 고객으로 대접받았다. 그리고 여행자금을 기꺼이 대출받고자 했는데, 채권자들 모두는 단순한 마음을 갖고 있는 이들 채무자들로부터 최대한의 이익을 얻고자 하였다. 선장과 환전상, 그리고 온갖 종류의 상인들과 계약서를 작성하는 공증인들에게 있어 성지원정은 일종의 사업이었다. 이들은 가능한 한 최대로 얻어내는 것이 합당한 일이라고 생각하였다. 12세기말 이탈리아 상인들이 영국으로 항해하였을 때, 그들의 목적은 십자군 원정기사들로부터 빚을 받아내는 것이었다. 그들은 양털로 지불받았으며, 이를 플랑드르의 의복 제조업자들에게 팔고자 하였다. 계속 머무르면서 거래 협상을 할 수 있는 허락을 얻기 위해 그들은 왕에게 현금대출을 제안하였다. 이런 식으로 대규모 이탈리아 도시들을 중추로 하고, 비잔티움·레반트·바르바리에 이르기까지 원거리에 걸친 해안선을 따라 사업망이 발달했다. 또한 이 사업망은 이후 샹파뉴 정기시 너머까지 급작스럽게 팽창하여, 결국 지중해와 북해간의 직접적인 관계를 성립시켜 주었다. 이러한 상업관계망에 있어서 발트 해 극북부와의 상업 접촉은 새로운 활력을 불어넣어 주었다.

*

12세기말에 라틴 그리스도교 세계의 북부와 동부의 가장자리들에서, 즉 개발과 동시에 원래의 특성들을 벗어 버린 유럽의 옛 야만지역들에서 발전의 폭이 커져 갔다. 다만 변화의 속도는 비교적 완만하였다. 이곳에서 변화는 농지 확대 초기의 제반 특성을 담고서 장기간에 걸쳐 서서히 진행되었다. 서방의 이웃들처럼 호화롭게 살기 위해 토지 생산을 증가시키고자 했던 동부 평원의 제후들은, 12세기 내내 플랑드르와 독일의 농민들을 끌어들이고 또한 이들의 이주를 환영하였다. 동부 제후들은 이주민들이 옛 농민들에 의해 소홀히 다루어진 토양들을 경작할 수 있는 보다 효율적인 기술을 습득하고 있음을 익히 알고 있었다. 사제들에 의해 징모되고, 제후의 이름으로 토지 개간사업을 조직한 전문 경영인들—— 이들은 이 모험에 의해 신속히 한몫을 잡고자 했다—— 의 지휘를 받은 수천 명의 개척자들이 엘베 강과 도나우 강의 동부에 정착하였다. 이들은 이 땅에 적절한 형태의 쟁기를 도입하고, 딱딱한 토양을 갈아엎어 길고 깊은 고랑들을 만들며, 습지와 덤불을 밀어내면서 곡물 재배영역을 확대하였다. 이들의 예를 따라 독립적인 농민들이 가경지의 변두리를 식민화하고, 영구적인 경지에 정규적인 윤작체제를 도입하면서 이동 경작방식을 조금씩 대체해 갔다. 부역을 면제받고 부담이 가벼운 보유지를 부여받는—— 비록 지주에게 생산량의 상당 부분을 제공하고는 있지만—— 이주민의 유입은, 노예노동에 기초한 대영지의 점진적 해체와 농민 상황의 전반적 개선을 초래하였다. 십일조와 지대형식으로 수취된 잉여의 수확 곡물은 제후와 식민화의 감독들의 저장고로 유입되었다. 12세기 중엽에 이르면 농업의 성과는 도시의 흥기를 야기할 정도로 매우 진전되었다.

1150년경 이후에는 옛 카스트라, 즉 제후의 궁정과 성당을 보호해 주는 성채가 성격면에서 많은 변화를 겪게 되었다. 이 성채들에서 군사적 임무를 띤 거주민들이 점차 소거되었다. 전사 수행원들은 해산되고, 서유럽에서 그러했던 것처럼 기사들은 시골 영지에 정착하였다. 동시기 동안 보헤미아의 수공업 생산은 전문화된 하인들의 마을들간에 더 이상 분산되지 않게 되었다. 방책화된 성채 인근의 시장 주변에 일단의 가옥들이 발달하였다. 이곳의 전문적인 외래 상인들은 '고로트'라 불리는 '라틴구역'에서 가게를 열었다. 이처럼 알지 못하는 사이에 이전의 키비타스에서 경제적 기능이 다른 기능들을 압도하게 되었다. 서유럽에서처럼 대규모 마을들간에 관계망이 확립되어 큰 도시시장과 농민 생산자들간의 중개 역할을 하였다. 더불어 새로운 도시들이 설립되었다. 이같은 도시들의 전형은 뤼베크인데, 이 도시의 생성은 동시기의 플랑드르 백작처럼 상업활동을 이용하여 자신의 현금 수입을 증대시키려고 했던 한 제후의 경제적 관심에서 직접 비롯되었다. 1138년에 이르러 독일 상인들은 발트 해상의 거래 요충지인 에타부의 옛 상업 중심지에 정착했으며, 이곳에서 스칸디나비아 상인들을 압도하였다. 이 거점이 1156-1157년에 파괴되었을 때, 작센의 사자공 하인리히 3세는 상업 식민지를 세우고자 하였다. 그는 수년 전 홀슈타인 백작이 건설하였지만, 실질적으로는 작센 공작 자신이 새로이 설립했던 도시에 상업 식민지를 마련하였다. 그는 이곳에서 조폐소·시장세·통과세를 제도화하였다. 또한 그는 러시아와 스칸디나비아 등 북부 왕국의 제후들에게 사절을 파견하여, 그들의 상인들이 제약 없이 여행하여 뤼베크 시에 도달할 수 있도록 평화를 제안하였다. 나아가 그는 뤼베크 시에 거주할 의사를 가지고 있는 라인란트와 베스트팔렌의 상인들에게 쾰른 시가 제공한 만큼의 유리한 혜택을 주겠다고 약속하였다. 당시 발트 해의 상업은 해외무역을 통해 부가의 재원을 마련했던 고틀란드 섬 출신의 농민들에 의해 좌우되고 있었다. 또한 1133-1136년 독일 모험가들이 이 섬의 주항구인 비스뷔에 식민지를 설립하면서 정착하였다. 1161년 사자공 하인리히 3세는 고틀란드 섬을 빈번히 왕래했던 로마제국 출신의 상인들로 구성된 공동체를 자신의 보호하에 두고, 노브고로트 시장에서 유리한 지위를 점하였던 고틀란드인들과 협력하여 이들의 안전을 도모해 주었다. 1180년대에 상당한 톤수의 배들이 발트 해의 동부 후미지역으로부터 뤼베크로 꿀과 모피·피치·타르를 운반하고 있었다. 북해에 이르기까지 육로로 운반되어 위와 유사한 배로 이적된 이 상품들은 플랑드르와 영국으로 운반되었다. 한편 북부로부터 온 배들은 이미 대서양 방면으로 모험을 감행하고 있었다. 큰 규모의 견인장치로 배들을 입항시킬 수 있는 부두를 갖춘 플랑드르 해안과 라 로셸 강가의 항구로 이 배들은 들어왔으며, 소금과 포도주를 싣고 재차 항해하였다. 대서양으로의 항해는 부르뇌프 만의 소금 제조업자들에게 기회를 제공해 주었고, 올레롱과 라 로셸 강 주변에 방대한 새로운 포도주 수출지역을 조성해 주었다. 이런 식으로 새로운 회합 장소들이 확립되었다. 유럽의 경제 궤도가 동부에서 서부로 빠르게 이동하도록 촉발시킨 점에서 위 사실은 중대한 영향을 미쳤다.

*

　서구의 핵심부인 영국, 갈리아와 게르마니아의 옛 프랑크 왕국 영토에서 12세기 후반의 점환점은 가장 뚜렷이 부각된다. 이곳에서 전환은 진정한 도약의 모습을 띠었다. 우리는 본 글의 곳곳에서 도약의 많은 흔적들을 이미 보아왔다. 이제 여러 가닥의 흔적들을 함께 수합할 시점이 되었다.

　1) 기술의 역사는 그것의 시간적 추이를 파악하기가 가장 어려운 분야이다. 그렇지만 초기 기술 발전 국면의 정점을 12세기의 마지막 15년간으로 설정해도 좋을 것 같다. 피카르디에서 농장 규모를 증대시킨 과정이 멈추고 인구 압력의 흔적들이 빈번히 나타나는 이 시점에서, 우리는 또한 경작장비들이 개선의 마지막 국면에 접어들고 있음을 관찰할 수 있지 않은가? 물레방아·화덕·중쟁기가 보편화되지 않았던가? 또한 삼포제가 시행되지 않았던가? 최초의 비약은 처녀지의 정복과 도구 개선을 통해 농업 생산이 수십 년 내에 가시적으로 증가할 수 있게 해주었다. 곡물 경작은 명백히 일정 단계에 다다랐으며, 이후 농촌 생산의 가장 뚜렷한 진전은 가경지에서가 아니라 초지와 삼림에서 이루어졌는데, 이는 도시경제가 필요로 하는 긴급한 수요에 부응하기 위한 것이었다. 도시들은 일련의 기술 진보에 힘입어 바로 이 시점에서 재차 성장해 갔다. 예컨대 물레와 쇄광기가 수공업 생산의 급진전을 가능케 하는 한편, 큰 용적의 배들은 무거운 물품의 운반을 용이하게 해주었다. 더욱이 작센 지방의 프라이베르크 은광이 발견된 연대도 1170년경이다. 그리고 이 발견은 유럽의 광업사에서 첫번째의 위대한 시기를 열었을 뿐만 아니라, 교환경제의 가장 필수적 요소, 즉 유통 주화수를 증가시킬 수단을 공급해 주었다.

2) 상업 팽창의 추진력이 훨씬 강력해졌다. 이탈리아 상인들이 영국에서 행운을 얻고자 한 반면, 아라스 상인들의 존재가 제노바에서 확인되고 있다. 이들 아라스 상인들은 아스티 출신의 상인들이 이미 획득한 바 있는 특권을 1190년 부르고뉴 공작으로부터 획득하였다. 이들은 샹파뉴 정기시로 가는 도중에 최소의 비용으로 부르고뉴의 도시들을 통과하도록 허용받았다. 북프랑스에서 유통된 화폐들 중 프로뱅의 데나리우스가 파리의 데나리우스와 우선권을 다투기 시작했다. 상인들이 회합하고 재정적 안정을 확보하는 기제가 트루아와 라니·바르-쉬르-오브·프로뱅에서 정규적으로 기능하기 시작하였다. 이 도시들은 한 세기 동안 유럽을 관통하는 원거리 무역의 시발점들로 작용하였다. 동시에 도시 성장은 뚜렷이 보다 집중화되었다. 베스트팔렌에서 도시 발전의 주시기는 1180년경에 시작해서 14세기 중엽까지 지속되었다.[32] 수공업 생산과 관련하여 도처에서 도시시장의 상대적 축소현상이 발견되는 것도 이 시점에서이다. 이같은 축소현상은 도시들간의 경쟁과 농촌 부르고스의 증대, 그리고 대장장이 일과 같은 작업들의 농촌으로의 복귀에 의해 초래되었기 때문에, 사실은 성장의 결과로 나타난 것이다. 위 현상은 보다 엄격한 생산조직을 필요하게 만들었고, 따라서 수공업 규제를 보다 강화하는 방향으로 이끌었다. 도시 영주들은 지금껏 직인들을 예전의 가솔하인들로서 다룰 때와 마찬가지로 주로 과징의 대상으로서만 관심을 기울여 왔다. 이제 파리와 런던·툴루즈에서 도시 영주들은 직인들을 보다 엄격히 조직된 수공업 길드로 편성하는 데 관심을 기울였다. 그 이후 무역이 보다 활력을 얻게 된 증거로서 가격이 신속히 상승하였다. 영국에서 작성된 최초의 장원 회계 문서들은 곡물 가격의 상승을 보여 준다. 1160-1179년과 비교해 볼 때, 1180-1199년에는 40퍼센트가, 1200-1219년에는 1백30퍼센트가 상승하였다——주화의 수로 보면 25퍼센트, 주화의 은 함유량을 고려하면 50퍼센

---

32) H. Haase, *Die Enstehung des westfälischen Städte*, 1960.

트의 상승이 있었다. 이 수치는 주화가치의 점진적 하락과 급격한 가격 상승을 동시에 나타내 주는데, 두 요소는 교환 증대에 의해 야기되었다.

3) 결국 12세기의 마지막 15년간에 농촌사회에서 초보적 경제 태도의 첫번째 촉발현상이 감지될 수 있다. 출생이 천한 사람들이 기사계급으로 유입됨으로써 하위귀족층이 뚜렷이 구성상의 변화를 겪기 시작했던——이후 기사문학에서 벼락출세자를 소재로 한 주제들이 인기를 끌었다——바로 그 시점에서, 그리고 시골의 군소 지주들이 낭비 성향으로 인해 지난 수백 년간 제후와 성직자들이 경험했던 것에 비견될 만한 재정적 곤경을 겪게 된 시점에서, 기사들은 자신들의 친족이나 이웃 귀족에게서 적절한 신용수단을 더 이상 마련할 수 없게 되었다. 이들 역시 도시민들로부터 차용하고, 자신의 영지 일부를 그들에게 팔아야 했다. 유지비를 더 이상 감당하지 못하게 된 일부 기사들은 자신의 아들들을 기사로서 서임시키지 못하게 된 한편, 더욱더 완강하게 귀족으로서의 자신의 특권에 집착하였다. 영국에서는 새로운 농장 경영방식이 시행되었다. 대규모 베네딕투스 수도원들은 1180년경 자신의 장원들을 더 이상 차지시키지 않고, 이를 직접 경작하기로 하였다. 영국의 농촌에서 토지 생산량을 증대하려는 영주의 욕구는 다양한 혁신을 초래하였다. 영주는 마을민을 보다 가혹하게 수탈하기 위해 이들의 지위를 과거 노예의 지위로 하락시키고자 하였고, 더불어 집사들이 맡아 온 장원관리를 보다 정확한 산정법을 알고 있는 회계인의 엄격한 통제하에 두고자 하였다. 직접적인 경영방침은 경제사에서 최고의 중요성을 띠는 결정이었다. 영국에서 경제현상에 대한 첫번째의 통계학적 접근을 가능케 한 체계적 회계는 12세기말에 시작되며——곡물 가격의 동향은 이 시점부터 추적될 수 있다——이는 유럽 통계사의 시발을 이룬다. 이같은 장부용 회계문서들의 출현은 무엇보다 행동방식의 변화를 나타내 준다. 즉 이 문서들에서 문제의 상태를 정확히 파악하고 대차대조표를 작성하며 이윤을 산정하려는 바람, 즉 이윤추구욕을 엿볼 수 있다. 1181년 플랑드르 백작의 수입을 계산했던 회계인들과

같은 제후의 재정전문가들은 이러한 정신의 소유자들이었다. 이들은 도시 상인들의 관행을 농촌영역으로 끌어들였다. 이들은 개간중인 땅의 미니스테리알레스와 농부·감독관들과 같은 소규모 경영가들 사이에서 이러한 관행을 서서히 유포시켰다. 이들은 경영가들의 이윤 획득욕을 자극하고, 그들에게 경제 발전의 추구에서 보다 능동적인 역할을 행하도록 장려하였다. 도시경제의 정신은 이들에 의해 농촌으로 스며들었다.

*

필자는 1180년대를 탐험적인 본 저술의 마지막 시기로 선택하였는데, 이 시점이 유럽 경제사의 주요 전환점으로 보이기 때문이다. 본 연구의 출발점인 7세기는 자료가 매우 희소하여 덜 분명하긴 하지만, 역시 유럽 경제사의 전환점이었다. 초기의 이 국면에서 성장운동이 시작되었다. 농업 생산의 진전은 이러한 성장운동을 지탱해 주었고, 토지를 소유하고 경작자들을 압박하면서 자신의 일차적 관심을 과시적으로 보다 관대히 베푸는 데 두었던 군사귀족의 요구에 부응하였다. 11세기 이전까지는 농업 생산이 저조하였다. 성장은 주로 전쟁경제 —— 이 경제의 기초가 되는 노예제·약탈과 더불어 —— 에 의한 성장이었다. 그렇지만 이후 곧 확립된 봉건평화에서 결정적 정복은 점차 농민층에 의한 정복의 형태를 띠었다. 농민층은 생산을 증대하고자 하는 영주의 강제에 의해 부추겨지고, 수적으로 증가되면서 점차 자유로이 자신의 노동력을 스스로 이용하게 되었을 뿐만 아니라 자신의 수확물을 판매하고자 하였다. 12세기말에 이루어진 변화는 이같은 농업 진보의 흐름에 영향을 주지 못했다. 약진의 힘은 약화되지 않았으며 이후 수십 년 동안 더 오래 지속되었다. 급격히 변화된 것은 그것의 기능이었다. 지금까지 농업은 모든 발전의 주요 배후 추진력이었다. 하지만 이후 농업은 보조적인 산업 분야가 되었다. 12세기말 동안, 얼마 지나지 않아 농민의 상황을 지속적으로 약화시키게 될 토지 부족의 첫번째 징후들이 발견된다. 이후 종속적인 위치에 놓이게 된 농촌 경제는 우월한 도시경제의 압력을 받게 되었다. 1180년경 유럽 전역에 걸쳐 사업인의 시대가 목전에 열리게 되었다. 1180년 이후 이윤추구욕은 관대히 베푸는 정신을 꾸준히 축소시켰다. 베푸는 미덕에 대한 향수는 오랫동안 사라지지 않았다. 그러나 이제 그것은 영웅신화와 상징으로서, 동시에 중세인들이 살아 있는, 그리고 지고의 것으로 칭송했던 가치로서만 남게 되었다. 중세초는 농민의 시대였고, 또한 이들의 영주인 전사의 시대였다.

참고 문헌

참고 문헌의 목록은 의도적으로 짧게 하였다. 거듭 말하자면 본 저서는 전문 연구서가 아니라 에세이에 해당한다. 여기서는 나의 사고에 영향을 준 주요 저술과, 가장 최근의 유용한 참고 문헌을 담고 있는 발간물들을 소개하고자 한다.

I. 통 서

Bloch M.: *La Société féodale*, 2 vol., Paris, 1940.

Boutruche R.: *Seigneurie et féodalité*, 2 vol., Paris, 1959-1970.

Caratteri del secolo VII in Occidente, 2 vol.(*V Settimane di Studi del Centro italiano di Studi sull'alto medioevo*), Spolète, 1958.

Cipolla C. M.: *Storia dell'economia italiana*, vol. I, Turin, 1959.

Cipolla C. M.(édit.): *The Middle Ages(The Fontana Economic History of Europe)*, Londres, 1972.

Deuxième confèrence internationale d'histoire économique, Aix-en-Provence, 1962, Paris, 1965.

Doehaerd R.: *Le Haut Moyen Age occidental. Économies et sociétés* (Nouvelle Clio), Paris, 1971.

Hensel W.: *La Naissance de la Pologne*, Wroclaw, 1966.

I problemi comuni dell'Europa post-carolingia(II Settimana di Studi del Centro italiano di studi sull'alto medioevo), Spolète, 1955.

Kulischer J. -M.: *Allgemeine Wirtschaftsgeschichte des Mittelalters und der Neuzeit*, 4ᵉ édition, Berlin, 1958.

Lesne E.: *Histoire de la propriété ecclésiastique en France*, 6 vol., Paris, 1910-1943.

Lopez R. S.: *The Commercial Revolution of the Middle Ages, 950-1350*, Englewood Cliffs, 1971.

Luzzato G.: *Storia economica d'Italia. I. L'Antichità e il Medio Evo*, Rome, 1949.

Musset L.: *Les Peuples scandinaves au Moyen Age*, Paris, 1951.

Pirenne H.: *Histoire économique et sociale du Moyen Age*, nouvelle édition revue par H. Van Werveke, Paris, 1963.

Salin E.: *La Civilisation mérovingienne d'après les sépultures, les textes et le laboratoire*, 4 vol., Paris, 1950-1959.

Vicens Vives J.: *Manual de Historia económica de España*, 3ᵉ édition, Barcelone, 1964.

Wolff Ph., Mauro F.: *L'Age de l'artisanat, Vᵉ-XVIIIᵉ siècle, Histoire générale du travail*, t. II, Paris, 1960.

ㄹ· 환경 · 인구통계 · 기술

Bautier A. M.: ⟨Les plus anciennes mentions de moulins hydrauliques, industriels et de moulins à vent⟩, *Bulletin philologique et historique*, 1960.

Bloch M.: ⟨Les inventions médiévales⟩, *Annales E.S.C.*, 1935.

Darby H. C.(édit.): *An Historical Geography of England*, Cambridge, 1936.

Daumas M.(édit.): *Histoire générale des techniques*, t. I, B. Gille, *Les Origines de la civilisation technique*, Paris, 1962.

Derry T. K. et Williams T. P.: *A short history of technology*, New York, Oxford, 1961.

Fournier G.: *Le Peuplement rural en basse Auvergne durant le haut Moyen Age*, Paris, 1962.

Gille B.: ⟨L'industrie métallurgique en Champagne au Moyen Age⟩, *Revue d'histoire de la sidérurgie*, 1960.

Jahnkuhn H.: ⟨Die Entstehung der mittelalterlichen Agrarlandschaft in Angeln⟩, *Geographische Annalen*, 1961.

Le Roy Ladurie E.: *Times of Feast, Times of Famine: a History of Climate since the year 1000*, New York, 1971.

Russel J. C.: *British Medieval Population*, Albuquerque, 1948.

Russel J. C.: *Late Ancient and Medieval Population*, Philadelphie, 1958.

Schneider J.: ⟨Fer et sidérurgie dans l'économie europiéenne du XIe au XVIIe siècle⟩, *Actes du colloque international: le fer à travers les ages*, Nancy, 1956.

Singer C., Holmyard E. J., Hall A. R., Williams T. I., édit.: *A history of technology, vol. II: The mediterranean Civilizations and the Middle Ages*, Oxford, 1956.

Sprandel R.: *Das Eisengewerbe im Mittelalter*, Stuttgart, 1968.

Verhulst A.: *Histoire du paysage rural en Flandre de l'époque romaine au XVIIIe siècle*, Bruxelles, 1966.

White L.: *Medieval technology and Social Change*, Oxford, 1962.

ㄹ· 농촌경제

1)일반서

Abel W.: *Geschichte der deutschen Landwirtschaft von frühen Mittelalter bis zum XIX. Jahrhundert*, vol. II de *Deutsche Agrargeschichte*, Stuttgart, 1962.

Abel W.: chap. VI et VII du *Handbuch der deutschen Wirtschafts- und Sozialgeschichte*(H.Aubin et W.Zorn, édit.), Stuttgart, 1971.

Agricoltura e mondo rurale in Occidente nell'alto medioevo'(*XIII Settimana di Studi sull'alto medioevo*), Spolète, 1966.

Bloch M.: *Les Caractères originaux de l'histoire rurale française*, 2 vol., Paris, 2ᵉ édition, 1961-1964.

Duby G.: *L'Économie rurale et la vie des campagnes dans l'Occident médiéval*, 2 vol., Paris, 1961.

Franz G.: *Geschichte des Bauernstandes*, vol. VI de *Deutsche Agrargeschichte*, Stuttgart, 1963.

Jones P. J.: ⟨Per la storia agraria italiana nel medioevo: lineamenti e problemi⟩, *Rivista storica italiana*, 1964.

Lutge F.: *Geschichte der deutschen Agrarverfassung vom frühen Mittelalter bis zum XIX, vol. III de Deutsche Agrargeschichte*, Stuttgart, 1963.

Slicher Van Bath B. H.: *The Agrarian History of Western Europe, 500-1850*, Londres, 1963.

The agrarian life of the Middle Ages, vol. I de The Cambridge Economic History of Europe, M. M. Postan, édit., 2ᵉ édition, Cambridge, 1966.

2) 지방사 연구

Deleage A.: *La Vie rurale en Bourgogne jusqu'au début du XIᵉ siècle*, 3 vol., Paris, 1941.

Despy G.: ⟨Villes et campagnes aux IXᵉ et Xᵉ siècles: l'exemple du pays mosan⟩, *Revue du Nord*, 1968.

Dion R.: *Histoire de la vigne et du vin en France, des origines au XIXᵉ siècle*, Paris, 1959.

Dollinger Ph.: *L'Évolutions des classes rurales en Bavière jusqu'au milieu du XIIIᵉ siècle*, Paris, 1949.

Duboulay F. R. H.: *The Lordship of Canterbury. An essay on medieval society*, Londres, 1966.

Duby G.: *La Société aux XIᵉ et XIIᵉ siècles dans la région mâconnaise*, Paris, 1953.

Finberg H. P. R.: *Tavistock Abbey. A Study in the social and economic History of Devon*, Cambridge, 1951.

Fossier R.: *La Terre et les hommes en Picardie jusqu'à la fin du XIII*
siècle, Paris-Louvain, 1968.

Herlihy D.: 〈Agraian Revolution in France and Italy 801-1150〉,
Speculum, 1958.

Lennard R.: Rural England, 1068-1135. A Study of social and Agrarian
Conditions, Oxford, 1959.

Metz W.: 〈Die Agrarwirtschaft im karolingischen Reiche〉, *Karl der*
Grosse, I, Düsseldorf, 1965.

Miller G.: *The Abbey and Bishopric of Ely. The social History of an*
Ecclesiastical Estate from the Xth century to the early XIVth century,
Cambridge, 1951.

Perrin Ch. E.: *Recherches sur la seigneurie rurale en Lorraine d'après*
les plus anciens censiers(X^e-XIIe siècle), Strasbourg, 1935.

Perrin Ch. E.: 〈Observations sur le manse dans la région parisienne au
début du IXe siècle〉, *Annales d'histoire sociale*, 1945.

Postan M. M.: *The Famulus, the estate Labourer in the XIIth and*
XIIIth centuries, Cambridge, 1954.

Raptis J. A.: *The Estates of Ramsey Abbey. A Study in Economic*
Growth and organisation, Toronto, 1957.

Verhulst A. G.: *De Sint-Baafsaddij te Gent en haar Grondbezit*,
Bruxelles, 1958.

Verlinden C.: *L'Esclavage en Europe médiévale*, t. I: *Péninsule*
ibérique, France, Bruges, 1955.

ㄴ. 화폐 · 도시 · 상업

1) 화 폐

Bloch M.: *Esquisse d'une histoire monétaire de l'Europe*, Paris, 1954.
Bloch M.: 〈Le problème de l'or au Moyen Age〉, *Annales E.S.C.*, 1933.
Cipolla C. M.: *Money, Prices and Civilizations in the Mediterranean*
World, Princeton, 1956.

Cipolla C. M.: *Le avventure della lira*, Milan, 1958.

Doehaerd R.: 〈Les réformes monétaires carolingiennes〉, Annales E.S.C., 1952.

Duby G.: 〈Le budget de l'abbaye de Cluny entre 1080 et 1155〉, *Annales E.S.C.*, 1952.

Kiersnowski R.: 〈Coins in the economic and political structure of states between the IXth and XIth century〉, *L'Europe aux XIe-XIIe siècles*, Varsovie, 1968.

Lalik, T.: 〈La circulation des métaux précieux en Pologne du Xe au XIIe siècle〉, *Acta Poloniae historica*, 1968.

Lopez R.: 〈An aristocraty of money in the early middle ages〉, *Speculum*, 1953.

Moneta e scambi nell'alto medioevo(VIII Settimana di Studi del Centro italiano di Studi sull'alto medioevo), Spolète, 1961.

Sawyer P. H.: 〈The Wealth of England in the XIth century〉, *Transactions of the Royal Historical Society*, 1965.

Van Verweke H.: 〈Monnaies, lingots ou marchandises. Les instruments d'échange aux XIe et XIIe siècles〉, *Annales d'histoire économique et sociale*, 1932.

2) 도시와 도시사회.

Akkerman J. B.: 〈Het Koopmansgilde van Tiel omstreeks het jaar 1000〉, *Tijdschrift voor Rechtsgeschiedenis*, 1962.

Bonnassie P.: 〈Une famille de la campagne barcelonaise et ses activités économiques aux alentours de l'an mille〉, *Annales du Midi*, 1965.

Coornaert E.: 〈Des confréries carolingiennes aux guildes marchandes〉, *Mélanges d'histoire sociale*, 1942.

Dollinger Ph.: *La Hanse(XIIe-XVIIe siècle)*, Paris, 1964.

Ennen E.: *Frühgeschichte der europaischen Stadt*, Bonn, 1953.

La Città nell'alto medioevo(VI Settimana di Studi del Centro italiano di Studi sull'alto medioevo), Spolète, 1959.

L'Artisanat et la vie urbaine en Pologne médiévale, Varsovie, 1962.

Les Origines des villes polonaises(Congrès et Colloques de la VIe section de l'Ecole pratique des Hautes Études), Paris, 1960.

Leicht P. S.: *Operai, artigiani, agricoltori in Italia del secolo VI al XVI*, Milan, 1946.

Lestocquoy J.: *Aux origines de la bourgeoisie. Les villes de Flandre et d'Italie sous le gouvernement des patriciens. XIe-XVe siècle*, Paris, 1952.

Mundy J. H., Riesenberg P.: *The Medieval Town*, Princeton, 1958.

Planitz H.: *Die deutsche Stadt im Mittelalter*, Graz-Cologne, 1954.

Romero J. L.: *La Revolución burguesa en el mundo feodal*, Buenos Aires, 1967.

Sanchez-Albornoz C.: *Estampas de la vida en León hace mil annos*, Madrid, 1934.

Vercauteren F.: *Étude sur les ⟨civitates⟩ de la Belgique seconde*, Paris, 1934.

Violante C.: *La Società milanese nell'età precomunale*, Bari, 1953.

3) 상 업

Dhondt J.: ⟨Les problèmes de Quentovic⟩, *Studi in onore di Amintore Fanfani*, Milan, 1962.

Doehaerd R.: ⟨Au temps de Charlemagne. Ce qu'on vendait et comment on le vendait dans le Bassin parisien⟩, *Annales E.S.C.*, 1947.

Economic organization and policies in the Middle Ages, vol. III de *The Cambridge Economic History of Europe*, M. M. Postan, édit., Cambridge, 1963.

Endemann R.: *Markturkunde und Markt in Frankreich und Burgund vom 9. bis 11. Jahrhundert*, Constance, 1964.

Grierson P.: ⟨Commerce in the Dark Ages, a critique of the evidence⟩ *Transactions of the Royal Historical Society*, Bruxelles, 1959.

Jankuhn H.: ⟨Die frühmittelaterlichen Seehandelsplätze im Nordund Ostseeraum⟩, *Studien zu den Anfängen des europäischen Städtewesens*, Constance, 1958.

Le Goff J.: *Marchande et banquiers du Moyen Age*, Paris, 1956.

Lewis A. R.: 〈Le commerce et la navigation sur les côtes alantiques de la Gaule du Ve au VIIIe siècle〉, *Le Moyen Age*, Paris, 1953.

Lewis A. R.: *Naval Power and trade in the Mediterranean, A. D. 500-1100*, Princeton, 1951.

Lopez R., Raymond I. W.: *Mediaeval trade in the Mediterranean World*, New York, 1955.

Recueils de la société Jean Bodin: vol. V: *La Foire*, Bruxelles, 1953.

Renouard Y.: *Les Hommes d'affaires italiens du Moyen Age*, Paris, 1949.

Trade and Industry in the Middle Ages, vol. II de *The Cambridge Economic History of Europe*, M. M. Postan, édit., Cambridge, 1952.

Warnek Ch.: *Die Anfänge des Fernhandels in Polen*, Würzbourg, 1964.

역자 후기

　조르주 뒤비는 아날학파의 제2세대로서 마르크 블로크의 제자이다. 전후 프랑스 중세 사학을 선도한 인물로 연구 분야 전반에 걸쳐 학계에 지대한 영향을 끼쳤다. 평소 그의 저서들을 탐독하며 지식을 넓혀 온 역자로서는, 이번에 출판사의 호의에 의해 그의 가장 대중적 저서를 번역할 수 있게 되어 진정으로 기쁘게 생각한다.

　이 번역서는 Georges Duby, *guerriers et paysans(VIIe-XIIe siècle): premier essor de l'économie européenne*(Gallimard, 1973)을 대본으로 하였고, 영어판 *The Early Growth of the European Economy: Warriers and Peasants from the seventh to the twelfth century*(trans. by H. B. Clarke, Itaca, New York, 1974)를 다소 참조하였다.

　프랑스어본의 부제이며 영어본의 주제목인 〈유럽 경제의 초기 성장: 7-12세기〉가 본글의 취지를 보다 잘 담고 있다고 생각된다. 뒤비는 7세기를 전환점으로 하여 유럽 경제가 서서히 성장(농업 생산의 진전)하며, 12세기말에 이르러 비약(도시경제가 농촌경제를 압도)하는 것으로 파악하였다. 그는 중세초 제후의 선물, 교회의 장려함, 유력한 자의 묘지에 비장되었던 주화, 희생제의 등 여러 면에서 엿볼 수 있는 장식적 사치에 관심을 기울였다. 뒤비의 이같은 논지는 7,8세기부터 오히려 유럽 경제가 현저히 후퇴했다고 보는 종래의 유력한 견해와는 현저히 대비되고 있다. 또한 중세초를 순례나 기근, 전쟁과 약탈로 점철된 시대로만 보려는 일반인의 생각을 뒤엎는 것이라고 할 수 있다. 이를 증명함에 있어 그는 방대한 통계수치, 이론적 논의를 동원하거나 현대의 경제 모형을 당대에 적용하려는 일반 경제사가들의 연구방식을 취하고 있지 않다. 그는 중세초 유럽인의 경제활동을 당시 경제뿐만 아니라 그들의 심성, 종교, 생활방식, 정치제도, 전쟁 등과 관련하여 고려하였다. 저자는 최근의 고전학(古錢學)·화상학(iconographie)·수목학(dendrolo-gie)·기후학·고고학 등의 연구성과를 충분히 받아들이고 있다. 또한 인도·중국·러시아 및 여타 원시사회에 대한 인류학적 연구성과물을 이용하였다. 그는 이같은 방법론들에 부가하여 풍부한 역사학적 상상력을 동원하여 사료가 부족한 실정임에도 불구하고, 중세초 경제 성장의 양상을 실감나게 묘사하였다. 그리고 그 업적으로 폴 발레리상을 수상하였다. 평소 오케스트라를 지휘할 정도의 풍부한 감성과 상상력을 겸비했던 필자는, 탁월한 어휘 선택과 문장력으로 자신의 학문적 성과를 더욱 돋보이게 하였다. 이를 제대로 표현해 내지 못한 역자의 짧은 글솜씨가 아쉬울 따름이다.

이 번역서를 출간하는 데 여러분의 도움을 받았다. 가까이서 본책의 번역을 권유하고 책 내용과 관련된 도시사 부분에 많은 도움을 주신 강일휴 선생님께 고마움을 표하고 싶다. 무엇보다 정말 어려운 시기에 출판을 허락해 주신 동문선 출판사의 사장님, 그리고 편집부 여러분께 감사드린다.

1999년 3월 최 생 열

최생열

서강대학교 사학과졸업.

고려대학교 대학원 서양사학과를 졸업.

문학박사, 현재 수원대학교 · 조선대학교 강사.

문예신서
134

전사와 농민

초판발행 : 1999년 3월 30일

지은이 : 조르주 뒤비

옮긴이 : 최생열

펴낸이 : 辛成大

펴낸곳 : 東文選

제10-64호, 78. 12. 26 등록

서울 종로구 관훈동 74

전화 : 737-2795

팩스 : 723-4518

편집설계 : 이춘희 · 조성희 · 한인숙

ISBN 89-8038-038-0 94920

ISBN 89-8038-000-3 (세트)

【東文選 文藝新書】
1 저주받은 詩人들　　　　　　A. 뻬이르 / 최수철·김종호　　　　개정근간
2 민속문화론서설　　　　　　　沈雨晟　　　　　　　　　　　　　40,000원
3 인형극의 기술　　　　　　　A. 훼도토프 / 沈雨晟　　　　　　　8,000원
4 전위연극론　　　　　　　　　J. 로스 에반스 / 沈雨晟　　　　　12,000원
5 남사당패연구　　　　　　　　沈雨晟　　　　　　　　　　　　　10,000원
6 현대영미희곡선(전4권)　　　 N. 코워드 外 / 李辰洙　　　　　 각 4,000원
7 행위예술　　　　　　　　　　L. 골드버그 / 沈雨晟　　　　　　10,000원
8 문예미학　　　　　　　　　　蔡　儀 / 姜慶鎬　　　　　　　　　　절판
9 神의 起源　　　　　　　　　 何　新 / 洪　熹　　　　　　　　 10,000원
10 중국예술정신　　　　　　　 徐復觀 / 權德周　　　　　　　　 18,000원
11 中國古代書史　　　　　　　 錢存訓 / 金允子　　　　　　　　　8,000원
12 이미지　　　　　　　　　　 J. 버거 / 편집부　　　　　　　　12,000원
13 연극의 역사　　　　　　　　P. 하트놀 / 沈雨晟　　　　　　 12,000원
14 詩　論　　　　　　　　　　 朱光潛 / 鄭相泓　　　　　　　　　9,000원
15 탄트라　　　　　　　　　　 A. 무케르지 / 金龜山　　　　　 10,000원
16 조선민족무용기본　　　　　 최승희　　　　　　　　　　　　 15,000원
17 몽고문화사　　　　　　　　 D. 마이달 / 金龜山　　　　　　　8,000원
18 신화 미술 제사　　　　　　 張光直 / 李　徹　　　　　　　　10,000원
19 아시아 무용의 인류학　　　 宮尾慈良 / 沈雨晟　　　　　　　 8,000원
20 아시아 민족음악순례　　　　藤井知昭 / 沈雨晟　　　　　　　 5,000원
21 華夏美學　　　　　　　　　 李澤厚 / 權　瑚　　　　　　　　10,000원
22 道　　　　　　　　　　　　 張立文 / 權　瑚　　　　　　　　18,000원
23 朝鮮의 占卜과 豫言　　　　 村山智順 / 金禧慶　　　　　　　15,000원
24 원시미술　　　　　　　　　 L. 아담 / 金仁煥　　　　　　　　9,000원
25 朝鮮民俗誌　　　　　　　　 秋葉隆 / 沈雨晟　　　　　　　　12,000원
26 神話의 이미지　　　　　　　J. 캠벨 / 扈承喜　　　　　　　　　근간
27 原始佛敎　　　　　　　　　 中村元 / 鄭泰爀　　　　　　　　　8,000원
28 朝鮮女俗考　　　　　　　　 李能和 / 金尙憶　　　　　　　　12,000원
29 朝鮮解語花史　　　　　　　 李能和 / 李在崑　　　　　　　　15,000원
30 조선창극사　　　　　　　　 鄭魯湜　　　　　　　　　　　　 7,000원
31 동양회화미학　　　　　　　 崔炳植　　　　　　　　　　　　 9,000원
32 性과 결혼의 민족학　　　　 和田正平 / 沈雨晟　　　　　　　 9,000원
33 農漁俗談辭典　　　　　　　 宋在璇　　　　　　　　　　　　12,000원
34 朝鮮의 鬼神　　　　　　　　村山智順 / 金禧慶　　　　　　　12,000원
35 道敎와 中國文化　　　　　　葛兆光 / 沈揆昊　　　　　　　　15,000원
36 禪宗과 中國文化　　　　　　葛兆光 / 鄭相泓·任炳權　　　　　8,000원
37 오페라의 역사　　　　　　　L. 오레이 / 류연희　　　　　　 12,000원
38 인도종교미술　　　　　　　 A. 무케르지 / 崔炳植　　　　　 14,000원
39 힌두교 그림언어　　　　　　안넬리제 外 / 全在星　　　　　　9,000원

40	중국고대사회	許進雄 / 洪　熹	22,000원
41	중국문화개론	李宗桂 / 李宰碩	15,000원
42	龍鳳文化源流	王大有 / 林東錫	17,000원
43	甲骨學通論	王宇信 / 李宰錫	근간
44	朝鮮巫俗考	李能和 / 李在崑	12,000원
45	미술과 페미니즘	N. 부루드 外 / 扈承喜	9,000원
46	아프리카미술	P. 윌레뜨 / 崔炳植	10,000원
47	美의 歷程	李澤厚 / 尹壽榮	15,000원
48	曼茶羅의 神들	立川武藏 / 金龜山	10,000원
49	朝鮮歲時記	洪錫謨 外/李錫浩	30,000원
50	하 상	蘇曉康 外 / 洪　熹	8,000원
51	武藝圖譜通志 實技解題	正　祖 / 沈雨晟·金光錫	15,000원
52	古文字學 첫걸음	李學勤 / 河永三	9,000원
53	體育美學	胡小明 / 閔永淑	10,000원
54	아시아 美術의 再發見	崔炳植	9,000원
55	曆과 占의 科學	永田久 / 沈雨晟	8,000원
56	中國小學史	胡奇光 / 李宰碩	20,000원
57	中國甲骨學史	吳浩坤 外 / 梁東淑	근간
58	꿈의 철학	劉文英 / 河永三	15,000원
59	女神들의 인도	立川武藏 / 金龜山	13,000원
60	性의 역사	J. L. 플랑드렝 / 편집부	18,000원
61	쉬르섹슈얼리티	W. 챠드윅 / 편집부	10,000원
62	여성속담사전	宋在璇	18,000원
63	박재서희곡선	朴栽緒	10,000원
64	東北民族源流	孫進己 / 林東錫	13,000원
65	朝鮮巫俗의 硏究 (상·하)	赤松智城·秋葉隆 / 沈雨晟	28,000원
66	中國文學 속의 孤獨感	斯波六郎 / 尹壽榮	8,000원
67	한국사회주의 연극운동사	李康列	8,000원
68	스포츠 인류학	K. 블랑챠드 外 / 박기동 外	12,000원
69	리조복식도감	리팔찬	10,000원
70	娼　婦	A. 꼬르벵 / 李宗旼	20,000원
71	조선민요연구	高晶玉	30,000원
72	楚文化史	張正明	근간
73	시간 욕망 공포	A. 꼬르벵	근간
74	本國劍	金光錫	40,000원
75	노트와 반노트	E. 이오네스코 / 박형섭	8,000원
76	朝鮮美術史硏究	尹喜淳	7,000원
77	拳法要訣	金光錫	10,000원
78	艸衣選集	艸衣意恂 / 林鍾旭	14,000원
79	漢語音韻學講義	董少文 / 林東錫	10,000원

80 이오네스코 연극미학	C. 위베르 / 박형섭	9,000원
81 중국문자훈고학사전	全廣鎭 편역	15,000원
82 상말속담사전	宋在璇	10,000원
83 書法論叢	沈尹默 / 郭魯鳳	8,000원
84 침실의 문화사	P. 디비 / 편집부	9,000원
85 禮의 精神	柳 肅 / 洪 熹	10,000원
86 조선공예개관	日本民芸協會 편 / 沈雨晟	30,000원
87 性愛의 社會史	J. 솔레 / 李宗旼	12,000원
88 러시아 미술사	A. I. 조토프 / 이건수	16,000원
89 中國書藝論文選	郭魯鳳 選譯	18,000원
90 朝鮮美術史	關野貞	근간
91 美術版 탄트라	P. 로슨 / 편집부	8,000원
92 군달리니	A. 무케르지 / 편집부	9,000원
93 카마수트라	바쨔야나 / 鄭泰爀	10,000원
94 중국언어학총론	J. 노먼 / 全廣鎭	18,000원
95 運氣學說	任應秋 / 李宰碩	8,000원
96 동물속담사전	宋在璇	20,000원
97 자본주의의 아비투스	P. 부르디외 / 최종철	6,000원
98 宗敎學入門	F. 막스 뮐러 / 金龜山	10,000원
99 변 화	P. 바츨라빅크 外 / 박인철	10,000원
100 우리나라 민속놀이	沈雨晟	15,000원
101 歌 訣	李宰碩 편역	20,000원
102 아니마와 아니무스	A. 융 / 박해순	8,000원
103 나, 너, 우리	L. 이리가라이 / 박정오	10,000원
104 베케트 연극론	M. 푸크레 / 박형섭	8,000원
105 포르노그래피	A. 드워킨 / 유혜련	12,000원
106 셸 링	M. 하이데거 / 최상욱	12,000원
107 프랑수아 비용	宋 勉	18,000원
108 중국서예 80제	郭魯鳳 편역	16,000원
109 性과 미디어	W. B. 키 / 박해순	12,000원
110 中國正史朝鮮列國傳 (전2권)	金聲九 편역	120,000원
111 질병의 기원	T. 매큐언 / 서일 · 박종연	12,000원
112 과학과 젠더	E. F. 켈러 / 민경숙 · 이현주	10,000원
113 물질문명 · 경제 · 자본주의	F. 브로델 / 이문숙 外	절판
114 이탈리아인 태고의 지혜	G. 비코 / 李源斗	8,000원
115 中國武俠史	陳 山 / 姜鳳求	12,000원
116 공포의 권력	J. 크리스테바 / 서민원	근간
117 주색잡기속담사전	宋在璇	15,000원
118 죽음 앞에 선 인간 (상 · 하)	P. 아리에스 / 劉仙子	각권 8,000원
119 철학에 관하여	L. 알튀세르 / 서관모 · 백승욱	10,000원

120	다른 곳	J. 데리다 / 김다은·이혜지	8,000원
121	문학비평방법론	D. 베르제 外 / 민혜숙	12,000원
122	자기의 테크놀로지	M. 푸코 / 이희원	12,000원
123	새로운 학문	G. 비코 / 李源斗	22,000원
124	천재와 광기	P. 브르노 / 김응권	13,000원
125	중국은사문화	馬 華·陳正宏 / 강경범·천현경	12,000원
126	푸코와 페미니즘	C. 라마자노글루 外 / 최 영 外	16,000원
127	역사주의	P. 해밀턴 / 임옥희	12,000원
128	中國書藝美學	宋 民 / 郭魯鳳	16,000원
129	죽음의 역사	P. 아리에스 / 이종민	13,000원
130	돈속담사전	宋在璇 편	15,000원
131	동양극장과 연극인들	김영무	15,000원
132	生育神과 性巫術	宋兆麟 / 洪 熹	20,000원
133	미학의 핵심	M. M. 이턴 / 유호전	14,000원
134	전사와 농민	J. 뒤비 / 최생열	18,000원
135	여성의 상태	N. 에니크 / 서민원	근간
136	중세의 지식인	자크 르 코프 / 최애리	근간
137	구조주의의 역사(전4권)	프랑수아 도스 / 이봉지 外	각권 13,000원
138	글쓰기의 문제해결전략	L. 플라워 / 원진숙·황정현	18,000원
139	음식속담사전	宋在璇 편	16,000원
140	고전수필개론	權 瑚	16,000원
141	예술의 규칙들	P. 부르디외 / 하태환	근간
142	사회를 보호해야 한다	M. 푸코 / 박정자	16,000원

【롤랑 바르트 전집】

현대의 신화	이화여대 기호학 연구소 옮김	15,000원
모드의 체계	이화여대 기호학 연구소 옮김	18,000원
텍스트의 즐거움	김희영 옮김	10,000원
라신에 관하여	남수인 옮김	10,000원

【東文選 現代新書】

우리는 무엇을 아는가	T. 나겔 / 오영미	5,000원
히스테리 사례분석	S. 프로이트 / 태혜숙	7,000원
에쁘롱	J. 데리다 / 김다은	7,000원
정치학이란 무엇인가	K. 미노그 / 이정철	6,000원
사랑의 지혜	A. 핑켈크로트 / 권유현	6,000원
불교란 무엇인가	D. 키언 / 고길환	6,000원
텔레비전에 대하여	P. 부르디외 / 현택수	7,000원
강의에 대한 강의	P. 부르디외 / 현택수	6,000원
청소년을 위한 철학교실	A. 자카르 / 장혜영	7,000원

▨ 문학이론　　　　　　　　J. 컬러 / 이은영 · 임옥희　　　　7,000원
▨ 유대교란 무엇인가　　　　N. 솔로몬 / 최창모　　　　　　6,000원
▨ 일반미학　　　　　　　　R. 카이유와 / 이경자　　　　　6,000원
▨ 20세기 프랑스 철학　　　E. 매슈스 / 김종갑　　　　　　8,000원
▨ 사상의 패배　　　　　　　A. 핑켈크로트 / 주태환　　　　6,000원
▨ 의지, 의무, 자유　　　　　L. 밀러 / 이대희　　　　　　　6,000원
▨ 클래식　　　　　　　　　M. 비어드 外 / 박범수　　　　　6,000원

【기 타】

■ 甲骨文合集 (전18권)　　　　　　　　　　　　　　　　60만원
■ 古陶文字徵　　　　　　　高　明 · 葛英會　　　　　　20,000원
■ 古文字類編　　　　　　　高　明　　　　　　　　　　24,000원
■ 金文編　　　　　　　　　容　庚　　　　　　　　　　36,000원
■ 隸字編　　　　　　　　　洪鈞陶　　　　　　　　　　40,000원
■ 古文字學論集 (第一輯)　　中國古文字學會 편　　　　　12,000원
■ 경제적 공포　　　　　　　V. 포레스테 / 김주경　　　　　7,000원
■ 서기 1000년과 서기 2000년　J. 뒤비 / 양영란　　　　　8,000원
　 그 두려움의 흔적들
■ 미래를 원한다　　　　　　J. D. 로스네 / 문 선 · 김덕희　8,500원
■ 밀레니엄 버그　　　　　　S. 리브 · C. 맥기 / 편집부　　8,000원
■ 잠수복과 나비　　　　　　J. D. 보비 / 양영란　　　　　6,000원
■ 原本 武藝圖譜通志　　　　正祖 命撰　　　　　　　　60,000원
■ 테오의 여행(전5권)　　　　C. 클레망 / 양영란　　　각권 6,000원
■ 딸에게 들려 주는 작은 철학　R. 시몬 셰퍼 / 안상원　　　7,000원

【完譯詳註 漢典大系】

1 說　苑 · 上　　　　　　　林東錫 譯註　　　　　　　30,000원
2 說　苑 · 下　　　　　　　林東錫 譯註　　　　　　　30,000원
3 韓詩外傳　　　　　　　　林東錫 譯註　　　　　　　　　근간
4 晏子春秋　　　　　　　　林東錫 譯註　　　　　　　30,000원
5 潛夫論　　　　　　　　　　　　　　　　　　　　　　　근간
14 西京雜記　　　　　　　　林東錫 譯註　　　　　　　20,000원
16 搜神記 · 上　　　　　　　林東錫 譯註　　　　　　　30,000원
17 搜神記 · 下　　　　　　　林東錫 譯註　　　　　　　30,000원

【한글고전총서】

1 설원 · 상　　　　　　　　임동석 옮김　　　　　　　　7,000원
2 설원 · 중　　　　　　　　임동석 옮김　　　　　　　　7,000원
3 설원 · 하　　　　　　　　임동석 옮김　　　　　　　　7,000원
4 안자춘추　　　　　　　　임동석 옮김　　　　　　　　8,000원

東文選 文藝新書 129

죽음의 역사

P. 아리에스 ──────── [著]
李宗旼 ──────── [譯]

　지구상에 존재하는 모든 피조물은 시작과 끝이라는 존재의 본원적인 한계성을 지니고 있다. 인간 역시 이러한 자연의 법칙에서 결코 벗어날 수 없는 한계성을 인식하고 있다. 그러나 인간 존재의 시작을 의미하는 탄생에 관해서는 그 실체가 이미 과학적으로 규명되고 있지만, 종착점으로서의 죽음은 인간들의 끊임없는 연구와 노력에도 불구하고 오늘날까지 이렇다 할 구체적인 모습을 드러내지 못하고 있는 것이 현실이다. 이유는 간단하다. 과학적으로 죽음이라는 현상 자체는 규명되었다 할지라도, 그 이후의 세계는 어느 누구도 경험하지 못한 때문일 것이다. 물론 죽음이나 저세상을 경험했다는 류의 흥미로운 기사거리나 서적 들이 우리의 주변에 널려 있는 것은 사실이지만, 이는 어디까지나 임사상태에 이른 사람들의 이야기일 뿐 실지로 의학적으로 완전한 사망을 토대로 한 것은 아니다. 말하자면 진정한 죽음의 상태를 경험한 사람은 존재치 않기 때문에 죽음은 더욱더 우리 인간들의 호기심과 두려움을 자극하는 대상이 되고 있을지도 모른다.

　아무튼 본서는 아득한 옛날부터 현재에 이르기까지 사람들은 어떻게 죽음을 맞이하고 생각했는가?라는 사람들의 호기심에 답하듯 죽음을 연구대상으로 삼은 역사서이다. 따라서 죽음의 이미지가 어떻게 변해 왔는지, 또 인간은 자신의 죽음을 앞에 두고 어떻게 행동했으며 타인의 죽음에 대해 어떤 생각을 품고 있었는지를 추적한다. 그리하여 역사 이래 인간의 항구적 거주지로서의 묘지로부터 죽음과 문화와의 관계를 파악하면서 묘비와 묘비명, 비문과 횡와상, 기도상, 장례 절차, 매장 풍습, 나아가 20세기 미국의 상업화된 죽음의 이미지를 추적한다.

東北民族源流

우리 고대사·민족사에 절대적으로 연관이 있는 중국 동북지방, 즉 만주지역을 중심으로 형성·발전·융합·분화·소망해갔던 부여족·말갈족·거란족·여진족 등 수많은 민족들의 원류를 탐색해 나간 역작.

孫進己 著
林東錫 譯

아시아 동북지방의 민족의 흥망성쇠는 이 지역은 물론 중원과 멀리는 유럽에까지 지대한 영향을 미쳐왔었다. 그럼에도 불구하고 아직 이에 대한 연구가 대단히 불충분하다. 각 민족의 역사를 자세히 파악하려면 먼저 그들 민족의 원류를 밝혀야 할 것이다. 그래야만 서로 다른 역사시기 속에서 그 민족의 형성, 발전, 변화의 연결고리를 풀어낼 수 있기 때문이다. 왜냐하면 동북민족은 장기간의 역사 속에서 중원민족과 또는 동북민족 자신끼리의 교류와 융합이 가장 빈번했던 민족들이기 때문이다.

동북의 각 민족은 부단히 중원이나 북방 초원지역으로 이동하면서 한족 및 기타 여러 족에게 융입되기도 했고, 이와 동시에 한족도 역시 끊임없이 동북으로 이주하여 동북 여러 민족 속으로 융입되기도 했다. 따라서 동북 각 민족의 원류를 정확히 파악하는 일은 곧 중국 각 민족의 원류는 물론, 각 민족간의 융합과정을 밝히는 관건 중의 하나이기도 하다.

그러나 동북민족의 원류를 정확히 파악하는 데는 어려운 점이 한두 가지가 아니다. 왜냐하면 동북민족은 갈래수도 많고 이동과 융합도 빈번했으며, 원류도 대단히 복잡했기 때문이다. 게다가 동북의 대부분 민족은 자신들의 역사를 스스로 기록한 문자도 없어서, 겨우 남겨진 일부 기록은 대개 중원의 한족사漢族史의 부수적인 단편기록에 불과했기 때문에 더욱 큰 어려움이 있게 마련이다.

동북의 각 민족들은 한참 후에야 자신들의 민족역사를 기록한 경우가 많다. 그러나 대부분 너무 늦게 기록사업을 시작하는 바람에 초기의 역사는 부득이 전설이나 중원 사서史書의 기록에 의지할 수밖에 없게 된다. 이 또한 비과학적인 요소를 많이 함유하게 될 뿐만 아니라, 여러 가지 원인에 의해 적지 않은 가탁지사를 후대에 가미하여 더욱 혼란스럽게 하는 경우도 종종 있다. 그러므로 동북민족 원류를 연구하는 일은, 긴 기간 동안 이 지역 민족사를 연구하는 최우선의 관건으로 인식됨과 아울러 동시에 동북민족사 연구의 가장 큰 난제難題로 여겨져 왔다.

중국 요령성 사회과학원에서 오랫동안 동북민족사 연구에 몸바쳐 온 저자는 고고학, 역사지리학, 민속학, 인류학, 언어학의 해박한 지식을 토대로 수많은 동북민족의 원류를 탐색해 나가고 있다.

기근, 전염병, 폭력, 죽음……, 과연 종말은 오는가?

서기 1000년과 서기 2000년
그 두려움의 흔적들

조르주 뒤비   양영란 [譯]

서기 1000년, 세상의 종말을 앞둔 중세인들은 어떤 두려움에 떨었을까? 그리고 어떻게 행동하였을까? 지금 서기 2000년을 눈앞에 둔 우리 현대인들은 어떤 두려움을 가지고 있는가?

20세기 후반 최고의 중세사가로 꼽히는 역사가 조르주 뒤비가 중세의 두려움과 현대의 두려움을 명쾌하게 파헤친다.

현대인들에게 나날이 봉착하는 어려움에 보다 현명하게 대처케 하고, 그들의 미래에 대한 확신감을 불어넣어 주는 데 도움이 되지 않는다면 도대체 역사라는 것이 무슨 소용이 있겠는가? 과거의 심성을 탐험해 보는 것은, 오늘날의 위험들에 보다 잘 대처하는 데 반드시 도움이 될 것이다.

지금으로부터 800년 혹은 1000년 전에 살았던 사람들도 현재의 우리만큼이나 불안에 떨었다. 생존문제에 고통을 받았고, 사나운 이방인들의 침입에 대한 공포에 사로잡혀 있었으며, 죽음과 친숙한 전염병의 공포 속에서 비참하게 살았다. 즉 기근과 폭력, 역병, 그리고 사후 세계에 대한 두려움 속에서 말이다. 조르주 뒤비가 진보하는 세계 속의 징후군들로 명확하게 나타나는, 현대의 두려움들에 대해 관심을 기울이는 것도 바로 이러한 중세의 두려움에서 출발한다.

그러나 풍부한 교훈을 얻을 수 있는 것은, 반드시 두 시대가 지니고 있는 상이한 성격에서도 아니고, 또한 두 시대의 유사한 성격에서도 아니다. 오늘날처럼 비참함을 동반하는 고독은 1000년경에 살았던 우리 조상들에게는 전혀 알려져 있지 않았으며, 서기 1000년을 맞는 중세인들은 세상의 종말을 결코 의심하지 않았다.

중세인들의 상상력과 두려움들을 보다 구체적으로 설명하기 위해 많은 도판들이 제공된 이 책에서, 조르주 뒤비는 대담이라는 형태 속에서 자신의 견해를 분명하게 밝히고 있다.